Espagne côté Est

Valence Murcie Aragon

Escapade à Barcelone

Alicante.
E.Ripoll/age fotostock

Les régions du guide :
(voir la carte à l'intérieur de la couverture ci-contre)

Sommaire

NOS INCONTOURNABLES

ORGANISER SON VOYAGE

COMPRENDRE L'ESPAGNE CÔTÉ EST

DÉCOUVRIR L'ESPAGNE CÔTÉ EST

1 VALENCE ET SA COMMUNAUTÉ

2 MURCIE ET SA RÉGION

POUR CHAQUE SITE, RETROUVEZ NOS ADRESSES

3 SARAGOSSE ET L'ARAGON

ESCAPADE À BARCELONE

Nos incontournables

Valence★★★, une ville ancienne, moderne, contemporaine… et balnéaire ! *(p. 112)*.

La **palmeraie d'Elche**★★, la plus grande d'Europe *(p. 194)*.

Une sélection de nos plus beaux sites étoilés.

La **Sierra de Guara**★★, au pays des canyons *(p. 286)*.

Les **clochers mudéjars** de **Teruel**★★ *(p. 303)*.

Saragosse★★, romaine, arabe et chrétienne *(p. 236)*.

Peníscola★★, le nid d'aigle d'un antipape *(p. 161)*.

Alicante★★ et son Explanada de front de mer ombragée de majestueux palmiers *(p. 177)*.

Murcie★★ et la façade-retable de pierre de sa cathédrale *(p. 206)*.

Morella★★, un site spectaculaire, perché à 1000 m d'altitude *(p. 164)*.

Le **Parc national d'Ordesa et du Mont Perdu★★★** : un concentré de Pyrénées *(p. 274)*.

Crédits photographiques :

page 4 : G. Jioux/hemis.fr/ADAGP, Paris 2015(haut) ; /Visitelche (bas)

Page 5 : J.F. Hagenmuller/hemis.fr (haut gauche) ; M. Veiga/agefotostok (haut droit) ; H. Hugues/hemis.fr (bas)

page 6 : I. Pompe/hemis.fr (haut) ; J. Fuste Raga/age fotostok (bas)

Page 7 : B. Boensch/Arco Image/age fotostock (haut gauche) ; A. Del Castillo/age fotostok (haut droit) ; A. Weiber/imageBroker/age fotostok(bas)

ESTACIO DEL

ORGANISER SON VOYAGE

La gare du Nord de Valence.
J. Larrea/age fotostok

Suggestions d'itinéraires

3 JOURS	VALLÉES ET CANYONS D'ARAGON
Circuit autour d'Aínsa et de Jaca	**Jour 1** : Visite de la ville médiévale d'Aínsa, randonnée dans le Parc national d'Ordesa *(p. 274)*. **Jour 2** : Dégustations dans les bodegas du Somontano, découverte de la sierra de Guara : village d'Alquézar, randonnées vers les grottes peintes, canyoning pour les plus intrépides *(p. 286)*. **Jour 3** : Jaca et son magnifique musée d'Art sacré, prélude à une découverte de l'art préroman et roman avec les églises du Serrablo et de Santa Cruz de la Serós ainsi que le monastère de San Juan de la Peña *(p. 263)*.
Transport	En voiture et à pied.
Conseils	Chaussures de marche et imperméable indispensables.
4 JOURS	**ARAGON MUDÉJAR**
De Saragosse à Teruel	**Jour 1** : Après une brève étape à Saragosse *(p. 236)*, cap au sud-ouest pour visiter la cité de Tarazona et le monastère de Veruela *(p. 296)*. **Jour 2** : Via Calatayud (les clochers mudéjars abondent dans la ville et aux environs) et le monastère de Piedra *(p. 300)*, une escale dans la ville fortifiée de Daroca *(p. 299)*. **Jour 3** : Arrêt dans la belle ville perchée d'Albarracín, nichée au cœur des montagnes couleur ocre *(p. 308)*. **Jour 4** : Découverte de Teruel dont les vestiges mudéjars sont classés au patrimoine de l'Unesco *(p. 303)*.
Transport	En voiture.
Conseils	Pensez à goûter le fameux jambon de Teruel.
4 JOURS	**DOUCEURS LEVANTINES**
Circuit d'Alicante à Carthagène	**Jour 1** : En longeant la côte vers le nord, découverte du beau village d'El Castell de Guadalest *(p. 191)*. De là, rejoignez Alcoi *(p. 173)*, puis la pittoresque cité de Bocairent *(p. 184)*, avant de descendre sur Elche et de visiter le superbe Huerto del Cura *(p. 194)*. **Jour 2** : Après la visite du site de la Alcúdia où fut trouvée la célèbre Dame d'Elche *(p. 198)*, escale à Santa Pola pour ses salines et ses plages *(p. 183)*. Puis descente sur Orihuela et son harmonieux centre ancien où plane le souvenir du poète et berger Miguel Hernández *(p. 200)*. **Jour 3** : Visite de Murcie, puis de Caravaca de la Cruz et des villes avoisinantes, Moratalla, Cehegín et Calasparra *(p. 228)*. **Jour 4** : Lorca la baroque, avec les musées de ses confréries *(p. 223)*, précédera Carthagène la romaine *(p. 217)*.
Transport	En voiture.
Conseils	Pensez aux *turrones* de Xixona.

SUGGESTIONS D'ITINÉRAIRES

4 JOURS	VALENCE, ENTRE TERRE ET MER
Circuit au départ de Valence	**Jour 1** : Arrêt à Sagunto pour la visite des vestiges de la cité romaine, à prolonger par une baignade si le cœur vous en dit *(p. 155)*. Après quoi, vous entrerez à l'intérieur des terres pour découvrir les retables exposés à Segorbe *(p. 156)*. **Jour 2** : Redescendant vers le sud, vous rallierez le pays du vin en découvrant deux belles villes à la personnalité très castillane, Utiel et Requena *(p. 144)*. **Jour 3** : Cap au sud avec Xàtiva, berceau des Borgia, la spectaculaire ville ancienne d'Onteniente *(p. 169)*. Puis retour vers la mer avec pause à Gandia *(p. 171)*. **Jour 4** : Par la côte, Cullera et le parc naturel de l'Albufera (balade en barque) *(p. 143)* avant de retrouver Valence *(p. 112)*.
Transport	En voiture et en barque.
Conseils	Faites provision de quelques bonnes bouteilles à la bodega Redonda d'Utiel.
12 JOURS	**DES VALLÉES PYRÉNÉENNES À LA GRANDE BLEUE**
Circuit de Bielsa à Mazarrón.	**Jour 1** : Après être entré en Aragon par le Pourtalet, explorez une vallée du Parc national d'Ordesa *(p. 274)*, avant une étape de charme à Aínsa *(p. 280)*. **Jours 2 et 3** : Promenade œnologique dans le Somontano de Barbastro *(p. 291)*, avant de mettre le cap sur Saragosse qui mérite un arrêt durable, pour son architecture religieuse, musulmane ou romaine, ou pour découvrir l'œuvre de Pablo Gargallo *(p. 236)*. **Jour 4** : Cap au sud avec arrêts à Albarracín *(p. 308)* puis Teruel, fameuse pour son art mudéjar *(p. 303)*. **Jour 5** : À travers le Maestrazgo, et après un arrêt à Morella *(p. 158)*, gagnez la mer à Peníscola. L'occasion de prendre un bon bain et de déguster quelques crustacés *(p. 161)*. **Jours 6 et 7** : Visite de Sagunto la romaine *(p. 155)*, avant d'arriver à Valence. Visite de la 3e ville d'Espagne : découverte de la ville ancienne et moderniste, la futuriste Cité des Arts et des Sciences et les plages (baignade). Prévoyez une soirée dans le quartier branché de Russafa et une paella *(p. 112)*. **Jour 8** : Par Xàtiva *(p. 169)* et Alcoi *(p. 173)*, gagnez Alicante : balade sur la belle Explanada de España, et bain sur la plage du Postiguet, avant de flâner dans les vieux quartiers *(p. 177)*. **Jours 9 et 10** : Arrêts à Elche (palmeraie) *(p. 194)* et Orihuela (centre ancien) *(p. 200)*, avant de descendre sur Murcie, dont la cathédrale, le casino et le musée Salzillo méritent une visite *(p. 206)*. **Jours 11 et 12** : Carthagène *(p. 217)*, la cité phénicienne et romaine aux musées audacieux, précédera Lorca *(p. 223)*. Et pour finir ce périple, un moment détente dans les eaux turquoise du golfe de Mazarrón ! *(p. 226)*.
Transport	En voiture.
Conseils	Prévoyez petite laine, chapeaux, chaussures confortables et imperméable pour les Pyrénées. Maillot de bain et crème solaire pour la suite, et filet à provisions pour vos achats gourmands…

Types de séjours

	VILLES ET VILLAGES DE CHARME
Aínsa *(p. 280)*	Un village médiéval perché, d'un charme incroyable à deux pas du Parc national d'Ordesa.
Alquézar *(p. 274)*	Au cœur de la sierra de Guara, célèbre pour ses canyons et ses grottes ornées, une cité où le temps semble s'être arrêté au moment de la Reconquête.
Sos del Rey Católico *(p. 274)*	Un village fleuri pour marcher sur les traces de Ferdinand le Catholique et partir à la découverte de la *comarca* des Cinco Villas.
Morella *(p. 274)*	Entre Communauté valencienne et Aragon, une fière citadelle au cœur du Maestrazgo… et à quelques encablures de la mer.
Vilafamés *(p. 274)*	Dominant la plaine côtière, une ville de pierres roses appréciée des artistes.
Albarracín *(p. 274)*	Le charme inouï d'une ville ocre partant à l'assaut d'une montagne escarpée dans un paysage somptueux.
	SUR LES PAS DES ARTISTES ET DES ÉCRIVAINS
Saragosse *(p. 274)*	Deux grands sculpteurs y sont honorés aux musées Pablo Gargallo et Pablo Serrano.
Fuendetodos *(p. 274)*	Pour visiter la maison natale de Francisco de Goya y Lucientes.
Calanda *(p. 274)*	La ville natale de Luis Buñuel, célèbre pour sa *tamborrada*.
Valence *(p. 274)*	Pour les tableaux de Sorolla (MuVIM) et la maison de Blasco Ibáñez.
Orihuela *(p. 274)*	Sur les traces de Miguel Hernández.
Murcie *(p. 274)*	Le musée consacré au sculpteur Francisco Salzillo.
	CHÂTEAUX EN ESPAGNE
Loarre *(p. 274)*	La forteresse de Loarre, proche du château de conte de fées.
Saragosse *(p. 274)*	La Aljafería, le raffinement d'un palais andalou au cœur de l'Aragon.
Daroca *(p. 274)*	Une ville fortifiée quasiment inexpugnable.
Peníscola *(p. 274)*	Le château du Papa Luna, un nid d'aigle posé sur la mer.
Xàtiva *(p. 274)*	Deux châteaux en un dominant la ville.
Lorca *(p. 274)*	La forteresse du Soleil où revit le Moyen Âge dans des visites théâtralisées.
Villena *(p. 274)*	Le château de la Atalaya : une forteresse almohade transformée à l'époque gothique.

SÉJOURS THÉMATIQUES

	DE STYLE EN STYLE
Région du Serrablo *(p. 274)*	Les églises mozarabes de Busa et de Satué.
San Juan de la Peña *(p. 274)*	Le monastère roman et l'église de Santa Cruz de la Serós.
Jaca *(p. 274)*	La cathédrale romane et le musée d'Art sacré.
Saragosse *(p. 274)*	La Seo del Salvador, cathédrale gothique, et la Lonja, transition entre le gothique et le plateresque.
Murcie *(p. 274)*	La façade-retable de la cathédrale ou l'euphorie baroque.
Valence *(p. 274)*	Du marché central à celui de Colón en passant par l'Estació del Nord, le modernisme en pleine liberté.
	ARCHITECTURES D'AUJOURD'HUI
Barbastro *(p. 274)*	Les bodegas du Somontano.
Saragosse *(p. 274)*	Le Parc de l'Eau.
Valence *(p. 274)*	La Cité des Arts et des Sciences, le palais des Congrès, l'immeuble *Veles e Vents* de l'America's Cup, ses ponts, ses bâtiments et ses sculptures.
Alcoi *(p. 274)*	La Llotja de Sant Jordi.
Carthagène *(p. 274)*	L'ARQUA, le musée du Théâtre romain.
	EN BORD DE MER
Oropesa/Benicasim *(p. 274)*	Les plages familiales.
Altea *(p. 274)*	Sa ville blanche, résidence d'artistes, et sa belle plage.
Xàbia *(p. 274)*	Un lacis de rues tortueuses dominant la mer.
Valence *(p. 274)*	Les plages de las Arenas et la Malvarrosa à quelques stations de métro du centre-ville.
Alicante *(p. 274)*	Le Postiguet, une plage urbaine.
	NATURE
Pyrénées aragonaises *(p. 274)*	Les vallées encaissées où est préservée une faune sauvage ; un paradis pour les randonneurs.
Sierra de Guara *(p. 274)*	Une montagne sillonnée de canyons.
Huesca *(p. 274)*	Los Mallos de Riglos, une fantaisie de la nature, réservée aux escaladeurs expérimentés.
Daroca *(p. 274)*	Les lagunes de Gallocanta, étape pour les oiseaux migrateurs.
L'Albufera *(p. 274)*	Aux portes de Valence, une zone lacustre préservée à parcourir en barque.
Los Monegros *(p. 274)*	Un véritable désert à quelques encablures de Saragosse.

Venir en Espagne côté Est

EN VOITURE

Côté Est, le poste-frontière principal pour gagner le pays valencien se situe au **Boulou (col du Perthus)** sur l'autoroute A 9, à 22 km au sud de Perpignan. Mais au plus fort de l'été, la circulation y est plus qu'intense. Le contournement de Barcelone est lui aussi assez chargé, et la route est longue et monotone (322 km) jusqu'à Castelló.

Autre option, arriver par l'**Aragon**. De l'A 64, entre St-Gaudens et Pau, trois passages d'est en ouest : par le **tunnel d'Aragnouet-Bielsa** (sortie Lannemezan, *via* St-Lary-Soulans et la D 929) à circulation alternée (attente de 12mn maxi à l'entrée du tunnel) ; par le **col du Pourtalet** (sortie Tarbes, *via* Argelès-Gazost et la D 934) ; et par le **col du Somport** (sortie Pau, *via* Oloron-Sainte-Marie et la N 134). Ces trois routes mènent à Huesca *via* Jaca, Sabiñanigo ou Aínsa.

Les cartes Michelin

Carte Michelin National n° **734**, cartes Michelin Régional n^os^ **574** (Catalogne et Aragon) et **577** (Valence et Murcie) ou cartes Michelin **Zoom** (1/150 000) n^os^ **123** (Costa Blanca, région d'Alicante), **145** (Pyrénées centrales, autour de Huesca) et **149** (environs de Valence).

Itinéraires par Internet

www.Voyage.ViaMichelin.fr. Feuilles de route personnalisées, adresses d'hôtels et de restaurants, informations pratiques et touristiques sur les lieux traversés.

EN AVION

Aéroports

Aéroport de Valence – Vols directs de Paris (Orly, Roissy-Charles-de-Gaulle et Beauvais), Bruxelles ou Genève, assurés par Vueling, Air Europa ou Ryanair. Depuis Nantes ou Bordeaux par Volotea.

Aéroport d'Alicante – Vols depuis Bâle-Mulhouse, Genève (easyJet, Swiss Air) et Bruxelles (Brussels Airlines, Vueling).

Aéroport de Saragosse – Vols depuis Paris-Beauvais et Bruxelles-Charleroi (Ryanair).

DISTANCES EN KM	Alicante	Huesca	Murcie	Saragosse	Teruel	Valence
Alicante		546	85	509	324	180
Huesca	546		631	73	225	366
Murcie	85	631		546	404	260
Saragosse	509	73	546		152	311
Teruel	324	225	404	152		144
Valence	180	366	260	311	144	

Sur les compagnies *low cost*, les tarifs peuvent défier toute concurrence, mais ces prix n'incluent aucune prestation (taxes d'aéroport, bagages, placement), facturées en sus.

Principales compagnies

Air Europa – www.air-europa.com - ✆ 01 42 65 08 00 (appel non surtaxé).
Air France – www.airfrance.fr - ✆ 0 820 820 820 (0,12 €/mn).
EasyJet – www.easyjet.com/fr - 0 820 420 315 (0,12 €/mn).
Iberia – www.iberia.com/fr - ✆ 0 825 800 965 (appel non surtaxé).
Vueling – www.vueling.com - ✆ 0 899 232 400 (1,34 € par appel + 0,34 €/mn).
Ryanair – www.ryanair.com/fr - ✆ 0 892 562 150 (0,34 €/mn).
Volotea – www.volotea.com - ✆ 0899 232 050 (0,284 €/mn + 1,128 € ht par appel depuis un téléphone fixe).

Agences par Internet

www.expedia.com – ✆ 01 57 32 34 64 (0,28 €/mn).
www.bourse-des-vols.com – ✆ 0 892 888 949 (0,34 €/mn).
www.ebookers.fr – ✆ 0 892 234 235 (0,34 €/mn).
www.govoyages.fr – ✆ 0 899 651 951 (1,35 € par appel + 0,34 €/mn).
www.lastminute.com – ✆ 0 892 68 61 00 (0,34 €/mn).
www.opodo.fr – ✆ 0 899 653 655 (1,35 € par appel + 0,34 €/mn).
www.promovacances.com – ✆ 0 899 654 850 (1,35 € par appel + 0,34 €/mn).

EN TRAIN

En TGV, AVE et train Talgo

De Paris, des TGV sont directs pour la gare de Barcelona Sants. Depuis Marseille, ce sont les AVE, trains à grande vitesse espagnols, qui assurent la liaison, *via* Nîmes, Montpellier, Béziers, Narbonne et Perpignan.
De Barcelone, plusieurs AVE desservent chaque jour Saragosse (1h30) et vous trouverez des trains Talgo toutes les 2h environ pour Valence, avec arrêt à Castelló. Arrivée à la gare Joaquín Sorolla ou à l'Estació del Nord, après 2h30 à 3h de trajet. Certains de ces trains continuent vers Murcie et Lorca.
SNCF – ✆ 36 35 (0,34 €/mn) - www.voyages-sncf.com ou www.tgv.com.
RENFE - Iberrail – 57 r. de la Chaussée-d'Antin - 75009 Paris - ✆ 01 40 82 63 60. Sur place : ✆ 902 243 402 - www.renfe.es (tous les horaires et tarifs sur le site Internet).
Aussi la rubrique « Sur place de A à Z », « Train » p. 34.

EN AUTOCAR

Assez fastidieux et pas vraiment économique (Paris-Murcie : 200 à 300 € env., selon la saison), mais permet de rallier des cités peu ou mal desservies par les autres modes de transport (liaison directe à partir de nombreuses villes de province).
Eurolines – Gare internationale de Paris-Gallieni - 28 av. du Gén.-de-Gaulle - BP 313 - 93541 Bagnolet Cedex - ✆ 0 892 89 90 91 (0,34 €/mn) - www.eurolines.fr. Deux lignes desservent la côte Est : **Paris-Benidorm**, *via* Bordeaux, Saragosse, Teruel et Valence ; **Paris-Murcie**, *via* Chalons, Lyon, Barcelone, Castelló de la Plana, Valence, Alicante et Orihuela.

Avant de partir

Fiche d'identité

Nom officiel : Royaume d'Espagne.
Nom local : España.
Capitale : Madrid.
Superficie : 505 968 km² avec les Baléares et les Canaries.
Population : 46,7 millions d'hab. (janvier 2013).
Monnaie : Euro.
Langues officielles (pour le côté Est) : Espagnol (castillan), valencien.

Météo

Les mois de **mai-juin** et **septembre-octobre** sont les plus favorables. Les températures sont alors généralement agréables, les précipitations peu fréquentes, les plages plus calmes et les sites touristiques moins saturés. Les adeptes des bains de mer privilégieront bien entendu l'**été**, malgré la foule qui se presse sur les plages. En terres levantines, des brises marines tempèrent agréablement la chaleur, mais pouvant devenir éprouvante à l'intérieur des terres, en Aragon notamment, où il peut faire très chaud (jusqu'à 40° !). Attention aux orages dans les Pyrénées, soudains et parfois dévastateurs.
Quant à l'**hiver**, il est assez rigoureux et enneigé dans les Pyrénées pour le plus grand ravissement des amateurs de sports d'hiver. Froid dans le reste de l'Aragon, il est relativement doux sur les côtes levantines.
Renseignements météo – www.meteoconsult.fr/previsions-meteo/europe/espagne (en français) ; www.inm.es (en espagnol).

Adresses utiles

RENSEIGNEMENTS TOURISTIQUES

Pour l'organisation et la documentation de votre voyage, adressez-vous en premier lieu à l'**office de tourisme espagnol**.

En France
www.spain.info.fr.

En Belgique
R. Royale, 97-5° - 1000 Bruxelles - ✆ 02 280 19 26 - www.spain.info.be.

TABLEAU DES TEMPÉRATURES (maxi, mini)

	Janv.	Fév.	Mars	Avr.	Mai	Juin	Juil.	Août	Sept.	Oct.	Nov.	Déc.
Murcie	16	18	20	22	25	30	30	34	30	25	20	17
	4	5	6	8	12	12	16	20	17	13	6	11
Saragosse	10	13	17	19	23	28	32	31	27	21	14	11
	2	4	5	7	11	15	18	18	15	10	6	4
Valence	16	17	19	20	23	26	29	30	28	24	20	17
	7	8	9	11	14	18	21	21	19	15	10	8

En Suisse

Seefeldstrasse, 19 - 8008 Zurich - ✆ 04 44 32 53 27/28/29 - fax 04 42 52 62 04 - www.spain.info.ch.

Au Canada

2, Bloor Street West - suite 3402 - M4W 3E2 Toronto - ✆ 416 961 3131 - www.spain.info.ca.

AMBASSADES D'ESPAGNE

En France – 22 av. Marceau - 75008 Paris - ✆ 01 44 43 18 00 - fax 01 47 20 59 55 - www.exteriores.gob.es/embajadas/paris.

En Belgique – R. de la Science 19 - 1040 Bruxelles - ✆ 02 230 03 40 - fax 02 230 93 80 - www.exteriores.gob.es/embajadas/bruselas.

En Suisse – Kalcheggweg 24 - 3000 Bern 15 - ✆ 03 13 50 52 52 - fax 03 13 50 52 55 - www.exteriores.gob.es/berna.

Au Canada – 74 Stanley av. - K1M 1P4 Ottawa - ✆ 613 747 22 52 - www.exteriores.gob.es/embajadas/ottawa.

CENTRES CULTURELS

En France

Institut Cervantès – 7 r. Quentin-Bauchart - 75008 Paris - ✆ 01 40 70 92 92 - www.paris.cervantes.es. Il existe aussi des instituts Cervantès à Bordeaux, Toulouse et Lyon.

Biliothèque Octavio-Paz – 11 av. Marceau, 75116 Paris - ✆ 01 47 20 20 79.

En Belgique

Institut Cervantès – Av. de Tervuren 64 - 1040 Bruxelles - ✆ 02 737 01 90 - www.bruselas.cervantes.es.

SITES INTERNET

www.spain.info – Site officiel du tourisme en Espagne.

www.aragonturismo.com, **www.turismodearagon.com** et **www.reddearagon.com** – Sites complets consacrés à l'Aragon.

www.comunitatvalenciana.com – Portail officiel du tourisme dans la Communauté valencienne.

www.murciaturistica.es – Site du tourisme de la région de Murcie.

www.diplomatie.gouv.fr – Pour la rubrique « Conseils aux voyageurs ».

AGENCES DE VOYAGES

Généralistes

Donatello – ✆ 0 826 102 005 (0,15 €/mn) - www.donatello.fr. Agences à Paris, Lille, Nantes, Bordeaux, Marseille et Nice.

Fram – ✆ 0 826 463 727 (0,15 €/mn) - www.fram.fr.

Nouvelles Frontières – ✆ 0 825 000 747 (0,15 €/mn) - www.nouvelles-frontieres.fr.

Voyageurs du monde – 55 r. Sainte-Anne - 75002 Paris - ✆ 01 42 86 16 00 - www.voyageursdumonde.fr.

Spécialistes de l'Espagne

El Corte Inglés – 2 pl. André-Malraux - 75001 Paris - ✆ 0 825 89 54 88 (0,15 €/mn) – www.voyageselcorteingles.fr.

Comptoir de l'Espagne – 2-13 r. St-Victor - 75005 Paris - ✆ 01 53 10 30 10 - www.comptoir.fr.

Formalités

DOCUMENTS IMPORTANTS

Papiers d'identité

Carte nationale d'identité en cours de validité ou passeport (même périmé depuis moins de 5 ans) pour les ressortissants des pays de l'Union européenne, de l'Andorre, du Liechtenstein, de Monaco et de la Suisse, et désormais pour les mineurs également. Les Canadiens devront présenter leur passeport en cours de validité.

Voiture

Permis – Pour les ressortissants de l'Union européenne et de la Suisse, le permis de conduire national suffit. Les Canadiens doivent avoir leur permis de conduire provincial et se procurer un permis de conduire international (PCI) auprès du club local de l'Association canadienne des automobilistes (CAA – www.caa.ca).
Assurance – Les ressortissants de l'Union européenne et de la Suisse doivent posséder une attestation d'assurance nationale. Les Canadiens doivent faire la demande d'une assurance frontière (assurance temporaire de responsabilité civile).
Le conducteur doit être en possession d'une autorisation écrite du propriétaire si celui-ci n'est pas dans la voiture, ainsi que de l'accord de la compagnie d'assurances.
Équipement – Il est obligatoire d'avoir **deux triangles de présignalisation** ainsi qu'un **gilet de sécurité réfléchissant** (à garder à l'intérieur de l'habitacle).

ASSURANCES SANTÉ

Afin de bénéficier d'une assistance médicale, les Français, les Suisses et les Belges doivent se procurer, avant le départ, la **carte européenne d'assurance maladie** qui permet la prise en charge des soins médicaux (nécessaire aussi pour les enfants). Elle s'obtient en 2 ou 3 semaines (valable 1 an) sur simple demande auprès de la Caisse primaire d'assurance maladie ou sur www.ameli.fr. En cas de départ précipité, votre centre peut vous délivrer une attestation provisoire.
Renseignez-vous aussi auprès de votre banque, car vous pouvez bénéficier d'assurances par l'intermédiaire de votre carte bancaire.

TOURISME ET HANDICAP

Plusieurs organismes en France proposent des voyages adaptés aux personnes à mobilité réduite. Liste sur : www.unat.asso.fr/f/org/handicape.html.
En Espagne, la Confédération des handicapés physiques fournit des renseignements sur les installations adaptées.
COCEMFE (Confederación Española de Personas con Discapacidad Física y Orgánica) – Luis Cabrera, 63 - Madrid 28002 - ✆ 917 443 600 - www.cocemfe.es.

DOUANES

Vous pouvez rapporter jusqu'à 10 l d'alcool fort, 20 l d'alcool intermédiaire (type xérès), 90 l de vin (dont 60 l de vin mousseux) et 110 l de bière. Il n'y a plus de limitation de cartouches de cigarettes en provenance de l'Espagne.
www.douane.gouv.fr.

ANIMAUX DE COMPAGNIE

Pour voyager en Espagne, les chiens et les chats doivent posséder un **passeport européen**. Délivré par le vétérinaire, il prouve que l'animal a été vacciné et qu'il est identifiable (tatouage, puce électronique). Attention, sur place, les animaux ne sont admis ni dans les restaurants, ni dans les trains, ni sur les plages et très rarement dans les hôtels.

Budget

Transports

Comptez 7-10 € pour un trajet en **taxi** en ville, 1,30 à 1,50 € pour un ticket de **bus** ou **tramway** et 200 à 300 € pour la location d'une **voiture** (1 semaine). Une assurance jeune conducteur (21-25 ans), ainsi qu'un rachat de franchise (facultatif) peuvent être ajoutés au prix de base.

PRIX INDICATIFS DE BASE DE QUELQUES SERVICES OU ARTICLES	PRIX MOYEN EN EUROS
Location de voiture catégorie A ou B (1 sem.)	220/250 €
Littre essence/gazole	1,55/1,48 €
Trajet urbain en taxi	7/10 €
Billet simple de transport en commun	1,30/1,75 €
Menu du jour au restaurant	10/15 €
Bouteille de « vino de la casa »	6/8 €
Café noir	0,90/1,20 €
Journal espagnol/étranger	1,20/1,80 €
Entrée dans un musée ou un monument	2/6 €
Tapa (avec « jamón ibérico »)	3/4 € (18/20 €)
Jus de fruit « natural » (pressé)	3/6 €
Bouteille d'eau minérale	1,20/1,50 €
Paquet de cigarettes	4,50/4,80 €
Billet de corrida (soleil/ombre)	20/80 €

Visites

Certains **musées** sont gratuits, parfois un jour par semaine pour les ressortissants des pays de l'Union européenne sur présentation d'une pièce d'identité, les autres vous coûteront 3 à 6 € (jusqu'à 12 € pour certains). Réductions consenties aux enfants (âge variable selon les sites) et aux retraités (pas la peine de montrer un justificatif). Attention : il faut s'acquitter d'un droit d'entrée pour certaines églises et cathédrales.

Réductions

La **carte d'étudiant internationale ISIC** (International Student Identity Card) coûte 13 € et offre des réductions dans de nombreux pays. Réservée aux collégiens, lycéens et étudiants, elle peut être commandée en ligne sur le site www.isic.fr. Notez que certains monuments et musées acceptent aussi la carte d'étudiant française. Pour les non-étudiants de moins de 26 ans, la carte **IYTC** (International Youth Travel Card) offre les mêmes avantages au même prix.

Calculez votre budget quotidien

Le prix à la journée a été calculé **pour une personne**, sur la base d'un séjour pour deux en basse saison.

Mini budget avec hébergement en camping ou auberge de jeunesse, repas de *bocadillos* et de tapas, et transport en bus : **40/50 €**.

Petit budget avec hébergement dans un *hostal* correct, menu du jour ou *raciones* et déplacements en bus ou en train : env. **70/90 €**.

Budget moyen avec hébergement dans un hôtel confortable, deux repas dans un restaurant courant et déplacements en voiture de location : env. **100/140 €**.

Petite folie avec hébergement dans un *parador*, dîner dans les restaurants gastronomiques, déplacements en voiture de location à partir de **150/200 €**.

Les **enfants** (âge variable selon le lieu), les **retraités** *(jubilats* ou *jubilados*) ainsi que les **seniors** (plus de 65 ans) ont droit à d'importantes réductions dans les transports, les monuments, les musées et pour certains spectacles. Dans la plupart des cas, pas besoin de justificatif.

Se loger

Vous pouvez contacter directement les hôtels, campings ou pensions *(coordonnées dans « Nos adresses », pour chaque localité)* ou passer par une centrale de réservation, notamment pour le tourisme rural et les auberges de jeunesse.

NOS CATÉGORIES DE PRIX

Notre sélection d'hôtels et de pensions est présentée sur la base du prix d'une chambre double en basse et haute saison toutes taxes comprises *(voir tableau des catégories de prix ci-dessous)*.
Lors de la **Semaine sainte**, les prix peuvent doubler, voire tripler... De même en haute saison estivale dans les stations balnéaires. Il est donc impératif de se renseigner sur le montant lors de votre réservation. De plus, pour cette période, il vous faudra réserver votre hébergement au moins six mois à l'avance (deux ou trois semaines suffisent le reste du temps). Même scénario à **Valence** lors des célèbres **fallas**, à **Saragosse** pour la feria du **Pilar**, ou dans n'importe quelle localité lors de la **feria** ou de la fête patronale.

LES DIFFÉRENTS TYPES D'HÉBERGEMENT

L'office du tourisme espagnol de Paris fournit un guide des hôtels. Ceux-ci sont classés de une à cinq étoiles. Les prix varient selon les saisons (très sensiblement sur la côte), mais aussi selon les localités.

Hôtels

Nous vous proposons une sélection d'adresses pour chacune des localités décrites dans ce guide.
Certaines chaînes hôtelières et certains hôtels d'affaires proposent des tarifs réduits le week-end, ou des coupons pour une ou plusieurs nuits à des prix très intéressants. Renseignez-vous auprès des agences de voyages ou directement auprès des organismes suivants.
NH Hoteles – ✆ 976 541 094 - www.nh-hotels.com. Offres le week-end pour les moins de 30 ans et les plus de 60 ans.
Hoteles Meliá – ✆ 902 919 130 - www.melia.com. Carte de fidélité gratuite MAS (avec avantages immédiats) et offres spéciales.
Vous avez aussi la possibilité de vous procurer des coupons *(talones)* auprès de certains organismes :

Paradors

Les paradors de tourisme sont des hôtels de luxe, pour la plupart installés dans des monuments historiques restaurés (châteaux, palais, monastères), tous très bien situés et offrant un confort de grand standing. Le prix pour une chambre double standard varie de

NOS CATÉGORIES DE PRIX		
	Hébergement	**Restauration**
Premier prix	jusqu'à 60 €	jusqu'à 15 €
Budget moyen	plus de 60 € à 100 €	plus de 15 € à 30 €
Pour se faire plaisir	plus de 100 € à 150 €	plus de 30 € à 50 €
Une folie	plus de 150 €	plus de 50 €

130 à 260 € (basse à haute saison, petit-déj. 13-16 €). Leurs restaurants proposent le plus souvent un menu de spécialités régionales. Réductions spéciales avec la **Tarjeta Amigos de Paradores** (carte des amis des paradors, gratuite) : le cumule de points permet d'obtenir des nuits gratuites et de bénéficier de certains avantages. **www. paradores.es**.

« Hostales »
Ce sont de petits hôtels de type familial, d'un niveau supérieur à celui des pensions. La salle de bains est parfois (de plus en plus rarement) sur le palier, le paiement par carte de crédit n'est pas toujours possible et, en général, ils ne proposent pas de petit-déjeuner. Mais ils sont souvent très bien situés et bien tenus.

Auberges de jeunesse
(albergues juveniles)
Il faut posséder la carte de la Fédération unie des auberges de jeunesse (www.fuaj.com) que l'on peut se procurer dans toutes les auberges du réseau ou auprès d'un centre d'information jeunesse dans votre pays ou en Espagne.
Red Española de Albergues Juveniles (REAJ) – Liste des points de vente (et des auberges) par communauté autonome sur www. reaj.com (espagnol et anglais).

Camping, caravaning
Pour l'ensemble de l'Espagne – www.campingsonline.com, www.camping.net.
Pour les différentes régions – www.campingsaragon.com, www.campingscatalunya.com, www.campingsvalencia.com, www.campingsmurcia.com.
Le **camping sauvage** n'est que rarement autorisé ; renseignez-vous auprès des mairies.

Tourisme rural (agroturismo)
Dans les campagnes et les villages, les gîtes ruraux et chambres d'hôte tendent à se multiplier, notamment dans les Pyrénées aragonaises et dans le pays valencien comme aux Baléares, à l'intérieur des terres.
Pour l'ensemble de l'Espagne – www.planrural.com, www.quecasasrurales.com, www.ruraliberica.com, www.turismorural.com, www.ecoturismorural.com, www.alorustico.com, www.toprural.com.
Liens vers les régions ou provinces.
Pour l'Aragon – www.ecoturismoaragon.com, www.casasruralesdearagon.es.
Pour la Communauté valencienne – www.casas-rurales-valencia.com.
Pour la région de Murcie – www.murciaturistica.es/noratur.

LE GUIDE ROUGE MICHELIN ESPAÑA & PORTUGAL

Mis à jour chaque année, il recommande un large choix d'établissements, dont une sélection de restaurants qui vous permettra de découvrir les meilleures spécialités d'Espagne.

Se restaurer
Dans ce guide, nous vous proposons une sélection de restaurants pour tous les budgets dans chacune des localités décrites.
Les établissements sont classés en quatre catégories de prix (p. 21) qui correspondent à un repas avec entrée, plat principal et dessert. La boisson n'est pas comprise.

Bars à tapas
La plupart des petits restaurants font aussi office de **bars à tapas**. Les Espagnols s'y retrouvent à l'heure de l'apéritif. Ils écument ainsi plusieurs lieux, ce qui s'appelle **« tapear »** ou **« ir de tapeo »** (« aller de tapas en tapas »).

Toutes les **infos utiles** sur la destination en quelques clics ! Sites touristiques, restaurants, hôtels, trafic, stations essence, parkings, météo : découvrez notre **carte Michelin interactive** en scannant le QR Code ci-dessus.

En général, au comptoir, vous pourrez déguster diverses assiettes de **tapas** (en moyenne 3/4 € la tapa, à l'exception du jambon – *serrano, ibérico* ou *bellota* sur la carte –, un produit de luxe en Espagne), qui sont des amuse-gueules, ou de véritables plats cuisinés miniatures (les **pinchos** ou **pintxos**, à l'origine spécialités basques mais qui se répandent dans toute l'Espagne) : dans ce domaine, la créativité n'a pas de limites !

Les tapas sont souvent exposées sur le comptoir ou indiquées sur une ardoise.

En salle, vous aurez le choix entre des **raciones** et des **media raciones**, qui reprennent les recettes proposées en tapas, mais en plus grande quantité. Un plat en *media ración* suffit en général pour une personne (comptez 8-12 € pour une *ración*).

Selon les restaurants, les prix sont annoncés **hors taxes** (« más IVA » ou « IVA no incluido ») ou TTC (« IVA incluido ») et un petit supplément est compté d'autorité pour le pain. Vérifiez sur le menu (l'IVA représente actuellement 10 % du prix).

Les plats sont généralement servis sans accompagnement, celui-ci se commandant à part.

Sachez aussi que, dans la plupart des établissements, la paella et les spécialités à base de riz *(arroces)* sont servis pour un minimum de deux personnes (sauf lorsqu'ils figurent au menu).

Les **desserts** *(postres)* dans les petits restaurants ne sont pas très variés - glace, fruit de saison, crème caramel –, voire inexistants, à moins qu'il n'y ait une spécialité locale, qu'il vous faudra alors goûter absolument.

Sur place de A à Z

ADRESSES UTILES

Sur les plans de ville de ce guide, les offices de tourisme sont signalés par le symbole ℹ. Vous trouverez leurs adresses et coordonnées sous le nom de chaque localité décrite.

AMBASSADES ET CONSULATS

Ambassade de France – Salustiano Olozaga, 9 - 28001 Madrid - ✆ 914 238 900 - www.ambafrance-es.org.
Consulats de France
À **Madrid** – Marqués de la Ensenada, 10 - 28004 - ✆ 917 007 800 - www.consulfrance-madrid.org. Juridiction sur la Communauté valencienne et la région de Murcie.
À **Barcelone** – Ronda Universitat 22 B - ✆ 973 703 000 - www.consulfrance-barcelone.org. Juridiction sur l'Aragon.
Ambassade de Belgique – Paseo de la Castellana, 18 - 28046 Madrid - ✆ 915 776 300 - www.diplomatie.be/madrid.
Consulats de Belgique
À **Alicante** – Edificio Carbonell - Explanada de España, 1-5° - ✆ 965 929 147. Juridiction sur la Communauté valencienne et la région de Murcie.
À **Barcelone** – Diputació, 303 - ✆ 934 677 080. Juridiction sur l'Aragon.
À **Valence** – Colón, 28 - ✆ 963 802 909 *(uniquement en cas d'urgence et sur RV)*.
Ambassade de Suisse – Edificio Goya - Núñez de Balboa, 35 - 28001 Madrid - ✆ 914 363 960 - www.eda.admin.ch/madrid.
Consulats de Suisse
À **Barcelone** – Gran Vía Carlos III, 94-7° - ✆ 934 090 560. Juridiction sur l'Aragon, le pays valencien et Murcie.
À **Valence** – Apartado de Correos, 12151 - ✆ 661 437 457.
Ambassade du Canada – Torre Espacio - Paseo de la Castellana, 25 - 28046 Madrid - ✆ 913 828 400 - www.canada-international.ca.
Consulat du Canada – Pl. de Catalunya, 9-1°-2°- 08002 Barcelone - ✆ 902 703 614.

Mise en garde

Dans tous les lieux très touristiques, les transports aux heures de pointe et les manifestations de foule, attention aux pickpockets. Les aires d'autoroute sont souvent des lieux appréciés par les « voleurs à la roulotte ».
Cela dit, l'Espagne n'est pas un coupe-gorge, et rien de bien grave ne peut vous arriver si vous prenez les précautions d'usage.

ARGENT

Devises

L'Espagne est dans la zone **euro**. Les ressortissants de la zone euro peuvent en théorie utiliser leur chéquier. Mais, en pratique, le **chèque** est très peu répandu en Espagne et de nombreux commerçants ne l'acceptent pas. Les **chèques de voyage** sont sûrs en cas de vol, mais ne sont pas non plus d'une grande maniabilité. Mieux vaut payer en liquide ou par carte de crédit. Les principales **cartes de crédit internationales** (Visa, Eurocard/Mastercard) sont acceptées dans la plupart des commerces, hôtels et restaurants.
En cas de perte ou de vol de carte, téléphonez immédiatement à :
American Express – ✆ 900 994 426 (N° Vert composable

uniquement de l'Espagne depuis un téléphone fixe) ou 915 192 100 (depuis un portable).
Diners Club – ✆ 902 401 112 (N° Vert composable uniquement depuis l'Espagne) et 00 33 1 49 06 17 76 (numéro en France, 24h/24).
Eurocard/Mastercard – ✆ 900 971 231 (N° Vert composable uniquement de l'Espagne depuis un téléphone fixe) ou 636 722 711 (depuis un portable).
Visa – ✆ 900 991 124 (N° Vert composable uniquement de l'Espagne).

BAIGNADE EN MER

Le littoral de la **Communauté valencienne** et de **Murcie** (Costa del Azahar et Costa Blanca, soit plusieurs centaines de kilomètres) est constitué de grandes plages de sable fin. Sur la plupart des plages que l'on trouve dans les stations balnéaires, la baignade est surveillée.

CORRIDA

La tauromachie reste très populaire dans les territoires décrits, où de nombreuses ferias taurines (cycles de corridas) sont organisées chaque année notamment à l'occasion des fêtes patronales. Programmes sur : www.aplausos.es ou www.mundotoro.com, rubrique *carteles*.

Principales ferias taurines

Castelló de la Plana – Feria de la Magdalena (une semaine autour du 3e dim. de Carême, février ou mars selon les années).
Valence – Fallas (10 à 12 corridas autour du 19 mars) et feria de Sant Jaume (autour du 25 juillet).
Alicante – Feria de Hogueras ou de Fogueres (pour la Saint-Jean).
Teruel – Feria del Ángel, 6 juillet.
Saragosse – Ferias de San Jorge (avril) et du Pilar (octobre).
Huesca – Feria de San Lorenzo (début août).
Murcie – Feria de la Fuensanta (septembre).
Citons aussi deux ferias de *novilladas* (respectant le rituel de la corrida mais réalisées avec des jeunes taureaux de trois ans), célébrées toutes deux en septembre : la feria del Arroz de **Calasparra** (Murcie), connue pour ses *encierros* (lâcher matinal des taureaux de la corrida dans la rue) ; et la Setmana de Bous **d'Algemesí** (près de Valence) qui se célèbre dans des arènes rectangulaires dressées sur la plaza Mayor.
Arts et traditions populaires, p. 46.

GOLF

En quelques années, l'Espagne est devenue une terre de golf. Si la plupart des parcours se situent le long du littoral, certains sont installés près des montagnes, dans un cadre très agréable.
Fédération espagnole de golf www.rfegolf.es (en espagnol), mais aussi www.golfspain.com (en espagnol et anglais) et www.spain.info.fr (en espagnol et français).

HORAIRES

Repas

La matinée *(mañana)* dure jusqu'à 14h/14h30, heure à laquelle on prend le déjeuner *(almuerzo)*. Entre-temps, les Espagnols font souvent une pause vers 11h avec quelques tapas ou un sandwich *(bocadillo)* en plus de leur café. Ensuite, c'est la sieste, et l'après-midi *(tarde)* ne commence que vers 17h. Vers 20h, on pense à l'apéritif qui entame la soirée *(noche)*. Le dîner *(cena)* est servi à partir de 21h et la soirée peut se poursuivre fort tard.
Notez toutefois que s'il est difficile de se mettre à table avant 21h ou 21h30 à l'intérieur des terres, cela est moins vrai sur les côtes, où les restaurateurs se sont souvent adaptés aux horaires de la clientèle touristique.

Horaires de visite

Les sites touristiques (musées, églises) ouvrent en général de 10h à 13h30, ou 14h selon les saisons; l'après-midi, de 16h30, ou 17h, à 19h-20h, voire 21h. L'horaire d'été est le plus souvent appliqué de début juin à fin septembre. La dernière entrée se fait une demi-heure avant la fermeture officielle.

Jours de fermeture

Les **monuments et musées** sont pour la plupart fermés le lundi, et l'après-midi du dimanche et des jours fériés, les 25 décembre, 1er et 6 janvier, Vendredi saint et 1er Mai ainsi que certains jours de fêtes locales.

Banques

Ouvertes du lundi au samedi de 8h30-9h à 13h-14h et, dans les grandes villes, de 16h-17h à 20h. Elles ferment le samedi en été et dans les petites villes.

Commerces

Ils ouvrent généralement de 9h30-10h à 13h30-14h et de 17h à 20h-21h, parfois 22h dans les grandes villes. Cependant, de plus en plus de grands magasins ou hypermarchés restent ouverts en continu. Aujourd'hui, ils sont fermés le dimanche, parfois même le samedi après-midi, mais il se peut que le gouvernement autorise bientôt l'ouverture des commerces, en raison de la crise.

INTERNET

Vous trouverez des cybercafés *(locutorios)* dans toutes les grandes villes à un prix très raisonnable (autour de 1 € les 30mn, 2 à 3 € l'heure). La recherche est plus hasardeuse dans les villages et les petites villes. Mais les connections Wi-Fi se généralisent dans la plupart des hôtels.

MÉDIAS

Les **quotidiens** espagnols les plus lus sont *El País* (www.elpais.es), *El Mundo* (www.elmundo.es), *ABC* (www.abc.es), auxquels s'ajoutent des quotidiens locaux *(El Heraldo de Aragón, Levante* ou *Las Provincias* à Valence, *La Verdad* à Murcie), qui permettent de se tenir au courant des manifestations locales.

Parmi les **hebdomadaires**, citons *Cambio 16, El Siglo, Época* et *Tiempo de Hoy*.

L'Espagne compte 7 chaînes de **télévision** nationales, publiques ou privées : TVE-1, la 2, Antena 3, Cuatro, Telecinco, laSexta et TVE 2. On trouve aussi Canal + avec décodeur, et des dizaines de petites chaînes privées, certaines thématiques. Également des chaînes dites « communautaires », dans les communautés autonomes (celles de la Communauté valencienne ont fermé début 2014 en raison de la crise), et des locales, dans certaines villes.

JOURS FÉRIÉS

Chaque localité, et chaque communauté, a ses propres jours fériés. Aussi ne citerons-nous que les jours fériés communs à toute l'Espagne et ceux établis par les trois communautés autonomes concernées par ce guide (variables d'une année à l'autre) :

- 1er janvier (Nouvel An)
- 6 janvier (Épiphanie)
- 22 janvier (St-Vincent Martyr à Valence)
- 19 mars (St-Joseph à Valence et Murcie)
- Jeudi et Vendredi saints
- 23 avril (St-Georges – San Jorge – en Aragon)
- 1er Mai (fête du Travail)
- 9 juin (fête de Murcie)
- 24 juin (St-Jean à Alicante)
- 15 août (Assomption)
- 9 octobre (fête de la Communauté valencienne)
- 12 octobre (fête nationale, dite aussi fête de l'Hispanité, mais aussi jour de la Virgen del Pilar à Saragosse)

– 1er novembre (Toussaint)
– 6 décembre (fête de la Constitution)
– 8 décembre (fête de l'Immaculée Conception)
– 25 décembre (Noël) et 26 décembre.

LANGUES

Tous les Espagnols parlent le **castillan**. En pays valencien, l'usage quotidien du valencien entre autochtones est relativement fréquent, mais on vous répondra volontiers en castillan. Notez que les panneaux de signalisation routière (et, de plus en plus souvent, les plaques de noms de rues) sont rédigés en valencien. De ce fait, nous avons pris le parti, dans ce guide, de présenter les localités du Levant d'abord en valencien puis en castillan, les localités de Catalogne (Barcelone) en catalan puis en castillan. De même, les monuments et sites adoptent bien souvent l'orthographe locale.

PLONGÉE SOUS-MARINE

Les étrangers doivent posséder un diplôme de plongée (le titre français suffit) ou demander un permis à l'un des clubs adhérant à la Fédération des activités sous-marines, souscrire une assurance spéciale plongée, et présenter un certificat médical récent autorisant la pratique de ce sport. De la Costa del Azahar au littoral murcien, la plupart des villes côtières possèdent des centres de plongée. On retiendra la réserve marine des **îles Columbretes** (Valence), autour de l'**île de Tabarca** (Alicante) et au **cap de Palos** (Murcie).

Federación Española de Actividades Subacuáticas (FEDAS) – Aragó, 517 - 08021 Barcelone - ✆ 932 006 769/840 695 - www.fedas.es.

POSTE

Les bureaux de poste, **Correos** (ou **Correus** en terres valenciennes), sont généralement ouverts du lundi au vendredi de 8h30 à 20h30 (14h30 pour les petites villes) et le samedi de 9h30 à 14h.
Les timbres *(sellos)* sont en vente dans les bureaux de tabac *(estancos)*. Une carte postale pour l'Union européenne vous coûtera 0,67 €. www.correos.es.

POURBOIRE

Il est d'usage dans les bars, les restaurants, les hôtels ainsi que pour les chauffeurs de taxi.

RANDONNÉE ET CYCLOTOURISME

Parcs nationaux et naturels

L'Espagne côté Est compte un Parc national, celui d'**Ordesa y Monte Perdido** dans les Pyrénées aragonaises, ainsi que de nombreux parcs naturels, certains très petits *(Tableau p. 30 et « Les parcs naturels » p. 89)*.

Randonnées pédestres

D'innombrables sentiers de randonnée, notamment dans les zones montagneuses et plus particulièrement dans les **Pyrénées** : le **GR 11**, le plus long, traverse toutes les Pyrénées espagnoles, de la Méditerranée à l'Atlantique ; plusieurs parcours font partie intégrante du **chemin de St-Jacques-de-Compostelle**, comme le GR 65.3 qui part du col du Somport, à la frontière française, et descend dans la vallée de Jaca. Sur la côte, les anciens **sentiers des douaniers** mènent à de nombreux sites.

www.andarines.com (espagnol) – Propositions de randonnées dans toutes les régions d'Espagne. Excursions organisées et publications régulières.

www.senderismoytrekking.com (espagnol) – Nombreuses idées d'excursions, organisées ou non, sur le territoire espagnol.
www.spain.info (français) – L'office de tourisme espagnol propose des idées de randonnées et la liste de tous les GR dans chaque région.
www.caminosantiago.com (en plusieurs langues dont le français et l'espagnol) – Ce site décrit le chemin de Saint-Jacques-de-Compostelle en Espagne étape par étape et donne tous les renseignements utiles pour l'hébergement, l'équipement, les formalités, etc.

Cyclotourisme

Comme la randonnée pédestre, il se pratique essentiellement dans les Pyrénées, vers Jaca, notamment.
Il faut aussi signaler la reconversion de voies ferrées désaffectées au cyclotourisme, les **Vías Verdes** (voies vertes) : www.viasverdes.com et www.viasverdes.org.
Enfin, un recensement des routes adaptées aux cyclistes, région par région : **www.amigosdelciclismo.com** (espagnol).

Randonnées équestres

Vous trouverez un grand nombre d'**écoles hippiques** dans les **Pyrénées** aragonaises (Roda de Isábena, Benasque, Aínsa, Castiello de Jaca, etc.). La **sierra de Guara** possède, elle aussi, de nombreux centres équestres. Renseignez-vous auprès des offices de tourisme.

SANTÉ

Aucune maladie particulière n'est à signaler. Les **allergies** dues notamment au **pollen des oliviers** (avr.-juil.) peuvent cependant être assez virulentes.

Urgences

Le **112**, numéro européen d'urgence, vous dirigera vers le service compétent. Et aussi :
Police – ✆ 091
Pompiers – ✆ 080
Urgences médicales – ✆ 061

Pharmacies

Les pharmacies sont généralement ouvertes de 9h30 à 13h30 et de 16h30 à 20h. Dans les grandes villes, elles peuvent l'être toute la journée. Pour les gardes de nuit et du week-end, la liste des pharmacies ouvertes est affichée en vitrine et publiée dans la presse locale.

SOUVENIRS

Spécialités culinaires

Voir aussi « Gastronomie » p. 50.

Charcuterie
Le célèbre **jambon** de Teruel, le *serrano* (appellation d'origine contrôlée, DOC), pèse entre 8 et 9 kg, sèche durant au moins un an à plus de 800 m d'altitude. Seuls des porcs de race spécifique nés et élevés dans cette région peuvent prétendre à l'appellation.

Confiserie
La plus réputée est le **turrón** (souvent comparée au nougat) confectionné à base d'amandes, de miel et de blanc d'œuf. Spécialité de la ville de Xixona **(Jijona)**, non loin d'Alicante, il y est consommé essentiellement lors des fêtes de fin d'année. Autre gourmandise du Levant : les **paparajotes**, feuilles de citronnier enrobées d'une pâte à la cannelle et frites.

Fromage
L'Aragon fabrique de bons fromages de vache ou de brebis, le plus souvent élevées en montagne. Quant au fromage de chèvre frais de Murcie *(queso de cabra)*, au goût légèrement sucré, il est délicieux accompagné de miel, de noix ou de pâte de coing.

Huile d'olive
Premier producteur mondial, grâce aux oliviers andalous, l'Espagne bénéficie aussi d'appellations

d'origine contrôlée d'huile d'olive en Aragon (région du Somontano, environs d'Alcañiz). L'huile d'olive est présente dans tous les plats, même au petit-déjeuner, remplaçant alors le beurre sur une tartine grillée *(tostada)*.

Vin

L'idéal est de l'acheter directement chez le producteur, l'occasion de découvrir de belles caves et de sortir des sentiers battus. Certaines régions viticoles comme le **Somontano** (Aragon) ont mis en place des circuits de découverte permettant en outre de visiter des caves *(bodegas)* à l'architecture audacieuse : www.rutadelvinosomontano.com.

Fruits

Ne manquez pas le marché central de Valence pour faire une provision d'oranges !

Céramique

Depuis le 15e s., la région de **Manises**, non loin de Valence, produit une céramique célèbre dans toute la Méditerranée ; même l'Italie en fut une fervente cliente. Aujourd'hui, la ville reste un centre de fabrication important (biennale européenne les années impaires). En Aragon, même si de nombreux lieux de production ont disparu, la tradition reste profondément ancrée à **Muel** (musée et centre d'apprentissage) ainsi qu'à **Teruel**.

SPORTS D'HIVER

Une dizaine de sites dans les Pyrénées aragonaises. L'une des stations les plus prisées est celle de **Cerler** (vallée de Benasque), village le plus élevé des Pyrénées espagnoles, avec un dénivelé de 1 100 m et plus de 60 km de pistes.

PRINCIPAUX ESPACES NATURELS EN ESPAGNE CÔTÉ EST				
PARCS NATIONAUX				
	À proximité de	**Ha**	**Activités principales**	**Renseignements**
Ordesa y Monte Perdido	Torla, Aínsa (Aragon)	15 608	Randonnée pédestre, rafting, canyoning, canoë-kayak, escalade, spéléologie	www.ordesapirineos.com ; www.ordesa.net
PARCS (ET RÉSERVES) NATURELS				
L'Albufera de Valencia	Valence	21 120	Randonnée pédestre et cycliste, panorama	www.parquesnaturales.gva.es ; www.albufera.com
Cabo Cope y puntas de Calnegre	Lorca (Murcie)	1 032	Randonnée pédestre	www.regmurcia.com ; www.murciaturistica.es/es/espacios_naturales/
Carrascal de la Font Roja	Alcoi (Valence)	2 450	Randonnée pédestre	www.parquesnaturales.gva.es
Desert de les Palmes	Castelló	3 200	Randonnée pédestre	www.parquesnaturales.gva.es
El Hondo (Fondo)	Elche (Valence)	2 387	Randonnée pédestre, panorama	www.parquesnaturales.gva.es

PARCS (ET RÉSERVES) NATURELS				
	À proximité de	**Ha**	**Activités principales**	**Renseignements**
Laguna de Gallocanta (réserve naturelle)	Daroca (Teruel)	1 440	Randonnée pédestre et cycliste, observation ornithologique	www.rednaturaldearagon.com
Lagunas de la Mata y Torrevieja	Torrevieja (Valence)	3 700	Randonnée pédestre et cycliste, observation ornithologique	www.parquesnaturales.gva.es
Marjal de Pego-Oliva	Dénia (Valence)	1 250	Randonnée pédestre, panorama	www.parquesnaturales.gva.es
Moncayo	Tarazona (Aragon)	11 444	Randonnée pédestre et cycliste	www.rednaturaldearagon.com
El Montgó	Dénia (Valence)	2 117	Randonnée pédestre	www.parquesnaturales.gva.es
Penyal d'Ifac	Caspe (Alicante)	45	Randonnée pédestre, observation ornithologique	www.parquesnaturales.gva.es
Posets-Maladeta	Benasque (Aragon)	33 267	Randonnée pédestre et cycliste, escalade, ski	www.caiaragon.com
Puebla de San Miguel	Ademuz (Valence)	6 390	Randonnée pédestre	www.parquesnaturales.gva.es
Salines de Santa Pola	Santa Pola (Valence)	2 470	Randonnée pédestre, panorama, tourisme industriel	www.parquesnaturales.gva.es
Serra Gelada	Benidorm (Alicante)	3 564 (88 % maritime)	Randonnée pédestre, observation ornithologique	www.parquesnaturales.gva.es
Sierra de Guara	Alquézar (Aragon)	47 450	Randonnée pédestre et cycliste, rafting, canyoning, canoë-kayak, escalade, spéléologie	www.rednaturaldearagon.com
Sierra de la Pila	Abarán (Murcie)	8 636	Randonnée pédestre et cycliste, panorama	www.murciaturistica.es
Sierra del Carche	Jumilla (Murcie)	5 942	Randonnée pédestre et cycliste	www.parquesnaturales.gva.es
Turia	À l'ouest de Valence	4 692	Randonnée pédestre, botanique, observation ornithologique	ww.parquesnaturales.gva.es
Valles Occidentales	Ansó (Aragon)	27 073	Randonnée pédestre et cycliste	www.rednaturaldearagon.com

Candanchú est également très bien cotée, à la fois pour le ski alpin et le ski de fond ; son domaine est relié avec celui du Somport, en France. **El Formigal**, avec ses 100 km de pistes, conviendra aux skieurs en quête de grands espaces. Enfin, beaucoup plus au sud, **Javalambre**, petite station proche de Teruel.
www.skiinfo.fr ou **www. aragonesqui.com**.

SPORTS NAUTIQUES

En eaux vives

Principalement développés dans les **Pyrénées** qui regorgent de torrents au cours plus ou moins tumultueux. En Aragon, le **canyoning** et les autres sports d'eaux vives sont très pratiqués dans la **sierra de Guara**, mais aussi dans la vallée du río Gállego, au nord de Huesca.

En bord de mer

Le long du littoral une multitude de **clubs de voile** proposent planche à voile, catamaran, kayak de mer, ski nautique, etc.
Real Federación Española de Vela (RFEV) – Luis de Salazar 9 - 28002 Madrid - ✆ 91 519 50 08 - www.rfev.es.

TABAC

La loi antitabac interdit désormais de fumer dans les lieux publics fermés. Notez toutefois que certains hôtels proposent encore des chambres pour fumeurs.

TAXI

On en trouve assez facilement (lumière verte : taxi libre) et la course n'est pas très chère (8 à 10 €) selon la distance. Tarifs de jour, de nuit, week-end et jours fériés. À titre d'exemple, un trajet de jour aéroport/Valence coûte 20 € environ.

TÉLÉPHONE

Les numéros de téléphone espagnols comptent 9 chiffres, les trois premiers représentant la province (ou la ville).
Appels locaux et nationaux – Composez les 9 chiffres.
Pour appeler de la France, la Belgique, la Suisse et le Canada – Composez le 00 suivi du 34 (indicatif du pays) et du numéro du correspondant.
Pour appeler l'étranger, de l'Espagne – Composez le 00 suivi de l'indicatif du pays (33 pour la France, 32 pour la Belgique, 41 pour la Suisse et 1 pour le Canada) et du numéro du correspondant (sans le 0 initial pour la France).
Service de renseignements – ✆ 11 888 ou 11 811 ou 11 824.
Renseignements internationaux – ✆ 11 825.
Les **cabines téléphoniques** fonctionnent avec des pièces ou des cartes téléphoniques *(tarjetas telefónicas)*, en vente dans les bureaux de poste et les *estancos*.

Téléphone portable

Les opérateurs français de téléphonie mobile proposent souvent des formules spéciales pour les appels de l'étranger. Attention, ces appels sont généralement « hors forfait » et restent donc chers ; de plus, vous payez aussi lorsque vous êtes appelé. Renseignez-vous auprès de votre opérateur avant votre départ.
Pour un séjour prolongé et si vous devez téléphoner en Espagne, une carte SIM achetée sur place vous donnera un numéro local (15 € env.).

THERMALISME

Les sites les plus importants sont dans les Pyrénées : **Panticosa** (www.panticosa.com),

Las Vilas del Turbón (www.balneariovilasdelturbon.com) et **Benasque** (www.hotelesvalero.com). En dehors de ce massif, l'Aragon compte plusieurs stations thermales autour de Calatayud : **Pallarés** (www.termaspallares.com), **San Roque** (www.termassanroque.com), **Paracuellos de Jiloca** (www.balneariodeparacuellos.com) et **Sicilia** (www.balneariosicilia.com). Pour tous ces stations, consultez le site www.balneariosdearagon.com. Dans les régions de Valence et Murcie : **Cofrentes** (www.balneario.com/cofrentes), **Verche** (www.balnearioverche.com), **Montanejos** (www.balneario.com/montanejos) et, près de Murcie, **Archena** (www.balnearioarchena.com).

TRAIN

La **RENFE**, société nationale des chemins de fer espagnols (www.renfe.com), propose des tarifs relativement modérés et des réductions spéciales (notamment en cas d'achat d'aller/retour).

AVE – Train rapide, équivalent du TGV, reliant Madrid (Atocha) à Saragosse (1h15) et Huesca (2h15).

Talgo – Train confortable (200 km/h) qui a bénéficié de l'infrastructure de l'AVE et relie Valence à Barcelone (3h), Alicante (1h40) et Murcie (3h10).

Altaría, Euromed et **Alvia** – Nouvelle génération de trains qui relient Barcelone à Saragosse (3h), Valence (3h) et Alicante (5h).

Réductions

Du côté des **jeunes** : gratuit pour les moins de 4 ans s'ils n'occupent pas de siège ; de 4 à 14 ans, 40 % de réduction ; et jusqu'à 25 ans, avec la carte ISIC (*p. 20*), 20 % de réduction sur certains trajets.

Si vous effectuez un trajet **aller-retour**, réduction automatique de 20 % sur le prix de l'aller simple.

La **Tarjeta Interrail** (carte Interrail), accessible aux citoyens de 30 pays européens, donne droit à des trajets illimités (sauf sur TGV ou équivalent) de 3 à 8 jours sur un mois, dans un seul pays à la fois.
www.interrailnet.com.

Pour les non-résidents européens, une carte similaire, l'**Eurail Pass**, propose diverses formules valables pour un ou plusieurs pays.
www.eurail.com.

Gares vertes

Les *estaciones verdes* se situent près de sites naturels. Haltes idéales pour les amateurs de randonnée, de VTT et tous ceux qui souhaitent partir à la découverte de l'Espagne rurale.
www.renfe.es/empresa/mundo/medio_ambiente.

TRANSPORTS

Autocar

Pratique pour se déplacer en Espagne. Les compagnies de bus organisent des départs réguliers à grande, moyenne et petite distance, et sont assez ponctuels. Il est souvent possible de trouver des billets de dernière minute.

Alsa – www.alsa.es.

Autobuses Jiménez – 902 7021 787 - www.grupo-jimenez.com. Zone Aragon, Murcie, Valence.

Hife – 902 119 814 - www.hife.es. Aragon.

Samar – 902 257 025 - www.samar.es.

Avion

Les provinces de l'Est comptent l'un des aéroports les plus actifs du pays (Valence), ceux de Saragosse et d'Alicante sont surtout fréquentés par les compagnies *low cost*, qui les relient aux autres villes espagnoles et à certaines capitales étrangères.

Pour tout renseignement :
AENA (Aeropuertos Españoles y Navegación Aérea) – 902 404 704 - www.aena.es.

Pour les principales compagnies aériennes : *« En avion » p. 14.*

US ET COUTUMES

Dans la plupart des bars et cafétérias (hors celles qui sont pourvues d'une grande terrasse devant laquelle les serveurs attendent l'arme au pied), il est de coutume de commander au bar ses consommations. Selon les endroits, elles vous seront servies à votre table ou non.
Il en va de même dans les bars à tapas où l'on consomme souvent debout dans la rue. C'est du reste un moyen de repérer facilement les endroits les plus populaires, ne serait-ce qu'à l'oreille : le brouhaha d'une foule espagnole est plus élevé de quelques décibels que celui de son homologue française !
De manière générale, prenez votre temps. Il existe un adage en Espagne selon lequel seulement deux choses se déroulent à l'heure prévue : le départ de l'AVE et le début des corridas…
Enfin, les hispanophones doivent savoir que le tutoiement général s'est imposé en Espagne où l'on n'utilise plus le *Usted* (« Votre Seigneurie ») qu'à titre exceptionnel.

VOITURE

Location de voitures

Mieux vaut réserver votre voiture à l'avance de la France pour bénéficier de tarifs intéressants.

Autoescape – ✆ 0 800 150 300 (appel gratuit) - www.autoescape.fr.
Avis – Depuis la France ✆ 0 821 230 760 (0,12 €/mn depuis un poste fixe). Depuis l'Espagne ✆ 00 33 170 922 020 (prix d'un appel local) - www.avis.fr.
Budget – ✆ 0 825 00 35 64 (0,15 €/mn depuis un poste fixe) - 8h-21h - www.budget.fr.
Europcar – ✆ 0 825 358 358 - www.europcar.fr.
Hertz – ✆ 902 220 024 (0,15 €/mn depuis un poste fixe) - 7h-22h - www.hertz.fr.
Pepecar – ✆ 807 414 243 - www.pepecar.com. Agences dans les principales localités de la Communauté valencienne, Carthagène (région de Murcie), Saragosse, Huesca et Teruel (Aragon).

Limitations de vitesse

En Espagne, la vitesse est limitée à 50 km/h dans les villes et agglomérations, 90 km/h sur les routes nationales, et 120 km/h sur les autoroutes *(autopistas)* et voies rapides *(autovías)*. Un projet (non encore validé) prévoit de porter la limitation de vitesse à 130 km/h sur certaines portions d'autoroute, sous réserve bien entendu d'une signalisation adéquate.
Attention, depuis l'été 2012, à la suite d'un accord international, les véhicules français flashés par les radars espagnols ne bénéficient plus de l'impunité…

PROVINCES	GARES VERTES	LIGNES
Alicante	Alcoi	Xàtiva-Alcoi
Castelló	Torreblanca	Valence-Tarragone
Huesca	Jaca	Tardiente-Jaca-Canfranc
Murcie	Cieza	Chinchilla-Carthagène
Saragosse	Calatayud	Madrid-Barcelone (par Caspe)
Teruel	Mora de Rubielos	Calatayud-Valence
Valence	Bétera	Bétera-Villanueva-Castelló
Valence	El Romaní	Valence-Gandía

Taux d'alcoolémie

Il est, comme en France, de 0,5 g d'alcool/litre de sang ou 0,25 mg d'alcool/litre d'air expiré. Pour les **nouveaux conducteurs** (-2 ans), il est de 0,3 g d'alcool/litre de sang ou 0,15 mg d'alcool/litre d'air expiré.

Signalisation routière

Elle est sensiblement la même qu'en France : interdiction de stationner *(No aparcar)* signalée par des bandes jaunes.
Le téléphone portable est toléré uniquement en formule « mains libres ». L'utilisation de détecteurs de radars est interdite.
Les Espagnols sont très respectueux des passages piétons où les passants traversent sans crainte : soyez donc particulièrement vigilant.

État du réseau routier

Les voies rapides se sont multipliées sur tout le territoire et le réseau secondaire est, d'une façon générale, d'excellente qualité, même si au sortir des hivers rigoureux, certaines routes de montagne peuvent être temporairement endommagées.
Hors périodes de vacances, la circulation est généralement fluide sur les autoroutes, mais les embouteillages sont courants dans les grandes villes. Beaucoup de rues centrales sont piétonnes ou à circulation restreinte : il est donc recommandé de garer la voiture au plus vite.

Informations routières – www.dgt.es.

Stationnement

Il est impossible de stationner gratuitement dans le centre des grandes villes. Si votre hôtel ne dispose pas d'un parking privé, mieux vaut choisir un parking payant, souterrain ou non, d'autant que la police espagnole ne plaisante pas : un bref dépassement d'horaire, c'est la fourrière assurée !

Assistance automobile

RACE – ✆ 902 40 45 45 – www.race.es.

Carburant

Le carburant est en moyenne moins cher de 0,20 €/l qu'en France. Notez cependant qu'il est plus que difficile de trouver du GPL en Espagne.

En vélo

Vous trouverez des vélos de location (privés ou municipaux, type Vélib) dans la plupart des villes de quelque importance. Certaines d'entre elles (comme Valence) disposent d'un réseau assez conséquent de voies cyclables.
En revanche, selon un projet de refonte du Code de la route qui devrait bientôt être adopté, il sera interdit aux cyclistes d'emprunter les voies piétonnes (ainsi que les trottoirs) ou de circuler à contre-sens, choses plus ou moins tolérées jusqu'à présent.

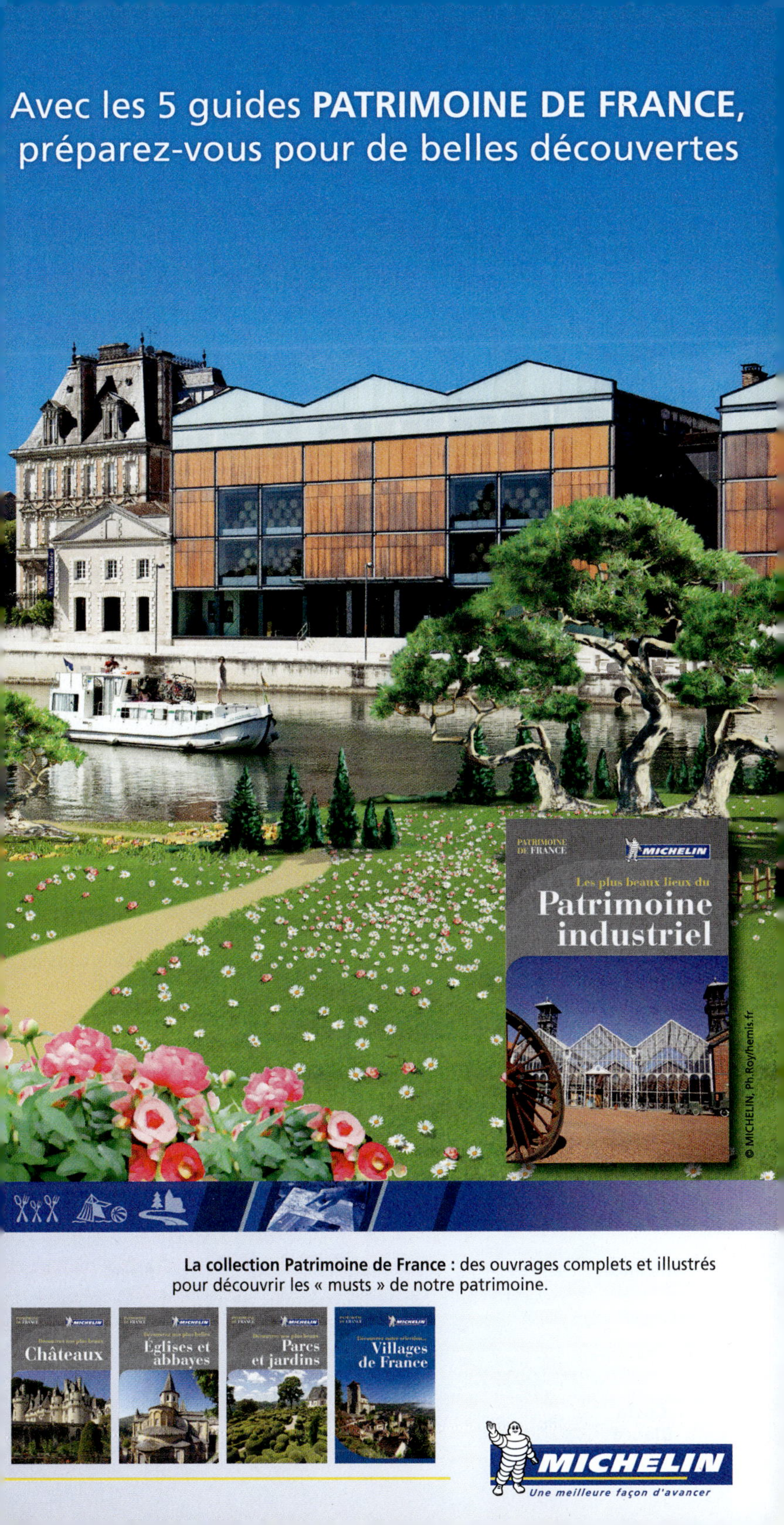
Avec les 5 guides PATRIMOINE DE FRANCE,
préparez-vous pour de belles découvertes
PATRIMOINE DE FRANCE
MICHELIN
Les plus beaux lieux du
Patrimoine industriel
© MICHELIN, Ph. Roy/hemis.fr
La collection Patrimoine de France : des ouvrages complets et illustrés pour découvrir les « musts » de notre patrimoine.
Châteaux
Églises et abbayes
Parcs et jardins
Villages de France
MICHELIN
Une meilleure façon d'avancer

En famille

Entre ses plages et ses montagnes, cette partie de l'Espagne offre de très nombreuses possibilités d'activités en famille : baignades en mer ou en rivière, sports nautiques ou d'eaux vives, balades et randonnées en montagne (renseignez-vous au préalable sur les difficultés et les dénivelés), découverte de la faune et de la flore, etc.

Sans oublier les villes et leurs nombreux musées, dont certains (ARQUA à Carthagène, le musée des Sciences Príncipe Felipe à Valence…) ont adopté une présentation moderne faisant appel à des bornes interactives propres à passionner les plus jeunes… N'oubliez pas non plus une petite initiation à l'architecture, par exemple à travers les vestiges romains de Saragosse, les chapiteaux historiés des cloîtres romans, les très nombreux châteaux et forteresses, souvent d'origine arabe, qui dominent la plupart des villages : à cet égard, celui de Loarre, près de Huesca, est un vrai château de conte de fées.

Bien sûr, on ne manquera pas de se rendre dans les célèbres parcs à thème de **Terra Mítica** aux environs de Benidorm ou encore de **Dinópolis** près de Teruel, et on fréquentera les zoos et parcs animaliers (Bioparc à Valence, Lacuniacha près de Jaca).

Tableau ci-dessous.

Pensez aussi aux innombrables fêtes qui rythment la vie des villes et villages avec leurs défilés de « gigantes y cabezudos », leurs feux d'artifice et les habitants qui mettent un point d'honneur à revêtir le costume local traditionnel qu'ils portent avec un naturel saisissant, même dans les autobus.

Enfin, si la corrida peut heurter la sensibilité de jeunes enfants non avertis, pensez aux spectacles de **recortadores** (sorte de course landaise ou camargaise), dont la virtuosité et l'agilité ne manqueront pas de les séduire.

Le pictogramme signale, dans la partie « Découvrir », les sites qui peuvent intéresser les enfants.

SITES OU ACTIVITÉS À FAIRE EN FAMILLE

Chapitres du guide	Page	Nature	Musées	Loisirs
Aínsa	280		Écomusée de la faune pyrénéenne	
Alicante	177		Musée des Crèches, musée de Hogueras, musée du Sel (Santa Pola)	Plages
Carthagène	217		ARQUA (musée d'Archéologie sous-marine)	
Costa Blanca	188			Terra Mítica e Iberia Parc (Benidorm), plages

SITES OU ACTIVITÉS À FAIRE EN FAMILLE				
Chapitres du guide	**Page**	**Nature**	**Musées**	**Loisirs**
Costa del Azahar	154		Musée des Sciences naturelles El Carmen (Onda), planetarium (El Grau de Castelló)	Plages
Daroca	299	Balade dans le parc du monastère de Piedra		
Elche	194	Balade dans le jardin du Curé et le parc municipal	MAHE (musée d'Archéologie et d'Histoire)	
Huesca	254		Château de Loarre	
Jaca	263	Parc animalier de Lacuniacha (Piedrafita de Jaca)	Ciudadela, musée des Arts populaires du Serrablo (Sabiñánigo)	
Lorca	223		Espace thématique de la forteresse du Soleil	
Morella	164		Musée « Temps de Dinosaures »	
Murcie	206		Aquarium de l'université, musée de la Science et de l'Eau, crèches du musée Salzillo	
PN d'Ordesa et du Mont Perdu	274	Randonnées sur les chemins aménagés		
Pyrénées aragonaises	252	Balades sur les sentiers		
Saragosse	236		Aquarium fluvial	Activités nautiques au Parque del Agua
Teruel	303			Territorio Dinópolis
Valence	106	Promenade en barque traditionnelle dans le parc de l'Albufera (à partir d'El Palmar)	Oceanogràfic et musée des Sciences Príncipe Felipe, musée L'Iber, Bioparc, musée du Riz et de la Semana Santa Marinera	L'Hemisfèric, Parc Gulliver, Devesa Gardens, plages

Mémo

Agenda

Dans cette section, nous vous indiquons une liste des principales manifestations en Espagne côté Est. Vous en retrouverez certaines détaillées dans la rubrique « Agenda » des carnets d'adresses des localités présentées dans la partie « Découvrir ». Pour un calendrier plus exhaustif, adressez-vous aux offices de tourisme des différentes localités.
Sachez enfin que certaines dates peuvent légèrement varier d'une année sur l'autre.

JANVIER

Toute l'Espagne – « Cabalgata de Reyes » : arrivée des Rois mages, très prisée notamment à Alcoy. 5 janv. à la nuit tombante ou 6 janv.
Morella – Sant Antoni : survivance des rites ancestraux du solstice d'hiver. 1er w.-end suivant le 17 janv.

FÉVRIER

Teruel – Fête des amants. Le w.-end qui suit le 14 fév.

MARS

Castelló de la Plana – Fêtes de la Magdalena. 10-18 mars.
Valence – « Fallas », grande fête avec défilés, feux d'artifices, *mascletàs* et animations. 15-19 mars.
Toute l'Espagne – Semaine sainte. Les processions sont particulièrement impressionnantes à Murcie, Lorca, Carthagène, Orihuela, Alcañiz, plus ludiques à Calaspara. Fin mars-déb. avr. selon les années. Dans les régions de Calanda et de Murcie, qui sont montagneuses, *tamborradas* (roulements de tambour).

AVRIL

Murcie – Fêtes du printemps (concerts, défilés de chars, etc.) qui se terminent par l'**« Enterrement de la sardine »**. Déb. avr. (la semaine suivant la Semaine sainte).
Communauté valencienne – « Moros y Cristianos » : Fête des Maures et des Chrétiens, en l'honneur de saint Georges. Particulièrement spectaculaire à Alcoi. 22-24 avr.
Alcañiz – Semaine médiévale. Dernière sem. d'avr.
Alhama de Murcia – Fête des *Mayos* (chants pour accueillir le printemps). 28 avr.-6 mai.
Albarracín – Fêtes des *Mayos*. 30 avr.
Xàbia – Fêtes de Jesús Nazareno. 23 avr. -3 mai.

MAI

Caravaca de la Cruz – Fête de la Sainte Croix. 1er-5 mai.
Jaca – Fête du « Premier Vendredi de Mai ».
Vilafamés – Vilafamés 1900 : Fête des métiers anciens et des traditions locales. 1er w.-end de mai.
Valence – « Fiesta de Nuestra Señora de los Desamparados ». Les Valenciens honorent leur sainte patronne sur la plaza de la Virgen. 2e dim.
Valence – « Russafart ». Les portes ouvertes des ateliers d'artistes du quartier de Russafa ont lieu tous les deux ans (prochaine édition en 2016). Dernier w.-end de mai.

JUIN

Morella – « Corpus Christi » (Fête-Dieu) : grande procession religieuse et « cabalgata de la Degolla », procession en costume traditionnel avec chants et danses. 1er w.-end suivant la Trinité.
Toute l'Espagne – Fête et feux de la Saint-Jean (nuit du 23 ou du 24 juin), particulièrement remarquables à Alicante et Xàbia (à partir du 9 juin).
Alicante – Feria de Hogueras (fête dans l'esprit des *fallas* de Valence). Une semaine autour du 24.
Jaca – Fêtes de Santa Orosia et San Pedro : processions et danses traditionnelles. 24-29 juin.
Valence – « Cuina Oberta » : pendant 10 jours, les restaurants de Valence composent de délicieux menus à prix unique : 20 € le midi et 30 € le soir (35 € et 45 € pour les restaurants étoilés Michelin). www.valenciacuinaoberta.com (autre édition en novembre).

JUILLET

Dénia – « Fiestas Mayores de la Santísima Sangre » : défilés de chars, feux d'artifice, « taureaux à la mer », etc. 1re quinzaine de juil.
Albal – Fêtes taurines. 2e sem. de juil.
Teruel – Fêtes de la Vaquilla del Àngel (corridas et animations diverses) et feria taurine. 2e dim. de juil.
Moratalla – Fêtes du Christ-Roi. 11-17 juil.
Communauté valencienne – Fête de la Vierge. 3e sem. de juil.
Manises – Fête de la céramique. 3e w.-end de juil.
Vall d'Alba – Fêtes du Pla de l'Arc, en l'honneur de St-Jacques avec *novillada, bous al carrer,* défilés de groupes musicaux, *mascletà*, feux d'artifice, et concours de *guiñote*, jeu de cartes espagnol. 3e sem. de juil.
Valence – Feria de Juillet (pour la Sant Jaume, autour du 25). Bataille de fleurs avec défilé de chars fleuris et lancer de pétales dans les rues.
Torrevieja – Concours international de *habaneras* (chants d'origine latino-américaine) et polyphonies. Fin juil.
Valence – Bataille de fleurs. Dernier dim. de juil.
Benicassim – Festival de musique. 4 jours fin juil.-déb. août.
Valence – Fête du quartier de Benifaraig. Fin juil.-déb. août.
Jaca – Festival folklorique des Pyrénées (années impaires). Fin juil.-déb. août.

AOÛT

Daroca – Festival de musique ancienne. Déb. août.
La Unión – Festival de chant (flamenco) de la mine. 2-11 août.
Huesca – Fête de la Saint-Laurent. 9-15 août.
Elche – « Fiestas de Elche » : Fête des Maures et des Chrétiens, Nuit de l'aube (feu d'artifice), etc. Courant août.
Jumilla – Fêtes des vendanges. 10-19 août.
Alicante – San Roque. 11-16 août.
Calatayud – Feria de San Roque.
Elche – « Misteri d'Elx » : drame lyrique religieux médiéval classé au patrimoine immatériel de l'Unesco. 14 et 15 août, dans la basilique.
Sagunt – Fête de la Virgen de Begoña : compétitions sportives, corridas, etc. 15 août.
Xàtiva – Foire au bétail, corridas, courses de chars. 15-20 août.
Sos del Rey Católico – « Fiestas Mayores ». 3e sem. d'août.
Tarazona de Aragón – « Cipotegato » et fêtes de San Atilano. 27 août-1er sept.
Bunyol – La « Tomatina » : combat ayant pour arme la tomate ! Dernier merc. d'août.

SEPTEMBRE

Barbastro – « Fiestas Mayores » : défilés de géants, concerts, corridas. 4-8 sept.
Peníscola – Fêtes patronales en l'honneur de la Vierge de l'Ermitage. Autour du 7 sept.
Algemesí – Festa Major : processions et Setmana de Bous : une semaine de *novilladas* dans des arènes improvisées sur la plaça Major. Autour du 7.
Murcie – Feria. Mi-sept.
Segorbe – « La Entrada de Toros y Caballos » : cavalcades et courses de taureaux. 2e sem. de sept.
Alcañiz – Fête de la Vierge de Pueyos. 8-13 sept.
Aínsa – La « Morisma ». Le dim. le plus proche du 14 sept.

OCTOBRE

Valence – Festival international de pyrotechnie dans l'ancien cours du Turia, qui précède la Journée de la Communauté valencienne, le 9 oct.
Elche – Festival médiéval. Courant oct.
Saragosse – Fêtes de la Vierge del Pilar et feria taurine. Sem. du 12 octobre.
Valence – Mostra du cinéma méditerranéen. 3e sem. d'oct.

NOVEMBRE

Benidorm – Fêtes de la Virgen del Sufragio et San Jaume Apostol : processions, défilés de chars fleuris et feux d'artifice géants. Autour du 2e vend. de nov.
Lorca – Fêtes de San Clemente. 23 nov.
Valence – « Cuina Oberta » : pendant 10 jours, les restaurants de Valence composent de délicieux menus à prix unique (voir aussi en juin). www.valenciacuinaoberta.com.

DÉCEMBRE

Elche – Fête de la venue de la Vierge : cavalcades dans les rues. 28 déc.

Bibliographie

HISTOIRE

Histoire des Espagnols (éd. Perrin) et *La Guerre d'Espagne* (éd. Tempus), par Bartolomé Bennassar.

ART

Aragon roman, par Ángel Canellas López et Ángel San Vicente (éd. du Zodiaque, 1971).
Goya : les peintures noires, par Yves Bonnefoy (éd. William Blake and Co, 2006).

LITTÉRATURE

Classiques

Ausiàs March – *Chants d'amour et de mort* (éd. de La Différence, 1994).
Joanot Martorell – *Lettres de bataille* (éd. Corti, 1988). *Tirant le blanc* (Anacharsis, 2003). Écrite par un Valencien, une œuvre fondatrice de la littérature catalane.
Guillén de Castro – *Les Enfances du Cid* (*Las Mocedades del Cid*, éd. Linkgua, 2010). Aux sources (valenciennes) du chef-d'œuvre de Corneille (en espagnol).
Gustavo Adolfo Bécquer – *Depuis ma cellule (Desde mi celda*, éd. Catedre, 2006). Quand un poète romantique andalou découvre l'Aragon (en espagnol).

Poésie

Miguel Hernández – *La foudre n'a de cesse* (éd. des Presses Universitaires de Rennes, 2001).

Littérature moderne et contemporaine

Vicente Blasco Ibáñez – *Terres maudites (La Barraca)*, paru en

2004 aux éd. L'Harmattan (coll. Les Introuvables), et, bien sûr, son plus grand succès, *Arènes sanglantes* (éd. Sillages, 2009).
Ramón J. Sender – *Requiem pour un paysan espagnol* (éd. Attila, 2010).
Gabriel Miró– *L'Évêque lépreux*. Orihuela au début du 20e s. (éd. Stock, 1994).
Jesús Moncada – *Le Testament de l'Èbre*, nouvelle traduction des célèbres *Bateliers de l'Èbre* (éd. Autrement, 2010). Par un Aragonais qui a choisi de s'exprimer en catalan.
Javier Tomeo – *Le Chasseur et le lion* (1990), *L'Agonie de Proserpine* (1996) et *La Patrie des fourmis* (2004), tous parus chez Christian Bourgois. Le monde particulier et étrange, très kafkaïen, d'un écrivain aragonais dont les obsessions rappellent celles de son compatriote Luis Buñuel.
Les lecteurs hispanistes feront une belle découverte en ouvrant *La moneda en el suelo* (1951) ou *Concierto al atardecer* (1982) de l'écrivain de Saragosse, **Ildefonso Manuel Gil** (1912-2003). Représentatif d'une génération brisée par la guerre civile, longtemps exilé aux États-Unis, Gil est actuellement (re)découvert par ses compatriotes aragonais. Souhaitons qu'une traduction le fasse enfin reconnaître du public français ! Toujours disponible sur les sites de vente en ligne, *L'Enfer de Carlos Seton* est bien paru en France, aux éditions de La Table Ronde, mais en 1954…

Aventures

Bien que les romans d'**Arturo Pérez-Reverte** évoquent peu la ville natale de l'écrivain (Carthagène), on prendra plaisir à les dévorer : *Le Cimetière des bateaux sans nom, Le Club Dumas, Cadix ou la Diagonale du fou, Le Tango de la vieille garde*, etc., tous parus en français aux éditions du Seuil : une véritable lecture de vacances !

Polars

Quelques romans de **Ferran Torrent** se déroulant à Valence ont été traduits du valencien au français : *Contre les cordes* (éd. J. Chambon, 1992) et *Merci pour le pourboire*, autobiographie romancée (éd. du Trabucaïre, 2007).

Filmographie

Rubrique « Le cinéma » dans le chapitre Culture p. 64.

Discographie

À **Valence**, la scène musicale est foisonnante avec des groupes nés dans la lignée des *indies* de Catalogne, comme Obrint Pas, La Habitación Roja, La Gossa Sorda, etc. Mais le grand maître de la chanson valencienne reste **Raimon** (né en 1940), pionnier de la *Nova Canço*, ce mouvement, principalement musical, qui, sous Franco, dénonça la dictature.
En **Aragon**, la chanson fut longtemps représentée par l'emblématique **José Antonio Labordeta** (1935-2010), également écrivain.
La musique traditionnelle a été adaptée dans les années 1990 par plusieurs groupes de rock, comme Mallacán (textes en dialecte aragonais) ou Ixo Rai.
On la retrouvera, au plus près de sa vérité de toujours, dans les disques du groupe **Dulzaineros del Bajo Aragón**, qui s'attache avec bonheur à redonner vie aux instruments traditionnels et aux partitions retrouvées dans de vieux grimoires (*Trastes et cantas populares*, 2006).
Quant aux amateurs de **jota**, c'est avec plaisir qu'ils écouteront en boucle un double CD intitulé *Aires del Moncayo*, réunissant la quintessence de ce genre musical.

COMPRENDRE L'ESPAGNE CÔTÉ EST

La Cité des Arts et des Sciences de Valence.
J. Fuste Raga/age fotostok/ADAGP, Paris2015

L'Espagne côté Est aujourd'hui

Mosaïque d'anciens royaumes à l'identité forte, l'Espagne côté Est apparaît cependant unifiée par des traits similaires, dont une histoire en partie commune qui s'est déroulée sous la houlette du puissant royaume d'Aragon. Les trois régions autonomes (sur dix-sept) de ce vaste territoire se rassemblent aussi autour d'une forte attractivité, motivée par une grande variété de paysages allant des hautes vallées pyrénéennes au littoral méditerranéen. Leur secteur touristique développé, leur économie assez dynamique et leur grande ouverture sur l'extérieur sont autant d'atouts susceptibles d'attirer les visiteurs.

Arts et traditions populaires

Dans toutes ces régions, les traditions sont restées bien vivantes et l'on participe intensément aux fêtes. Elles surprennent par leur variété, leur originalité et leur atmosphère passant, selon les lieux et les heures, du recueillement aux festivités débridées. Aux fêtes religieuses, patronales ou héritées des rites païens, s'ajoutent des coutumes ancestrales de danses et de chants, ainsi que des traditions culinaires et viticoles d'une grande richesse.

UN PAYS DE FÊTES ET DE TRADITIONS

Toutes les villes et tous les villages célèbrent, avec plus ou moins d'exubérance, leur plus importante fête, donnée en l'honneur de leur saint patron. Ces fêtes ont le plus souvent lieu en été. Le mois de septembre, où l'on célèbre la fin des moissons, est particulièrement riche en festivités. Les habitants de la localité, mais aussi ceux des villages voisins venus profiter du spectacle y participent. C'est en effet l'occasion de danser jusqu'à l'aube, de suivre les processions religieuses – car ici le sacré n'est jamais très loin du profane –, d'assister à des corridas, de se divertir dans les foires, le tout en mangeant et en buvant.

Les « romerías »

Ce sont des pèlerinages à un sanctuaire ou un ermitage isolé où l'on se rend en procession, groupés par confréries, par quartiers ou par villages. De nombreux pèlerins revêtent le costume régional et scandent leur marche de chants traditionnels. On s'y retrouve pour déjeuner sur l'herbe et danser. L'une des plus spectaculaires, la **Romería de les Canyes**, se déroule le 3e dimanche de Carême sur le site de la première implantation de Castelló de la Plana (*p. 157*).

La Semaine sainte

Les processions de la Semaine sainte, dont le caractère varie selon le tempérament de chaque région, sont une autre manifestation

Procession du lundi de Pâques à Murcie.
S.Crump / SCFotos / age fotostock

de cette foi catholique qui reste enracinée dans l'âme espagnole.
Dans de nombreuses localités, les gens accompagnent la Passion du Christ. La beauté des statues, qui sont pour la plupart de véritables œuvres d'art que l'on mène en procession, la solennité des cortèges et la ferveur des participants impressionnent aussi bien les croyants que les non-croyants. C'est le cas notamment à **Murcie**, lors du défilé des *pasos* de Salzillo (groupes sculptés du 18e s.) et à **Lorca** (région de Murcie), où les festivités de la Semaine sainte s'étirent sur dix jours, rythmées par des processions d'une grande beauté (chars ornés, costumes brodés, pénitents ou *nazarenos*).
Dans le bas Aragon (mais aussi dans certains villages de la région de Murcie), autour d'**Alcañiz** et, surtout, de **Calanda**, ce sont les tambours qui accompagnent les marches de façon lancinante.

L'Assomption

Patronne de nombreux villages et villes, la Vierge est célébrée avec une ferveur particulière dans tout le pays. Le 15 août, l'Assomption donne lieu à des festivités aux formes assez variées, qui s'inscrivent généralement dans des traditions très anciennes. L'une des manifestations les plus originales de cette ferveur populaire s'observe à **Elche**. En effet, depuis le Moyen Âge, on y célèbre la mort et l'Assomption de la Vierge au cours d'un drame sacré lyrique, le **Misteri d'Elx**, inscrit au Patrimoine mondial de l'Unesco au titre d'œuvre immatérielle *(p. 197)*.

Les fêtes de Noël

Ce sont les fêtes familiales par excellence. Les cadeaux traditionnels, les *cestas de Navidad,* se composent de grandes corbeilles d'osier, souvent à plusieurs étages, garnies de bouteilles, de jambons et de dragées, de *turrón* (nougat ou touron) et de massepains. Le défilé des Rois mages le soir du 5 janvier fait aussi partie de la tradition. Ils parcourent la ville en distribuant des sourires et des bonbons.

Un folklore vivant

Aragon

Avec la bondissante **jota**, l'Aragonais extériorise sa joie et son courage. Les danseurs (en couple), les bras levés, frappent alternativement le sol de la pointe du pied et du talon, puis tourbillonnent et sautent au son d'une *rondalla* (ensemble d'instruments à cordes). La *jota* peut être chantée, l'interprète entonnant des strophes de quatre vers, après un prélude musical généralement assez long.

Le 23 avril, fête de la Saint-Georges (saint patron de l'Aragon), on pratique à **Cetina** *(à l'ouest de Calatayud)* une singulière *contradanza* aux origines celtiques. Signalons également **El Dance**, danse assez complexe sur des thèmes divers (lutte des Maures et des Chrétiens, événements locaux) accompagnée par la cornemuse *(gaita)* et une partie récitative.

Parmi les spécificités vestimentaires, on voit souvent dans le bas Aragon les hommes portant un mouchoir noué sur la tête. Et comme ailleurs, les jours de grandes fêtes (telle la feria del Pilar de **Saragosse**), tout un chacun arbore, avec fierté et un grand naturel y compris dans l'autobus, le costume local traditionnel.

Communauté valencienne et région de Murcie

Dans le Levant, la gaieté populaire irradie les fêtes : c'est l'occasion d'admirer le costume local remarquable pour ses coloris et la préciosité de ses broderies. Les **fallas** de Valence, en mars, sont une véritable institution avec laquelle tentent de rivaliser les **fogueres** d'Alicante. La création de monuments en carton-pâte que l'on incendie à grand fracas sous les feux d'artifice permet aux habitants de prouver leur sens de la décoration, d'exercer leur verve satirique et de donner libre cours à leur exubérance. Ce goût pour le feu et la pyrotechnie se manifeste également lors de feux d'artifices somptueux *(encadré ci-contre)*.

Les fêtes des **Moros y Cristianos** perpétuent avec beaucoup de pittoresque les luttes entre Maures et Chrétiens pendant la Reconquête. La plus grandiose est celle d'**Alcoi** *(encadré p. 175)*.

À Carthagène, histoire oblige, c'est une variante qui est donnée, sur le thème des guerres puniques entre Romains et Carthaginois.

Les **géants et grosses têtes (Gigantes y Cabezudos ou Gegants i Capgrossos)** font partie de la tradition festive de toute l'Espagne. Ces personnages démesurés jouent un rôle significatif dans les fêtes populaires lorsqu'ils défilent accompagnés par la musique, à la grande joie (parfois un peu effrayée) des enfants qu'ils s'amusent à poursuivre.

Parmi les manifestations les plus étonnantes, il faut citer la **Muixeranga** d'Algemesí (au sud de Valence), tours humaines qui rappellent les castells catalans, et la fameuse **Tomatina** de Bunyol *(p. 144)*.

Voir aussi l'agenda p. 40.

Tauromachies

La corrida, inscrite comme « bien d'intérêt culturel » en Espagne, reste très populaire en pays valencien comme en Aragon ou à Murcie.

La saison taurine européenne (temporada) *débute en mars pour s'achever en octobre, ponctuée par des ferias (cycles de corridas) plus ou moins réputées.*

La lutte contre le taureau s'est pratiquée à cheval du Moyen Âge au 18e s. Du fait de la désaffection de la noblesse pour ce genre d'exercice, c'est la tauromachie à pied qui se pratiquait depuis fort longtemps, comme l'attestent les gravures de Goya, qui a pris le dessus, évoluant peu à peu depuis se formes primitives jusqu'au spectacle que nous connaissons aujourd'hui.

Les règles de la tauromachie actuelle furent élaborées au cours des 18e et 19e s. par la famille **Romero**, les toreros **Costillares** et **Francisco Montes « Paquiro »**. **Pepe Hillo** (1754-1801) créa le style sévillan, spontané et gracieux, qui s'opposait à celui de Ronda, grave et sobre. Vinrent ensuite les Cordouans : **Lagartijo** (1841-1900), **Guerrita** (1862-1941), **Manolete** (1917-1947) et **El Cordobés** (né en 1936). Mais ce furent deux Sévillans, **Joselito** (1895-1920) et **Juan Belmonte** (1892-1962), qui écrivirent l'âge d'or de la corrida, qu'ils révolutionnèrent entre 1913 et 1920. Dans l'actualité, outre le Madrilène **José Tomás** aux prestations plus que rares et devenu une figure mythique, le Valencien **Enrique Ponce**, le Madrilène **El Juli**, le Sévillan **Morante de la Puebla**, les Estrémègnes **Miguel Ángel Perera** et **Alejandro Talavante** ainsi que le Basque **Iván Fandiño** tiennent le haut du pavé.

L'Espagne méditerranéenne a donné quelques grands toreros : citons, parmi les plus récents, les Alicantins **Luis Francisco Esplá** et **José Mari Manzanares** (père et fils), l'Aragonais **Raúl Gracia « El Tato »**, les Murciens **Pepín Liria** (de Cehegín), **Pepín Jiménez** et **Paco Ureña** (tous deux de Lorca), et **José Ortega Cano** (de Carthagène).

Les élevages – Les taureaux de combat sont élevés en quasi-liberté sur d'immenses propriétés d'Andalousie, d'Estrémadure et de Castille. Leur aptitude au combat est étudiée lors de la **« tienta »**, épreuve de bravoure que l'on fait subir aux vaches destinées à la reproduction. Chaque élevage acquiert ses qualités propres qu'analysent les connaisseurs *(aficionados)*.

La corrida (course de taureaux) – Elle comporte la mise à mort de six taureaux (4 à 5 ans, autour de 500 kg) répartis entre trois matadors. La course commence, au son des paso doble, par le **paseillo** (défilé) des toreros (combattants de l'arène), précédés de deux *alguazils* (en quelque sorte les « policiers » de l'arène) à cheval et en costume du 17e s. Les trois **matadors**, dans leur habit de lumière, marchent en tête de leur *cuadrilla* (équipe). Chaque combat, ou **lidia**, comprend trois **tercios**, actes annoncés par des sonneries de trompes, où l'homme doit progressivement assurer sa domination sur l'animal.

1er tercio : la réception et les piques – À l'aide de leur cape, les *peones* attirent la bête. Puis le matador intervient et, jouant

L'ART DE LA PYROTECHNIE

Pétards et feux d'artifice sont les bases de toute fête valencienne digne de ce nom, et nombreuses sont les entreprises pyrotechniques locales qui mettent en jeu leur réputation lors des *fallas* de Valence, des *hogueras (fogueres)* d'Alicante, ou d'autres festivités de la région. L'un des rendez-vous les plus singuliers est la **mascletà**, qui rassemble des foules considérables chaque jour à 14h : il s'agit d'une énorme « pétarade », rythmée et cadencée (selon le talent des artificiers), qui fait trembler les fenêtres de toute la ville et obscurcit le ciel de fumée. Des spécialistes jugent avec la sévérité qui convient le résultat de chacune des *mascletàs* quotidiennes et un prix est décerné à l'issue de la fête.

de sa cape rose, fait virevolter l'animal, notamment en dessinant les fameuses « véroniques », pour étudier son comportement. Ensuite, les picadors, montés sur leurs chevaux caparaçonnés, attendent, le fer en arrêt, la charge du taureau pour lui planter leur lance dans le garrot, nœud de muscles qui domine les épaules.

2e tercio : les banderilles – Pour permettre à l'animal de reprendre son souffle, les *banderilleros* (ou, parfois, le matador en personne) lui plantent dans le garrot des banderilles, bâtons enrubannés terminés en harpon, tout en esquivant prestement ses cornes.

3e tercio : la mise à mort – C'est la **faena** (ou travail à la **muleta**, pièce de serge rouge écarlate tendue sur un bâton). Après avoir salué le président et dédié la bête à une personnalité ou à la foule, le torero, l'épée dans la main droite, attire avec la *muleta* le taureau par des passes dont l'élégance ou la témérité peuvent lui valoir le triomphe. Finalement, c'est **l'estocade** ; le taureau s'immobilise et le matador, l'épée droite, s'avance, vise entre les omoplates et frappe, son corps frôlant la corne droite de l'animal fasciné par la *muleta*. Si le matador a bien combattu, il reçoit en récompense une oreille, voire deux, et parfois la queue de l'animal. Quant au taureau, il peut être honoré pour sa bravoure d'un tour de piste posthume, voire de l'**indulto** (grâce), accordé à titre exceptionnel.

Autres formes de courses – Essentielles dans la formation des futurs matadors, les **novilladas** voient s'affronter selon le même rituel les *novillos*, jeunes taureaux de 3 ans, et les apprentis toreros, les *novilleros*.

Le **« rejoneador »**, lui, est à cheval, en respectant les trois actes de la corrida.

De plus en plus populaires, les spectacles mettant en scène des **recortadores** ont tendance à se multiplier : le jeu, tout d'esquive et de souplesse, s'apparente aux courses landaise et camarguaise. Le décès d'un célèbre *recortador*, encorné près de Valence en juin 2012, rappelle cependant les dangers encourus.

Enfin, il n'est pas de fête digne de ce nom en pays valencien sans **bous al carrer** (littéralement : « les taureaux dans la rue »), en particulier autour de La Vall d'Uixó. Les taureaux sont lâchés dans les rues et affrontés par les jeunes du village. Visiteurs, attention : restez bien à l'abri derrière les barrières, les grilles ou sur les gradins de fortune, car les taureaux sont cornes nues, et les accidents, parfois graves, ne sont pas rares.

Gastronomie

La cuisine de l'Espagne orientale a, naturellement, un caractère méditerranéen très marqué. Préparée sur la majeure partie du territoire à base d'huile d'olive, relevée par des herbes aromatiques et épicée par le piment ou le safran du Levant, elle varie selon les régions et s'accompagne d'excellents vins locaux.

Pour les spécialités gastronomiques à rapporter en souvenirs (p. 29).

Spécialités régionales

En Aragon

La cuisine aragonaise, simple et roborative, est marquée par une « frontière » invisible séparant la cuisine à l'huile d'olive (les régions d'Alcañiz et du Somontano autour de Barbastro produisent une huile vierge réputée) de la cuisine au lard (essentiellement dans les régions montagneuses du haut Aragon). Parmi les recettes traditionnelles les plus fréquemment rencontrées, citons les **migas** : ces mies de pain

La célèbre paella valencienne.
Hidalgo & Lopesino/age fotostock

frites avec un peu d'ail sont servies avec du raisin ou, parfois, un œuf, voire de la charcuterie. Il convient de bien mélanger le tout pour un résultat optimum.
C'est aussi la terre des **chilindrones**, une savoureuse sauce aux tomates et aux poivrons qui agrémente volailles et viandes, et du **ternasco**, agneau de lait cuit au four.
Les légumes, principalement des asperges et des artichauts, apprêtés en fritures variées **(fritada aragonesa),** sont très fréquemment utilisés dans la cuisine aragonaise. Parmi les autres plats, citons les **huevos al salmorejo** (œufs sur le plat accompagnés d'une sauce relevée mêlant poivrons et charcuterie), le **conejo al ajoaceite** (lapin à l'ail et à l'huile d'olive, spécialité de la région d'Alcañiz) et pour le dessert, la traditionnelle pêche au vin, ainsi que de nombreux autres fruits. Le portrait gastronomique de l'Aragon ne serait évidemment pas complet si l'on ne citait la vedette de la table aragonaise, le fameux **jamón serrano** qui fait la gloire de **Teruel** : affiné pendant huit mois minimum, il jouit d'une appellation d'origine. Attention aux « faux amis » : vous trouverez parfois dans la région d'Albarracín un **gazpacho** qui n'a rien d'andalou : il s'agit de pain sans levain, coupé en morceaux et revenu à la poêle avec de la charcuterie, de la viande de lièvre ou de lapin, des pommes de terre… et tout ce qui tombe sous la main !

Valence et Murcie

Le Levant est le royaume de la célèbre **paella valenciana** à base de riz au safran et garnie de poule,

HISTOIRE DE FROMAGES

En Espagne, le fromage se consomme volontiers en entrée ou en tapa, présenté sur une planche et accompagné de fruits secs, de grains de raisin ou de pâte de coing *(membrillo)*. L'Aragon pyrénéen produit d'excellents fromages (chèvre, brebis et vache),

de porc, de lapin, de coquillages, de calamars, de gambas et de langoustines *(cigalas)*. Pour la préparation, chaque village a développé ses propres recettes et on ne compte pas moins d'une cinquantaine de spécialités de **riz** (**arroces** ou **arrossos** en valencien), selon les ingrédients et la cuisson. Signalons entre autres l'**arros negre**, riz à l'encre de seiche, l'**arros a banda** (à base d'une sauce composée à l'aide de petits poissons de roche), l'**arros del Senyoret**, aux crustacés préalablement décortiqués d'où son surnom d'**arros limpio** (propre) puisque l'on ne se salit pas les mains ; mais aussi la **paella de verduras** (paella aux légumes), l'**arros rossejat** (riz roussi) où le riz est mis à dorer dans la poêle avant l'adjonction d'autres denrées, ou encore l'**arros con costra**, spécialité d'Orihuela. La **« fideuà »** est une déclinaison de la paella où de petites pâtes prennent la place du riz.
Mais la paella est ici considérée comme une entrée… et le plus souvent, elle ne fait que précéder d'excellents poissons, grillés, à la braise ou, parfois, préparés en croûte de sel, sans oublier les crustacés parmi lesquels le homard **(bogavante)** tient la vedette.
Un plat d'hiver ? Goûtez au **puchero valenciano** longuement mitonné, où se mêlent pois chiches, riz, pommes de terre, poulet, lard, boudin ou pieds de porc, et divers condiments, qui se déguste avec des boulettes de viande **(pelotas)** assaisonnées à la cannelle. Ce plat n'est pas léger, mais pourtant délicieux et connaît, lui aussi, autant de variantes que de cuisinières.

Murcie

Entre Levant et Andalousie, mer et montagnes, la gastronomie murcienne fait la synthèse de toutes ces influences, tout en développant ses propres spécialités.
Ici, les primeurs de la *huerta* sont à l'honneur et on peut les déguster apprêtés dans la **olla gitana** (« marmite gitane ») mêlant choux-fleurs, tomates, poivrons et *ñoras*, ces petits piments séchés qui font la fierté de la région. Parmi les autres spécialités, citons le **riz caldero** (n'oublions pas que le **riz de Calasparra** bénéficie d'une appellation d'origine), les fèves fraîches sautées aux oignons, et les **empanadillas** (chaussons) farcies à la viande ou aux oignons. Enfin, vous aurez peut-être l'occasion de déguster des **mojamas** : tranches de thon mises en salaison puis séchées pendant quelques semaines, puis servies avec un filet d'huile et parsemées d'amandes effilées.

UNE SOIRÉE TAPAS

Ceux qui souhaitent pratiquer l'art du *tapeo* de bar en bar *(p. 22)* et découvrir ainsi que la créativité en la matière n'a pas de limites, doivent savoir que chaque ville possède un quartier (généralement dans le centre ancien) où les bars, *enotecas* et autres tavernes se suivent, évitant ainsi aux amateurs du genre d'avoir à parcourir de longues distances entre deux verres…
Pour se limiter aux grandes agglomérations : à Saragosse, ils arpenteront le célèbre « tubo » ; à Valence, la carrer Cavallers, les rues limitrophes et le quartier branché de Russafa ; à Murcie, les alentours de la plaza Santa Catalina.

LES VINS

Le Levant

La région de Valence est la troisième zone viticole au monde par sa superficie et produit essentiellement des vins de consommation courante. La principale dénomination d'origine

(Denominación de Origen ou DO) est celle d'**Utiel-Requena**, à l'ouest de la province de Valence. Les autres DO sont Valence, Alicante, Jumilla, Yecla et Bullas (Murcie).

Aragon

Les caves de Catalayud produisent un vin rouge qui se consomme très jeune. L'appellation **Cariñena** se trouve en vins rouges, blancs ou rosés, très appréciés dans toute la région.
Mais l'appellation la plus prisée est celle de **Somontano** (autour de Barbastro), dénomination d'origine contrôlée (DOC) qui ne cesse d'augmenter son prestige grâce au savoir-faire des viticulteurs locaux.

BOISSONS RAFRAÎCHISSANTES

Valence est la capitale de la **horchata de chufa (orxata de xufa)**, boisson rafraîchissante à base de tubercules de souchets, et Alicante celle du **granissat (granizado)**, jus d'orange ou de citron, ou café, mélangé à l'origine avec de la neige conservée dans des « puits de glace ». Et, plus couramment, on ne manquera pas de déguster les excellents jus d'oranges de la région, « al natural » bien entendu.

Avec modération...

L'on n'aura garde d'oublier un cocktail qui s'est imposé, l'**agua de Valencia** à base de *cava* (le « champagne » catalan), de jus d'orange, de vodka et de gin. Dans ce même ordre d'idée, on demandera à Alcoi un **burret**, connu également sous le nom de **café-licor** (liqueur de café avec coca ou citron). À Carthagène, on peut goûter le **café asiático** (café, lait concentré sucré, cognac et licor 43, une liqueur composée de 43 ingrédients). Enfin, Alicante est le royaume de la **Palometa** à base d'eau et d'anis, déclinaison locale de l'anisette.

Politique et administration

La Constitution espagnole, approuvée en octobre 1976 par les *Cortes* (Assemblée et Sénat) et adoptée par référendum le 6 décembre 1978, définit la forme politique de l'État espagnol comme une **monarchie parlementaire** ; la souveraineté réside dans le peuple espagnol. Un **chef de l'État**, incarné dans la personne du roi, des **Cortes Generales** et un **gouvernement** sont les figures représentatives de ce système politique. Outre son rôle de représentation, le roi dispose de pouvoirs surtout symboliques : désignation du président du gouvernement, convocation et dissolution des *Cortes*. L'exercice du pouvoir réel revient au Premier ministre. Les *Cortes*, qui représentent le peuple espagnol, sont élues au suffrage universel tous les quatre ans ; elles disposent du pouvoir législatif et sont divisées en deux chambres : la **Chambre des députés** et le **Sénat**. Le gouvernement exerce la fonction exécutive par l'intermédiaire d'un président du gouvernement (ou Premier ministre), de vice-présidents et de ministres. Le pouvoir judiciaire, dont l'organe supérieur est le Tribunal suprême, est un pouvoir indépendant déposé entre les mains de juges et de magistrats.
Du point de vue territorial, l'Espagne est organisée en municipalités, provinces et communautés autonomes.

Les communautés autonomes

L'Espagne est constituée de 17 communautés autonomes et deux villes autonomes (Ceuta et Melilla, enclaves espagnoles situées sur la côte nord du Maroc). Ces communautés sont totalement compétentes en matière notamment d'urbanisme,

d'aménagement du territoire, de tourisme et d'assistance sociale, alors que le pouvoir décisionnaire, en ce qui concerne la défense, la politique extérieure, la surveillance des frontières et la monnaie, demeure entre les mains du seul État central.
Les communautés autonomes correspondent à des régions (voire des nations) historiques, parfois héritières d'anciens royaumes de plein droit, ce qui explique leur taille très variable : certaines ne sont constituées que d'une seule province (c'est le cas de la région de Murcie) ou de plusieurs (trois pour le pays valencien et l'Aragon). Chacune dispose de son propre gouvernement, avec un conseil exécutif et une assemblée législative élue au suffrage universel ; un président de Communauté, élu tous les quatre ans (sauf dissolution), la dirige. Le transfert de pouvoirs des ministères centraux concernés vers les organismes autonomes est un processus variable selon les statuts dont se sont dotés les différentes communautés. Néanmoins, le régime d'autonomie que connaît l'Espagne est l'un des plus avancés d'Europe. En effet, les communautés dites historiques ont vu entre autres leur langue propre reconnue comme langue officielle au même titre que le castillan, quitte parfois à le supplanter.

Les provinces

La recherche d'une meilleure efficacité administrative a conduit les gouvernements d'Isabelle II (au 19e s.) à créer la première division du territoire en provinces, équivalent de nos départements. Actuellement, l'Espagne compte 50 provinces.

Les municipalités

Il s'agit de la plus petite division territoriale et aussi de la mieux enracinée historiquement ; chacune est dirigée par un conseil municipal, à la tête duquel se trouve un maire.
Les communes aragonaises sont désormais regroupées en **comarcas**, échelon intermédiaire entre la commune et la province, qui sont un peu l'équivalent de nos cantons. L'Aragon en compte 33. Dans la Communauté valencienne (43 *comarcas*) comme à Murcie (10 *comarcas*), la « comarcalisation » souvent envisagée n'est pas encore officielle.
Dans le cadre de cette organisation administrative, les communautés et les municipalités sont les organismes qui disposent des plus grands pouvoirs de gestion du territoire.

COMMUNAUTÉ AUTONOME VALENCIENNE

Carte d'identité

Superficie : 23 255 km^2.
Population : 5,129 millions d'habitants.
Villes principales :
- Valence : 792 303 habitants (capitale régionale).
- Alicante : 335 052 habitants.
- Elche : 230 224 habitants.
- Castelló de la Plana : 180 185 habitants.

Langues officielles : castillan et valencien.

Institutions

La Communauté autonome valencienne se compose de **trois provinces** : Alicante/Alacant, Valence et Castelló de la Plana. La légitimité de cette communauté autonome réside dans la loi organique de 1982, modifiée par une seconde en 2006. Ses institutions se composent d'un président, des **Cortes Valencianas** (le Parlement, élu au suffrage universel direct), du gouvernement, du **Síndic de Greuges** (contrôle le

L'ESPAGNE CÔTÉ EST AUJOURD'HUI

fonctionnement de l'administration, pour préserver les droits du citoyen), de la **Sindicatura de Comptes** (sorte de Cour des comptes) et du **Consell Jurídic Consultiu** (organe consultatif suprême du gouvernement).

COMMUNAUTÉ AUTONOME DE LA RÉGION DE MURCIE

Carte d'identité

Superficie : 11 317 km².
Population : 1,472 million d'habitants.
Villes principales :
- Murcie : 438 246 habitants (capitale régionale).
- Carthagène : 218 244 habitants.
- Lorca : 92 718 habitants.

Langue officielle : castillan.

Institutions

Héritière de l'ancien royaume de Murcie, cette Communauté autonome (depuis 1982) se confond avec la province de Murcie. Le siège du gouvernement est situé à Murcie, tandis que le pouvoir législatif (Parlement) réside à Carthagène. Elle adopte sensiblement le même système institutionnel que la Communauté valencienne.

COMMUNAUTÉ AUTONOME D'ARAGON

Carte d'identité

Superficie : 47 734 km².
Population : 1,549 million d'habitants.
Villes principales :
- Saragosse : 682 004 habitants (capitale régionale).
- Huesca : 52 418 habitants.
- Teruel : 35 961 habitants.

Langue officielle : castillan.

Institutions

La Communauté autonome d'Aragon est divisée en **trois provinces** : Huesca, Saragosse et Teruel. Sa superficie représente 9,4 % du territoire, et sa population 2,9 % des Espagnols seulement.

Le statut d'autonomie a été approuvé par le gouvernement espagnol en 1978. Une loi de 1996 tend à élargir sensiblement ce statut.
Les institutions sont constituées des **Cortes de Aragón** (le Parlement), du président, de la *Diputación General* (le gouvernement) et de la Justice d'Aragon.

Ressources et économie

COMMUNAUTÉ VALENCIENNE

La Communauté génère environ 9,6 % du PIB national. Forte de son potentiel touristique sur la Costa del Azahar et la Costa Blanca (500 km de côtes), elle dispose également d'une industrie relativement développée, notamment à Alcoi et Xàtiva (papeterie, textile), Elche et Segorbe, cette dernière étant active dans la cimenterie, la sidérurgie et la chimie. Les productions de céramique, de mobilier et de chaussures sont un des points forts de l'industrie manufacturière valencienne, qui accueille également le secteur automobile avec les usines Ford, près de Valence.
Toutefois, la Communauté est avant tout connue pour l'**exportation d'agrumes**, point fort de l'agriculture. Le riz, en revanche, connaît un certain déclin, tandis que l'on voit apparaître la production de kakis.
Les services représentent plus de 70 % de l'économie. Et parmi eux, le secteur touristique en continuel développement se taille la part du lion. Ce sont les villes de Valence et d'Alicante, mais aussi les stations de la côte, parfois démesurées – hérissée de tours, Benidorm reste le symbole d'une certaine frénésie de construction – ou plus familiales qui attirent les visiteurs. La Communauté reçoit plus de 10 % des visiteurs étrangers en Espagne.

Les Valenciens

Couvrant 10,75 % du territoire, la Communauté rassemble 11 % de la population espagnole, pour l'essentiel installée sur la ligne littorale et dans les centres urbains (agglomérations d'Elche-Alicante et Valence, 3e ville d'Espagne). Le taux de chômage reste très élevé (28 % en mai 2014, supérieur à la moyenne nationale de 25,9 %).
On compte plus de 17 % d'étrangers, parmi lesquels nombre d'Européens du Nord, souvent des retraités en quête de soleil et de douceur de vivre, Anglais en tête : des stations balnéaires de la province d'Alicante, comme Altea, comptent plus de 50 % d'étrangers, souvent aisés, parmi leurs résidents permanents.
L'immigration économique provient essentiellement d'Amérique latine, souvent employée dans l'hôtellerie, et la restauration. On observe notamment la présence d'une communauté roumaine dans la province de Castelló.

MURCIE

La richesse de la province de Murcie est sa **production maraîchère** de premier plan, contrariée toutefois par des sécheresses fréquentes : légumes et fruits sont exportés, directement ou conditionnés, vers toute l'Europe. Murcie est, plus généralement, une puissante exportatrice de conserves alimentaires. Ajoutons dans le secteur agricole, le riz de Calasparra et les vins de la zone Jumilla-Yecla.
Après l'effondrement de l'industrie de la construction, le secteur industriel se limite à la région de Carthagène (avec plusieurs importantes raffineries). Le tourisme est un apport non négligeable,

notamment avec les croisières qui, de plus en plus nombreuses, abordent à Carthagène.

La population

Sur 2,9 % du territoire national, se concentrent 3,12 % de la population espagnole, dont 27,7 % étaient sans emploi en mai 2014. Les Murciens se regroupent pour un tiers dans les trois principales cités de la province (Murcie, Carthagène et Lorca). Parmi eux, 15,6 % d'étrangers, avec en tête les Marocains (employés dans l'industrie agro-alimentaire), les Latino-Américains (nombreux à Lorca) et les Anglais en quête de soleil.

ARAGON

Connue pour son agriculture traditionnelle (cultures céréalières, maraîchères et fruitières) et ses élevages (ovins surtout), la région d'Aragon fournit quelques produits phares comme l'huile d'olive du bas Aragon, le jambon de Teruel, la pêche de Calanda ou la tomate rose de Barbastro. Très tardivement industrialisée, elle ne représente qu'un pourcentage infime du PIB national, même si elle se caractérise aujourd'hui par un certain dynamisme.
Cependant, l'**industrie** souffre de son implantation limitée (Saragosse et ses alentours immédiats) et de sa spécialisation (automobile, métallurgie) qui la rend très vulnérable aux crises. Quant au secteur minier, il survit difficilement dans la province de Teruel.
L'Aragon est leader dans un secteur très actuel : la production d'électricité « propre », avec l'implantation d'un important parc éolien et de centrales hydroélectriques, thermiques et solaires. En outre, le secteur commercial devrait se développer grâce au « complexe Plaza », près de l'aéroport de Saragosse, le plus grand centre de logistique du sud de l'Europe. L'Aragon compte beaucoup, pour dynamiser son économie, sur l'**Eurorégion Pyrénées-Méditerranée**, « groupement européen de coopération territoriale » créé en 2004. Celui-ci entend promouvoir des initiatives communes entre ces deux communautés autonomes, la Catalogne et les régions limitrophes Midi-Pyrénées et Languedoc-Roussillon. Reste à améliorer les infrastructures. C'est pourquoi la réouverture de la liaison ferroviaire Saragosse-Pau *via* Canfranc est vitale pour les Aragonais. Ajoutons que la Communauté dispose d'un potentiel touristique (tourisme vert et d'aventure), sportif et culturel conséquent.

Une région qui se dépeuple

Avec 8,9 % du territoire national, l'Aragon n'abrite que 2,86 % des Espagnols. C'est dire si la région se désertifie, surtout si l'on considère que Saragosse concentre plus de 50 % des Aragonais. Toutes proportions gardées, l'Aragon, avec 22,9 % de chômeurs, semble se sortir plutôt mieux de la crise actuelle que nombre d'autres communautés.

LE TOURISME, VECTEUR DE CROISSANCE

En 2013, l'Espagne a battu son record en accueillant plus de 60 millions de touristes étrangers. Avec 6,365 millions de visiteurs, la Communauté valencienne (11 % d'augmentation) se place au 3e rang national. La région de Murcie a reçu 620 000 étrangers (+ 6,6 %) dont la moitié d'Anglais ; et l'Aragon, avec 528 000 touristes, progresse de 5,44 %.
L'été 2014 était en hausse par rapport à 2013.

Culture

Héritière de trois royaumes, cette partie de l'Espagne s'inscrit aujourd'hui dans le dynamisme culturel du pays. Valence, ville riche et puissante aux 15e et 16e s., se positionne désormais comme l'une des grandes métropoles européennes, qui a su au fil des siècles cultiver ses talents et son originalité. Quant à l'Aragon, il a mis à profit un certain enclavement né de sa géographie pour maintenir une culture traditionnelle attachante, sans pour autant se figer dans le passé : de Goya à Gargallo, en passant par Luis Buñuel, ce n'est sans doute pas un hasard si cette terre a donné naissance à quelques-uns des plus puissants créateurs de leur temps.

Les langues

Sur le territoire de ce guide, deux langues se taillent la part du lion : l'espagnol (ou castillan) parlé en Aragon et à Murcie, et le valencien qui partage le statut de langue officielle en pays valencien… sans oublier l'aragonais qui subsiste dans les vallées pyrénéennes, et un dialecte catalan parlé sur une frange orientale de l'Aragon. Pour autant, cette diversité linguistique ne génère pas, dans ces communautés, des crispations comparables à ce qui se vit en Catalogne, où la langue nationale a tendance à disparaître de l'espace public.

aussi Sur place de A à Z, « Langues » p. 28.

Le valencien en bref

Ne dites jamais à un Valencien que sa langue est le catalan, vous lui feriez beaucoup de peine !

Certes, d'un point de vue purement linguistique, le valencien peut être considéré comme un dialecte méridional du catalan, appartenant au groupe des langues occitano-romanes.

Le catalan, qui s'était formé entre les 8e et 10e s., sur le territoire de la Marche hispanique relevant de l'Empire carolingien, s'est répandu vers le sud après la Conquête du royaume de Valence par Jaume Ier (13e s.) et son peuplement par des colons catalans.

Le valencien écrit trouve son heure de gloire aux 14e et 15e s. dans des œuvres littéraires. Puis, il recule devant le castillan et n'est plus parlé que dans les campagnes, avant de connaître une Renaissance, sous l'égide notamment de la revue *Lo Rat Penat (La Chauve-souris)*, fondée en 1878 par **Constantí Llombart**. Mais, contrairement à ce qui se passe en Catalogne, cette **Renaixança** ne s'accompagne pas de revendications politiques.

Au fil du temps, la langue prit des traits distinctifs. Après des années de polémiques parfois vives, l'**Académie valencienne de la langue**, fondée en 1998, décréta alors en 2005 que le valencien était une langue à part entière, sentence confirmée par le Tribunal suprême. Malgré des efforts de codification (normes de Castelló, 1932, plus ou moins toujours en vigueur aujourd'hui), le valencien reste une langue multiforme (avec ses sous-variantes, à Alicante et à Castelló).

On estime aujourd'hui que 71 % des habitants de la Communauté comprennent le valencien, 65 % sont capables de le parler et 47 % de le lire. Bien qu'il soit enseigné, il est aujourd'hui moins utilisé que le castillan. Et si le valencien est en principe la langue administrative officielle, dans les faits, le castillan et le valencien sont utilisés indifféremment (les deux étant langues officielles) et nombre de documents sont bilingues. Notez toutefois que les panneaux de signalisation routière ont adopté le nom valencien des localités (Alacant pour Alicante), de même que, souvent, les plaques des noms de rues… Quoi qu'il en soit, personne n'est gêné le moins du monde par ces acrobaties linguistiques.

L'aragonais

Beaucoup plus confidentiel, l'aragonais (appelé aussi **fabla aragonesa**) est une langue assez proche du gascon, qui n'est guère plus parlée que dans les vallées pyrénéennes. Elle connut son heure de gloire lors de l'apogée du royaume d'Aragon avant de reculer dès l'arrivée au pouvoir de la dynastie castillane des Trastamare (1412).

Actuellement, certains tentent de lui redonner vie et d'obtenir un statut de langue co-officielle… Mais ils sont divisés, notamment sur des questions de graphie.

La littérature

La littérature de l'Espagne côté Est se développe principalement à partir du Moyen Âge, parfois parallèlement à la littérature espagnole, parfois en opposition. Suivant les évolutions politiques (indépendance du royaume d'Aragon, centralisation du pouvoir à Madrid, régime dictatorial de Franco), cette littérature peut s'épanouir librement, sourdre en opposition aux régimes ou parfois s'éteindre en attendant des jours meilleurs.

DES DÉBUTS PROMETTEURS

La littérature castillane apparaît avec la poésie épique : au 12e s., *El Cantar del Mío Cid*, poème anonyme inspiré des aventures du Cid, est le premier monument littéraire espagnol. Roi lettré, **Alphonse X le Sage** (1221-1284) fait du castillan la langue officielle de son royaume. L'expansion de celui-ci imposera cette langue au reste de l'Espagne, sauf en pays de langue catalane où l'influence des troubadours occitans reste prédominante jusqu'à l'apparition du majorquin **Ramon Llull** (1232-1315), véritable père de la littérature catalane. Par la qualité de son écriture, ce poète, romancier et philosophe hisse cette langue au rang de langue littéraire à part entière.

Renaissance

Au 15e s., la poésie lyrique castillane est florissante avec **Jorge Manrique** et le **marquis de Santillana**, tandis que *L'Amadis de Gaule*, publié en 1508, est le prototype d'une légion de romans de chevalerie. En 1499, *La Célestine*, de Fernando de Rojas, jette les bases d'un théâtre moderne mêlant tragique et comique dans une intrigue révélant un grand sens de la psychologie.

Cette période est aussi celle du **siècle d'or valencien** très influencé par l'humanisme italien. L'une de ses figures les plus brillantes est le poète **Ausiàs March** (1397-1459) qui renouvelle l'art des troubadours en explorant le thème de l'amour courtois. Son beau-frère, **Joanot Martorell**, écrit quant à lui *Tirant lo Blanc* (1465, mais publié en 1489), considéré comme le premier roman moderne et admiré par Cervantès. Tout à fait à l'opposé de ce roman

de chevalerie se situe *L'Espill* (*Le Miroir*), roman satirique en vers écrit vers 1460 par un médecin de Valence, **Jaume Roig** (mort en 1478). Le livre, aussi appelé *Le Livre des Femmes*, connu pour sa misogynie et son anticléricalisme, a peut-être favorisé l'émergence du roman picaresque un siècle plus tard.
Après l'union avec la couronne castillane, la littérature valencienne entre en décadence, à cause de la perte d'hégémonie politique et du déplacement des centres de pouvoir. Dès lors, les écrivains du cru s'expriment en castillan.

DU 16e S. AU DÉBUT DU 20e S.

Le Siècle d'or espagnol

Sous les Habsbourg (1516-1700), l'Espagne connaît son apogée littéraire et voit apparaître de grands poètes lyriques : **Garcilaso de la Vega**, d'origine péruvienne, adepte de la mode italienne, le frère **Luis de León** et surtout **Luis de Góngora** (1561-1627), dont le style hermétique et précieux fera école. Dans la lignée de celui-ci, on citera un jésuite aragonais, **Baltasar Gracián** (1604-1658), auteur d'*El Criticón* et de maximes très élaborées…
Le caractère espagnol s'exprime dans le roman picaresque, genre littéraire qui s'attache à décrire, sous la forme d'un récit autobiographique, les aventures rocambolesques d'un héros de basse naissance *(pícaro)*, miséreux. Le premier paru est le *Lazarillo de Tormes* (1554), œuvre anonyme dont le héros est un fripon (*pícaro* en castillan) avisé et malicieux. Dans *Guzmán de Alfarache* de **Mateo Alemán**, le style est particulièrement alerte et le langage truculent ; *El Buscón* nous montre l'un des aspects du talent de **Francisco de Quevedo** (1580-1645). Cependant, le génie du Siècle d'or s'appelle **Cervantès** (1547-1616) avec son chef-d'œuvre, *Don Quichotte de la Manche*, ouvrage à la fois amer et comique, railleur et émouvant, dont la portée sera universelle.
À la fin du 16e s. apparaît la *comedia* à laquelle **Lope de Rueda** a ouvert la voie. Les auteurs dramatiques prolifèrent. **Calderón de la Barca** (1600-1681) se fait, dans ses drames historiques ou philosophiques *(La vie est un songe, L'Alcalde de Zalamea)*, un interprète prodigieux de l'âme espagnole. **Tirso de Molina** (1583-1648), dramaturge fécond, impose le personnage de don Juan à la postérité. Mais le maître de cet art reste **Lope de Vega** (1562-1635), qui le perfectionne et l'enrichit, écrivant plus de 1 000 pièces sur les sujets les plus divers. Il connaît une période d'exil à Valence, où il influence des écrivains locaux. Parmi ceux-ci, Cristóbal de Virués (1550-après 1614), auteur de tragédies un peu oubliées aujourd'hui, et surtout, **Guillén de Castro** (1569-1636), qui écrit en 1618 sa pièce la plus connue, *Mocedades del Cid (Enfances du Cid)*, fournissant à Corneille son meilleur argument. En Aragon, les frères Argensola évoluent aussi dans cette mouvance entre Lope et Cervantès *(Barbastro, p. 291)*.

Les 18e et 19e s.

Au 18e s., l'esprit critique voit le jour chez les essayistes comme le père **Feijóo** et **Jovellanos**. L'élégance domine dans le théâtre de **Moratín**, inspiré de Molière ; Ramón de la Cruz fait la joie du peuple avec ses saynètes. Au 19e s., le Sévillan **Bécquer** (1836-1870), grand poète romantique, puisera en Aragon une part de son inspiration. **Larra** se distingue dans la satire sociale, **Menéndez y Pelayo** dans la critique littéraire, et **Ángel Ganivet** dans l'analyse de l'Espagne.

Manuel Gutiérrez Aragon (né en 1942), réalisateur et scénariste espagnol.
G. Arici/age fotostock

À la fin du 19e s. apparaît un grand romancier réaliste, **Benito Pérez Galdós**, dont l'œuvre féconde *(Fortunata y Jacinta, Miau)* et très vivante est empreinte d'une grande chaleur humaine.

À Valence, à la même période, un disciple de Zola, le romancier **Vicente Blasco Ibáñez**, décrit avec précision la vie de la *huerta* et les paysages de la Albufera, s'inscrivant ainsi comme le grand écrivain du Levant (comprenant la région de Valence et celle de Murcie), tout en dépassant la simple condition d'écrivain régionaliste *(Valence p. 142)*.

Les générations « de 98 », de 1914 et de 1927

La « génération de 98 », attristée par la perte de Cuba, dernière colonie espagnole des Amériques, s'interroge sur l'essence de l'Espagne. Elle compte entre autres les essayistes **Miguel de Unamuno** (1864-1936), préoccupé par la destinée humaine et l'avenir de l'Espagne *(Le Sentiment tragique de la vie)*, et l'Alicantin José Martínez, dit **Azorín** (1922-1972), écrivant d'abord des thèses anarchisantes avant d'évoluer et d'adopter des positions très réactionnaires.

Après eux, la **génération de 1914**, dite aussi moderniste, est marquée par l'apport du philosophe **José Ortega y Gasset** (1883-1955), fondateur de la *Revista de Occidente* qui ouvre l'Espagne à la pensée européenne. C'est à cette génération que l'on rattache les romanciers **Ramón Pérez de Ayala** (1880-1962), volontiers caustique, et **Ramón del Valle-Inclán** (1866-1936) qui théorise et applique l'**esperpento**, une vision confinant au grotesque et à l'absurde de la vie. Parmi leurs contemporains, citons **Jacinto Benavente** (prix Nobel en 1922), qui crée un nouveau style théâtral, et l'écrivain alicantin **Gabriel Miró** *(Orihuela p. 201)* à l'écriture empreinte de finesse.

Parmi les grands poètes, ne manquons pas de citer **Juan Ramón Jiménez**, aux vers et récits dépouillés *(Platero y yo)*, ou **Antonio Machado** (1875-1939), chantre de la CastIlle. Ils ouvrent la voie à la fabuleuse **génération de 1927**, célèbre pour ses poètes (Rafael Alberti, Federico García Lorca, Vicente Aleixandre...) et qui compte quelques représentants méditerranéens : **Carmen Conde** (1907-1996), née à Carthagène, et surtout le poète-berger d'Orihuela, **Miguel Hernández** (1910-1940, *p. 201*), victime de la guerre civile.

LA LITTÉRATURE MODERNE

L'après-guerre

Dans l'immédiate après-guerre civile, **Carmen Laforet** décrit dans son roman *Nada* la vie d'une étudiante à Barcelone dans une société étouffante. Elle reçoit en 1944 le prix Nadal pour ce roman. Dans les années qui suivent, la production littéraire renaît peu à peu de ses cendres avec des essayistes (Américo Castro), des dramaturges (Alfonso Sastre) et des romanciers comme **Camilo José Cela** *(La Famille de Pascal Duarte)*, prix Nobel 1989, ou le Barcelonais **Juan Goytisolo**. Né dans la province de Huesca, **Ramón J. Sender** (1901-1982), dont la vie est marquée par un long exil, se rend célèbre avec son *Requiem pour un paysan espagnol*. Parmi les écrivains douloureusement marqués par le conflit, le poète et romancier **Idefonso Manuel Gil** (1912-2003) a fait l'objet d'une découverte posthume. On lui doit *Juan Pedro el dallador,* roman situé dans un village aragonais imaginaire et, surtout, *Concierto al atardecer* où il relate son expérience de la prison (il resta longtemps interné à Teruel, après la guerre).

UN VALENCIEN ATYPIQUE

Né à Paris d'un père allemand, **Max Aub** (1903-1972) s'installa à Valence en 1914 lorsqu'éclata le conflit mondial. Il y passa le baccalauréat et prit alors la nationalité espagnole déclarant : « On est de là où on a passé le bac ». Il se lança dans le théâtre expérimental et la politique, collabora avec Malraux sur le film *L'Espoir*, fut interné en France par le régime de Vichy... et parvint à s'enfuir au Mexique où il obtint sa 4e nationalité. De son œuvre très diverse (écrite en castillan), on retiendra *Crimes exemplaires* et le premier tome du *Labyrinthe de la solitude* où il évoque son adolescence à Valence.

Le roman populaire

Manuel Vázquez Montalbán (1939-2003), écrivain catalan, est l'une des grandes figures de la littérature policière, connu bien au-delà de ses frontières grâce à son détective gastronome, Pepe

LES LATINO-AMÉRICAINS

Ce tableau des littératures hispaniques ne serait pas complet si l'on oubliait la contribution capitale des auteurs latino-américains tels que les Argentins **Jorge Luis Borges**, **Adolfo Bioy Casares**, **Julio Cortázar**, et **Ernesto Sábato** ; le Colombien **Gabriel García Márquez**, auteur de *Cent ans de Solitude* ; le poète chilien **Pablo Neruda** ; le Guatemaltèque **Miguel Ángel Asturias** ; les Cubains **Alejo Carpentier**, **José Lezama Lima** et **José Cabrera Infante** ; les Péruviens **Alfredo Bryce Echenique** et **Mario Vargas Llosa** ou encore les Mexicains **Octavio Paz** et **Carlos Fuentes**. Plusieurs d'entre eux ont été honorés du prix Nobel de littérature et tous, dans des genres et des styles très différents, sont représentatifs du « boom littéraire » latino-américain, véritable phénomène éditorial du dernier quart du 20e s.

Carvalho. Dans une veine beaucoup plus noire, citons l'auteur de polars **Francisco González Ledesma**. **Carlos Ruiz Zafón**, né en 1964, a connu un succès international avec son roman *L'Ombre du vent*, situé dans la Barcelone du milieu du 20e s. Dans la veine du roman d'aventure, on citera un ancien correspondant de guerre né à Carthagène en 1951, **Arturo Pérez-Reverte**, révélé avec *Le Retable du maître flamand*. Cet admirateur d'Alexandre Dumas, auteur de nombreux best-sellers *(Cadix ou la diagonale du fou)*, s'est lancé dans une saga, *Les Aventures du capitaine Alatriste*, mettant en scène un bretteur en demi-solde dans l'Espagne du Siècle d'or.

ÉCRIRE EN VALENCIEN OU EN CASTILLAN AUX 20e ET 21e S.

En valencien

Si, en Catalogne, la montée de la bourgeoisie commerçante et industrielle avait été à l'origine d'un mouvement de renouveau culturel et politique, la **Renaixença valencienne** reste plus timide ; à l'instar du Félibrige provençal – association littéraire fondée dans le but de sauvegarder la langue provençale –, elle se cantonne pratiquement à l'organisation de Jeux floraux et de manifestations folkloriques.

Il faut attendre 1927 et la création de la revue *La Taula des lletres valencianes* pour voir apparaître un embryon de littérature contemporaine en valencien.

Si la langue fut quelque peu persécutée sous le franquisme, c'est sous ce régime qu'apparurent les éditions Torre qui publièrent en 1962 un pamphlet pancatalaniste, *Nosaltres, els valencians*, de **Joan Fuster** (1922-1992).

Depuis lors, encouragée par la Generalitat (organisme représentatif des trois classes de la société) et des maisons d'édition comme Bromera, une littérature se développe en valencien : parmi les auteurs, on peut citer le philologue et romancier **Enric Valor** (1911-2000), auteur du *Cicle de Cassana*, trois romans (1980-91) décrivant la vie dans le sud de la Communauté entre le début du 20e s. et la guerre civile. Plus près de nous, **Isabel Clara-Simó** (née à Alcoi en 1943) s'est fait connaître avec *La Salvaje* (1999) et **Josep Lozano** (d'Alginet, Valence, 1948) a publié *El Crim de Germania* ; et, surtout, **Ferran Torrent** (né en 1951), également scénariste, auteur d'un cycle de romans mettant en scène un journaliste, ancien boxeur, et le détective Butxana dans la Valence d'aujourd'hui minée par la corruption. Il a aussi publié une autobiographie romancée *Merci pour le pourboire*.

En castillan

Parmi les écrivains contemporains se distinguent les romanciers **Juan Benet** (1927-1993), auteur d'une œuvre exigeante, l'Andalou **Manuel Muñoz Molina**, et les Madrilènes **Javier Cercas** *(Les Soldats de Salamine)* et **Javier Marías** *(Demain dans la bataille, pense à moi)*. **Juan Marsé** (né en 1933), prix Cervantès 2009 (la plus haute distinction littéraire du monde hispanique), et **Eduardo Mendoza** ont quant à eux fait de Barcelone le thème central de leurs meilleurs romans. N'oublions pas l'Aragonais **Javier Tomeo** (1932-2013), maître du conte et de l'absurde dont les romans évoquent à la fois Kafka et Luis Buñuel. Citons également parmi les valeurs sûres Almudena Grandes (et sa série de romans constituant les *Episodios de una guerra interminable*), **Enrique Vila-Matas** *(Petit traité de littérature portative)*, le Valencien **Juan José Millás** et **Rafael Chirbes** dont le roman *La Orilla* a reçu fin 2013 un accueil enthousiaste de la critique.

La musique

L'Espagne développe depuis le Moyen Âge une musique d'une richesse étonnante marquée par de nombreuses influences : wisigothique, arabe, mozarabe ou française.

Pendant la Reconquête, l'impulsion de l'Église favorise une vaste production musicale. La liturgie (chants), les représentations théâtrales dans les églises *(autos)*, dont nous est parvenu *Le Misteri d'Elx*, et la poésie (*Cantigas de Santa María*, d'**Alphonse le Sage** – 13e s.) font une large part à la musique.

À la fin du 15e s., le dramaturge **Juan del Encina** se révèle aussi excellent musicien.

Comme pour les autres arts, la musique atteint son apogée au 16e s., sous la protection des premiers Habsbourg. L'orgue prend une importance capitale, tandis que dans la musique profane l'instrument d'accompagnement favori est la *vihuela*, sorte de guitare à six cordes doubles, bientôt remplacée par le luth et la guitare à cinq cordes, dite « espagnole ». En 1648, **Calderón de la Barca** crée la **zarzuela** (1648), sorte de « comédie musicale » qui compte aussi des dialogues et des ballets.

UNE LÉGENDE DE LA CHANSON

Né à Xàtiva en 1940, **Raimon** se fit connaître avec la chanson *Al vent*, chantée en valencien, hymne à la liberté, qui marqua le début de la *Nova Canço* catalane en pleine période franquiste. Depuis lors, il multiplie les concerts dans le monde entier. Parmi ses plus grands succès, son adaptation du poème d'Ausiàs March, *Veles e Vents*, dont l'immeuble bâti sur le port de Valence pour l'America's Cup porte le nom.

Au 19e s., le Catalan **Felipe Pedrell** (1841-1922) donne à la musique espagnole ses lettres de noblesse. Au début du 20e s., au moment où les œuvres des compositeurs français sont empreintes d'hispanisme (*Boléro* de Ravel, *Carmen* de Bizet, *Symphonie espagnole* de Lalo, *España* de Chabrier), les Espagnols pratiquent le retour à l'inspiration nationale : **Isaac Albéniz** (1860-1909), avec *Iberia*, **Enrique Granados** (1867-1916), célèbre pour ses *Goyescas*, **Joaquín Turina** (1882-1949), et sa *Symphonie sévillane*, puisent dans le folklore l'essentiel de leurs thèmes musicaux. Dans *Nuits dans les jardins d'Espagne*, *L'Amour sorcier* et *Le Tricorne*, **Manuel de Falla** (1876-1946) porte à son sommet cette veine populaire.

Au 20e s., la guitare possède de remarquables interprètes qui adaptent cet instrument à un répertoire très varié : **Andrés Segovia** (1893-1987), **Joaquín Rodrigo** (1901-1999) et **Narciso Yepes** (1927-1997) sont parmi les plus connus. **Pau Casals** (1876-1973), lui, a imprimé sa personnalité au violoncelle. Dans les dernières décennies, l'Espagne occupe l'une des premières places dans le domaine vocal avec **Victoria de Los Ángeles** (1923-2005), **Montserrat Caballé**, **Plácido Domingo**, **Alfredo Kraus** (1927-1999), **José Carreras**, **Teresa Berganza** et **María Mayo**. Quant au gambiste **Jordi Savall**, il travaille à la remise au goût du jour de la musique ancienne de sa région natale et a enregistré une interprétation du célèbre *Misteri d'Elx*.

Le cinéma

L'Espagne a donné de grandes figures au cinéma. Le génie de cinéastes de l'envergure de Buñuel, Bardem, Saura ou Almodóvar passionne les cinéphiles du monde entier.

L'ARAGON ET LE CINÉMA

Deux grands réalisateurs espagnols sont d'origine aragonaise : **Luis Buñuel**, né à Calanda en 1900, et **Carlos Saura**, né à Huesca en 1932. S'ils n'ont guère tourné sur leur terre natale, le fils de Luis, **Juan Buñuel**, a fait une entrée remarquée dans le monde du cinéma avec un court-métrage intitulé **Calanda**, consacré à la *tamborrada* du village (1966).

Dès 1897, le cinéma espagnol voit le jour avec un petit film montrant la sortie de la messe de la basilique del Pilar à Saragosse. Des studios de cinéma muet s'installent à Barcelone. **Luis Buñuel**, un Aragonais membre d'un groupe surréaliste, réalise *Un chien andalou* (1928) et *L'Âge d'or* (1930), suivis d'un documentaire saisissant, *Las Hurdes* (1932), avant de s'exiler au Mexique. Pendant la période franquiste, le cinéma, soumis à une censure redoutable, constitue l'un des principaux supports idéologiques du pouvoir avec des films historiques ou religieux, exaltant la mort et l'esprit de sacrifice. C'est notamment à cette époque que sort *Marcelino, pan y vino*, de Ladislao Vajda (1955). Un changement s'opère cependant avec **Juan Antonio Bardem** (*Mort d'un cycliste*, 1954) et **Luis García Berlanga**, volontiers mordant dans *Bienvenue M. Marshall* (1953).

Une « nouvelle vague »

Les années 1960 voient un renouvellement avec **Carlos Saura**, dont le premier film *Los Golfos* (« Les Voyous ») sort en 1959, mais surtout avec la Nouvelle Vague espagnole, dont les films, très marquants, montrent les troubles d'une jeunesse marquée par le régime franquiste. *Anna et les loups* (1973) de Saura raconte l'arrivée d'une jeune étrangère dans une famille où trois frères quinquagénaires représentent la toute-puissance de l'armée et de la religion pendant le franquisme. Citons aussi *Cría Cuervos* (1975) du même réalisateur, *L'Esprit de la ruche* (1973) et *El Sur* (1983) de **Víctor Erice**, *La Colmena* (« La Ruche ») de **Mario Camus** (1982) ; sans oublier les films de **Manuel Gutiérrez Aragón**, *Les Démons dans le jardin* (1982) et *L'Autre Moitié du ciel* (1986), où l'on voit les mutations économiques entre l'Espagne franquiste et démocratique.

Almodóvar et le cinéma aujourd'hui

Cinéaste de la « transition » et de la *movida*, ce boom culturel qui a touché l'Espagne après la mort de Franco, **Pedro Almodóvar** montre un tout autre visage, celui d'une Espagne moderne, présentée à travers des comédies comme *Femmes au bord de la crise de nerfs* (1988), *Talons aiguilles* (1991) ou encore *Tout sur ma mère* (2000), troisième film espagnol à obtenir l'Oscar du meilleur film étranger après *Volver a empezar*, de José Luis Garci en 1982, et *Belle Époque* de Francisco Trueba en 1993.

Ces dernières années, le cinéma espagnol a vu l'apparition de jeunes metteurs en scène : **Alejandro Amenabar** (*Tesis*, 1996 ; *Les Autres*, 2001 ; *Mar adentro*, 2005 ; *Ágora*, 2009), **Alex de la Iglesia** (*El Día de la Bestia*, 1995 ; *Mes chers voisins*, 2000 ; *Le Crime parfait*, 2004 ; *Las brujas de Zugarramurdi*, 2013) **Julio Medem** (*Les Amants du cercle polaire*, 1998 ; *Lucía y el sexo*, 2000 ; *Habitación en Roma*, 2010), ou encore l'Alicantin **Miguel Albaladejo**, auteur en 2009 de *Nacidas para sufrir*, primé à Berlin. Parmi les productions récentes, l'étrange et baroque *Blancanieves*, de **Pablo Berger** (2012), a obtenu un succès européen et raflé tous les prix lors de la cérémonie des Goyas (équivalent des Césars) de 2013.

Art et architecture

Du nord au sud, d'est en ouest, l'Espagne a amassé tout au long des siècles de splendides œuvres d'art : de belles églises romanes, d'impressionnantes cathédrales gothiques, d'exubérants sanctuaires baroques, d'étonnants monuments hispano-musulmans, de magnifiques châteaux, de somptueuses peintures et sculptures... Les différentes régions de l'Espagne méditerranéenne présentent chacune des spécificités remarquables, tant dans le domaine de l'architecture que dans ceux des arts plastiques ou des arts somptuaires. Si l'Aragon compte de très nombreuses églises romanes, le Levant en est pour sa part quasiment dépourvu, en raison de l'époque tardive de la Reconquête. En revanche, il se distingue par le nombre et la qualité de ses édifices baroques, tant religieux que civils. Dans une période plus récente, l'architecture moderniste, née en Catalogne, a fait des émules à Valence et jusqu'à Carthagène. Toutes ces diversités doivent cependant être considérées dans le vaste ensemble des arts espagnols.

De la préhistoire à la conquête arabe

LA PRÉHISTOIRE

Les premiers habitants des régions méditerranéennes de la péninsule Ibérique ont laissé des témoignages exceptionnels de leur art : parmi ceux-ci, il faut citer les peintures rupestres du néolithique (7500 à 2500 ans av. J.-C.) découvertes notamment dans les abris-sous-roche près de Morella (Castelló).
À l'époque néolithique toujours, la péninsule se distingue par ses **peintures rupestres** connues sous le nom de « style schématique ». Les représentations atteignent un haut degré d'abstraction et de symbolisation (autour de 4000 av. J.-C.). Le nombre et la qualité de ces peintures ont valu à l'Espagne le classement de l'intégralité de ces grottes au Patrimoine mondial de l'Unesco. Dans cet ensemble sans équivalent, les régions de l'Est sont particulièrement bien représentées. On pourra découvrir des exemples de cet art en Aragon dans la sierra de Guara y Cañones (*p. 286*) et, dans la région de Murcie, autour de Moratalla et de Cehegín (*p. 230*).

Ier MILLÉNAIRE AV. J.-C.

Les civilisations ibériques se signalent par l'**orfèvrerie**. Dans ce domaine, une mention spéciale peut être accordée au **trésor de Villena** – région d'Alicante –, qui compte plus de 70 objets en or datant de l'âge du bronze final (1000-800 av. J.-C.).
Les Ibères se distinguent également dans la sculpture, qui atteint parfois une grande perfection. La **sculpture funéraire** a laissé de très belles œuvres que l'on peut voir dans les musées d'Elche et d'Alicante. La plus emblématique

La Dame d'Elche, sur le site de La Alcúdia.
A. Felix/hemis.fr

des sculptures ibères, la **Dame d'Elche**, représente un buste de femme parée (peut-être une prêtresse). Elle est conservée à Madrid, mais Elche en possède plusieurs copies, dont une sur le site de sa découverte, **La Alcúdia** (p. 198).
À la même époque, les colonies phéniciennes transmettent l'art de leur pays d'origine : l'art punique est ainsi représenté à Carthagène.

L'ESPAGNE ROMAINE

Du 1er s. av. J.-C. au 5e s. apr. J.-C., comme dans tout leur Empire, les Romains tracent des voies de communication, lancent des ponts et des aqueducs, bâtissent des villes et des monuments publics.
D'importants vestiges subsistent à **Saragosse**, l'ancienne *Caesaraugusta* (théâtre, murailles, thermes, forum, port fluvial), **Valence** (visibles dans le musée souterrain de l'Almoina), **Sagunt** ou encore à **Carthagène** où le théâtre romain est désormais mis en valeur par le truchement d'une audacieuse démarche muséographique.

LES WISIGOTHS (6e - 8e s.)

Les Wisigoths arrivent en Espagne au 5e s. sans tradition architecturale propre. Pour de nombreux auteurs, la proclamation du troisième concile de Tolède (589), qui déclare l'unité du royaume, est à l'origine d'un nouveau type d'architecture qui, après quelques balbutiements, va atteindre une unité indéniable.
Les premiers édifices religieux présentent à l'origine un plan basilical classique, légèrement modifié, qui évolue pour devenir cruciforme. Les nefs sont séparées par des colonnes ou des piliers qui soutiennent des arcs outrepassés. Les voûtes sont généralement en fer à cheval et les nefs présentent des armatures de bois. La décoration reflète une très nette influence orientale avec davantage de motifs géométriques que de motifs végétaux et peu de représentations humaines.
À **Valence**, la crypte archéologique de San Vicente présente les vestiges d'une ancienne chapelle autrefois reliée à la cathédrale wisigothique.

Elle recèle une sépulture encadrée de quatre dalles d'un chancel sculptées, ainsi que deux sarcophages en pierre.
L'art wisigothique le plus abouti est l'**orfèvrerie**, qui atteint un très haut degré de perfection au 7e s., produisant des objets liturgiques (croix de procession et objets votifs) et des objets à usage personnel (fibules, bracelets, colliers, pendentifs, plats).

Les arts hispano-mauresques

Les huit siècles de présence arabe dans la péninsule n'ont pas laissé beaucoup de constructions dans l'Aragon, la Communauté valencienne et la région de Murcie. Les mosquées élevées lors de la domination arabe laissèrent la place à des cathédrales dès la Reconquête. Néanmoins, on retrouve quelques beaux exemples d'art alhomade à **Saragosse** (avec le magnifique palais de la **Aljafería**) et à **Murcie** (**ancien alcázar**, actuel monastère de Santa Clara).

Art mudéjar

C'est l'art des musulmans qui continuent à travailler selon leurs traditions pour les chrétiens. Il est en vogue du 11e au 15e s. suivant la progression de la Reconquête, mais quelques éléments, comme le plafond *artesonado* (en marqueterie), survivront durant plusieurs siècles.
Le mudéjar de cour, pour lequel on fait venir les artistes des cours musulmanes, prolonge le style almohade ou s'inspire de l'art nasride. En revanche, le mudéjar populaire, développé par les artistes locaux, présente des aspects régionaux marqués.
C'est en Aragon qu'il se manifeste le plus, en particulier dans les entrelacs géométriques et les azulejos qui couvrent les tours-clochers en brique des églises, notamment dans la région de **Teruel** et à **Saragosse**.

Art préroman et roman (8e - 13e s.)

Lié à l'avancement de la Reconquête à travers le territoire, l'art roman est quasiment absent du pays valencien et de la région de Murcie. En revanche, l'Aragon, et plus particulièrement sa partie pyrénéenne, en offre de superbes exemples.

ART MOZARABE

On appelle « mozarabe » l'art des chrétiens vivant dans les régions dominées par les musulmans. Les églises reprennent les traditions wisigothiques (arcs outrepassés) en les enrichissant d'apports arabes (coupole nervée, modillons à copeaux). Cet art préroman peut être découvert en Aragon dans la *comarca* du **Serrablo** (*p. 271)* avec des églises édifiées à partir du 9e s. Petites, généralement isolées, ces églises sont édifiées sur la base d'un rectangle (nef unique) et dotées d'une abside semi-circulaire.
Parmi les plus belles, il faut citer celles d'**Orós Bajo**, d'**Oliván**, de **Busa**, de **Lárrede** et de **Satué.**

L'ART ROMAN DES PYRÉNÉES ARAGONAISES

Comme la toute proche Catalogne, le haut Aragon pyrénéen a vu apparaître dès le 11e s. un art roman qui doit beaucoup aux maîtres bâtisseurs lombards installés dans la **Ribagorza** et le **Sobrarbe**.
Les sobres petites églises, souvent accompagnées d'un clocher séparé, sont décorées de bandes lombardes *(Ermitage San Caprasio à **Santa Cruz de la Serós**, p. 266)*. Les murs intérieurs sont simplement égayés de peintures des 11e et

12e s. qui, malgré leurs emprunts aux mosaïques byzantines (dessin souligné de noir, attitudes raides, choix des thèmes comme le Christ en mandorle), s'avèrent spécifiquement espagnoles par la représentation de nombreux détails réalistes et expressifs.

Vous pourrez admirer nombre de ces peintures murales, déposées et reportées sur toile, dans le superbe **Musée diocésain de Jaca**, en particulier l'extraordinaire ensemble de peintures provenant de l'église de Bagüés.

ÉVOLUTION DE L'ART ROMAN

La **cathédrale de Jaca**, commencée en 1076 et signalant la première étape espagnole du chemin de Saint-Jacques, marque une évolution décisive du style roman. L'austérité observée jusque-là cède la place à une grande richesse décorative qui s'exprime dans la sculpture (chapiteaux et tympans), et cette cathédrale reste la plus grande construction romane d'Espagne.

L'essor du pèlerinage de Compostelle suscite alors l'édification de nombreux monuments religieux : la cathédrale de Jaca fait des émules avec l'église de **Santa Cruz de la Serós** et le monastère de **San Juan de la Peña**. Des influences françaises, notamment toulousaines, s'affirment à **Roda de Isábena**.

Dans cet Aragon roman, la sculpture s'avère particulièrement remarquable. Les sculpteurs de chapiteaux, à l'image de leur chef de file, le **maître de San Juan de la Peña**, possèdent un style dont le symbolisme ne saurait être pris pour de la maladresse. Dans les visages disproportionnés aux yeux proéminents, l'artiste fait transparaître l'âme, et c'est le sens religieux du geste qu'illustrent les mains tendues.

Quelques exemples d'architecture civile

Développée au 11e s. presque aux portes de Huesca, la formidable forteresse de **Loarre** arbore fièrement huit tours massives et des murailles d'1,30 m d'épaisseur. À cette même époque apparaît la cité perchée d'**Aínsa** qui doit à son isolement d'avoir conservé une allure encore très empreinte du 12e s. Citons aussi, plus vers l'ouest, la *comarca* des **Cinco Villas**, terre frontalière des royaumes musulmans à partir du 12e s., avec **Uncastillo** et surtout **Sos del Rey Católico** où naquit le dernier roi d'Aragon, le futur Ferdinand le Catholique.

Art gothique (à partir du 13e s.)

DÉBUT DU GOTHIQUE

Importé de France, le gothique pénètre difficilement en Espagne, sauf en Navarre où, depuis 1234, règnent les dynasties françaises. À la fin du 13e s. apparaissent les premiers édifices véritablement gothiques.

À Valence, s'élabore un type d'église original : sans transept, à une seule nef, voûtée d'ogives ou couverte en charpente sur des arcs diaphragmes, elle enrobe de ses murs lisses un espace agrandi et unifié. Il y a peu de décor sculpté ; c'est la pureté de ses lignes qui fait son élégance.

ÉVOLUTION DU GOTHIQUE

Vers la fin du 14e s., l'architecture civile a le même caractère, le même goût des volumes géométriques, qu'elle utilise avec une rare perfection, notamment dans les constructions des **lonjas** (ou **llotjas**), les Bourses du commerce. Les premières, celles de Barcelone serviront ensuite de modèles à

celles de Valence (la superbe **Lonja de la Seda**) et de Saragosse (sur la plaza del Pilar).
L'architecture gothique dite « levantine » se caractérise par une particularité d'une grande élégance : les colonnes adoptent une forme torse et nervurée. On en retrouve des exemples à la cathédrale d'Orihuela (dans les voûtes nervurées), à la Lonja de Valence (gothique civil) et, de façon plus impressionnante encore, à l'église de Santiago de Villena.
Aux 14e et 15e s. fleurit dans le royaume de Castille un style proche du gothique flamboyant sous l'influence d'artistes venus du nord : **Jean de Cologne** et **Hennequin de Bruxelles**. En s'hispanisant, il évoluera en deux branches contemporaines : l'une, par la prolifération du décor, donnera le **style isabélin** *(voir page suivante)*, l'autre, par la simplification des structures, produira un type d'église propre à l'Espagne jusqu'au 16e s.
Les dernières cathédrales gothiques adoptent le parti de l'immensité. Des bas-côtés d'un volume presque égal à celui de la nef centrale élargissent l'espace, tandis que les piliers gardent leur élan vertical. Un nouveau plan apparaît : on bâtit dorénavant un simple rectangle, vaste aire où seule la croisée du transept, soulignée d'une tour-lanterne entre la *capilla mayor* et le *coro,* rappelle l'organisation traditionnelle en forme de croix. Avec ce schéma sévère contraste un décor proprement gothique accumulé sur les portails, les pinacles et le réseau complexe d'ogives en étoile.

LA PEINTURE

Elle s'exprime sur les polyptyques et les retables parfois immenses. Peignant traditionnellement sur fond d'or, les « primitifs » sont imprégnés d'influences italienne (douceur du modelé), française et flamande (riches étoffes aux plis cassés, réalisme minutieux). Cependant, de leur œuvre se dégage la recherche d'un naturalisme expressif et du détail piquant, purement espagnols.
Une intense activité artistique se développe dans les États de la couronne d'Aragon. Le Valencien **Lluís Dalmau** ainsi que **Bartolomé Bermejo**, actif en Aragon et à Barcelone, sont marqués par Van Eyck, arrivé en Espagne avec l'ambassade envoyée par le duc de Bourgogne.
Dans le Levant se distingue aussi l'école des **primitifs valenciens**, qui constitue l'un des mouvements picturaux les plus brillants du 15e s. Elle est dominée par Jaume Baço, alias **Jacomart** (v. 1413-1461), et son élève **Joan Reixach** (v. 1431-1486) ; citons également **Rodrigo Osona**, actif entre 1440 et 1518, et son fils, **Francisco Osona** le Jeune. Les œuvres des artistes valenciens sont empreintes d'une forte influence italienne et flamande. Au milieu du siècle, cet art atteint une perfection que l'on observe sur deux des chefs-d'œuvre anonymes du musée des Beaux-Arts de Valence : le retable de Martí de Torres et l'Annonciation.

LA SCULPTURE

Comme l'architecture, la sculpture s'affine. Le relief est davantage accentué que dans l'art roman, les attitudes, plus naturelles, et les détails, plus minutieux ; le décor se fait très abondant à mesure qu'avance le 15e s. ; les visages s'individualisent au point de devenir, pour les gisants, de véritables portraits. Toute sculpture s'accompagne de dais ajourés au-dessus des personnages et de frises de feuillage très fouillées autour des portes, sur les corniches et les chapiteaux.

Les tombeaux sont d'abord des sarcophages décorés d'armoiries, parfois surmontés d'un gisant à l'attitude conventionnelle ; puis on soigne le costume du personnage : une technique de plus en plus sûre permet de traduire dans le marbre la richesse des brocarts et la finesse des peausseries ; au 15e s., on s'enhardit à représenter le sujet vivant, dans une position naturelle. Les retables comportent une prédelle, bande horizontale formant la base, surmontée de plusieurs étages de panneaux sous dais sculptés à jour. Les stalles du *cor* enfin s'ornent de scènes bibliques et historiques ou imitent de délicats remplages.

LA CÉRAMIQUE

Le pays valencien tient une place particulière dans les arts décoratifs, grâce à ses ateliers de céramique hérités des Arabes. Situés à Valence et à Manises, ces ateliers fournissent toute l'Europe, et particulièrement l'Italie (Venise, le Vatican). Transportées sur des bateaux en provenance de Majorque, ces céramiques seront appelées majoliques (*encadré p. 126*). Mais il serait injuste de ne pas citer ici l'école de céramique de Teruel, héritière directe de la tradition mudéjare, célèbre pour ses motifs décoratifs anthropomorphes ou en arabesques.

LE STYLE ISABÉLIN

À la fin du 15e s., sous le règne d'Isabelle la Catholique (1474-1504), la politique de prestige du couple royal et des grands seigneurs favorise l'éclosion d'un style nouveau. Son décor exubérant couvre toute la façade des bâtiments civils et religieux d'arcs aux formes libres et souples, de dentelures, de motifs héraldiques ainsi que toutes les fantaisies d'une imagination fertile. La diversité de cette inspiration est en grande partie le fait d'artistes aux fortes attaches étrangères : **Simon de Cologne**, fils de Jean ; **Juan Guas**, fils du Français Pierre ; **Enrique Egas**, neveu de Hennequin de Bruxelles. La chapelle de Los Vélez, dans la cathédrale de Murcie, est un exemple triomphal de cette architecture gothique tardive.

La Renaissance (16e s.)

Au 16e s., l'Espagne connaît, à l'aube de son Siècle d'or, un fort courant national et crée un style dans lequel l'influence italienne n'y est plus admise qu'interprétée par le génie espagnol.

L'ARCHITECTURE

Ce premier style Renaissance est appelé **plateresque**, en raison de son décor fin et dense qui rappelle le travail de l'orfèvrerie (*platero* : orfèvre). Encore très proche du style isabélin par le foisonnement de ses sculptures et leur prolongement sur la façade entière, il emprunte à l'Italie son arc en plein cintre et son répertoire ornemental (grotesques, rinceaux, pilastres, médaillons et corniches). Le plateresque est peu représenté dans l'Espagne méditerranéenne, qui souffre alors de la décadence politique et économique suivant la disparition du royaume d'Aragon, d'autant que les donneurs d'ordre (les corporations) restent longtemps fidèles au gothique.
Le style Renaissance d'inspiration italienne adopte des formes de l'Antiquité (arcs en plein cintre et colonnes). La décoration s'efface devant la perfection architecturale.
La grande figure de ce classicisme espagnol est **Juan de Herrera** (1530-1597), l'architecte de l'Escurial, au style caractérisé par l'austérité et la grandeur.

Dans le Levant, **Jerónimo Quijano** est une figure importante de la Renaissance. Cet architecte sculpteur travaille notamment à Lorca (collégiale San Patricio), à Orihuela, mais surtout à Murcie, pour la réalisation de plusieurs chapelles de la cathédrale.

LA SCULPTURE

La Renaissance marque l'apogée de la sculpture espagnole. Au 16e s., on réalise encore beaucoup de stalles, de mausolées et de retables en albâtre ou en bois. Ces derniers sont peints selon la technique de l'**estofado**, c'est-à-dire passés à la feuille d'or avant l'application de la couleur que l'on raye ensuite légèrement pour créer des reflets dorés; leurs panneaux sculptés sont encadrés par des architraves et des pilastres corinthiens.
Le Valencien **Damià Forment** *(p. 240, 255, 258, 292)*, qui travaille surtout en Aragon, se situe à la charnière des styles gothique et Renaissance.

LA PEINTURE

L'étude de la perspective, l'exaltation du corps humain et le goût des compositions claires apparaissent au 16e s. sous l'influence de la Renaissance italienne. Ces formes se manifestent d'abord à Valence, où **Fernando Yáñez de la Almedina** et **Fernando de Llanos** introduisent les influences de la Renaissance italienne; **Vicente Macip** *(encadré ci-dessous)* y ajoute l'influence raphaélique; son fils, **Juan de Juanes** *(encadré ci-dessous)*, est l'auteur d'œuvres qui évoluent vers un maniérisme un peu mièvre.
Le grand maître castillan de la fin du 15e s. est **Pedro Berruguete** (v. 1450-v. 1504), qui se caractérise par un style très personnel catalysant toutes les influences de la péninsule. **Joan de Borgonya** (Jean de Bourgogne), son continuateur, montre un grand intérêt pour les paysages ainsi que les motifs architecturaux et décoratifs (retable de sainte Ursule).
Pedro de Campaña, originaire de Bruxelles, cherche un effet dramatique utilisant le clair-obscur.
Luis de Morales (v. 1520-1586), maniériste, développe un style un peu mièvre.
C'est l'époque où **Le Greco**, dédaigné par la Cour, installe sa résidence à Tolède…

Le baroque (17e-18e s.)

L'art espagnol est à l'apogée de sa splendeur au milieu du 17e s. Le baroque connaît alors un

UNE DYNASTIE DE PEINTRES VALENCIENS

Né en 1475, **Vicente Macip** (on trouve également parfois le nom orthographié Masip) reçut l'influence entre autres de Rodrigo de Osona, ce qui explique son style proche des primitifs valenciens du siècle précédent. Il évolue vers un style plus proche de la Renaissance italienne, dont il a sans doute eu connaissance à Valence, où plusieurs peintres italiens sont venus travailler à l'instigation du cardinal Rodrigue de Borgia, futur pape sous le nom d'Alexandre VI. Il meurt à Valence en 1545. Son fils, Juan Vicente Macip (v. 1507-1579), est quant à lui plus connu sous le nom de **Juan de Juanes**. Ses tableaux, religieux pour la plupart (si l'on excepte un portrait d'Alphonse V d'Aragon saisissant de réalisme), montrent clairement l'influence de Sebastiano del Piombo et de Raphaël (au point que l'on l'a surnommé le « Second Raphaël »). Quoi qu'il en soit, ce fut LE grand peintre valencien de son siècle.

succès remarquable comme art essentiellement religieux au service de la Contre-Réforme.

L'ARCHITECTURE BAROQUE

Dans le premier tiers du 17e s., l'architecture continue sur sa lancée du siècle précédent : les artistes sont encore très influencés par le classicisme et l'art herrérien (de l'architecte Juan de Herrera, 1530-1597, qui prône un classicisme parfait) auxquels ils ajoutent des détails décoratifs. À cette époque, les édifices publics prolifèrent.
Dans l'architecture religieuse s'observe une grande liberté. Le type de l'église jésuite se répand : de plan cruciforme, avec un grand transept qu'illuminent des retables. Dans les églises apparaît le **camarín** : d'abord simple passage derrière le maître-autel, donnant accès à la niche du retable contenant une statue vénérée, il devient une chapelle richement décorée. À Saragosse, **Francisco Herrera le Jeune** (1622-1685) conçoit la basilique du Pilar.

Le style « churrigueresque »

La recherche de la somptuosité débouche, dès la fin du 17e s., sur une dynastie d'architectes, les frères **José** (1665-1725), **Joaquín** (1674-1724) et surtout **Alberto** (1676-1750) **Churriguera**, qui donneront leur nom à un style. Il se caractérise par l'emploi de colonnes salomoniques (colonnes torses où s'enroulent des pampres) et d'**estípites** (pilastres en pyramide inversée). On retrouve ce style dans le portail baroque du palais des Guevara, à **Lorca**, le plus bel exemple de ce mouvement architectural civil dans le Levant.

Le baroque valencien

Le baroque comme art populaire se développe différemment selon les régions.
Dans le Levant, il utilise la polychromie en décorant de céramiques les coupoles des églises (tour de Santa Catalina à Valence). Le palais du marquis de Dos Aguas, à Valence, réalisé par **Luís Domingo** et **Ignacio Vergara**, rappelle les façades de Ribera, mais sa conception plus fantaisiste, voire délirante, le rapproche du rococo français. À Valence toujours, la très belle façade de la cathédrale, conçue comme un autel monumental, est construite par **Konrad Rudolf**, architecte d'origine allemande, admirateur du Bernin.
Murcie se signale aussi par la richesse de la façade de sa cathédrale, œuvre de **Jaime Bort Miliá** achevée en 1754.

LA PEINTURE DU SIÈCLE D'OR

La peinture du Siècle d'or espagnol se caractérise par l'abandon du maniérisme du siècle précédent et la recherche du naturalisme. Le point de départ sera le « ténébrisme » du Caravage, avec son dur réalisme et ses contrastes violents de lumière et d'ombre. Les peintres abordent le portrait et la nature morte *(bodegón)* ; les « vanités » (peintures évoquant la futilité de la vie) développent une intention philosophique en rapprochant les symboles de la richesse et de la mort.
Si Valence a perdu sa position de grand centre pictural, c'est toutefois dans cette ville qu'apparaît **Francisco Ribalta** (1565-1628). Originaire de Xàtiva, il introduit le **« ténébrisme »** en Espagne après un séjour à Naples, où il gagne son surnom de Spagnoletto, « le petit Espagnol ». **José de Ribera** (1591-1652), né à Solsona en Catalogne, fait quant à lui preuve d'un réalisme vigoureux.
Cependant, c'est d'Andalousie que proviennent les représentants

les plus importants de la peinture baroque. Dans l'école sévillane se détachent **Francisco de Zurbarán** (1598-1664), **Bartolomé Esteban Murillo** (1618-1682), **Juan de Valdés Leal** (1622-1690) et **Alonso Cano** (1601-1667), architecte, sculpteur et peintre. Les peintres castillans de cette époque pâlissent devant l'éclat d'un **Velázquez**, lui aussi sévillan, dont la perspective aérienne et la profondeur visuelle sont inimitables. Mais ces artistes majeurs sont peu représentés dans les collections de l'Est espagnol, rançon de la décadence économique et politique de ces régions.

LA SCULPTURE

La sculpture baroque espagnole se caractérise par son naturalisme exprimé par des statues présentant des émotions pathétiques. Le matériau le plus employé est le bois, plus tendre que le marbre. Bien que l'on continue à réaliser des retables, la grande nouveauté s'affirme par la multiplication des **pasos**, statues réalisées spécialement pour les processions de la Semaine sainte. Au 18e s. émerge à Murcie une grande figure : **Francisco Salzillo**, artiste d'origine napolitaine. Ses sculptures polychromes, inspirées par le baroque italien, se caractérisent par leur aspect théâtral. Il travaille à la création de *pasos*, mais aussi de sujets de crèche ou de sculptures décoratives religieuses. Ses œuvres ornent de nombreuses églises de la région.
L'extrémisme churrigueresque se traduit en sculpture par d'immenses retables montant jusqu'aux voûtes. Dessinés par des architectes, ils abritent des statues qui semblent prisonnières des éléments décoratifs et perdues dans la surabondance des dorures et des stucs.

L'art des Bourbons (18e-19e s.)

Désormais, et conformément à la tradition de la dynastie, l'art sera dirigé par des organismes officiels comme l'Académie des beaux-arts de San Fernando.

L'ARCHITECTURE

Pendant la première partie du 18e s., l'architecture est encore marquée par le baroque espagnol qui subit l'influence du rococo français.
Les monarques font construire différents palais dans un style baroque modéré.
Puis, jusqu'au 19e s., fleurit l'art néoclassique ; les fouilles effectuées à Pompéi et à Herculanum contribuent à la formation de ce nouveau style. Le néoclassicisme renie les excès baroques et prétend rivaliser avec l'art gréco-latin en utilisant les ordres, les frontons, les portiques et les coupoles.
Pendant cette période, les rois, en particulier Charles III, se consacrent à l'embellissement de Madrid, la capitale du royaume.
Le premier architecte du néoclassicisme espagnol est **Ventura Rodríguez** (1717-1785). Cet artiste, formé en réalité au baroque d'inspiration italienne, évolue rapidement vers le néoclassicisme académique et travaille entre autres à la basilique du Pilar à Saragosse.

LA PEINTURE

Les Bourbons prennent un grand intérêt à s'entourer des meilleurs peintres, les installant à la Cour. Philippe V, arrivé de la cour de Versailles, cultive la nostalgie de l'art français et attire à Madrid de nombreux artistes de son pays natal. En 1752, Ferdinand VI fonde l'Académie des beaux-arts de San Fernando, instaurée pour l'enseignement des techniques artistiques selon les règles

académiques et l'étude des maîtres italiens. Les principales figures du siècle sont **Anton Raphaël Mengs** (1728-1779), originaire de Bohême, et le Vénitien **Tiepolo** (1696-1770), qui travaillent au Palais royal de Madrid. L'Aragonais **Francisco Bayeu** (1734-1795) peint de nombreux cartons de tapisseries, tout comme son beau-frère **Francisco de Goya y Lucientes** (1746-1828), dont l'immense personnalité domine tout le siècle. Natif de Fuendetodos, près de Saragosse, celui-ci commence sa carrière en travaillant aux peintures murales d'églises de sa région natale (parmi lesquelles celles de la basilique del Pilar) avant de parvenir à s'introduire à la Cour. Hormis les portraits officiels exécutés sans la moindre flagornerie, Goya inaugure alors une nouvelle conception de la peinture : l'artiste ne travaille plus sur commande, mais pour exprimer ses révoltes et approfondir son art. Son génie, de plus en plus noir, éclatera dans les dernières périodes de sa vie à travers ses séries d'eaux-fortes sur *Les Désastres de la guerre* et ses extraordinaires *Caprices*.
Les peintres postérieurs à Goya ne suivront pas sa voie, l'influence académique néoclassique et le romantisme prenant le relais.
L'**impressionnisme** apparaît avec le Catalan **Narcís Oller** (1846-1930), et surtout le Valencien **Joaquín Sorolla** (1863-1923) qui magnifie dans ses tableaux la lumière naturelle de sa région natale, notamment avec ses paysages de bord de mer.
Autre Valencien, le sculpteur **Mariano Benlliure** (1862-1947) réalise pour sa part des œuvres en bronze, en particulier des scènes taurines d'une grande expressivité.
Mais déjà approchent le 20e s. et l'heure des avant-gardes qui vont bouleverser le paysage artistique.

Le modernisme

Au 19e s., la révolution industrielle permet l'émergence d'une bourgeoisie d'affaires. Elle s'accompagne, en Catalogne, de la **Renaixença**, mouvement intellectuel qui propose une nouvelle vision de l'identité catalane, et donne naissance, dans le domaine artistique, au **Modernismo**, proche d'autres courants européens : Art nouveau (France et Belgique), Modern Style (Angleterre et États-Unis), Sécession (Autriche) et Jugendstil (Allemagne).
Le modernisme donne un nouveau sens esthétique, accorde une importance spéciale aux arts décoratifs et appliqués (verre, céramique, fer, métal, meubles, orfèvrerie, affiches et arts graphiques) et développe l'utilisation de nouveaux matériaux industriels.

SOROLLA OU LA QUÊTE DE LA LUMIÈRE

Après des études académiques ponctuées par le voyage obligé à Rome, **Joaquín Sorolla y Bastida** (1863-1923) découvre les avant-gardes européennes lors d'un séjour à Paris. Il connaît rapidement le succès en Espagne et crée un mouvement qu'il intitule le « luminisme » : il s'agit de capter et de restituer la lumière, parfois crue, souvent douce, des plages méditerranéennes sur des toiles représentant volontiers les pêcheurs valenciens. Il devient l'un des leaders de la peinture espagnole moderne et triomphe à Paris de en 1906, puis à New York trois ans plus tard, obtenant ainsi la reconnaissance internationale. Peintre valencien par excellence, il est aujourd'hui considéré comme le principal représentant de l'impressionnisme en Espagne.

UN SUCCÈS FULGURANT

En ces temps de bourgeoisie industrielle triomphante, le modernisme se répand comme une traînée de poudre. Entre 1880 et 1920, beaucoup de villes de l'est de l'Espagne, en plein essor économique, se dotent de bâtiments modernistes.
On trouvera de beaux exemples de ce style à Valence avec, entre autres : la Casa Ferrer (1908) ; la Casa de los Dragones dessinée par **José Manuel Cortina** ; deux marchés couverts, le Mercado de Colón, œuvre de Francisco Mora y Belenguer (1913), et le Mercado Central construit par Alejandro Soler et Francesc Guàrdia de 1914 à 1928 ; enfin, la gare du Nord *(Estación del Norte)* édifiée par **Demetrio Ribes** dans un style empruntant à la Sécession viennoise, mais dont les ornements évoquent sans aucun doute les spécificités régionales. Cette euphorie moderniste a eu en outre le mérite de donner un coup de jeune aux manufactures de faïence de Manises, sollicitées pour les panneaux rythmant les façades.
Mais Valence n'est pas la seule ville à avoir été gagnée par le modernisme. À Carthagène, Teruel (plaza del Tórico), Alcoi et Huesca (casino), pour ne citer que quelques villes, ont fleuri également les œuvres des élèves ou des émules des grands créateurs du modernisme catalan : parmi eux, **Pablo Monguió**, **Victor Baltrí**, **Alejandro Soler** ou **Francesc Guàrdia**.

LA PEINTURE ET LA SCULPTURE

La peinture de cette période est féconde et variée. Parmi les nombreux artistes se détachent **Ramon Casas**, dont les œuvres sont empreintes d'une atmosphère mélancolique et grise, **Santiago Rusinyol**, **Isidre Nonell** et Picasso.
Pablo Ruiz Picasso (1881-1973) est la figure phare de cette période et ses innovations enrichissent toute l'histoire de la peinture du 20e s. Il cultive d'abord le naturalisme académique *(Science et Charité)*, puis le modernisme et l'expressionnisme social. Plus tard, définitivement installé à Paris (1904), il évolue de la « période bleue » et de la « période rose » au cubisme *(Les Demoiselles d'Avignon)*, puis au surréalisme et à l'expressionnisme *(Guernica)*.
Dans le domaine de la sculpture, l'Aragonais **Pablo Gargallo** (1881-1934), ami de Picasso et compagnon de route des cubistes, est un précurseur par sa simplification des formes, l'importance donnée aux volumes et l'utilisation de matériaux nouveaux comme le fer. Le musée qui lui est consacré à Saragosse permet d'apprécier la trajectoire exigeante de cet artiste. Plus tard, un autre sculpteur aragonais, **Pablo Serrano** (1908-1995), va s'attacher à une recherche de la pureté des formes qui le situe dans la lignée de Brancusi : lui aussi a son musée à Saragosse *(p. 246)*.

L'âge des avant-gardes

Vers 1920 apparaît un mouvement marqué par le cubisme, et surtout par le surréalisme, que cultivent les sculpteurs **Angel Ferrant**, **Victorio Macho**, **Alberto Sánchez** et **Julio González**. Utilisant le fer, il simplifie les formes en tendant vers un expressionnisme abstrait.
Dans le domaine de la peinture, ce mouvement est représenté par **Daniel Vázquez Díaz**, Juan Gris, Joan Miró et Salvador Dalí. **Juan Gris** (1887-1927), qui travailla à Paris, est le représentant le plus authentique du cubisme analytique. **Joan Miró** (1893-1983), tenant du surréalisme, se caractérise par une spontanéité quasi enfantine

Maisons construites à Calp par Ricardo Bofill.
ARCO / Hildebrandt / Arco Images / age fotostock

et une vue originale sur les objets quotidiens. Une palette très vive et une série de symboles au caractère magique constituent une constante dans son œuvre.

Salvador Dalí (1904-1989) est un artiste surréaliste. Il imagine son propre mode de création, qu'il baptise lui-même la « paranoïa critique ». Intéressé par le monde onirique, il réussit dans ce domaine quelques-unes de ses meilleures toiles.

L'ART DE L'APRÈS-GUERRE

La guerre civile et l'arrivée au pouvoir du général Franco contraignent à l'exil de nombreux artistes. L'avant-garde catalane renaît de ses cendres quelques années plus tard grâce à un groupe de peintres constitué autour de la revue *Dau al Set* (1948-1954). Cette deuxième vague avant-gardiste poursuit son chemin vers l'abstraction et expérimente de nouvelles techniques picturales, comme les collages. Parmi ses plus grands représentants, on compte **Antoni Tàpies** (1923-2012, qualifié lors de sa mort de « dernier grand maître du 20e s. »), **Modest Cuixart**, Joan Ponç, Tharrats et Brossa.

Dans la seconde moitié du 20e s., les peintres avant-gardistes approfondissent leur démarche, associant divers matériaux pour sculpter la surface vierge de la toile.

LES NOUVELLES TENDANCES

À partir de 1950, on peut parler des prémices d'une nouvelle architecture fondée sur l'aspect fonctionnel et le rationalisme. Les exemples abondent à Barcelone, mais aussi en pays valencien avec, notamment, un ensemble de maisons construites à Calp par l'architecte catalan **Ricardo Bofill**.

Dans les années 1950 naissent deux groupes artistiques aux caractéristiques différentes, mais avec un objectif commun : l'innovation artistique. Le premier, **El Paso**, est constitué à Madrid par l'Aragonais (de Huesca) **Antonio Saura** (1930-1998), Manuel Millares, Rafael Canogar, Luis Feito, Manuel Viola et Martín Chirino, en compagnie de l'Alicantine

Juana Francés (1924-1995), dont l'œuvre est un va-et-vient entre un figuratif hiératique et l'abstraction (*Instituto aragonés de arte y cultura contemporáneo (IAAC) Pablo Serrano à Saragosse et musée d'Art contemporain d'Alicante (MACA), p. 246 et p. 179*). Tous représentent ce que l'on appelle « la peinture d'action » ; et, le second, **El Equipo 57**, est formé à Cuenca par **Angel Duart**, Ibarrola et Serrano, artistes davantage intéressés par le dessin.
Signalons également un représentant de la sculpture cinétique, l'Alicantin **Eusebio Sempere** (1923-1985) dont les collections ont donné naissance au musée d'Art contemporain d'Alicante (*p. 179*).
Au début des années 1970, Juan Genovés et le groupe valencien **Equipo Crónica**, rejoint par Solbes et Valdès, représentent le réalisme critique au cours des dernières années du franquisme.
Le changement politique des années 1970 impulse un optimisme enthousiaste et de grands changements conceptuels. Le mouvement dit du « **conceptualisme catalan** » revendique l'utilisation de nouveaux supports artistiques tels que la vidéo, l'installation ou la performance. Les représentants les plus illustres de ce mouvement sont, entre autres, A. Muntadas, F. Torres, R. Llimós, A. Miralda, C. Pujol et F. Abad.

L'architecture aujourd'hui

Depuis quelques années, les grandes villes de l'Espagne méditerranéenne ont su mettre à profit des événements internationaux pour se doter de monuments d'une grande modernité.

Valence, 2007

Valence choisit le gigantisme pour l'aménagement de l'ancien cours du Turia, son fleuve asséché, et fait notamment appel à l'architecte valencien **Santiago Calatrava** (*encadré ci-dessous*). Il édifiera un palais des Arts aux lignes et aux proportions stupéfiantes, qui s'inscrit dans l'ensemble monumental de la Cité des Arts et des Sciences. L'Hispano-Mexicain **Félix Candela** (1910-1997), spécialiste de l'architecture parabolique, dessine quant à lui l'élégant Oceanogràfic.
Avec l'accueil de l'America's Cup en 2007, la ville se dote également d'un nouveau port, s'ouvrant ainsi vers

SANTIAGO CALATRAVA

Né le 28 juillet 1951 près de Valence, Santiago Calatrava fait une partie de ses études à Valence puis à Zurich, où il suit la formation du célèbre Institut fédéral suisse de technologie (ETH). À 30 ans, il crée son agence et se fait connaître par ses projets de ponts et de gares (St-Exupéry à Lyon, gare d'Orient à Lisbonne). Il construit ensuite l'aéroport de Bilbao, le stade pour les J. O. d'Athènes, des salles de spectacle, dont le Palais des arts Reina Sofia dans la Cité des Arts et des Sciences à Valence, et un immeuble tournant sur son axe à Malmö, en Suède. Également sculpteur et ingénieur, il propose des architectures défiant les lois de la gravité. Mais ces dernières années, l'architecte valencien est quelque peu controversé, en raison de certaines malfaçons : c'est ainsi qu'à Valence, lors d'une tempête durant l'hiver 2013-2014, les *trencadís* (mosaïque réalisée à partir d'éclats de céramique) qui tapissaient le centre Reina Sofia se sont effondrés, accident qui ne causa, fort heureusement, aucune victime.

la mer à laquelle elle a longtemps tourné le dos. Sur le port, l'architecte **David Chipperfield** construit un bâtiment à la structure légère, baptisé de façon évocatrice *Veles e Vents* (ce nom reprend ainsi un célèbre vers du poète valencien Ausiàs March).

Cette soif d'aménagement est toujours d'actualité puisque la ville, qui a confié à **sir Norman Foster** la réalisation d'un palais des Congrès aux courbes élégantes (un bâtiment jumeau est appelé à suivre), envisage la création d'un quartier nouveau. Situé au sud de la ville, ce quartier, nommé Valencia Parque et confié à une architecte paysagiste américaine, **Kathryn Gustafson**, s'étend derrière la Estación del Norte. Il sera doté d'un immense parc urbain, comprenant notamment la gare AVE souterraine. Les premiers coups de pioche ont d'ores et déjà été donnés (fin 2014).

La cité continue donc à bouger (*p. 117*)... même si les projets en cours risquent d'être quelque peu ralentis par la crise économique actuelle, comme c'est le cas du projet d'extension de l'IVAM, confié à deux architectes japonais, **Kazuyo Sejima** et **Ryue Nishizawa**.

Saragosse, 2008

Depuis l'Exposition internationale de 2008, sur le thème de « l'eau et le développement durable », la capitale de l'Aragon compte parmi les hauts lieux de l'architecture et de l'aménagement du territoire, et est en train de reconquérir les terrains situés sur la rive droite de l'Èbre jusqu'alors occupés par des faubourgs. Pavillons des différents pays participants, infrastructures, aménagements de l'Èbre qui devient la « grande rue » de la ville, édification du nouveau palais des Congrès et construction d'un pont par **Zaha Hadid** – le Pabellón-Puente, couvert et futuriste – donnent un visage inédit à la ville, que vient symboliser une superbe sculpture de Jaume Plensa, *L'Âme de l'Èbre* (*p. 247*).

Quelques autres lieux

Les grandes villes de la région ne sont pas les seules localités à avoir fait appel aux architectes contemporains.

C'est ainsi qu'**Alcoi** a demandé à Santiago Calatrava de construire la **Llotja de Sant Jordi**, étrange édifice souterrain aménagé sous la place principale de la ville (1992).

Signalons également l'audacieux musée ARQUA élevé sur le port de **Carthagène** par l'architecte madrilène **Guillermo Vázquez Consuegra**, également auteur du superbe MuVIM de Valence. Dans cette même ville, un des plus prestigieux architectes espagnols, le Navarrais **Rafael Moneo**, a aménagé le musée du Temple romain en reliant plusieurs maisons à flanc de colline par un souterrain.

En Aragon, on notera le Palais des Sports de Huesca (1997), conçu par **Enric Miralles**, et qui suscite toujours l'admiration étonnée des visiteurs.

Près de Barbastro, deux « **cathédrales du vin** », la bodega Laus conçue par **Esperanza Rambla** et **Carlos Cebolleda**, et la spectaculaire bodega Irius, immense vaisseau défiant les lois de l'équilibre, posé sur un lac artificiel et dû à **Jesús Marino Pascual**.

Le **Pabellón de Hielo** (*p. 265*), patinoire olympique de Jaca, œuvre des architectes **Coll-Boreu**, évoque une goutte d'eau. Et même la **station thermale de Panticosa** (*p. 270*) entame une nouvelle jeunesse grâce à José Rafael Moneo et à sa fille, **Belén Moneo Feduchi**, qui a dessiné les thermes, une structure de verre largement ouverte sur la montagne.

Quelques termes d'art

Abside : extrémité arrondie d'une église.

Absidioles : petites chapelles radiales s'ouvrant sur le déambulatoire.

Alcázar : palais royal arabe.

Alfarje : plafond en bois, souvent décoré.

Alfiz : moulure rectangulaire encadrant un arc, généralement outrepassé.

Alicatado : technique céramique d'origine perse, qui consiste à découper de petits motifs géométriques pour former un décor.

Aljibe : citerne.

Arabesque : terme romantique utilisé pour exprimer l'effet de décor de l'art islamique.

Archivolte : ensemble des voussures et moulures concentriques qui composent un arc ébrasé.

Artesonado : plafond à marqueterie où des baguettes assemblées dessinent des caissons en étoile.

Atalaya : tour de guet.

Ataurique : décor inspiré de la feuille d'acanthe, typique de l'art califal.

Azulejos : carreaux de faïence vernissée.

Barbacane : ouvrage de défense avancé.

Bossage : mur dont les moellons sont biseautés ou en saillie.

Campanile : clocher isolé.

Capilla mayor : chapelle placée dans l'axe de la nef et recevant le maître-autel, qui équivaut au chœur des églises françaises.

Carole : nef contournant l'abside.

Chevet : partie extérieure de l'église, dite *cabecera* en Espagne.

Churrigueresque : dans le style des Churriguera, famille d'architectes du 18e s., qui désigne un décor baroque surchargé.

Colonne salomonique : colonne torse décorée d'un réseau végétal.

Coracha : mur qui relie une barbacane ou une tour de guet à la muraille principale.

Coro (cor) : dans les cathédrales espagnoles, enceinte établie au milieu de la nef principale ou dans un étage supérieur.

Coufique : de la ville de Kufa, écriture arabe aux lettres majuscules et anguleuses.

Créneau : échancrure formant l'intervalle entre deux merlons.

Cuerda seca : technique de céramique vernissée par laquelle on sépare les couleurs à l'aide d'une ligne de matière grasse qui disparaît à la cuisson.

Église-halle : église dont les trois vaisseaux sont de même hauteur.

Écoinçon : partie de mur triangulaire, comprise entre deux arcs successifs.

Entrelacs : décor géométrique formé d'une série de lignes entrecroisées qui composent des motifs polygonaux ou en étoile.

Estípite : pilastre dont la partie la plus étroite se situe à la base.

Fenêtre à meneaux : fenêtre avec deux arcs, divisée par une colonne centrale.

Flamboyant : style de la fin de l'époque gothique (15e s.), ainsi nommé pour ses découpures en forme de flammèches aux remplages des baies.

Flèche : comble en pointe, conique ou pyramidal d'une tour.

Géminé : se dit de fenêtres ou colonnes unies par deux.
Grotesque : décor typique de la Renaissance qui mêle des éléments végétaux, des êtres fantastiques et des animaux enlacés formant un tout.
Lanterne : construction circulaire couronnant une coupole et percée de baies pour laisser entrer la lumière.
Mâchicoulis : parapet en encorbellement d'un château.
Meneau : chacun des montants ou traverses divisant la baie des anciennes fenêtres.
Mihrab : dans une mosquée, niche ouverte dans le mur sacré *(quibla)* au grand luxe décoratif.
Minaret : tour d'une mosquée, d'où le muezzin appelle les fidèles à la prière.
Miséricorde : petite console visible quand les sièges des stalles sont levés et servant à s'appuyer en donnant l'impression de rester debout.
Mocárabes : motifs décoratifs en forme de stalactites, employés sur les plafonds, les chapiteaux, les arcs et les corniches.
Modillon : pièce en saillie soutenant une corniche, le départ d'un arc, etc.
Mozarabe : chrétien vivant en territoire musulman avant la Reconquête.
Mudéjar : se dit de l'art des musulmans restés en pays chrétien après la Reconquête.
Paso : char montrant une étape de la Passion du Christ, représentée par un groupe sculpté en bois.
Pendentif : chacun des quatre triangles curvilignes qui soutiennent une coupole, permettant de passer du plan carré au plan circulaire.
Pignon : couronnement triangulaire d'un mur dont le sommet porte le bout du faîtage d'un comble.
Presbiterio : espace entourant le maître-autel et séparé de la nef par des marches ou une clôture.
Quibla : dans une mosquée, mur orienté vers La Mecque, où se dirige l'attention de ceux qui prient.
Retable : les églises baroques sont fréquemment décorées d'un retable monumental, dit *retablo mayor*, qui s'élève souvent jusqu'à la voûte. Il est placé derrière le maître-autel, lui-même situé dans la *capilla mayor*.
Rinceaux : ornements de sculpture ou de peinture empruntés au règne végétal et formant une frise.
Sagrario : chapelle où est conservé le Saint-Sacrement ; parfois, le *sagrario* est une église indépendante.
Sebka : décor de brique, consistant en la répétition jusqu'à l'infini de petits arcs polylobés ou mixtilignes formant un réseau de losanges.
Soportales : portiques à colonnes de bois ou de pierre supportant le premier étage des maisons.
Stuc : décor sculpté en plâtre *(yesería)*.
Transept : nef transversale qui coupe la nef principale.
Trasaltar : mur postérieur du chœur où se trouvent sculptures ou tombeaux.
Trascoro (trascor) : face postérieure du *coro*.
Trompes : petites voûtes semi-coniques au sommet inversé, qui servent à transformer un plan carré en plan octogonal et à soutenir ainsi une coupole.
Venera : élément décoratif en forme de coquille Saint-Jacques.
Voûte étoilée : voûte à plan carré ou polygonal formée par plusieurs arcs entrecroisés.

ABC d'architecture

Les dessins présentés dans les planches de cet ABC offrent un aperçu de l'histoire de l'architecture dans la région et de ses particularités. La première planche, plus générale, a la vocation de vous rappeler les différents termes utilisés pour décrire une cathédrale ou un retable.

Coupe d'une église

romane gothique

romane gothique

Retables

Les églises espagnoles sont fréquemment décorées d'un retable monumental, dit *retablo mayor* (grand retable), qui s'élève souvent jusqu'aux voûtes. Il est placé derrière le maître-autel, lui-même situé, dans la *capilla mayor*.

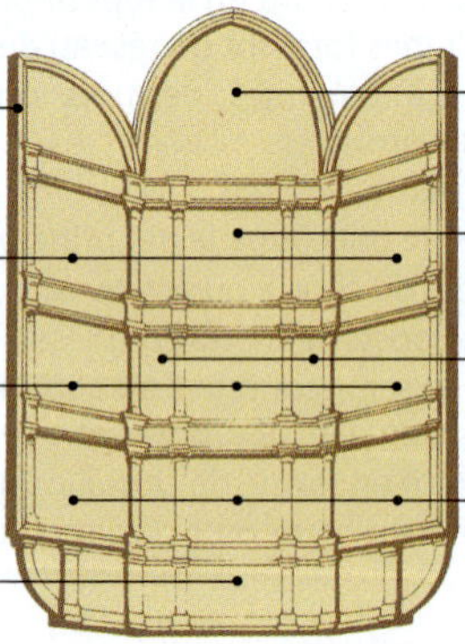

ART ET ARCHITECTURE

Arcs

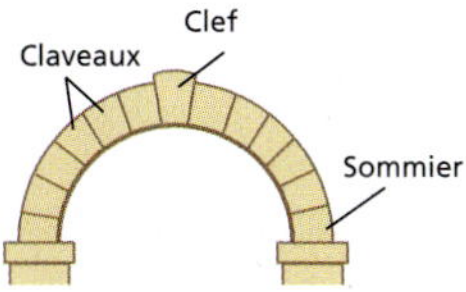

en plein cintre

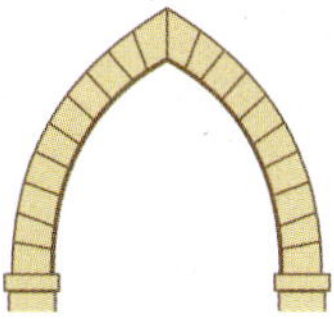
brisé

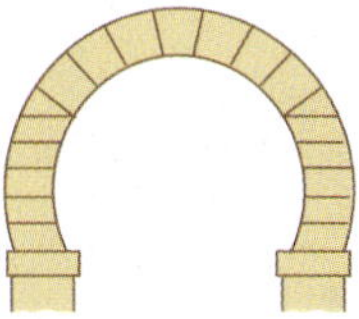
outrepassé, ou en fer à cheval

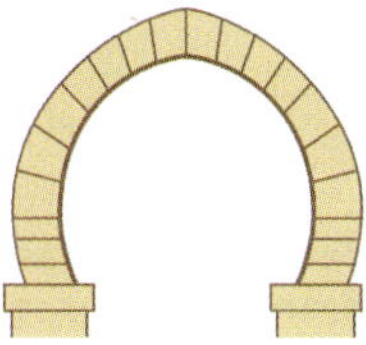
brisé outrepassé

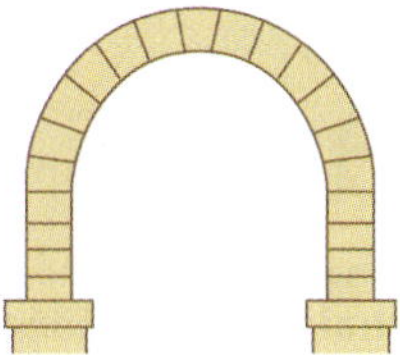
(en plein cintre) surhaussé

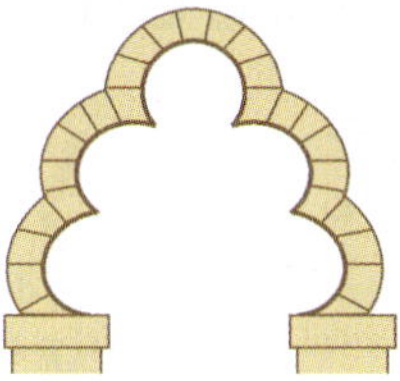
polylobé

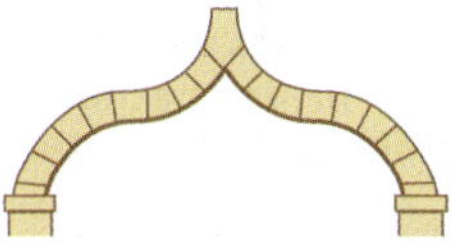
en accolade

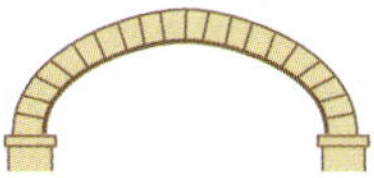
en anse de panier

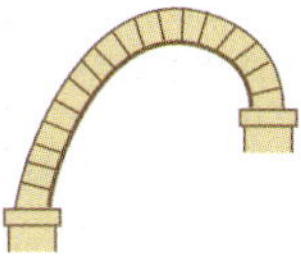
rampant

Voûtes

en berceau plein cintre

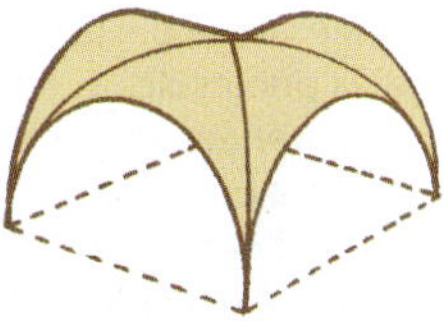
d'arête en plein cintre

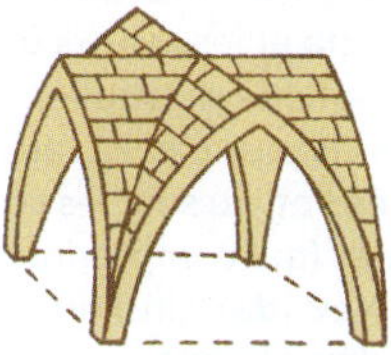
d'ogives

en éventail

en berceau brisé

Coupole sur pendentifs

R. Corbel/MICHELIN

Nature et paysages

Les régions orientales de l'Espagne sont baignées par la mer Méditerranée et limitées au nord par la chaîne des Pyrénées, offrant des paysages extrêmement variés, du magnifique cirque calcaire d'Ordesa aux longues plages du pays valencien, en passant par les riches plaines de Murcie ou le paysage de palmeraies autour d'Elche. Ces richesses naturelles et environnementales bénéficient de protections au niveau national ou régional, notamment grâce à la création de nombreux parcs naturels et réserves.

Aperçu général de l'Espagne

L'Espagne continentale se partage avec le Portugal la péninsule Ibérique, que les Pyrénées séparent du reste du continent européen. Sa superficie – 505 182 km^2 avec les Baléares et les Canaries – la place au 4e rang européen, après la Russie, l'Ukraine et la France.

L'Espagne possède plus de 4000 km de côtes baignées par l'océan l'Atlantique et la mer Méditerranée. Sa population est estimée à 45 millions d'habitants.

C'est un pays montagneux où l'altitude moyenne est de 650 m et dont 1/6 s'élève à plus de 1 000 m d'altitude, avec, pour point culminant, le pic Mulhacén (3482 m), qui domine la sierra Nevada.

L'un des traits dominants de la péninsule est l'existence en son centre de la **Meseta**. Formation géologique la plus ancienne (hercynien) du pays, elle forme un plateau au sol dur, siliceux, légèrement incliné vers l'ouest et encerclé de longues barrières montagneuses qui l'isolent des régions côtières. Toutes sont la conséquence du plissement alpin de l'époque tertiaire : la **cordillère Cantabrique** au nord-ouest, prolongement des Pyrénées, la **cordillère Ibérique** au nord-est et la **sierra Morena** au sud.

Traversant la Meseta par le centre, la **cordillère Centrale** est formée par les sierras de **Somosierra**, de **Guadarrama**, de **Gredos**, la **Peña de Francia** et les **monts de Tolède**.

À la périphérie se trouvent les massifs les plus élevés : au nord, les **Pyrénées** et, au sud, les **cordillères Bétiques** (qui comprennent la **sierra Nevada**), ainsi que deux vastes dépressions : celle de l'Èbre et celle du Guadalquivir.

Relief de l'Espagne, côté Est

UN PEU DE GÉOLOGIE

Le relief de l'Espagne orientale doit avant tout son origine à deux grandes étapes géologiques.

Randonneurs aux lacs d'Arriel dans la vallée de Tena, à Sallent de Gállego dans l'Aragon.
J-P. Azam/hemis

Au cours de la première, à la fin de l'ère primaire, le massif de l'Èbre et les Baléares ont émergé des océans, lors du plissement hercynien. La seconde étape, le plissement alpin de l'ère tertiaire, a donné naissance aux Pyrénées et aux cordillères littorales.

L'ARAGON, DES PYRÉNÉES À L'ÈBRE

Le **haut Aragon** correspond aux Pyrénées centrales – vallées intérieures et piémont – avec leurs paysages grandioses et encaissés, leurs villages en pierre de taille et aux toits d'ardoise hérissés de curieuses cheminées. Aujourd'hui, l'impressionnante chaîne montagneuse constitue une zone touristique très fréquentée. Entrecoupée de profondes et étroites vallées, elle possède de nombreuses micro-régions qui ont conservé et entretiennent une forte personnalité.
Si l'exode rural a vidé nombre des vallées (le nombre de *despoblados* ou villages abandonnés en atteste), les politiques régionales tentent de les réanimer, en particulier en misant sur l'essor du tourisme vert, dont les Espagnols sont de plus en plus friands. À la beauté des paysages et aux coutumes ancestrales préservées, s'ajoutent aujourd'hui diverses possibilités de pratiques sportives : sports d'hiver, randonnées, escalade, sports d'aventure tels que le canyoning, chasse et pêche. Cette région vit essentiellement de l'agriculture, notamment autour de Huesca et de Jaca, et de l'élevage dans les vallées.

La dépression de l'Èbre

C'est un ancien golfe marin comblé, au sol argileux. Les terrasses de part et d'autre du fleuve (le plus long et le plus puissant d'Espagne, même s'il n'est plus navigable de nos jours) sont d'un ravinement prononcé, accentué dans le désert des Monegros en Aragon par des affleurements salins (lagune de Sariñena). Heureux contraste, le fond de la vallée, irrigué, se transforme en une verdoyante *huerta* (vaste plaine irriguée dans le sud de l'Espagne, utilisée pour la culture maraîchère ou fruitière).

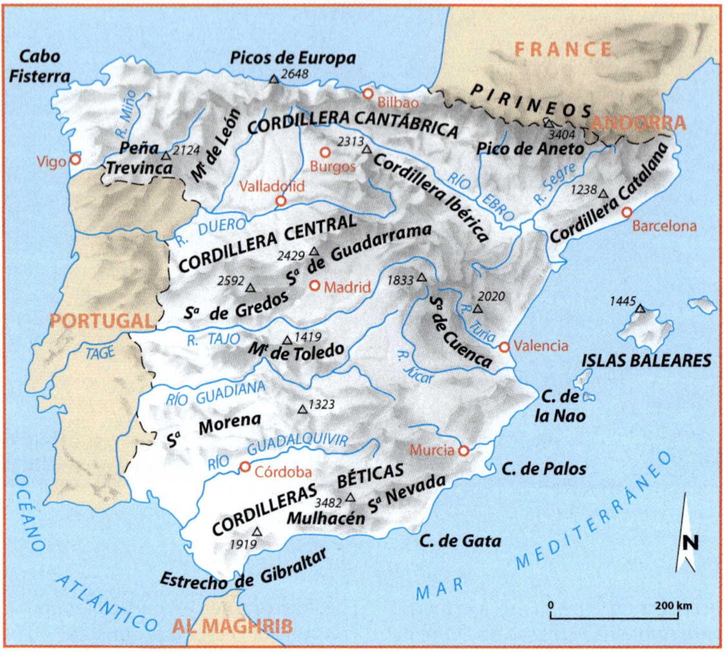

La cordillère Ibérique

Dans l'**Aragon méridional**, les collines d'argile qui bordent le bassin de l'Èbre à hauteur de Daroca ou Alcañiz sont couvertes de vignes et d'oliviers. Ici, l'habitat privilégie la brique et la terre, et les villages semblent ne faire qu'un avec le paysage. Les plateaux entourant Teruel font partie de la lourde carapace des **Montes Universales**, un des grands châteaux d'eau de l'Espagne, où naissent le Cabriel, le Turia, le Júcar et, surtout, le Tage.

LES RÉGIONS MÉDITERRANÉENNES

Elles comprennent, outre la Catalogne, la Communauté valencienne, la région de Murcie et les îles Baléares ainsi que, plus au sud, l'Andalousie.

Le Levant

Comprenant la région de Valence et celle de Murcie, le Levant est constitué par une étroite plaine alluviale qui s'étend entre la Méditerranée et les derniers jalons des massifs intérieurs (cordillère Ibérique au nord, cordillères Bétiques au sud).

La côte, nommée **Costa del Azahar** (ou **dels Tarongers**) près de Valence, et **Costa Blanca** autour d'Alicante et de Murcie, se compose de dunes et de cordons littoraux formant des lagunes et des étangs. Les plages sont régulièrement interrompues par d'impressionnants promontoires et caps rocheux : rocher de Peníscola, cap de San Antonío, cap de la Nao, ou encore Penyal d'Ifac (considéré comme la plus haute falaise de la Méditerranée) à Calp.

L'arrière-pays entre Valence et Castelló est bien sûr le territoire des orangers (et des agrumes en général), qui ont donné son nom à la côte *(Azahar)*.

L'intérieur des terres de la **Communauté valencienne**

présente un relief accidenté qui comprend les montagnes appartenant au **système Ibérique** au nord et aux **cordillères Bétiques** au sud. Parmi ces montagnes, signalons entre autres les **sierras du Maestrazgo**, de Martés, d'Espina, d'Espadán et le massif du Caroig. Penyagolosa est le plus haut sommet de la Communauté valencienne (1 813 m). Le système Pénibétique pénètre dans le territoire par le sud de la province d'Alicante et forme les sierras de Crevillent, de Carrascal et d'Aitana, dont la cime du même nom atteint 1 558 m.

L'espace géographique de la **région de Murcie** se définit par des contrastes très prononcés. Le relief est entouré par les cordillères Bétiques et présente une alternance entre secteurs montagneux, vallées et dépressions, ce qui crée, dans certains espaces limités, d'importantes différences d'altitude. Notons cependant qu'un tiers de la superficie de la région se trouve à plus de 600 m d'altitude. Le point le plus élevé est situé dans le massif de Revocadores, à 2 027 m. Au nord-est de la province de Murcie s'étend une vaste plaine plantée de vignes. Vers le sud alternent cordillères prélittorales et dépressions à travers lesquelles coulent les fleuves Guadalentín et Segura, qui arrosent de fécondes « **huertas** » et de vastes plaines littorales agricoles. Le littoral, au sud et autour de Carthagène (golfe de Mazarrón), présente une côte très découpée et parfois escarpée, ainsi qu'une curieuse mer intérieure, **el Mar Menor**, séparée de la pleine mer par un étroit cordon littoral.

TRANSHUMANCES

La transhumance se pratique toujours en Aragon ; dans les Pyrénées, les ovins montent à l'estive dans les prairies d'altitude ; les troupeaux (ovins, bovins), qui passent l'été dans la sierra de Teruel, rejoignent leurs régions d'origine (delta de l'Èbre, Valence, Andalousie) à partir de la Toussaint. Il faut parfois trois semaines pour accomplir ce voyage.

Les climats

Sur la côte, du nord de la Communauté valencienne jusqu'au sud de la région de Murcie, le climat est typiquement méditerranéen avec des étés secs et chauds, des hivers doux et des pluies au printemps et à l'automne, parfois torrentielles. La moyenne annuelle est de 15°. Plus on va vers le sud, plus la température est élevée.

Dans les zones montagneuses des Pyrénées et des Prépyrénées, en Aragon, à partir de 2 000 m, l'hiver, long et froid, peut être très rigoureux, avec des précipitations importantes et de la neige plusieurs mois de l'année. Les étés y sont peu arrosés, chauds, parfois torrides, notamment dans la dépression de l'Èbre et dans la province de Teruel.

HYDROGRAPHIE

Le fleuve le plus abondant de toute la Catalogne est l'**Èbre**, de régime pluvieux océanique. Il naît dans la cordillère Cantabrique, passe par les terres méridionales de Catalogne, se faufile à travers les précipices des montagnes du système méditerranéen et, après son passage à Tortosa, débouche sur un immense delta. C'est dans sa vaste cuvette que les eaux des grandes rivières des Pyrénées occidentales – le Segre et ses affluents, la Noguera Ribagorçana et la Noguera Pallaresa – sont recueillies.

La végétation

L'Aragon

Dans les hautes Pyrénées aragonaises, on trouve une abondante population de **pins noirs**, remplacés, entre 2 300 et 3 000 m, par une végétation de haute montagne (espèces boréo-alpines et prés de fétuques). Le Sud, au climat méditerranéen presque aride, induit une **végétation de type steppique** : maquis de chênes kermès et d'épines noires dans les terres, lentisques et palmiers nains dans la zone littorale. Dans le sud de l'Aragon, les grandes **pinèdes** d'Albarracín et des sierras de Gúdar-Javalambre sont les formations forestières les plus importantes du système Ibérique.

Le Levant

Le climat méditerranéen a permis le développement d'une activité agricole intense, qui fait de la région le jardin de l'Europe. La végétation naturelle (oliviers, caroubiers, amandiers, vignes) a été peu à peu remplacée grâce à un extraordinaire système d'irrigation par canaux *(acequias)* développé depuis l'Antiquité. C'est le domaine des « **huertas** », où le paysage se métamorphose sous la végétation luxuriante des agrumes (orangers entre Castelló et Dénia, citronniers près de Murcie, néfliers au nord de Benidorm) ou des cultures maraîchères (autour de Murcie). Dans le sud apparaissent de vastes palmeraies (Elche, Orihuela) et, dans les zones marécageuses, on cultive le riz. En raison de leur fertilité, les *huertas* comptent parmi les zones rurales les plus peuplées d'Espagne.

La faune

Il convient de signaler aux amateurs d'oiseaux une zone très riche, celle de l'archipel de **Tabarca** (au large d'Alicante), classée réserve naturelle maritime : paradis des **oiseaux migrateurs et des oiseaux marins** (pélicans, mouettes d'Audouin, cormorans), elle est aussi remarquable par sa population sous-marine (étoiles de mer pourpres, escargots porcelaine, mollusques, crustacés et poissons variés – sargue doré, loup de mer, pagre, mérou, dentex, etc.).

On trouve en grand nombre la **sterne argentée** sur toutes les côtes de l'archipel. Le lapin, autre animal très répandu, a pu s'adapter grâce à l'absence de prédateurs.

Au-delà de 2 300 m d'altitude, la zone montagneuse des Pyrénées aragonaises est le royaume des **isards**, qui partagent leur territoire avec les castors et les loutres, dans les zones lacustres.

On croise également des marmottes, des perdrix des neiges, des coqs de bruyère, des aigles, des vautours, des gypaètes et autres rapaces.

Parmi les herbivores, le cerf et le chevreuil, qui avaient disparu du fait de la chasse, ont été réintroduits dans les forêts aragonaises. Sans oublier les **ours**, qui ne subsistent qu'en très petit nombre, mais semblent vivre en meilleure entente avec les paysans que de l'autre côté de la frontière…

BANQUET DE RAPACES DANS LES PYRÉNÉES

Tandis que l'aigle plane à la recherche de la proie qu'il pourra emporter dans ses serres pour la déguster tranquillement, le vautour guette, attendant patiemment que l'aigle ait terminé son repas pour venir nettoyer la charogne. Une fois les os bien propres, le gypaète apparaît, se saisit des os et choisit un rocher sur lequel les laisser tomber pour les fracasser. Il se délecte alors de leur moelle, qui compose l'essentiel de son alimentation.

Un environnement très protégé

L'Espagne méditerranéenne s'est dotée d'un système de protection de l'environnement naturel très étendu. La volonté gouvernementale de conserver des lieux naturels a permis de freiner un développement touristique peu respectueux de l'environnement, surtout sur les côtes. Certains sites naturels sont en outre classés réserves de la biosphère par l'Unesco. Par ailleurs, dans le cadre de la convention sur le patrimoine de l'humanité, les programmes de protection de l'Unesco couvrent trois parcs nationaux espagnols, dont un en Aragon : Ordesa y Monte Perdido.

LES PARCS NATURELS

La liste des parcs naturels dans cette région est si longue que nous ne citerons que les plus connus. *Pour une liste plus exhaustive, consultez le tableau p. 30.*

En Aragon

L'Aragon compte l'unique parc national de l'Espagne côté Est auquel s'ajoutent quatre parcs naturels.

Parc national d'Ordesa y Monte Perdido (Aragon) – Créé dès 1918, il s'étend sur 15 608 ha, dominé par le Monte Perdido qui culmine à 3 355 m, plus haute montagne calcaire d'Europe. La vallée glaciaire d'Ordesa est un profond canyon qui fait le parallèle avec le cirque de Gavarnie dans les Pyrénées françaises. On passe d'ailleurs aisément à pied de l'un à l'autre par la brèche de Roland.

Parc naturel de la Sierra y Cañones de Guara (Aragon) – Connu pour ses grottes peintes, ce parc de 47 450 ha est très fréquenté par les randonneurs et les amateurs de canyoning, mais c'est aussi un point d'observation de rapaces.

Parc naturel de Posets-Maladeta (Aragon) – Il compte 33 000 ha sur le versant sud des Pyrénées. Des démarches ont été entamées pour l'élever au rang de parc national, mais elles se heurtent au refus de la population qui craint une limitation de ses activités traditionnelles (cueillette, chasse...).

Parc naturel de los Valles Occidentales (Aragon) – Situé autour du valle de Hecho, ce parc d'une altitude moyenne de 1 200 m est fréquenté par les derniers ours bruns des Pyrénées.

Communauté valencienne

La Communauté ne compte pas moins de 22 parcs naturels, souvent de taille réduite, le plus petit étant celui du **Penyal d'Ifac** à Calp qui ne couvre que 45 ha. Dix d'entre eux occupent des zones littorales, ce qui a permis de protéger un peu la côte. L'un d'entre eux, le **parc du Turia**, englobant 45 km du cours du fleuve en amont de Valence, a pour objet de préserver la végétation méditerranéenne. Les autres parcs sont situés dans les montagnes de l'intérieur de la Communauté.
On retiendra le **parc naturel de l'Albufera**, près de Valence, qui permet de préserver un milieu naturel un peu comparable à celui de notre Camargue, et celui des **Salines de Santa Pola**, au sud d'Alicante, paysage largement façonné par l'homme. Dans un autre ordre d'idée, le parc naturel du **Desert de les Palmes**, près de Castelló, tente de sauvegarder un écosystème original, souvent dévasté, hélas, par les incendies.

Région de Murcie

Sept parc régionaux, dont un, celui du **Cabo Cope**, vise à protéger la zone littorale.

Histoire

L'histoire de l'Espagne offre une succession d'apogées entrecoupée de périodes sombres : une culture brillante au paléolithique ; un royaume mythique assimilé à l'Atlantide ; une série d'invasions carthaginoise, romaine, wisigothe et arabe ; un âge d'or musulman, grignoté lentement par la Reconquête ; l'Inquisition et les persécutions religieuses ; la conquête du Nouveau Monde et l'apogée colonial ; le déclin et les troubles sociaux ; le Front populaire et le franquisme ; l'avènement de la démocratie et la modernisation du pays... Au fil du temps se tisse une identité nationale d'autant plus complexe qu'elle est marquée par de forts courants régionalistes.

Les origines

Les premières traces de civilisation dans la péninsule Ibérique appartiennent au paléolithique supérieur : une centaine de sanctuaires d'art pariétal (ensemble des œuvres peintes sur les parois des grottes), concentrés pour l'essentiel dans les provinces du Nord, témoignent d'une grande culture à l'époque magdalénienne. Les plus anciennes traces datent de 40 000 ans ; la plus remarquable, Altamira, aurait été peinte entre **15500** et **11500 av. J.-C.**

LES IBÈRES

Vers 3000 av. J.-C., les Ibères, venus d'Afrique du Nord, s'installent au sud de la péninsule, puis des Ligures et des Celtes entrent par le nord. Réunis sous l'appellation Celtibères, ils développent une culture sédentaire et exploitent un sol riche en minerais (cuivre, étain, argent, or), qu'ils transforment en objets raffinés.

Cette population, pré-indo-européenne, est très diverse. Elle est installée sur un large territoire allant de l'Andalousie au Languedoc, où elle entre en contact avec les marchands phéniciens à partir du 8e s. et avec les Grecs à partir du 6e s. La langue utilisée n'est pas indo-européenne et l'écriture, semi-syllabique, est partiellement dérivée des alphabets phénicien et grec. L'habitat, éclaté, est organisé en villages fortifiés sur des sites surélevés et donc protégés. Une culture se développe très rapidement au contact des Grecs et des Phéniciens. On relève des traces significatives de cette civilisation en Catalogne (oppidum d'Ullastret, région de Lérida/Lleida) comme dans le Levant (site de l'Alcúdia près d'Elche).

LES COLONIES PHÉNICIENNES

Les richesses du territoire attirent les commerçants phéniciens qui fondent des comptoirs sur le pourtour méditerranéen, bientôt imités par les Grecs (Rhodes, Empúries). Dans le Levant, ils importent la culture du palmier, qui sera reprise par les Arabes aux siècles suivants.

LES CARTHAGINOIS

Vaincus par les Romains au cours de la première guerre punique,

Musée du Théâtre romain à Saragosse.
N.Calvo / age fotostock

les Carthaginois, emmenés par Hamilcar Barca, envahissent le sud de la péninsule en 237 av. J.-C. et y chassent les marchands grecs et phéniciens. Dix ans plus tard, Hasdrubal fonde Carthagène (*Cartago Nova*, la Nouvelle Carthage) et fait ainsi main basse sur les plus riches mines d'argent du monde antique.

Inquiets de cette progression en Hispanie, les Romains entament une négociation diplomatique qui se conclut par un engagement des Carthaginois à ne pas remonter au nord du Júcar.

Mais Hannibal, fils d'Hamilcar, repasse à l'offensive : il franchit le fleuve et s'empare de Sagonte (ville grecque alliée à Rome) en 220 av. J.-C. C'est le début de la seconde guerre punique (218-201 av. J.-C.). L'armée d'Hannibal, qui a enrôlé de nombreux Celtibères, traverse la Gaule et les Alpes (avec ses fameux éléphants) pour attaquer l'Italie. Il bat les Romains au lac Trasimène, mais sa flotte est détruite dans l'embouchure de l'Èbre. En 211 av. J.-C., les Romains décident de reprendre l'offensive en Hispanie. Publius Cornelius Scipio (le futur **Scipion l'Africain**) se fait nommer proconsul en Espagne, débarque à Empúries, s'empare de la Nouvelle Carthage (209 av. J.-C.) et chasse les Carthaginois de la péninsule en 206 av. J.-C. Hasdrubal sera tué l'année suivante, tandis qu'Hannibal sera vaincu par Scipion à Zama, en Afrique, en 202 av. J.-C.

La romanisation

Malgré le déséquilibre des forces, les Celtibères résistent longtemps aux Romains : commencée par Scipion l'Africain, la conquête romaine ne s'achève véritablement qu'en 19 av. J.-C. avec la reddition des dernières poches de résistance dans les provinces du Nord.

L'Espagne romaine

La guerre finie, Rome divise la péninsule en trois provinces : la Tarraconaise au nord, la Bétique au sud et la Lusitanie à l'ouest. Le latin devient la langue officielle. La romanisation est particulièrement active et **Tarraco** (Tarragone) devient capitale de la Tarraconaise. D'autres cités se développent, telles **Bàrcino** (Barcelone), **Gerunda** (Gérone), **Ilerda** (Lérida), **Carthago Nova** (Carthagène) ou **Cæsaraugusta** (Saragosse). Comme à leur habitude, les Romains équipent la région de voies et d'ouvrages d'art dont il reste de superbes vestiges. Ils lèguent en outre, d'une part le droit romain, sur lequel se base le droit catalan, d'autre part le latin, mère de la langue catalane. Certains historiens pensent que le **christianisme** a été introduit dans la péninsule à Tarraco, où, selon la tradition, prêcha saint Paul. Toujours est-il qu'il s'impose officiellement en 391, sous le règne de Théodose, empereur d'origine hispanique, qui interdit le paganisme.

LE ROYAUME WISIGOTH

La décadence puis la chute de l'Empire romain ouvrent la voie à de nouveaux conquérants. Les **Barbares** envahissent la Catalogne à partir du 3e s., avec des incursions des Francs et des Alamans, le passage des Vandales et surtout l'installation des Wisigoths. Ceux-ci, largement romanisés, s'emparent du pays et fondent le **royaume wisigoth de Toulouse** (419-507), qui s'étend de l'Aquitaine à la pointe sud de l'Espagne.
À la fin du 5e s., repoussés jusqu'aux Pyrénées par les Francs, ils exercent une domination qui se limite à la Septimanie (actuel Languedoc-Roussillon) et au territoire espagnol (507-711). Mais leur État (dont la capitale est d'abord fixée à Barcelone avant de déménager à Tolède) est de plus en plus faible et miné par des dissensions internes. C'est d'ailleurs lors d'une querelle dynastique que l'un des prétendants appelle à son secours les Sarrasins : en 711, le guerrier berbère **Tarik Ibn Ziad** traverse le détroit de Gibraltar avec une armée de 7 000 hommes. Il bat le roi Rodéric à la bataille de Guadalete, progresse vers le nord et entre dans Tolède : le royaume wisigoth s'effondre.

Al-Andalous

Les musulmans conquièrent la péninsule en moins de trois ans, s'emparant de Saragosse en 714. Malgré un revers à Covadonga en 718 (une défaite importante car l'enclave servira de point de départ à la Reconquête chrétienne), ils franchissent les Pyrénées et tentent d'envahir la France, mais Charles Martel les arrête à Poitiers en 732. La péninsule Ibérique, que les Arabes appellent al-Andalous (« l'île aux Vandales »), va rester sous domination musulmane pendant presque huit siècles.

UNE CIVILISATION EXCEPTIONNELLE

Entre 711 et 1492, les musulmans (Arabes et Berbères) développent en Espagne une civilisation exceptionnelle, que beaucoup considèrent aujourd'hui comme l'âge d'or de l'islam. Les sciences fleurissent. La pensée grecque est sauvée de l'oubli, étudiée et commentée. Les arts et l'architecture connaissent une phase brillante. L'agriculture bénéficie de l'introduction de nombreuses espèces et des techniques d'irrigation. Enfin, la tolérance religieuse y demeure longtemps exemplaire.
Au début du 11e s., une longue guerre civile va faire exploser le califat de Cordoue en petits royaumes, les **taifas** (1031), qui ne seront que brièvement réunifiées par les Almoravides (1085-1145), puis les Almohades (1163-1226) : parmi celles-ci, *Sarakusta* (Saragosse), *Balensya* (Valence) et *Mursiya* (Murcia).

EN TERRES CHRÉTIENNES

La maison de Barcelone affermit sa puissance sur la « vieille Catalogne » ou **Catalunya Vella**, la Catalogne chrétienne, fondant des monastères comme celui de Ripoll, où s'illustre le célèbre **abbé Oliba** (971-1046), obligeant peu à peu les seigneurs féodaux à se soumettre à son autorité, et guerroyant contre les Maures.

En 1035, à la mort du roi de Navarre Sanche III, son royaume est partagé entre ses fils. L'un d'eux, **Ramiro Ier**, hérite du **comté d'Aragon**, qu'il érige en royaume. Le territoire, assez resserré, s'élargit au cours du 11e s. par des conquêtes successives. Un de ses successeurs, **Alphonse Ier le Batailleur**, s'empare de Saragosse en 1118 et en fait la capitale de son royaume. L'Aragon atteint alors les frontières qu'il a conservées jusqu'à nos jours.

Naissance d'une puissance

Sous le règne de **Ramon Berenguer IV** (1131-1162), l'Aragon et la Catalogne vont s'unir : en épousant la jeune Pétronille, héritière du royaume d'Aragon, le comte va léguer à ses descendants le titre de roi. Par ailleurs, après avoir obtenu du pape le privilège de croisade, il reconquiert Tortosa (1148) et Lérida (1149) sur les musulmans, occupe définitivement Tarragone et annexe ainsi à ses terres la **Catalunya Nova**, qu'il s'empresse de repeupler en faisant appel à des colons venus de Catalunya Vella ou du Languedoc. Inaugurée par **Alfons Ier** dit le Chaste (1162-1196), la royauté catalano-aragonaise va poursuivre son expansion territoriale tout au long des 12e et 13e s. Par le jeu des alliances et des suzerainetés, les comtes-rois étendent leur

LES ÉTAPES DE LA RECONQUÊTE

influence dans le sud de la France en imposant leur règne des Pyrénées jusqu'à la frontière italienne : la Provence, Montpellier et le Gévaudan leur appartiennent, et le comte de Toulouse est un allié proche. Cependant, la mort de **Pere Ier** (Pierre Ier) à la bataille de Muret contre les troupes de Simon de Montfort (1213) va marquer un coup d'arrêt aux ambitions languedociennes des comtes-rois.

Un roi conquérant

Les Catalans se tournent alors vers la Méditerranée. **Jaume Ier** (1213-1276) dit le Conquérant (« El Conqueridor ») s'empare de **Majorque** (1229), de **Minorque** (1231), soumet **Ibiza** (1235) et se lance dans la conquête du **royaume de Valence** (1238). En 1258, il abandonne les prétentions catalanes sur les provinces occitanes par le **traité de Corbeil** conclu avec Saint Louis. Celui-ci, en retour, renonce à sa suzeraineté sur les comtés catalans.

Désormais, la couronne aragonaise est une puissance avec laquelle il faut compter en Méditerranée, prenant pied en **Sicile** (1282), en **Sardaigne** (1325), à **Majorque** (1343), en s'étendant même jusqu'à Naples et Athènes (1311).

Sur le plan intérieur, le royaume s'organise avec les *Corts Generals de Catalunya*, organisme représentatif des trois classes de la société, convoquées pour la première fois à Barcelone en 1283 : leur représentation permanente prendra le nom de Generalitat. Barcelone, quant à elle, est dotée du Consell de Cent (1265), chargé d'administrer la ville.

La Reconquête (Reconquista)

Malgré quelques sursauts, l'emprise des musulmans sur l'Espagne ne cesse alors de faiblir, même si, en 1195, la bataille d'Alarcos constitue un succès d'envergure

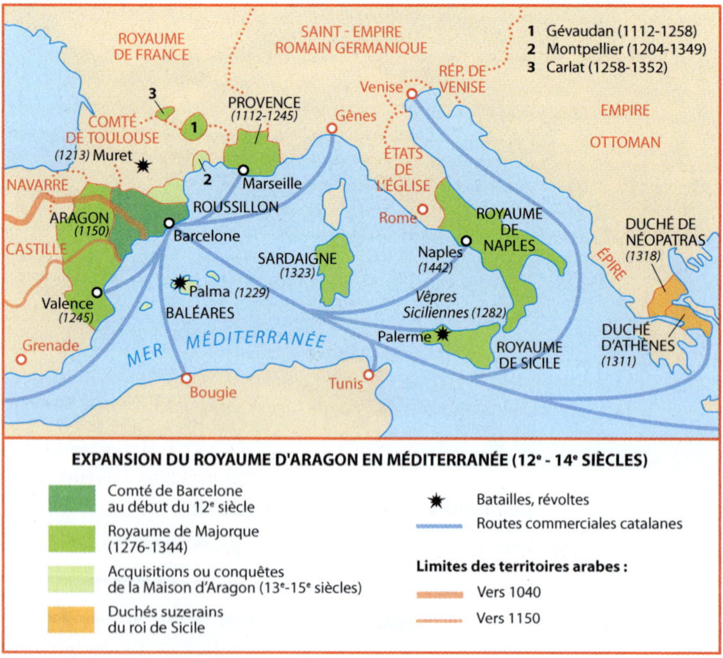

EXPANSION DU ROYAUME D'ARAGON EN MÉDITERRANÉE (12e - 14e SIÈCLES)

Les trois royaumes de l'Espagne côté Est

LE ROYAUME D'ARAGON

Même si la légende veut faire naître le royaume au 8e s. dans le Sobrarbe (petite région du nord de l'Aragon), tout commence véritablement en 1035 avec la fondation du royaume d'Aragon par Ramiro Ier, un des fils du roi de Navarre. Obscure nation pyrénéenne qui doit son nom à un torrent dévalant le massif vers l'Èbre, l'Aragon s'étend peu à peu jusqu'à atteindre l'emprise de la Communauté autonome actuelle. Mais en s'alliant avec la maison de Barcelone, par le mariage de Pétronille avec Alphonse Ier le Batailleur, l'Aragon va devenir une puissance méditerranéenne de premier ordre et, au cours de l'histoire, étendre sa domination sur Naples et la Sicile, les Baléares, la Provence et, bien sûr, les deux autres royaumes dont il est ici question. L'avènement en 1412 d'une dynastie castillane, les Trastamare, sur le trône, et plus encore l'union du roi Ferdinand avec Isabelle la Catholique, ainsi que la politique centralisatrice de leur petit-fils Charles Quint, marqueront dans les faits la fin de ce royaume indépendant, qui fuit l'une des grandes puissances de l'Europe médiévale.

LE ROYAUME DE VALENCE

Après son entrée dans Valence le 9 octobre 1238, le roi d'Aragon Jaume Ier proclame les **Furs** (Privilèges) de València, garantissant notamment la liberté religieuse et les institutions locales, et érige la ville en capitale d'un royaume de plein droit, associé à la couronne catalano-aragonaise. La Reconquête se poursuit alors vers le sud : Alicante tombe en 1245. C'est à Valence qu'est installé le premier Consulat de la Mer en 1283. Si la population reste en grande partie musulmane, les rois d'Aragon font appel à des Catalans pour peupler le littoral et à des Aragonais à l'intérieur des terres. Région agricole prospère grâce aux systèmes d'irrigation perfectionnés par les Arabes, le royaume contribue à financer les expéditions maritimes de la couronne en Méditerranée et connaît son âge d'or artistique et littéraire au 15e s. Après sa réunion à la couronne de Castille, il souffre d'un cruel manque de main-d'œuvre suite à l'expulsion, en 1609, des morisques (musulmans convertis au catholicisme). Malgré plusieurs révoltes contre une centralisation jugée excessive, le royaume de Valence subsistera en tant que tel jusqu'aux décrets de Nueva Planta, promulgués par Philippe V en 1707.

LE ROYAUME DE MURCIE

La province de Murcie constitue aujourd'hui à elle seule l'une des 17 communautés autonomes de l'Espagne. Elle doit ce statut aux anciens royaumes de Murcie, eux-mêmes héritiers du comté wisigoth de **Teodomiro (Tudomir)**. Fondée par l'émir **Abd er-Rahman II** en 825, Murcie fut la capitale de trois royaumes successifs de *taifas* entre 1050 et 1228 avant d'être reconquise par les Castillans en 1243. Le royaume de Murcie, au territoire plus ou moins étendu selon les époques, sut jouer de la rivalité entre Castillans et Aragonais pour conserver une relative autonomie, avant d'intégrer le royaume castillan. Il subsista nominalement jusqu'en 1833, date de la division de l'Espagne en provinces.

de l'armée almohade. En 1212, les armées de Castille, d'Aragon et de Navarre s'ouvrent la voie de l'Andalousie en mettant les Maures en déroute à la bataille de Las Navas de Tolosa (Jaén).
Sous le règne du roi de Castille Ferdinand III, les chrétiens s'emparent de Cordoue en 1236, puis de Séville et de toute l'Andalousie occidentale en 1248. Puis le mouvement s'essouffle : l'Aragon et la Catalogne se consacrent au commerce méditerranéen, tandis que la Castille s'épuise dans des luttes dynastiques.

L'Espagne unifiée

L'âge d'or aragonais, qui avait trouvé son apogée sous le règne de **Pere IV le Cérémonieux** (1336-1387), prend fin avec **Martí l'Humà** (Martin l'Humain), qui meurt en 1410 sans héritier : les trois couronnes réunies d'Aragon, de Majorque et de Sicile se cherchent un souverain. Cette succession est réglée en **1412** par le **compromis de Caspe** : les représentants de Valence, de Catalogne et d'Aragon élisent Fernando d'Antequera, le second fils du roi Joan Ier de Castille et neveu de Pere III, intronisant ainsi la **dynastie de Trastamare.** Cette dernière aura quelques difficultés à s'imposer en raison de l'autoritarisme de ses représentants : une guerre civile éclatera même sous le règne de Joan II (1462).

LES ROIS CATHOLIQUES

Le mariage secret d'**Isabelle de Castille** et de **Ferdinand d'Aragon**, en 1469, scelle l'union future des couronnes de ces deux provinces : Isabelle hérite du trône de Castille en 1474; en 1479, Ferdinand monte sur celui d'Aragon. Ce couple puissant et pieux, auquel le pape Alexandre VI confère le titre de **Rois Catholiques**, lance la phase finale de la Reconquête et s'empare en 1492 du royaume nasride de Grenade.
Les monarques s'engagent à respecter la religion de ceux qui veulent rester dans le pays. Mais la guerre de la Reconquête a été largement financée par l'Église, et le tribunal de l'**Inquisition**, dirigé par Torquemada, exige une ligne plus dure. En cette même année 1492, Christophe Colomb s'embarque pour les Indes, le jour même où les juifs sont chassés d'Espagne. Tout comme les musulmans, ils sont contraints de fuir ou de se convertir, ce qui ne les empêche pas de se faire persécuter et confisquer leurs biens. Des églises remplacent alors les synagogues et les mosquées.

Les Habsbourg

Après la mort d'Isabelle (1504) et de Ferdinand (1516), c'est leur petit-fils, le jeune **Charles Ier** de Habsbourg, qui monte sur le trône : il débarque de Gand en 1517 sans parler un traître mot de castillan.
Deux ans plus tard, il hérite par son père du Saint Empire romain germanique. Devenu **Charles Quint**, il règne désormais sur un empire immense, comprenant l'Espagne, les Amériques et une large part de l'Europe du Nord (approximativement l'Allemagne, l'Autriche, la Belgique et les Pays-Bas). L'expansion se poursuit grâce à son mariage avec Isabelle du Portugal. C'est le début du **Siècle d'or espagnol**, financé grâce aux immenses richesses venues des Amériques, qui marque l'apogée de la puissance espagnole pendant tout le 16e s.
Cependant, l'ancien royaume aragonais ne profite pas de ces richesses. Bien au contraire, la découverte, puis la conquête, de l'Amérique déplacent les échanges commerciaux de la Méditerranée à l'Atlantique, provoquant le déclin

des ports catalans et valenciens ; d'autant plus que le monopole du commerce avec les « Indes » est accordé aux ports andalous.
L'expulsion des juifs d'Espagne ne fait qu'aggraver la situation : leur départ entraîne une disparition d'une grande part des capitaux.
L'immensité de l'Empire le rend difficile à gouverner et ses expéditions militaires l'épuisent. Les taxes s'alourdissent et les révoltes se multiplient : la révolution des Comunidades de Castille éclate en 1520, des insurrections secouent Valence et Majorque, qui sont durement réprimées.
Fatigué, l'empereur abdique en 1556 et se retire au monastère de Yuste.

PHILIPPE II : LE DÉCLIN

Philippe II, son fils, hérite de l'Espagne, des colonies, du royaume de Naples, du Milanais, des Pays-Bas et de la Franche-Comté. Très religieux, le nouveau souverain fait de Madrid sa capitale en 1561, mais se réfugie dans son palais-monastère de l'Escurial. Il renforce le pouvoir de l'Inquisition et intensifie les expéditions militaires : après la victoire de Lépante contre les Turcs en 1571, qui le promulgue maître de la Méditerranée, il fait valoir ses droits sur le Portugal, qu'il envahit en 1580. En 1588, il attaque l'Angleterre protestante, mais l'expédition se solde par la destruction de l'« Invincible Armada », et l'Espagne perd sa puissance maritime.
Ses successeurs, Philippe III, Philippe IV et Charles II, ne pourront enrayer le déclin politique et économique de l'Empire, malgré une étonnante floraison des arts. L'expulsion des 275 000 morisques (musulmans) en 1609 aura des conséquences catastrophiques pour l'agriculture, notamment en terres valenciennes, qui perdent un tiers de leur population.

Le temps des crises

Au cours des 16e et 17e s., les épidémies, les révoltes paysannes, les pestes, le banditisme et les incursions turques fragilisent durablement les anciens États aragonais. Les difficultés économiques sont de plus en plus sensibles, alors que la pression fiscale s'alourdit afin de financer la guerre de Trente Ans contre la France. La colère gronde. Saragosse se soulève en 1590. En 1640, c'est au tour de la Catalogne avec l'épisode sanglant du **Corpus de Sang** (1640), suivi de la **guerre des Moissonneurs** (Guerra dels Segadors).

Le temps des Bourbons

LA GUERRE DE SUCCESSION D'ESPAGNE

En 1700, le roi d'Espagne Carlos II meurt sans héritier après avoir désigné Philippe d'Anjou, petit-fils de Louis XIV, comme son successeur. Les autres puissances européennes poussent l'archiduc Charles d'Autriche en avant, ce qui déclenche la **guerre de Succession d'Espagne** (1702-1714).
Les Aragonais et les Valenciens, méfiants du centralisme des Bourbons, prennent le parti de Charles d'Autriche. Saragosse est occupée par les armées du Bourbon et Xàtiva, notamment, est brûlée à plusieurs reprises au point que ses habitants sont encore aujourd'hui surnommés les « Socarats » (les « Brûlés ») !

Nueva Planta

Après la victoire du Bourbon, les décrets de **Nueva Planta** (de 1707 à 1716) imposent le droit castillan, mettant fin d'un trait de plume à l'existence du royaume de Valence : turbulents, les

Valenciens conduiront pendant quelques années une guérilla contre le pouvoir central, la guerre des **Migueletes** (ou Micalets). Le catalan est interdit en tant que langue officielle, cédant la place au castillan.

LE RÈGNE DES BOURBONS

Philippe V et, surtout, son brillant successeur Charles III accentuent le centralisme de l'État et multiplient les constructions fastueuses, telles que le Prado et le Palacio Real. Charles III entreprend des réformes économiques qui stimulent l'agriculture et le commerce. Le pays va mieux, malgré une disette qui se solde par l'expulsion des jésuites en 1766, parfaits boucs émissaires.

Charles IV monte sur le trône en 1788. Il laisse son épouse Marie-Louise gouverner en compagnie de son favori, Manuel Godoy, qu'elle nomme Premier ministre à l'âge de 25 ans ! Ceux-ci entraînent l'Espagne dans une guerre contre la France révolutionnaire, avant de signer une alliance avec le Directoire français (traité de San Ildefonso, 1796) qui se solde par un nouveau conflit contre l'Angleterre et le désastre de Trafalgar, en 1805.

Pendant la seconde moitié du 18e s., la Catalogne commence à s'affirmer sur le plan économique : c'est le début de la **Catalogne industrielle**. Tandis que l'Aragon périclite, Valence connaît elle aussi un certain essor basé essentiellement sur son agriculture.

LA GUERRE D'INDÉPENDANCE

En 1808, le faible Charles IV est chassé par Napoléon, qui envahit l'Espagne et place son frère Joseph sur le trône. Madrid se soulève le 2 mai 1808 : c'est le début de la guerre d'Indépendance, dite aussi « Guerra del Francés ». Les insurgés, inspirés par la Révolution

EMPIRE DE CHARLES QUINT

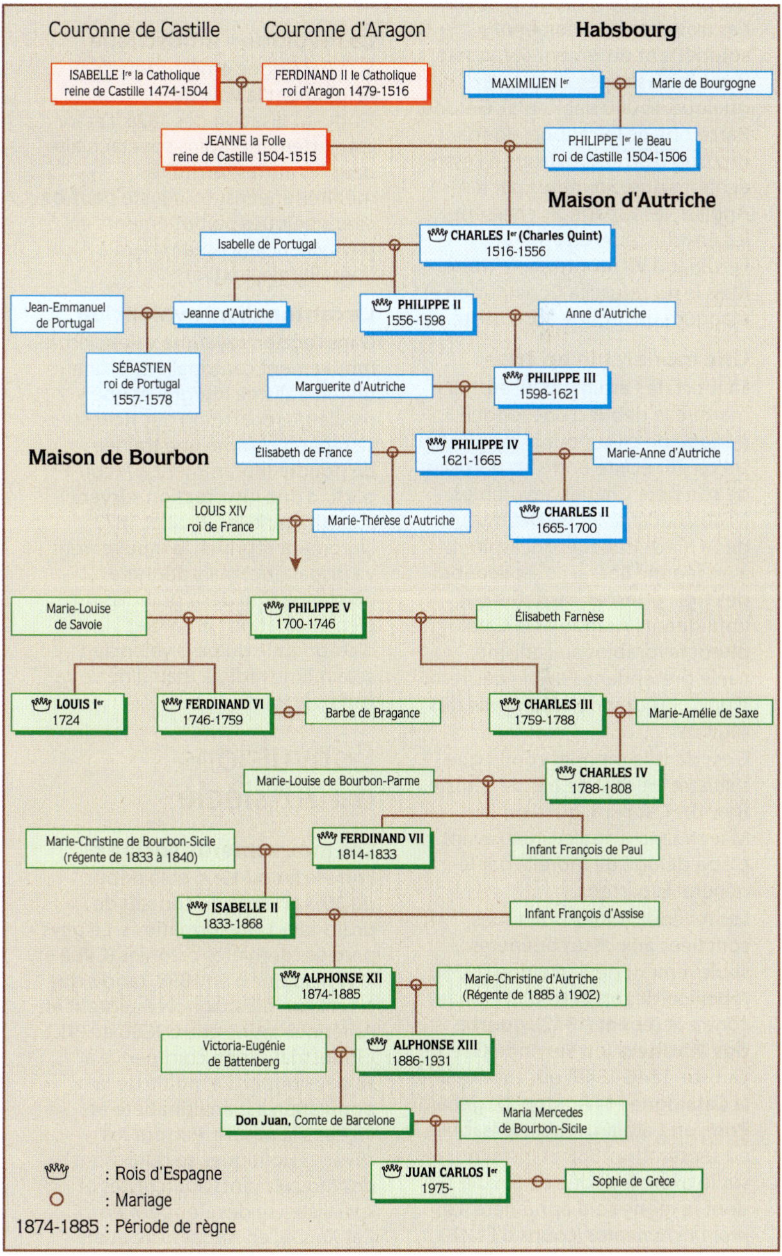
Couronne de Castille
Couronne d'Aragon
Habsbourg
ISABELLE Ire la Catholique reine de Castille 1474-1504
FERDINAND II le Catholique roi d'Aragon 1479-1516
MAXIMILIEN Ier
Marie de Bourgogne
JEANNE la Folle reine de Castille 1504-1515
PHILIPPE Ier le Beau roi de Castille 1504-1506
Maison d'Autriche
Isabelle de Portugal
CHARLES Ier (Charles Quint) 1516-1556
Jean-Emmanuel de Portugal
Jeanne d'Autriche
PHILIPPE II 1556-1598
Anne d'Autriche
SÉBASTIEN roi de Portugal 1557-1578
Marguerite d'Autriche
PHILIPPE III 1598-1621
Maison de Bourbon
Élisabeth de France
PHILIPPE IV 1621-1665
Marie-Anne d'Autriche
LOUIS XIV roi de France
Marie-Thérèse d'Autriche
CHARLES II 1665-1700
Marie-Louise de Savoie
PHILIPPE V 1700-1746
Élisabeth Farnèse
LOUIS Ier 1724
FERDINAND VI 1746-1759
Barbe de Bragance
CHARLES III 1759-1788
Marie-Amélie de Saxe
Marie-Louise de Bourbon-Parme
CHARLES IV 1788-1808
Marie-Christine de Bourbon-Sicile (régente de 1833 à 1840)
FERDINAND VII 1814-1833
Infant François de Paul
ISABELLE II 1833-1868
Infant François d'Assise
ALPHONSE XII 1874-1885
Marie-Christine d'Autriche (Régente de 1885 à 1902)
Victoria-Eugénie de Battenberg
ALPHONSE XIII 1886-1931
Don Juan, Comte de Barcelone
Maria Mercedes de Bourbon-Sicile
JUAN CARLOS Ier 1975-
Sophie de Grèce
: Rois d'Espagne
: Mariage
1874-1885 : Période de règne

française, réunissent les *Cortes* et rédigent la Constitution de Cadix, qui promulgue un régime libéral. Les troupes napoléoniennes soumettent durement Saragosse (trois fois assiégée et qui perd quelque 40 000 habitants), Gérone, Barcelone et Tarragone, donnant un coup d'arrêt provisoire à l'essor économique. Soutenus par les Anglais, les Espagnols chassent les envahisseurs en 1814 et Ferdinand VII monte sur le trône. Mais le roi refuse la Constitution et inaugure un régime absolutiste.

Une monarchie en crise

La mort de Ferdinand VII en 1833 marque le début d'une longue période de crise pour la monarchie. Un conflit éclate entre les partisans de son frère Charles, favorables à l'absolutisme, et les défenseurs de sa nièce Isabelle, qui aspirent à un régime libéral : c'est le début des trois **guerres carlistes** qui impliquent l'Aragon et la Catalogne, plutôt favorables au carlisme, car le prétendant semble désireux d'une plus grande autonomie des régions.

C'est dans le premier conflit que s'illustre un chef de bande carliste, **Ramón Cabrera**, qui tient le Maeztrazgo jusqu'en 1840 avant d'être délogé de Morella par le général Espartero.

Les revendications politiques sont liées aux crises ouvrières : soulèvement de Barcelone (1835), rébellion des artisans barcelonais contre le régent (1842), **guerre des Matiners** (ou Seconde Guerre carliste, 1846-1849) qui ensanglante la Catalogne et l'Aragon. Le général Prim, un Catalan, renverse Isabelle II en septembre 1868 et installe sur le trône Amédée de Savoie dont le règne sera éphémère. Les *pronunciamentos* (coups d'État) se succèdent à un rythme effréné et une première République est proclamée en 1873. Elle ne durera pas : Alphonse XII, fils d'Isabelle, accède au trône en 1875 après un coup d'État militaire.

La révolution industrielle

Si la Catalogne emprunte résolument la voie de l'industrialisation dès 1826, l'essor est nettement moins spectaculaire dans les autres territoires méditerranéens. Tout juste peut-on citer quelques balbutiements en pays valencien, notamment à Alcoi (métallurgie, textile).

Le cantonalisme valencien

Dans l'ancien royaume valencien, le mouvement cantonaliste, prônant un fédéralisme intégral et une meilleure répartition des richesses, se répand comme une traînée de poudre (notamment à Alcoi) à partir d'une insurrection survenue à Carthagène le 12 juillet 1873. Durement réprimé, le mouvement va disparaître, mais donnera naissance à un désir grandissant d'émancipation : un projet d'autonomie du pays valencien sera même rédigé, mais il ne verra jamais le jour.

Convulsions du 20e siècle

Les mouvements sociaux

Entre la fin du 19e s. et le début du 20e s., l'Espagne connaît de profondes transformations. Le pays perd ses dernières colonies (Cuba et les Philippines) en 1898, tandis que 1,5 million d'Espagnols émigrent en Amérique latine entre 1886 et 1913. L'industrialisation commence à se développer. La moitié de la population est analphabète et vit dans la misère. Partout les clivages politiques se durcissent : des mouvements anarchistes et socialistes se développent en Catalogne, en Andalousie et en Castille, et le Parti socialiste gagne son premier siège au Parlement en 1910.

Parallèlement, de 1901 à 1909, les mouvements ouvriers se développent. En **1909**, la reprise de la guerre du Maroc et le système de recrutement provoquent une grève générale à Barcelone, qui se transforme en une insurrection populaire volontiers anticléricale, très violemment réprimée : c'est la **Semaine tragique**. Après avoir enterré leurs morts, bon nombre d'ouvriers, séduits par les thèses anarchistes, fondent une grande centrale anarcho-syndicaliste : la **Confédération nationale du travail (CNT)**, qui restera largement majoritaire à l'intérieur du mouvement ouvrier catalan jusqu'à la guerre civile.

Alors que l'Espagne reste neutre pendant la Première Guerre mondiale, une grève générale éclate en 1917. Les troubles sociaux se multiplient. En 1923, le général Miguel Primo de Rivera, soutenu par le roi, réalise un coup d'État. Appuyée par la bourgeoisie catalane quelque peu inquiète de l'agitation ouvrière (1923-1930), cette dictature génère non seulement la persécution des organisations ouvrières, mais aussi une dure attaque contre le catalanisme culturel et politique. La crise de 1929 contraint le général à démissionner.

La République et la guerre civile

En 1931, l'Espagne instaure la IIe République suite à des élections municipales triomphales pour les partis républicains. Après une solennelle proclamation de la **République catalane**, **Francesc Macià**, leader de l'Esquerra Republicana Catalana, prépare un statut d'autonomie et reprend la dénomination historique de Generalitat.

En 1936, le Front populaire remporte les élections législatives. L'Espagne connaît alors une période de vives tensions : les conservateurs se tournent vers l'armée, qui se soulève en juillet ; l'échec du coup d'État entraîne la **guerre civile**. Alors que l'Aragon est divisé en deux (l'ouest de la région tombe rapidement dans le camp franquiste), la Catalogne et Valence s'engagent dans le camp républicain, payant un lourd tribut humain : les bombardements de Teruel et la bataille de l'Èbre (1938) en sont quelques exemples.

LA GUERRE CIVILE

Les troupes dites « nationalistes » du général **Franco**, basées au Maroc, entrent en Espagne avec l'aide logistique des Allemands. Madrid, la Catalogne et Valence restent fidèles aux républicains du Front populaire, mais les nationalistes prennent rapidement le contrôle des régions agricoles conservatrices : Andalousie, Castille et Galice. Les républicains souffrent des dissensions entre anarchistes, trotskistes et communistes.

Les villes industrielles du Nord tombent en 1937 (bombardements de Guernica par l'aviation allemande). Le gouvernement républicain se réfugie à Barcelone. L'année suivante, les nationalistes atteignent la Méditerranée et séparent l'armée républicaine en deux. Les troupes franquistes battent l'armée de l'Est à la bataille de l'Èbre, avant d'entrer dans Barcelone le 26 janvier 1939. La guerre s'achève avec la prise de Madrid, le 1er avril.

Les années de plomb

L'arrivée au pouvoir du **général Franco** en 1939 marque le début d'une longue période de répression et d'immobilisme. Des dizaines de milliers d'Espagnols choisissent l'exil, notamment en France.

À la fin des années 1950, l'Espagne sort de son isolement

diplomatique : l'économie valencienne se redresse, largement favorisées dans les années 1960 par le développement de l'industrie touristique… qui se fait souvent au détriment de la beauté des sites. Les années 1960 sont également celles de la renaissance d'une opposition au régime, associée à un renouveau culturel, que symbolise la *Nova Cançó* – mouvement artistique et musical né dans les années 1950, sous le franquisme –, notamment avec le Valencien **Raimon** et l'Aragonais **José Antonio Labordeta**.

L'Espagne contemporaine

UNE DÉMOCRATIE APAISÉE

Après de longues années marquées par l'intransigeance et le conservatisme, Franco meurt le 20 novembre 1975.

Il s'est choisi un successeur : un petit-fils d'Alphonse XIII, sacré roi sous le nom de **Juan Carlos Ier**. Le jeune souverain surprend les franquistes en restaurant la démocratie. La censure est abolie, les partis politiques et les syndicats retrouvent une existence légale. Le démocrate chrétien **Adolfo Suárez** est élu président du gouvernement en 1977 et met en place une « transition démocratique » exemplaire. Une nouvelle Constitution est approuvée par référendum en 1978. Selon les termes de celle-ci, les territoires historiques composant le royaume sont érigés en communautés autonomes, disposant de compétences plus ou moins larges. Survient alors un tournant décisif : après un coup d'État avorté en 1981, en partie grâce à l'intervention du jeune roi – qui y gagne auprès de l'opinion sa légitimité –, le socialiste **Felipe González** est élu président du gouvernement en 1982. Il y restera 14 ans.

L'Espagne entame une mue spectaculaire sur tous les plans. En 1986, le pays entre dans la Communauté européenne. En 1992, Barcelone accueille les Jeux olympiques, Séville organise l'Exposition universelle et Madrid est proclamée « capitale culturelle de l'Europe ».

José María Aznar, représentant de la droite, est élu en 1996 : c'est le début d'une alternance démocratique apaisée, comme en témoigne le retour des socialistes en 2004, avec l'élection de **José Luis Rodríguez Zapatero**, survenue juste après les attentats qui ensanglantent Madrid en 2004. L'adoption de l'euro, en 2002, et la croissance économique, portée par le secteur du bâtiment, s'accompagnent alors d'une euphorie culturelle et de mutations sociétales assez incroyables pour qui a connu l'Espagne traditionaliste de l'ère franquiste : interruption volontaire de grossesse, mariage des homosexuels. Ces bouleversements ont cependant soulevé l'opposition virulente de l'Église catholique et des milieux conservateurs.

APRÈS L'EUPHORIE, LA CRISE

Mais depuis 2008, la crise, financière et économique, est venue s'abattre sur le pays, frappé par un chômage massif; elle entraîne, à l'automne 2011, une nouvelle alternance qui voit le retour aux commandes des conservateurs du Parti Populaire, désormais dirigés par **Mariano Rajoy**. Ceux-ci entreprennent aussitôt la mise en œuvre d'un sévère programme de rigueur imposé par les marchés financiers et les partenaires européens : les salaires sont amputés, de même que les retraites et les indemnités de chômage. Ces mesures

drastiques n'empêchent pas l'entrée dans une sévère récession. Tandis que le système bancaire, miné par des emprunts pas toujours très fiables, vacille, le chômage atteint en 2012 presque un quart de la population active, et plus de 50 % des jeunes. Certaines communautés autonomes, acculées, réclament de l'aide : la dette représentait fin 2011 près de 20 % du PIB de la Communauté valencienne, un peu plus de 10 % à Murcie et en Aragon, pour certaines par suite d'une certaine gabegie financière (l'exemple de l'aéroport de Castelló de la Plana qui, plusieurs années après son inauguration, n'a toujours pas reçu le moindre avion). Ces appels au secours et la corruption de certains responsables, ainsi que le manque de perspectives à moyen terme, n'incitent pas les marchés internationaux à la confiance.
Tout en commençant à envisager une certaine recentralisation, le gouvernement de Madrid a exigé de sévères restrictions, au détriment notamment des services de l'éducation et de la santé ; ce qui n'a fait qu'amplifier les manifestations de rue réunissant des centaines de milliers de citoyens (le mouvement des *Indignados*) hésitant entre l'indignation et le désespoir.
Seule consolation dans cette période morose, les victoires sportives : qu'il s'agisse des exploits des tennismen, emmenés par **Rafael Nadal**, ou surtout des triomphes de *La Roja*, lors des Coupes d'Europe de football 2008 et 2012, et de la Coupe du monde 2010. Si ces performances n'ont guère eu d'influence directe sur la vie quotidienne des Espagnols, elles leur ont au moins permis d'afficher une fierté nationale renouvelée, ainsi qu'une confiance en leurs capacités.

VERS UN NOUVEAU SOUFFLE ?

En 2014, le président Rajoy affirmait que la sortie de crise était en vue. De fait, une timide reprise commence à se manifester, même si, pour l'heure, elle n'a guère d'incidences sur la vie des citoyens. C'est ce moment qu'a choisi le roi Juan Carlos pour quitter la scène, en abdiquant le 18 juin au profit de son fils **Felipe VI**, sans doute dans l'espoir de donner une nouvelle légitimité à la monarchie, quelque peu mise à mal par des scandales d'ordres divers. Coïncidence, l'autre grand artisan de la transition démocratique, l'ancien président **Adolfo Suárez** s'en était allé quelques semaines auparavant après des années de maladie.
Reste désormais à retrouver la confiance : en sortant au plus vite de la crise économique et sociale qui mine le moral des citoyens.

Les grandes dates de l'Espagne

- **15500-11500 av. J.-C.** – Peintures rupestres d'Altamira.
- **15e-11e s. av. J.-C.** – Les Phéniciens et les Grecs fondent des comptoirs sur la côte méditerranéenne.
- **13e-6e s. av. J.-C.** – Royaume de Tartessos.
- **10e-3e s. av. J.-C.** – Culture ibérique.
- **237 av. J.-C.** – Les Carthaginois d'Hamilcar Barca envahissent la péninsule.
- **206 av. J.-C.** – Les Romains chassent les Carthaginois.
- **586** – Les Wisigoths chassent les derniers fonctionnaires romains.
- **711** – Début de la conquête musulmane.
- **722** – Début de la Reconquête chrétienne.
- **756** – Établissement de l'émirat de Cordoue.
- **801** – Création par Charlemagne de la Marche d'Espagne, province frontière séparant l'Empire carolingien de l'Hispanie.
- **897** – Mort du comte de Barcelone Wilfred le Velu (Guifré el Pelós) : le comté, indépendant de fait, devient dès lors héréditaire.
- **929** – Établissement du califat de Cordoue.
- **1031** – Dislocation du califat de Cordoue en royaumes de *taifas*.
- **1035** – Création par Ramiro Ier du royaume d'Aragon.
- **1137** – Union du comté de Barcelone et du royaume d'Aragon.
- **1238** – Début du royaume nasride. Création du royaume de Valence.
- **1262** – Création du royaume de Majorque.
- **1305** – Traité d'Elche, réglant le sort du royaume de Murcie et attribuant Carthagène au royaume de Castille.
- **1469** – Mariage d'Isabelle de Castille et de Ferdinand d'Aragon.
- **1478** – Création du tribunal de l'Inquisition.
- **1492** – Fin de la Reconquête. Expulsion des juifs. Découverte de l'Amérique par Christophe Colomb.
- **1516** – Charles Ier, futur Charles Quint, monte sur le trône : début du règne des Habsbourg et du Siècle d'or. Réunion des royaumes de Castille et d'Aragon.
- **1519** – Hernán Cortés débarque au Mexique.
- **1571** – Victoire de Lépante contre les Turcs. L'Espagne contrôle la Méditerranée.
- **1609** – Expulsion des morisques.
- **1641** – Les Catalans se soumettent au roi de France Louis XIII, contre le souverain castillan Ferdinand IV. Louis XIII devient temporairement comte de Barcelone.
- **1659** – Signature du traité des Pyrénées, amputant la Catalogne du Roussillon et d'une partie de la Cerdagne (Pyrénées orientales) au profit de la France.

HISTOIRE

- **1702-1714** – Guerre de Succession d'Espagne. Les Bourbons succèdent aux Habsbourg.
- **1707-1716** – Les décrets de Nueva Planta marquent la centralisation du royaume espagnol et la disparition officielle des royaumes d'Aragon et de Valence.
- **1805** – Désastre de Trafalgar.
- **1808-1814** – Napoléon envahit l'Espagne. Guerre d'indépendance contre la France.
- **1833** – Début des guerres carlistes.
- **1875** – Alphonse XII monte sur le trône après un bref intermède républicain.
- **1898** – L'indépendance de Cuba sonne le glas de l'empire colonial espagnol.
- **1931** – Début de la IIe République.
- **1936-1939** – Guerre civile.
- **1939** – Victoire des nationalistes. Début du régime franquiste.
- **1955** – L'Espagne entre aux Nations unies et sort de son isolement diplomatique.
- **1975** – Mort de Franco. Juan Carlos Ier monte sur le trône et met en place un régime démocratique.
- **1975** – La Constitution garantit le droit à l'autonomie des 17 communautés espagnoles.
- **1982** – Les socialistes gagnent les élections; Felipe González devient président du gouvernement.
- **1986** – L'Espagne entre dans la Communauté européenne.
- **1992** – 500e anniversaire de la découverte de l'Amérique. Jeux olympiques à Barcelone. Exposition universelle à Séville. Madrid nommée « capitale culturelle de l'Europe ».
- **2002** – Entrée en vigueur de l'euro.
- **2004** – Attentats de Madrid. Élection de José Luis Rodríguez Zapatero.
- **2007** – Valence, pour le compte de l'équipe suisse Alinghi, organise l'America's Cup.
- **2008** – Victoire de *La Roja* à l'Euro 2008.
- **2010** – Alors que l'Espagne se débat dans une grave crise économique, la victoire de *La Roja* lors de la Coupe du monde de football en Afrique du Sud soulève l'enthousiasme de l'ensemble du peuple espagnol.
- **2011** – Élection de Mariano Rajoy (PP) à la tête du pays, lors des législatives anticipées.
- **2012** – Nouvelle victoire de *La Roja* à l'Euro 2012.
- **2014** – Abdication du roi Juan Carlos Ier. Son fils Felipe VI lui succède sur le trône le 19 juin, tandis que les Catalans organisent un référendum pour leur indépendance.

DÉCOUVRIR L'ESPAGNE CÔTÉ EST

L'église Nuestra Señora del Consuelo, dans la ville d'Altea.
I. Pompe/hemis.fr

Valence et sa Communauté 1

Carte Michelin Région n° 577 – Provinces : Castelló de la Plana, Valencia et Alicante

Ninots pendant les Fallas de Valence.

M. Borgese/hemis.fr

VALENCE ET SA COMMUNAUTÉ

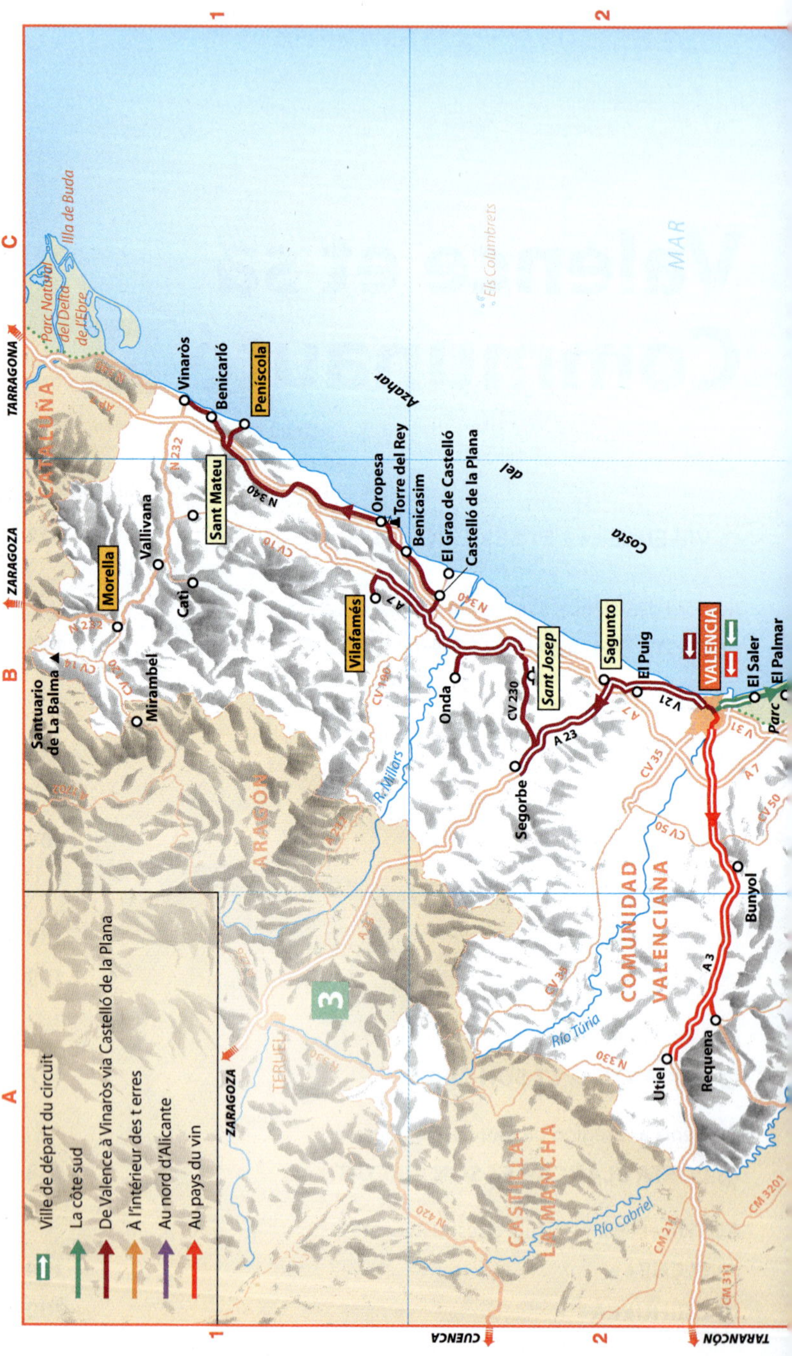

VALENCE ET
SA COMMUNAUTÉ
0
30 km
VALENCIA ★★★ Vaut le voyage
Alicante ★★ Mérite un détour
Sagunto ★ Intéressant
Gandia À voir
MEDITERRÁNEO
Ibiza
Natural de l'Albufera
Cullera
Gandia
Simat de la Valldigna
Xàtiva
Ontinyent
Bocairent
Alcoi
El Castell de Guadalest
Callosa d'en Sarrià
Polop
Terra Mítica e Iberia Parc
Benidorm
Altea
Calp
Penyal d'Ifac
Dénia
El Montgó
752
Cap de Sant Antoni
Xàbia
Cap de la Nau
Barchell
Port de la Carrasqueta
Canalobres
Xixona
Villena
Sta María Magdalena
Novelda
Santa Faz
Alicante
Blanca
Elche
La Alcúdia
Santa Pola
Illa de Tabarca
Costa
Orihuela
Torrevieja
ALBACETE
MURCIA
Río Júcar
Río Segura
N 322
N 330
N 332
CM 3201
CM 3220
CM 412
A 31
A 35
A 30
A 7
AP 7
CV 41
CV 50
CV 600
CV 60
CV 70
CV 81
CV 83
RM 426
RM 428
RM 424
RM 714
RM 15
RM 515
RM 711
2
N
LA RODA
LINARES
VALDEPEÑAS
LORCA, ALMERÍA
CARTAGENA
A
B
C
3
4

Valence

Valencia (espagnol)/**València** (valencien)

★★★

792 303 habitants – Province de Valence

Troisième ville d'Espagne, Valence est une grande cité méditerranéenne, agréable par la douceur de son climat et la lumière qui la baigne. Ses larges avenues, agrémentées de palmiers et de ficus, ceinturent la vieille ville avec ses portes fortifiées, ses églises, ses rues étroites bordées de magasins aux devantures désuètes et de demeures gothiques, dont on aperçoit parfois l'élégant patio. Mais Valence est également une ville ancrée dans le troisième millénaire. Sa physionomie a totalement changé lorsque, à la suite de l'inondation de 1957, il a été décidé de détourner le cours du río Turia et d'aménager son ancien lit asséché en jardins. Une coulée verte traverse désormais la ville d'est en ouest en débutant au nord par le Parque de Cabecera, puis en longeant le centre historique, déroulant une suite de terrains de sports et de parcs de loisirs, finissant par la remarquable Cité des Arts et des Sciences qui situe Valence à l'avant-garde de l'architecture contemporaine. Enfin, le quartier maritime, réhabilité à l'occasion de l'America's Cup en 2007, redonne à Valence son ouverture sur la mer.

NOS ADRESSES PAGE 145

S'INFORMER

Offices de tourisme – *www.visitvalencia.com (site très complet, en français). Bureau principal : pl. de la Reina, 19 - ✆ 963 153 931 - lun.-sam. 9h-19h, dim. et j. fériés 10h-14h.*

Autres points d'information – *Pl. del Ayuntamiento (devant la poste) - ✆ 963 524 908 - lun.-sam. 9h-19h, dim. et j. fériés 10h-14h ; Estación AVE Joaquín Sorolla, San Vicente Mártir, 171 - ✆ 963 803 623 - lun.-sam. 9h-19h, dim. et j. fériés 10h-14h ; Aéroport : étage des arrivées - ✆ 961 530 229 - mars-oct. : lun.-vend. 8h30-20h30, w.-end et j. fériés 9h30-17h30 ; nov.-fév. : lun.-vend. 8h30-20h30, sam. 9h30-17h30, dim. et j. fériés 9h30-14h30 ; Valencia-Plage : Paseo Neptuno, 2 - ✆ 963 555 899 - de mi-juin à mi-sept. : lun.-sam. 10h-17h, dim. et j. fériés 10h-14h - fermé reste de l'année ; Calle de la Paz : ✆ 963 986 422 - lun.-vend. 10h-18h (14h sam.). Tous les bureaux sont fermés les 1er janv., 6 janv. et 25 déc.*

Visites guidées : Pour avoir un aperçu de l'ensemble des activités touristiques proposées par l'office de tourisme, consultez le site *www.turis-valencia-guias.info/turisvalencia/tourist_services_fr/*

Audioguides – Fournis par Guide Me ! au bureau principal de l'office de tourisme *(12 € par audioguide/j.).*

À pied – En espagnol et en anglais *(dim. à 11h, départ de la calle Caballeros, 7 - 12 €)*. Autre visite de 2h en plusieurs langues, dont une en français *(sur réserv. préalable au 963 520 772 - www.turiart.com).*

À vélo – En anglais *(dép. tlj à 10h du paseo de la Pechina, 32, au nord-ouest du centre, le long du Jardín del Turia - 3h - 25 €/pers. - ✆ 963 851 740 - www.valenciabikes.com)*. En français « Valencia Essentielle » *2h - 15 €/pers. - www.visitervalencia.com.*

Terrasses de café sur la charmante plaza de la Virgen.
I. Pompe/hemis.fr

1

Bus touristique – Deux circuits avec trois points de correspondance : le circuit A (rouge) fait le tour du centre historique, le B (bleu) mène à la marina et aux plages *(dép. pl. de la Reina - billets valables 24h : 14 € (-17 ans 8 €) ; 48h : 18 € (-17 ans 10 €) - rens. ☎ 963 414 400 - www.valenciabusturistic.com).*

SE REPÉRER

Carte de région B2 (p. 110-111) – Le centre historique est délimité par l'ancien cours du río Turia au nord, et au sud par les rues Xàtiva et Colón. La façade maritime de Valence – port et plages – est à 4 km à l'est de la ville. La Cité des Arts et des Sciences est implantée dans l'ancien cours du fleuve, entre le centre historique et le quartier maritime.

SE GARER

Il est quasiment impossible de stationner dans le quartier historique, mais vous trouverez plusieurs parkings, notamment sous la plaza de la Reina, à côté de la cathédrale, plaza del Ayuntamiento ou à la Porta del Mar.

À NE PAS MANQUER

Le circuit des édifices modernistes, la Cité des Arts et des Sciences, la promenade sur le Paseo Marítimo, la visite du Mercado Central le matin et les *fallas (mi-mars).*

ORGANISER SON TEMPS

Comptez un jour pour la Valence moderne, et deux jours pour le centre historique et la visite des musées. Bon à savoir : les musées municipaux sont gratuits les w.-ends et j. fériés.

AVEC LES ENFANTS

L'Oceanogràfic ; le Bioparc ; le parc Gulliver ; le musée des Sciences Príncipe Felipe ; l'Hemisfèric ; le musée L'Iber ; le musée du Riz et le musée de la Semaine sainte du quartier des pêcheurs ; Devesa Gardens (*« Nos adresses »*) ; une promenade en barque dans le parc naturel de l'Albufera.

VALENCE ET SA COMMUNAUTÉ

VALENCE

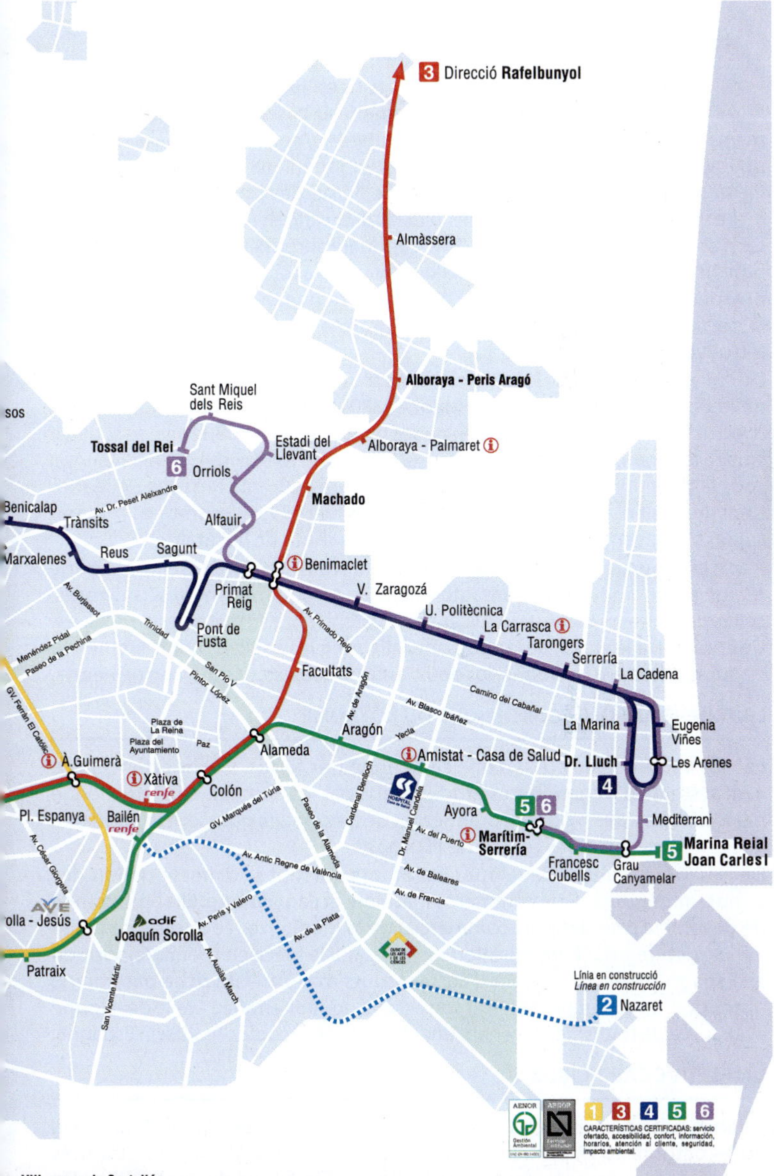

. - Villanueva de Castellón

10 46 /metrovalencia.fgv @metrovalencia www.metrovalencia.es

Une ville et son fleuve

2000 ANS D'HISTOIRE

Fondée par les Romains en 138 av. J.-C., Valence connaît un fort développement au 1er s. apr. J.-C., puis passe aux mains des Wisigoths et, plus tard, des Arabes qui construisent palais et mosquées, et enrichissent la *huerta* grâce à leur ingénieux système d'irrigation. En 1094, elle est reconquise par **le Cid**. Le héros, devenu duc de Valence, s'y retire et y meurt en 1099. Trois ans plus tard, la ville est reprise par les Maures. Ce n'est qu'en 1238 que Jaume Ier le Conquérant réussit à s'en emparer définitivement ; il en fait la capitale d'un royaume allié à l'Aragon. Valence est prospère jusqu'à la fin du 15e s., puis traverse une période de déclin après la découverte de l'Amérique. Au 17e s., grâce à l'industrie de la soie, la ville retrouve sa vitalité économique.

Du 18e au 20e s., Valence joue un rôle dans toutes les insurrections. Au moment de la guerre de Succession d'Espagne (1701-1714), elle soutient l'archiduc d'Autriche et se trouve dépouillée de ses privilèges. En 1808, la ville se soulève contre les Français, puis est prise en 1812 par Suchet. En 1843, elle s'insurge, sous la direction du **général Narváez**, pour restaurer la régence de Marie-Christine. Enfin, pendant la guerre civile, en mars 1939, les troupes républicaines y trouvent leur dernier refuge après la chute de la Catalogne.

Après le retour de la démocratie, la Constitution de 1978 en fait la capitale d'une région autonome, la Communauté valencienne, comprenant trois provinces, celles de Castelló, Valence et Alicante. Le valencien, issu du catalan dont il est très proche, a le statut de langue officielle avec le castillan : contrairement à ce qui se passe en Catalogne, les deux langues coexistent sans trop de heurts.

LE TROISIÈME PÔLE ÉCONOMIQUE DU ROYAUME

La ville est située au cœur d'une campagne très fertile, la « **huerta** ». Grâce à un système d'irrigation très étudié, établi par les Romains et perfectionné par les Arabes, des milliers d'orangers et de citronniers poussent ici, ainsi que des primeurs, exportés vers toute l'Europe.

De nos jours, Valence développe les atouts qui font sa richesse depuis des temps immémoriaux : le commerce maritime et l'agriculture. Elle ambitionne de devenir le premier port commercial de la Méditerranée et dispose d'une infrastructure pour l'organisation de foires qui la place en première position en Espagne. Mettant à profit d'autres atouts majeurs – un riche patrimoine historique, un climat privilégié et son accès à la Méditerranée –, elle développe avec succès le tourisme, devenant une destination incontournable en Espagne.

UN FLEUVE CAPRICIEUX

Valence a été plusieurs fois ravagée par les terribles crues du río Turia. Celle du 14 octobre 1957, particulièrement catastrophique, décida les autorités à un réaménagement complet pour éloigner le fleuve du centre-ville. De 1964 à 1973, un nouveau lit fut creusé au sud de l'agglomération. En 1976, Juan Carlos Ier vint remettre à la ville la propriété des terrains de l'ancien lit. Aménagé en jardins plantés de palmiers, de lauriers-roses et de pins, ainsi que en terrains de sport, l'« Antiguo Cauce del Turia » est devenu une **« coulée verte »** que surplombent treize ponts ! Le clou de son aménagement est bien sûr l'immense **Cité des Arts et des Sciences**.

UNE VILLE QUI BOUGE

Le quartier historique est entouré de rues qui suivent le tracé de l'enceinte médiévale. Au-delà, on trouve au nord-ouest le centre d'affaires avec la feria et le palais des Congrès construit par **sir Norman Foster**. Le vaste complexe universitaire est situé au nord-est. Au sud se sont développés, depuis la fin du 19e s., les quartiers résidentiels, qui se prolongent aujourd'hui tout le long de l'ancien cours du Turia en d'impressionnantes avenues aux immeubles modernes, notamment autour de la Cité des Arts et des Sciences, réalisée entre autres par **Santiago Calatrava**. Immédiatement au sud de la gare du Nord, l'enterrement des voies de chemin de fer devrait, dans les années à venir donner naissance à un nouveau quartier, organisé autour d'un parc urbain de 23 ha, le **Parque Central**, et d'une gare futuriste souterraine **València Parque Central**. Côté est, les deux plages du **quartier maritime** sont redevenues un pôle d'attraction pour les Valenciens : **las Arenas** (ou **Levant**) et **la Malvarrosa** sont reliées au centre-ville par des bus et une ligne de métro que prolonge un tramway. L'aménagement du Paseo Marítimo, le long des plages, a fait de ce quartier l'un des plus prisés de la ville.

UNE VILLE D'ART ET D'ARTISTES

Valence a connu au 15e s. une brillante période artistique. La vieille ville a gardé de nombreux témoins de la floraison architecturale à l'époque gothique : édifices civils (palais, portes des murailles, Bourse de commerce) ou religieux (cathédrale). En peinture, plusieurs artistes se sont distingués : **Lluís Dalmau**, qui a fait pénétrer l'influence flamande en Espagne, **Jaume Baço** dit **Jacomart** et son collaborateur **Joan Reixach**, et **Rodrigo de Osona le Vieux**. Enfin, les artisans valenciens du 15e s. ont fait preuve de leur talent dans les arts décoratifs : ferronnerie, orfèvrerie, broderie. Mais c'est surtout dans la céramique, à Paterna et à Manises, que la région a acquis une solide réputation. Plus près de nous, le peintre **Joaquín Sorolla** (1863-1923) devient l'un des chefs de file de la peinture espagnole moderne (*p. 75*), tandis que le sculpteur **Mariano Benlliure** (1862-1947) séduit par la force expressive de ses œuvres.

FALLAS ET PAELLA

Même si Valence a résolument choisi la modernité, les traditions se perpétuent, et vous pouvez toujours assister aux folles journées des *fallas*, dont la coutume daterait du Moyen Âge. À l'époque, la corporation des charpentiers brûlait les chutes de bois le jour de la St-Joseph, dans des feux appelés *fallas* (du latin *fax*, torche). Ce nom devint celui de la fête. Avec le temps, on se mit à fabriquer des mannequins satiriques, que l'on destinait au feu. Au 17e s., ces mannequins, les *ninots,* devinrent de grands ensembles en carton-pâte, appelés eux aussi *fallas,* qui atteignent aujourd'hui des dimensions extraordinaires, les quartiers rivalisant entre eux. Des prix sont attribués à ces réalisations éphémères, auxquelles ne manquent ni le sens artistique ni l'intention satirique. La nuit du 19 mars, l'incendie ou *cremá* des *fallas* est accompagné de feux d'artifice, tandis qu'en ville, défilés et corridas se succèdent.

Quant à la fameuse **paella**, si elle est devenue après la guerre civile – époque où l'Espagne vivait en autarcie – le plat national espagnol, c'est en terre valencienne qu'elle trouve ses racines et c'est ici que vous dégusterez les meilleures préparations. Attention, le plat se décline à l'infini : les **riz (« arroces »)** peuvent être *negres* (noirs), *a banda*, *rossejat*, *del senyoret*, *amb crosta* (en croûte), *caldosos* (humides), etc.

Les quartiers historiques Plan de ville II

★★ LA VILLE ANCIENNE (CIUDAD VIEJA)

Circuit 1 tracé en vert sur le plan de ville II (p. 122-123). Compter 3h. Départ de la plaza de la Reina, où se trouve aussi l'office de tourisme.
Le centre historique de Valence est l'un des plus étendus et des plus importants d'Espagne, témoignant de l'essor de la ville au 15e s.

★★ Cathédrale (Catedral) G1

963 918 127 - www.catedraldevalencia.es - avr.-oct. : lun.-sam. 10h-18h30, dim. 14h-18h30 (17h30 le w.-end en avr., mai et sept. en raison de la messe), j. fériés se rens. ; nov.-mars : lun.-sam. 10h-17h30, fermé dim. (dernière visite 45mn av. la fermeture) - 5 € (-12 ans 3,30 €).
Elle occupe l'emplacement d'une mosquée. Les travaux commencèrent en 1262, mais la plus grande partie de l'édifice date des 14e et 15e s. À la fin du 18e s., la restauration masqua complètement l'architecture gothique. Les lignes primitives sont à présent dégagées, grâce à plusieurs restaurations et à l'élimination de la décoration néoclassique.
Extérieur – La **façade principale★**, donnant sur la plaza de la Reina, chef-d'œuvre baroque, a été réalisée à partir de 1713 d'après le projet d'un architecte allemand, Konrad Rudolf, imitateur du style du Bernin. Conçue comme un retable monumental, la façade aux courbes concaves et convexes a pour thème iconographique le Triomphe de la Vierge (sculpture de Francisco Vergara). En contournant l'édifice, on découvre, sur la plaza de la Virgen, la **porte des Apôtres★** (Portada de los Apóstoles) décorée de sculptures gothiques superbement restaurées ; le tympan figure une Vierge à l'Enfant entourée d'anges musiciens. Le **chevet**, habillé d'une triple rangée d'arcades appelée *Obra Nova*, faisait office de tribune pour assister aux cérémonies et processions officielles ; cette tribune fut réalisée vers 1566 par le tailleur de pierres Miguel Porcar, selon le dessin de Gaspar Gregori qui avait puisé son inspiration dans les théories architecturales du Romain Sebastiano Serlio. Une **galerie** fermée, enjambant la rue, relie directement la cathédrale à la basilique de Nuestra Señora de los Desamparados (en valencien, Mare de Déu dels Desemparats, *p. 121*) ; sous cette galerie, remarquez le petit autel ouvert sur la rue, abrité derrière une grille en fer. Selon la tradition, c'est ici qu'aurait été célébrée la première messe après la Reconquête. Enfin, la **porte de l'Almoina**, calle Palau, est romane.
Intérieur – Bien que les voûtes gothiques soient assez peu élevées, on est frappé par la clarté qui provient des fenêtres aux vitres d'albâtre de l'élégante **tour-lanterne**, bel exemple de style gothique flamboyant. Le retable du maître-autel, peint au début du 16e s. par deux artistes castillans, **Fernando de Llanos** et **Yáñez de la Almedina**, représente la vie du Christ et celle de la Vierge dans un style très léonardesque. Sur la corniche, huit statues en bois doré sculptées par Tomás Sanchez représentent les saints vénérés à Valence, notamment san Vicente Mártir. Au-dessus, un ciel peuplé d'étoiles et d'anges musiciens, œuvre de style Renaissance de deux peintres italiens, Francesco Pagano et Paolo da San Leocadio, habille la voûte. « Redécouvertes » sous un décor baroque en 2004, ces peintures avaient été commandées en 1472 par **Rodrigo de Borgia** (le futur pape Alexandre VI) alors cardinal et précurseur de l'art de la Renaissance sur ses terres natales.
Dans le déambulatoire, derrière le maître-autel, un beau portique Renaissance cache une Résurrection (1510) en albâtre translucide. En face, la Virgen del Coro (par Joan Castelnau, artiste valencien du 15e s.), en albâtre polychrome de style gothique tardif, jouxte le Christ « de la Bonne Mort » situé dans une chapelle.

Dômes en tuiles vernissées de la cathédrale.
H. Hughes/hemis.fr

1

Capilla San Francisco de Borja – Elle est ornée de 2 toiles de **Goya** (1788) représentant des épisodes de la vie de saint François.
Un couloir donne accès aux salles du **musée** dans lequel, outre le monumental ostensoir réalisé après la guerre civile, on peut admirer quelques tableaux (Juan de Juanes, Vicente Macip).
On accède à la chapelle du Saint-Calice par la chapelle San Francisco de Borja.
★ **Musée et chapelle del Santo Cáliz** – *(fermé temporairement)* La chapelle du Saint Calice est surmontée d'une élégante voûte nervurée en étoile. Derrière l'autel, les douze bas-reliefs d'albâtre dus au sculpteur florentin Poggibonsi, disciple de Ghiberti (appelé, à Valence, Julián Fiorentino), comptent parmi les premières œuvres de la Renaissance espagnole. Ils habillent aujourd'hui le retable gothique créé à partir de l'ancien portail du chœur. Au centre trône une magnifique **coupe d'agate**. Il s'agirait du Saint-Graal des légendes, qui aurait servi pendant la Cène et dans lequel auraient été recueillies quelques gouttes du sang du Christ. Au mur sont exposées les chaînes du port de Marseille, trophée du roi Alfonso V d'Aragon après sa conquête de la ville en 1423.
★ **Le Miguelete/El Micalet** – *✆ 963 918 127 - 10h-13h, 16h30-19h - 2 € (-14 ans 1,50 €).* Accolée à la façade de la cathédrale, cette tour gothique octogonale (1381-1425), véritable symbole de la cité, doit son nom à la grosse cloche baptisée le jour de la Saint-Michel. Du sommet, on surplombe tous les toits de la ville et ses innombrables coupoles d'églises aux tuiles vernissées.
Contournez la cathédrale par la droite pour atteindre la plaza de la Almoina.

★ Museo arqueológico de La Almoina G1

Pl. de la Almoina s/n - ✆ 962 084 173 - mar.-sam. 9h30-19h, dim. et j. fériés 9h30-15h - 2 € (gratuit dim. et j. fériés).
Sous la place, des fouilles archéologiques ont mis au jour des vestiges datant de l'époque romaine et des civilisations qui suivirent, notamment wisigothiques. Cette visite souterraine permet de découvrir – après un petit musée présentant sculptures, vestiges architecturaux et objets divers – les fondations

d'une véritable ville cachée ! C'est ainsi que l'on effectue sur des passerelles au sol de verre (attention au vertige!) un parcours qui permet de découvrir la Valence romaine (*cardo* et *decumanus*, thermes, basilique, curie, forum, *horeum* ou grenier à céréales…) et wisigothique (baptistère, vestiges de la cathédrale). Devant chaque vestige est installé un écran sur lequel le bâtiment est reconstitué sous vos yeux, dans son état d'origine, initiative qui permet d'éclairer le visiteur, lui donnant un aperçu de la magnificence de la cité. Cette promenade hors du temps et de l'animation de la ville est empreinte d'un charme mélancolique.

Casa del Punt de Gantxo G1 (C)

Pl. de la Almoina.

La façade de cet immeuble moderniste, par Manuel Peris Ferrando (1906), se distingue par l'emploi d'éléments décoratifs originaux. Sur un fond de céramique colorée à décor de feuillages se détachent des pilastres dont les chapiteaux sont constitués de motifs végétaux (branchages et fleurs). Ces ornements rappellent ceux qui avaient été utilisés au 15e s. pour le décor de la Lonja.

Suivez la calle Palau jusqu'à la plaza del Arzobispo.

Musée de la Ville (Museo de la Ciudad) G1

Pl. del Arzobispo/del Bisbe, 3 - ☎ 963 525 478 - mar.-sam. 9h30-19h, dim. et j. fériés 9h30-15h - 2 € (7-12 ans 1 €), dim. et j. fériés gratuit.

Installé dans le palais du marquis de Campo (18e-19e s.), il abrite une partie des collections d'art municipales. Quelques beaux ivoires des 14e et 15e s. y sont conservés. Au 2e étage, importante collection de poids et mesures.

★ Crypte archéologique de la prison de Saint Vincent le Martyr (Cripta Arqueológica de la cárcel de San Vicente Mártir) G1 (A)

Pl. del Arzobispo/del Bisbe, 1 - ☎ 962 084 573 - mar.-sam. 9h30-19h, dim. et j. fériés 9h30-15h - 2 € (7-12 ans 1 €), dim. et j. fériés gratuit.

Cette crypte héberge une petite chapelle funéraire, parfaitement conservée, qui s'érige telle une sépulture encadrée de quatre dalles de chancel (clôture de chœur) finement décorées de rinceaux. Pendant l'époque islamique, elle servie de bains. On peut également y voir deux sarcophages wisigothiques en pierre et une peinture murale du 2e s. représentant le dieu Mercure. Le documentaire audiovisuel projeté sur les murs durant la visite nous fait voyager dans le temps à travers l'histoire de saint Vincent. Celui-ci a été emprisonné ici avant son martyre lors des persécutions de Dioclétien, au début du 4e s. Ce diacre venu de Saragosse fut exécuté dans un pressoir… ce qui lui vaut d'être devenu le saint protecteur des vignerons!

Suivez la calle de la Harina jusqu'à l'Almudín.

Plaza San Luis Beltrán

Entourée de palais, la place est dédiée à un saint valencien qui prêcha aux Amériques au 16e s. On le voit représenté sur la petite fontaine occupant le centre.

Almudín G1

Pl. San Luis Beltrán, 1 - ☎ 963 525 478 - de mi-mars à mi-oct. : mar.-sam. 10h-14h, 15h-19h, dim. et j. fériés 10h-15h ; reste de l'année : mar.-sam. 10h-14h, 15h-18h, dim. et j. fériés 10h-15h - 2 € (7-12 ans 1 €), w.-end et j. fériés gratuit.

L'Almudín (le nom est dérivé d'*almud*, unité de mesure arabe) est un ancien dépôt à grains du début du 14e s., modifié au 16e s., qui aurait été construit sur l'emplacement d'un ancien fortin arabe destiné à défendre l'accès nord de la ville. L'espace, de plan basilical à trois nefs, abrite des peintures murales de style populaire datées du 17e s. Il est aujourd'hui utilisé pour des expositions temporaires.

Rejoignez la plaza de la Virgen par la petite calle de Almudín.

Basilique Nuestra Señora de los Desamparados (Mare de Déu dels Desemparats)/**MUMA** (Museo Mariano) G1

☏ 963 919 214 - www.basilicadesamparados.org - lun. et jeu. 11h-14h, sam. 10h30-14h, 17h-20h, dim. et j. fériés 10h30-14h - 2 € (-12 ans gratuit).

Située sur la charmante **plaza de la Virgen★**, elle fut construite sur un plan en ellipse durant la seconde moitié du 17e s. Elle est reliée au chevet de la cathédrale par une galerie Renaissance et abrite la statue de la patronne vénérée des Valenciens (et, depuis peu, de toute la Communauté) : la **Vierge des Abandonnés★** *(Desamparats)*. Légèrement penchée vers l'avant, la statue est affectueusement surnommée « la bossue » par les habitants. Signe particulier assez étonnant, elle possède le grade de généralissime des armées espagnoles ! La coupole du sanctuaire fut peinte par Antonio Palomino en 1701. Installé à l'étage, au-dessus de la tribune de l'église, le MUMA abrite une exposition consacrée à l'évolution du thème marial dans l'art (peinture, sculpture, céramique, orfèvrerie, etc.)

Empruntez la calle Caballeros à l'ouest de la place.

★ **Palau de la Generalitat Valenciana** F1

Cavallers/Caballeros, 2 - ☏ 963 863 461 - mat. - visite uniquement sur RV.

Édifié au 15e s., ce beau palais gothique (auquel une tour fut ajoutée au 17e s., puis une autre identique au 20e s.) était, jusqu'en 1707, le lieu où se réunissaient les députés des *Cortes valenciennes* chargées de recueillir l'impôt. C'est aujourd'hui le siège du gouvernement de la Communauté valencienne.

On pénètre dans un élégant patio gothique décoré d'une sculpture de Benlliure, *L'Enfer de Dante* (1900). Puis on visite un salon doré dont le **plafond artesonado★**, doré et polychrome, est admirable ; un grand tableau représente le Tribunal des eaux (*encadré*). Au 1er étage, la salle des Rois (portraits des rois valenciens) donne accès à l'oratoire (retable du Valencien Juan Sariñena du 16e s.) et au Grand Salon des Cortes dont la frise d'azulejos et le plafond à caissons datent du 16e s.

Gagnez sur la droite la plaza de Manises, puis suivez la calle Serranos jusqu'au bout.

★ **Torres de Serranos** FG1

Pl. de los Fueros - ☏ 963 919 070 - 9h30-19h, dim. et j. fériés 9h30-15h - 2 €, sam. 1 €, gratuit dim. et j. fériés.

Ancienne porte de la muraille de Valence, ces tours, très restaurées, sont un exemple de l'architecture militaire de la fin du 14e s. Elles avaient également une fonction d'arc triomphal, ce qui explique la fine dentelle gothique au-dessus de la porte qui donnait autrefois vers l'extérieur de la ville. C'est sur

LE TRIBUNAL DES EAUX

La juridiction de la *huerta* est régie par le *Tribunal de las Aguas*, institution millénaire voulue par le calife de Cordoue vers 960. Tous les jeudis à midi, les représentants élus des zones irriguées par chacun des sept canaux, accompagnés de l'*alguazil*, se réunissent devant la porte des Apôtres de la cathédrale. Une fois les délits exposés, les juges-agriculteurs, tout de noir vêtus, discutent le cas, et la sentence (imposition d'une amende, privation d'eau, donc de ressources) est prononcée immédiatement par le doyen des juges. Elle est orale et sans appel… et toujours active !

1

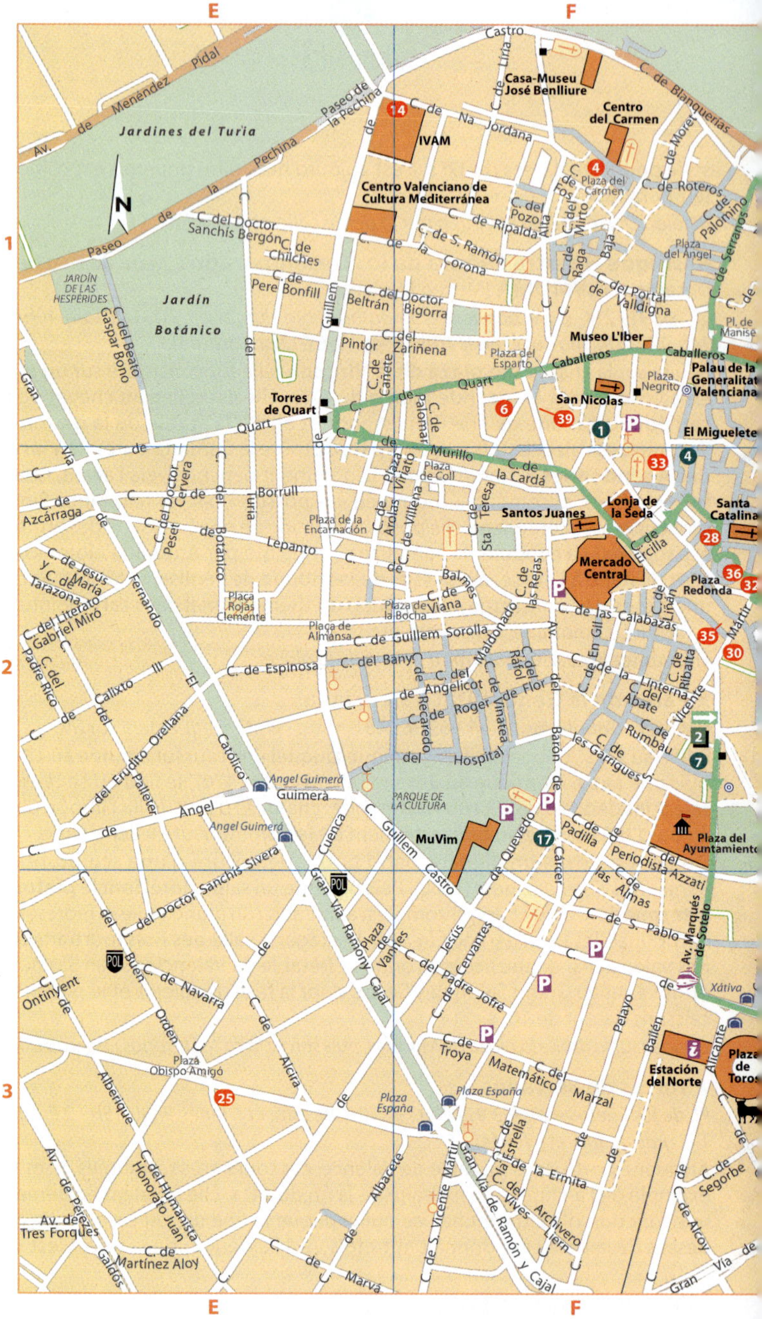

SE LOGER

Alkazar (Hotel) 10
Antigua Morellana (Hostal) .. 4
Ding Dong Palacete 26
H Inglés (Hotel S) 16
Hilux (Hostel) 1
Lotelito Rooms and Bar 28
Mediterráneo (Hotel) 17
Petit Palace Bristol 22
Reina Victoria (Hotel) 19
Sorolla Centro (Hotel) 24
Sweet Continental (Hotel) ... 13
Venecia (Hostal) 7

SE RESTAURER

Alma Del Temple (El) 43
Asador del Carme 4
Balconcillo (El) 35
Bar El Pilar 6
Bisbe (Gastro Taberna) 37
El Clot (Taberna) 36

1

Jamón Jamón (Taberna) 39	Sagardi 32	**Crypte archéologique**
Marisquería Civera 24	Sucursal (La) 14	**de St Vincent le Martyr .... A**
Montes 25	Tasca Ángel 33	**Casa del Punt de Gantxo ..... C**
Ocho y Medio 28	Utielana (La) 16	
Orio 30	Vintara (Taberna)............ 34	
Riuá (La) 10	2012 El Principio Del Fín..... 41	

ce côté que se concentrent les appareils défensifs. Côté ville, les salles sont entièrement ouvertes en loggia, ce qui permettait d'éviter que l'ennemi, même en prenant les tours, puisse s'y établir. Remarquez le dessin très élégant des voûtes gothiques à croisée d'ogives. Du haut des tours, on bénéficie d'une vue intéressante sur la ville et les jardins.
Revenez sur la plaza de Manises.

Carrer Cavallers/Calle de Caballeros F1

Elle part de la plaza de la Virgen et pénètre dans le quartier d'**El Carmen** (**El Carme** en valencien). Toujours très animée, la rue principale de l'ancienne ville est bordée de plusieurs maisons, anciens palais de la noblesse locale, certains ayant conservé leur patio gothique, notamment aux n°s 26 (palacio de los Mercader) et 33 (palacio de los Centelles).
Musée L'Iber (Museo L'Iber) – *Caballeros, 22 - ✆ 963 918 675 - www.museoliber.org - merc.-dim. 11h-14h, 16h-19h - 5 € (-26 ans 3 €).* Situé dans un ancien palais gothique – le palacio de los Malferit – remanié à la Renaissance puis au 19e s., ce musée expose une remarquable collection de soldats de plomb avec des reconstitutions de batailles, comme celle de la Almansa.
Prenez à gauche la calle Abadía de San Nicolás.

Église de San Nicolás F1

C'est l'une des plus anciennes églises de la ville dont l'intérieur, jadis gothique, a été complètement transformé dans le style churrigueresque. On peut y admirer des peintures du 16e s. : retable de Juan de Juanes dans la chapelle à gauche de l'entrée, calvaire d'Osona le Vieux dans la chapelle des fonts baptismaux. Sur la place de l'église, observez l'immeuble dont le mur est peint en trompe-l'œil : aux fenêtres apparaissent des personnages issus de tableaux célèbres.
Continuez jusqu'à la plaza del Esparto, puis prenez la calle Quart.

Tours de Quart (Torres de Quart) E1

Pl. Guillem de Castro, 89 - ✆ 963 525 478 - 9h30-19h, dim. et j. fériés 9h30-15h - 2 €, sam. 1 €, gratuit dim. et j. fériés.
Autre exemple d'architecture militaire médiévale, ces tours très imposantes (15e s.) encadraient l'une des portes de la ville. Elles sont érigées selon la technique du mortier en coffrage, la pierre taillée étant réservée aux angles. En 1812, les tours furent très endommagées par les tirs des canons lors du siège de la ville par l'armée napoléonienne (les murs portent encore quelques stigmates de cet assaut).
Prenez la calle Murillo, continuez sur la calle Carda puis, en face, l'avenida María Cristina.

★★ Bourse de la Soie (Lonja de la Seda) F2

Pl. del Mercado, 2 (accès calle Lonja, derrière l'édifice) - ✆ 962 084 153 - 9h30-19h, dim. et j. fériés 9h30-15h - 2 €, dim. et j. fériés gratuit.
À la demande des marchands de soie de Valence, cette **Bourse de commerce** fut construite à partir de 1483 par les maîtres d'œuvre Pere Compte et Joan Ibarra dans le style gothique flamboyant. Elle remplaça l'édifice antérieur, la prospérité de Valence exigeant un lieu de transactions plus vaste.
Couronnée d'un faîtage crénelé, la Lonja s'ouvre par un beau portail gothique. Séparée de celui-ci par une tour, la partie gauche est surmontée d'une galerie ornée d'une frise de profils en médaillons. Que ce soit à l'extérieur ou à l'intérieur de l'édifice, vous pourrez vous amuser à observer, délicatement sculptés au milieu des feuilles d'acanthe ou de motifs d'artichaut, une multitude de petits personnages, dans des positions et activités des plus variées…

On accède à la Lonja par un élégant **patio** ombragé autour duquel se répartissent les différentes salles. Sur la gauche, la magnifique **salle**★★ du Négoce de la soie, dont les hautes voûtes ogivales en étoile sont supportées par huit fines et élégantes colonnes torsadées, et les murs percés de fenêtres à fins remplages. Puis on passe dans une petite salle dont les encadrements de portes sont remarquables. La salle suivante présente un beau plafond à caissons.

★★Marché central (Mercat Central/Mercado Central) F2

Av. María Cristina/Pl. del Mercado - www.mercadocentralvalencia.es - lun.-sam. mat.

Édifié par Alejandro Soler et Francesc Guàrdia entre 1910 et 1928, c'est l'un des plus grands marchés couverts d'Europe (8 000 m²). Bâti sur une structure de colonnes et de charpentes métalliques, ce fleuron de l'architecture moderniste valencienne présente des façades à plusieurs niveaux : soubassement d'azulejos, grandes baies fermées de vitraux et niveau supérieur en céramique vernissée à reflets métalliques. Occupant plusieurs nefs dont l'intersection est marquée par une grande coupole, près d'un millier d'étals s'animent chaque matin d'une intense activité.

Église de Los Santos Juanes F2

Pl. del Mercado

Vouée aux deux saints Jean, saint Jean-Baptiste et saint Jean l'Évangéliste, cette vaste église a vu sa nef unique, gothique, recouverte aux 17e et 18e s. d'un étonnant amas de stucs baroques. Depuis la Lonja, on peut admirer la tourelle couronnant la façade. Théâtre des exécutions lors de l'Inquisition, l'église a conservé des cellules.

Continuez sur l'avenida María Cristina, puis prenez à gauche la calle Trench.

1

Église de Santa Catalina F2

Pl. de Santa Catalina

Cette église fut construite après la Reconquête sur les fondations d'une ancienne mosquée. Elle se signale par son beau **clocher baroque**★ (17e s.), de plan hexagonal, qui se voit surtout de la plaza de la Reina et de la calle de la Paz.

Plaça Redona/Plaza Redonda F2

Un passage sur la droite mène à cette curieuse petite place circulaire, appelée localement **El Clot** (« Le Trou »). Cette sorte de patio urbain d'une unité parfaite a été dessinée en 1837 par un architecte néoclassique, Salvador Escrig Melchor. Restaurée avec soin, la place est entourée d'échoppes où sont notamment vendues des dentelles et de la passementerie.

Sortez par la calle Pere Compte, traversez la calle San Vicente Mártir, puis prenez immédiatement à droite dans la calle Abadía San Martín.

★★Palais du marquis de Dos Aguas G2

En 1740, le marquis de Dos Aguas entreprit de rénover une demeure austère du 15e s. pour en faire le splendide palais baroque que l'on découvre aujourd'hui. Il fit appel au peintre **Hipólito Rovira** (1693-1765) et au sculpteur **Ignacio Vergara** (1715-1776) pour créer des façades baroques, en accord avec l'époque. Les murs furent alors entièrement peints par Luis Domingo, en imitation marbre. On ajouta de riches balcons, et les maîtres d'œuvre conçurent un délirant encadrement de **porte en albâtre**★★★, sculpté en haut-relief de motifs végétaux et anthropomorphes. Au-dessus de la porte se détache une figure de la Vierge du Rosaire. Le palais abrite le musée national de la Céramique.

VALENCE ET LA CÉRAMIQUE

À partir du 10e s., les Arabes installés en Espagne apportent leurs compétences dans le domaine de la céramique. La technique du « lustre » **(céramique à reflets métalliques)**, venue de Mésopotamie, se développe rapidement, notamment dans la région de Valence (ateliers de **Manises** et de Paterna). Du port de Valence sont exportées ces productions, grâce aux navires en provenance de Majorque (d'où le nom de *majolique* donné par les Italiens). Au 15e s., Manises fournit la république de Venise, le Vatican et bien d'autres villes en Italie. Cependant, aux 17e et 18e s., les ateliers de Manises perdent leur position hégémonique, concurrencés par d'autres centres européens. Ils connaissent néanmoins un regain d'activité au 19e s., grâce aux architectes modernistes qui font grand usage de matériaux nouveaux dans leurs constructions. La céramique est alors employée en parement décoratif, notamment sur les façades des immeubles.

★ **Museo Nacional de Cerámica y Artes Suntuarias González Martí** – *Rinconada García Sanchís et calle Poeta Querol, 2 - ✆ 963 516 392 - http://mnceramica.mcu.es - ♿ - mar.-sam. 10h-14h, 16h-20h, dim. et j. fériés 10h-14h - fermé 1er, 6 et 22 janv., 1er Mai, 24, 25 et 31 déc. - 3 € (-16 ans, sam. apr.-midi et dim. gratuit).* Outre les salles d'expositions temporaires, le rez-de-chaussée accueille, dans le salon des Carrosses, l'admirable **carrosse des Nymphes★**, berline de gala richement décorée, ayant appartenu au marquis de Dos Aguas (1753). Le second, beaucoup plus sobre, de style Empire, réalisé vers 1780, était celui d'un certain marquis de la Llanera. La chaise à porteurs date du 18e s.

Le premier étage conserve le faste et les décorations propres aux palais (plafonds peints, sols en marbre et somptueux mobilier). Après l'élégant patio, on traverse un petit **salon chinois**, la salle à manger, le fumoir et l'oratoire.

Au **deuxième étage** est exposée une belle collection permanente. Après une introduction à l'univers de la poterie, on visite la salle des céramiques musulmanes. On découvre des pièces aux reflets métalliques (13e et 14e s.) provenant de Málaga, Murcie et Manises *(8 km à l'ouest de Valence,* *p. 142)*, qui montrent une évidente continuité entre la céramique musulmane et la production chrétienne.

Le 15e s. est le Siècle d'or de la **céramique de Manises**, qui fait abondamment usage de la technique des reflets métalliques et dont quelques pièces sont exposées, telle cette Vierge à l'Enfant (15e s.). Une petite salle consacrée à la céramique architectonique présente des « **socarrats** », carrés de céramique en relief notamment destinés au décor des plafonds.

Un peu plus loin sont représentées les productions de la **manufacture d'Alcora**, qui prit son essor au 18e s. La salle des faïences du 19e s. montre la prédominance de Manises à cette époque. Le 20e s. est marqué par l'apport d'artistes renommés (**Alfonso Blat**, **Picasso**, **Cumella** et **Colmeiro**). Notez la très belle reconstitution d'une **cuisine valencienne**, aux parois littéralement recouvertes d'azulejos.

Au 3e étage est exposée la **collection Laia-Bosch**, consacrée aux céramiques d'**Alcora** (plus de 100 pièces), qui témoignent des différents styles décoratifs de la manufacture *(90 km au nord de Valence)*, fondée en 1727 à l'initiative du comte d'Aranda. Rapidement, l'entreprise devint le centre le plus innovant et important d'Espagne, malgré la concurrence étrangère particulièrement forte (mode des porcelaines chinoises et japonaises, développement des ateliers français et allemands). Remarquez les belles pièces représentatives du « style Bérain », du nom de Jean Bérain qui s'illustra sous Louis XIV.

Exubérance baroque sur la façade du palais du marquis de Dos Aguas.
H. Hughes/hemis.fr

On redescend au **premier étage**, dans une chambre aux murs recouverts de stucs polychromes. Une autre pièce, richement meublée, présente une belle maison de poupées, puis un cabinet de toilette. La salle suivante contient une série de **meubles de Dresde** ornés de plaques de porcelaine de la Manufacture royale de Berlin (1863). Le lustre en porcelaine provient des manufactures de Saxe. La visite se termine par la vaste **salle de bal** dont le plafond peint est dû au peintre valencien José Brel (19e s.).

Descendez la calle Poeta Querol, puis prenez à gauche la calle Salva.

Ce quartier historique est aujourd'hui occupé par des boutiques de mode et de luxe, regroupant les enseignes des grands couturiers internationaux.

Université de Valence (Universitat de València) G2

Nave, 2 - ✆ 963 864 377 - expositions temporaires mar.-sam. 10h-13h, 16h-20h - accès libre.

Une jolie place ombragée et dotée de bancs invite au repos et à la contemplation de l'université. Au centre de la façade en brique néoclassique s'élève une fontaine à portique abritant un groupe de statues. À l'intérieur, les bâtiments s'ordonnent autour d'un beau patio à deux niveaux.

★ **Colegio del Patriarca o del Corpus Christi** G2

Nave, 1.

Fondé par le bienheureux Juan de Ribera, qui fut archevêque de Valence et patriarche d'Antioche, cet ancien séminaire remonte au 16e s. Au centre de son patio à l'harmonieuse architecture (colonnes en marbre Renaissance et soubassement d'azulejos exécutés à Talavera de la Reina, dans la région de Tolède), se trouve la statue du fondateur réalisée par Mariano Benlliure. L'**église** est l'un des rares exemples en Espagne de sanctuaire Renaissance décoré à fresques ; la partie inférieure est ornée de magnifiques azulejos de Manises. De l'autre côté du vestibule, la chapelle de la Purísima contient quatre tapisseries flamandes du 15e s. Son plafond peint par Tomás Hernández représente les prophètes et trois scènes de l'Ancien Testament.

Le **musée** (**museo del Patriarca** – *✆ 691 491 769 - http://patriarcavalencia.es - visites guidées (1h) de 10h à 13h (1 dép. par h), 17h et 18h - 4 €*) rassemble d'intéressantes œuvres du 13e au 18e s. : tableaux de Juan de Juanes, le précieux **triptyque de la Passion★** de Dirck Bouts, une admirable croix byzantine, une icône de saint Jean, saint Michel et saint Christophe en bois finement sculpté (18e s.) provenant du mont Athos, un **Christ** roman du 13e s., un portrait sur carton du fondateur Ribera par Ribalta, ainsi que des peintures de **Morales** et du **Greco** (une des multiples versions de l'Adoration des Bergers).

Remontez par la calle San Juan de Ribera, traversez la calle de la Paz et prenez à droite la calle Medines, puis, en face, la calle Trinquete de Caballeros.

★ Église de San Juan del Hospital G2

Trinquete de Caballeros, 5 (accès par un patio) - ✆ 963 922 965 - lun.-sam. 9h30-13h30, 17h-21h, dim. et j. fériés 11h-14h, 17h-21h.

Cette belle église de style gothique primitif fut érigée en 1238. Fondée par les chevaliers de l'ordre souverain de Saint-Jean-de-Jérusalem, elle fut le premier édifice construit à Valence après la Reconquête. De plan rectangulaire à chevet polygonal, sans transept, elle se compose d'une nef unique recouverte d'une voûte en berceau brisé et de plusieurs chapelles latérales. Remarquez, côté gauche, la chapelle dont les murs et la voûte sont recouverts de peintures murales figurant l'archange saint Michel (13e s.). La troisième chapelle latérale gauche possède un intéressant retable Renaissance du 16e s. représentant la Passion.

Sur le côté droit, on notera la chapelle de style baroque *(première en partant du chevet)* et un calvaire *(dernière chapelle)* magnifiquement sculpté des 12e et 14e s.

Par la calle Milagro et la calle Cabillers, retournez sur la plaza de la Reina.

★ LA VILLE MODERNISTE

Circuit 2 tracé en vert sur le plan de ville II (p. 122-123), de la pl. del Ayuntamiento à la pl. de la Reina. Comptez 1h30.

L'important développement économique de la ville à la fin du 19e s. nécessita l'urbanisation de quartiers nouveaux (L'Ensanche) et un remodelage partiel du tracé des voies dans les quartiers historiques. La bourgeoisie, le pouvoir administratif local et les acteurs économiques, notamment les banques, y virent l'occasion d'extérioriser leur richesse en construisant des édifices volontairement spectaculaires. D'abord éclectique et historiciste (styles « néo »), l'architecture adopta le style moderniste dans les premières années du 20e s., puis revint à un style plus conformiste.

Depuis la plaza del Ayuntamiento, quelques pas sur l'avenida María Cristina en direction du marché central vous permettront d'apercevoir, au carrefour avec la calle San Vicente Mártir, plusieurs **immeubles néoclassiques et éclectiques**. On y retrouve le répertoire architectural affectionné par la bourgeoisie de l'époque : ordre colossal, tourelles d'angles, nombreux balcons avec profusion de ferronneries.

Descendez sur la plaza del Ayuntamiento.

★ Plaça de l'Ajuntament/Plaza del Ayuntamiento F2

Cette immense place de forme vaguement triangulaire, dessinée au 19e s. après la démolition en 1881 du couvent de San Francisco qui occupait les lieux, n'a pris sa physionomie actuelle que dans les premières décennies du siècle suivant. Orné d'une fontaine circulaire, de kiosques de fleuristes, et de la statue de **Francesc de Vinatea** (1273-1333), ce vaste espace est le lieu où se réunissent les Valenciens dans les grandes occasions ; notamment lors des célèbres *fallas* quand toute la ville ou presque vient assister à l'assourdissante pétarade de la « **mascletà** » chaque jour à 14h. C'est aussi ici que se dresse, toujours pendant les fêtes, l'immense *Falla del Ayuntamiento*, offerte par la municipalité.

La place, qui est dominée par l'**hôtel de ville** *(Ayuntamiento)*, construit en 1915, présente une façade éclectique (sculptures de Mariano Benlliure) à ordre colossal, deux tours d'angle coiffées de dômes, un portique d'entrée et un campanile. Il abrite le **Musée historique municipal** (Museo Histórico Municipal - *963 525 478 - lun.-vend. sf j. fériés 9h-14h -2 €)*, qui conserve notamment la *senyera*, ou bannière de la ville, et l'épée de Jaume Ier le Conquérant. Tout autour, les constructions rivalisent en hauteur et en ornementation, certaines couronnées de sculptures colossales.

En face, la **poste centrale** (*Correos*, au coin de la calle Correos), inaugurée en 1923, se distingue par un dôme à décor néoclassique de guirlandes de fleurs et de rubans. Une tourelle métallique terminée par une sphère symbolise sa fonction. Au nord de cet édifice se dressent deux **bâtiments néogothiques** aux façades colorées.

Au n° 8 de la place, remarquez un immeuble en brique avec ornements de céramique verte et jaune. Les motifs floraux stylisés et la haute tour géométrique en font un parfait exemple de l'**architecture Art déco**.

1

Avenida Marqués de Sotelo F3

Là encore, plusieurs immeubles éclectiques arborent des façades dont la structure et le décor font un emploi étourdissant de tous les styles, éléments et décors architecturaux disponibles : portails monumentaux, tours, terrasses superposées, campaniles, frontons de toutes formes.

Descendez jusqu'à la calle de Xàtiva.

★★ Gare du Nord (Estación del Norte) F3

Monument emblématique de l'architecture moderniste de Valence, la gare du Nord fut construite par **Demetrio Ribes** de 1909 à 1917. Très fortement marqué par le style autrichien de la Sécession, notamment dans sa structure géométrique, cet édifice est également ancré dans son environnement local par l'apport d'ornements particuliers : sur la **façade★★**, des frises de céramiques en relief figurent des orangers et des panneaux de mosaïques décrivent des scènes agricoles de la *huerta* valencienne. Vous pouvez observer dans le hall d'autres détails décoratifs : colonnes-lampadaires, panneaux de mosaïque dorée déclinant la locution « *buen viaje* » dans plusieurs langues, guichets en bois sculpté.

À côté de la gare, la **Plaza de Toros** (arènes), inaugurée en 1856, est l'une des plus belles et des plus importantes d'Espagne.

Passez devant la Plaza de Toros, puis prendre à droite la calle Ruzafa.

Calle de Cirilo Amorós GH3

Cette rue traverse un quartier résidentiel, **El Pla del Remei**, qui s'est développé à la fin du 19e s. et au début du 20e s. C'est aujourd'hui devenu un secteur très chic où se côtoient stylistes et boutiques de mode, surtout depuis la restauration exemplaire du marché de Colón (*ci-après*).

Au n° 26, remarquez les très beaux oriels reprenant des éléments de l'architecture gothique, notamment la rosace, et, au n° 27, une porte et un balcon de style Art nouveau mâtinés d'une touche d'art baroque espagnol.

Au n° 29 s'élève la **Casa Ferrer**, dont la date de construction, 1908, s'inscrit au fronton. Édifiée par l'architecte Vicente Ferrer Pérez, elle développe un style Art déco caractéristique : motifs décoratifs de roses stylisées, en céramique, disques en relief surmontant un triglyphe, fonds décoratifs en damier. Les frontons percés d'oculi sont traités en acrotères (ornements au sommet ou aux deux extrémités d'un fronton), se détachant sur le ciel.
Continuez dans la calle de Cirilo Amorós.

★★ Marché de Colón (Mercat/Mercado de Colón) H3

Calle de Cirilo Amorós, à gauche, entre les calle Jorge Juan et Conde Salvatierra de Álava.
Ce magnifique bâtiment de 1913 est l'œuvre de Francisco Mora y Belenguer, qui bénéficia de la collaboration du peintre Ramón Roca et du sculpteur Ricardo Tárrega. Les deux façades en brique sont réunies par une structure portante et une charpente métallique couverte en verre. La **façade principale★★** arbore une abondante décoration qui fait appel à la tradition artistique et décorative valencienne : pierre « rustiquée » (c'est-à-dire travaillée pour lui donner un aspect rugueux), mosaïques très colorées figurant des scènes de la *huerta* comme la récolte des oranges, peintures, céramiques architecturales à reflets métalliques, vitraux.
Désaffecté en tant que tel, le marché abrite désormais quelques commerces et surtout des bars ou restaurants à la mode.
Prenez à gauche la calle Conde Salvatierra de Álava, puis encore à gauche la calle de Sorni.

Casa dels Dracs/Casa de los Dragones G2

Située à l'angle de la calle de Sorni et de la calle Jorge Juan, la Casa de los Dragones doit son nom aux sculptures ornant sa façade… En prenant le temps de les détailler, vous discernerez également une… locomotive ailée !
Construite en 1901 par José Manuel Cortina, elle reprend et amplifie le répertoire néogothique traditionnel, à tel point que l'on a pu parler de « médiévalisme fantastique ».
Traversez la calle Colón et continuez en face dans la calle Don Juan de Austria.

Banco de Valencia G2

Au carrefour de la calle Pintor Sorolla, l'immeuble de cette banque développe, en façade et dans sa partie haute, un style néobaroque : peinture rose, motifs d'azulejos à dominante jaune, balcons courbes, encadrements de fenêtres moulurés et lanternon à colonnes.
Prenez la calle Poeta Querol à droite du Teatro Reial. Continuez sur la calle Marqués de Dos Aguas, puis prenez à gauche la calle de la Paz

Carrer de la Pau/Calle de la Paz E2

Cette rue compte de nombreux immeubles historicistes aux touches modernistes (azulejos, ferronneries) que l'on prendra plaisir à détailler. Au coin de la plaza de la Reina, vous remarquerez l'enseigne on ne peut plus Art nouveau de l'ancien café El Siglo, jadis repaire des intellectuels et artistes de la ville.
À l'extrémité de la rue, sur la plaza de la Reina (au coin de la calle San Vicente Mártir), s'élève l'ancien magasin **La Isla de Cuba**, édifié par le maître d'œuvre Lucas García Cardona en 1896, qui y mélange avec succès un vocabulaire historiciste classique et des techniques nouvelles, comme l'emploi de colonnettes en fonte. Le décor se concentre principalement sur la frise supérieure, constituée de palmettes à la grecque, et sur les panneaux de céramique représentant des danseuses antiques en bleu sur fond rosé.

L'ancien cours du Turia Plan de ville I C2

L'ancien lit du río Turia (à Valence, on dit **El Río** tout simplement, tant il est inutile de préciser) a été aménagé en promenade verte, colorée de massifs de fleurs, aux essences souvent exotiques. Cyclistes, promeneurs et joggeurs se sont appropriés cette longue coulée qui enserre au nord la vieille ville, et se poursuit jusqu'au Bioparc (*p. 138*).

★★★ LA CITÉ DES ARTS ET DES SCIENCES
(CIUDAD DE LAS ARTES Y LAS CIENCIAS)

En attendant la construction de la ligne 2 du métro, il est possible de gagner la Cité en bus depuis l'av. Conde de Trenor, derrière les Torres de Serrano (bus 95) ou depuis la pl. de la Reina (bus 35) : arrêt av. Autopista del Saler face au grand centre commercial. On peut aussi la rejoindre agréablement à pied (s'il ne fait pas trop chaud), à partir du métro Alameda, en parcourant le Jardín del Turia.

Av. Autopista del Saler, 7 - ✆ 902 100 031 - www.cac.es - horaires variables selon les sites - entrées combinées : Hemisfèric, Museu de les Ciències et Oceanogràfic 36,25 € (4-12 ans 27,55 €) ; Hemisfèric et Museu de les Ciències 12,60 € (4-12 ans 9,60 €) ; Hemisfèric et Oceanogràfic 30,30 € (4-12 ans 23 €) ; Museu de les Ciències et Oceanogràfic 29,70 € (4-12 ans 22,55 €).

Valence est devenue l'une des vitrines de l'architecture contemporaine mondiale avec des bâtiments comme le **palais de la Musique** (Palau de la Música), le **palais des Congrès** (Palacio de Congresos) de sir Norman Foster (1998), les ponts dessinés par Calatrava et Foster, et surtout la **Cité des Arts et des Sciences**. En quelques monuments déjà emblématiques, la ville donne au monde sa vision du troisième millénaire, redevenant par là même une des plus ambitieuses capitales européennes, comme au temps de sa splendeur (15e s.).

Profitant des terrains gagnés sur l'ancien lit du fleuve, la ville de Valence a conçu l'un des plus vastes projets culturels d'Europe (350 000 m^2), confié aux architectes **Santiago Calatrava** et **Felix Candela**. Il comprend six bâtiments dont cinq réalisés par Santiago Calatrava : le musée des Sciences Príncipe Felipe, évoquant la silhouette d'un dinosaure, l'Umbracle, l'Hemisfèric, en forme d'œil, le palais des Arts Reina Sofía et l'Ágora, auxquels s'ajoute le Puente de l'Asut de l'Or. Felix Candela est l'auteur de l'Oceanogràfic, aquarium en forme de nénuphar. Tous ces bâtiments blancs (à l'exception de l'Ágora, d'un bleu soutenu) à l'architecture d'avant-garde se reflètent dans les lacs artificiels qui les entourent.

★ **Palais des Arts Reina Sofía** (Palau de les Arts Reina Sofía) C2

Paseo de la Alameda, 30 - ✆ 961 975 800 - www.cac.es/palau.

Réalisation de Santiago Calatrava, cet édifice colossal et d'une forme étonnante atteint 75 m de haut. Il est conçu comme un ensemble de volumes encastrés, protégés par une enveloppe en forme de coquillage, recouverte à l'origine de *trencadís* (type de mosaïque réalisé à partir d'éclats de céramique, présent dans l'architecture moderniste catalane) d'une blancheur immaculée. Hélas, à la suite d'une tempête durant l'hiver 2013-2014, une partie de ce revêtement s'est effondrée, et la totalité des *trencadís* a été retirée, en attendant la restauration. Les représentations théâtrales ou lyriques, les concerts, les opéras et les spectacles de danse continuent d'être donnés dans ce grand centre des arts scéniques qui abrite plusieurs salles et un auditorium.

★ **L'Umbracle** C2

www.cac.es/umbracle.

Face au musée des Sciences, cette structure architecturale de 320 m de long, érigée en contrebas de l'av. Autopista del Saler, déploie ses arcs paraboliques

VALENCE ET SA COMMUNAUTÉ

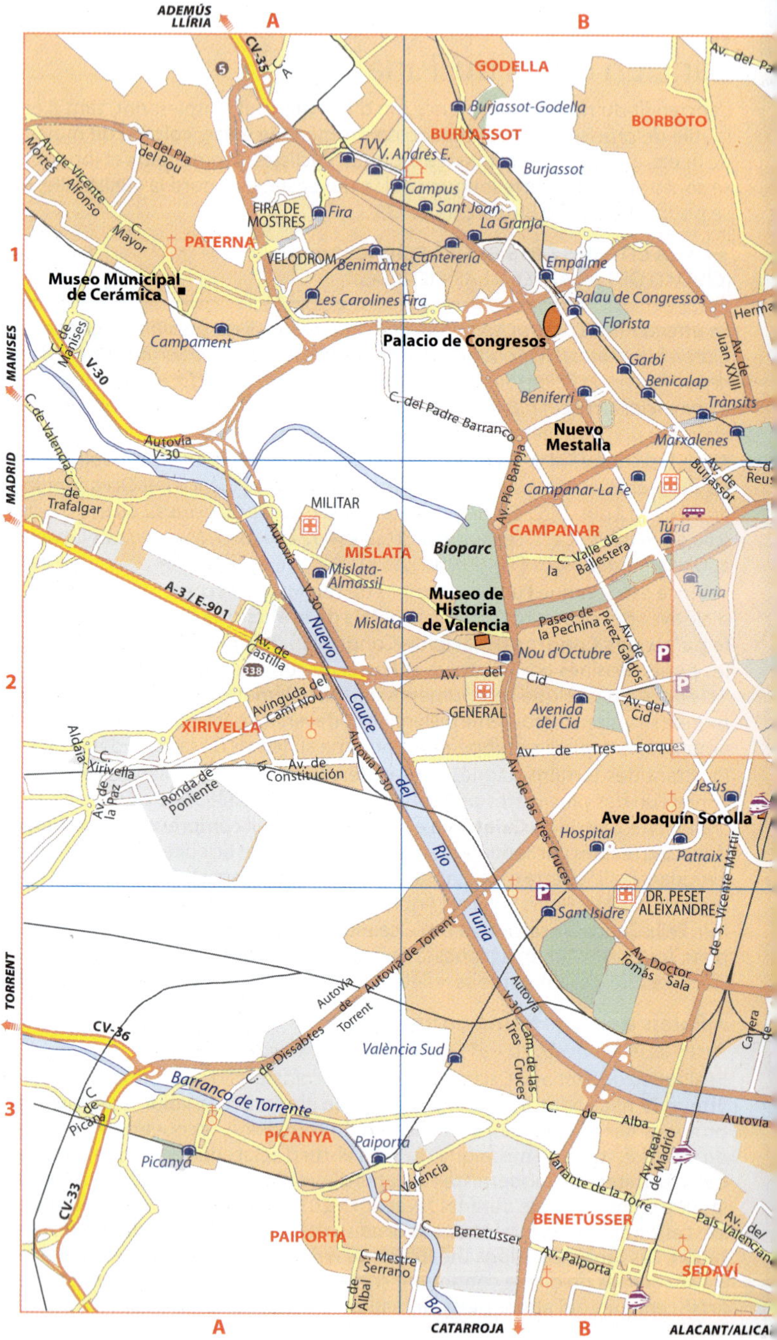

SE LOGER

Neptuno (Hotel) 15

SE RESTAURER

Alejandro del Toro 1

Casa Hilario 7

Casa Montaña (Bodega) 9

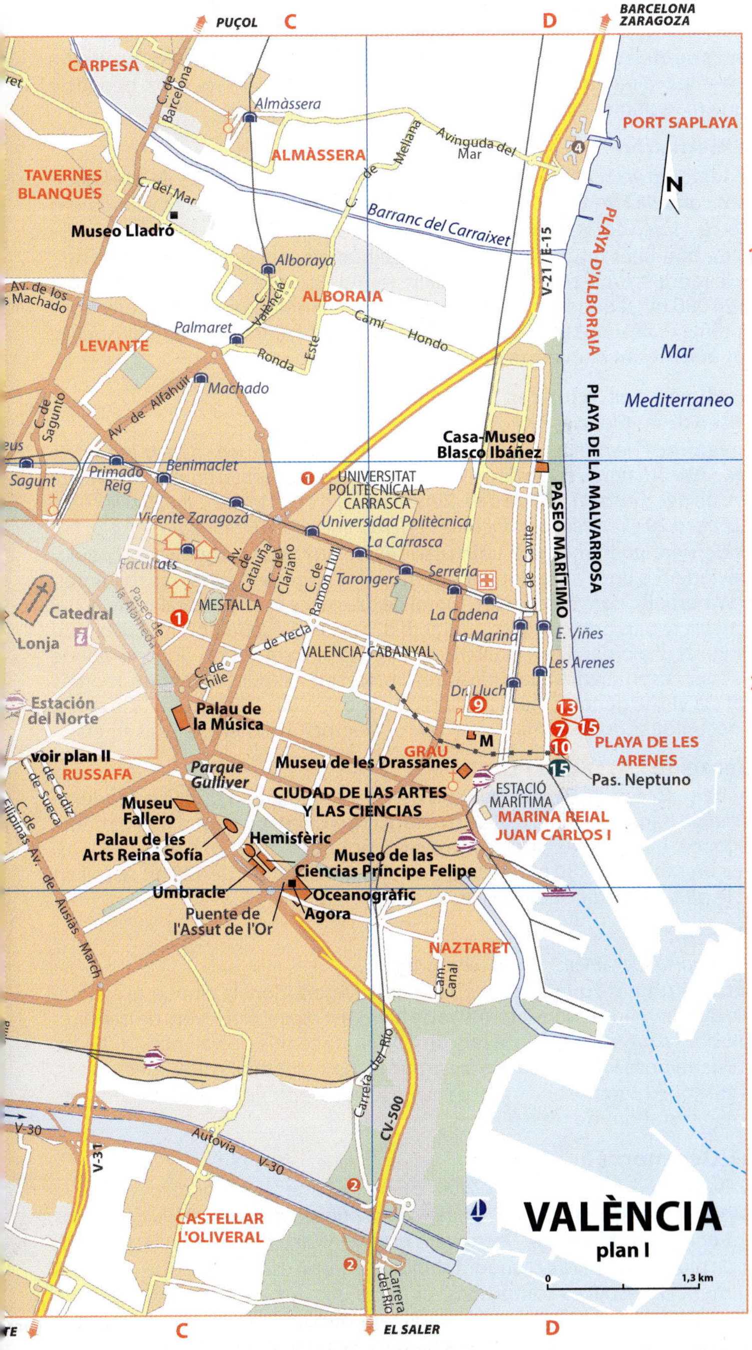
PUÇOL
C
D
BARCELONA
ZARAGOZA
CARPESA
C. de Barcelona
Almàssera
ALMÀSSERA
C. de Meliana
Avinguda del Mar
PORT SAPLAYA
TAVERNES BLANQUES
C. del Mar
Museo Lladró
Barranc del Carraixet
V-21 / E-15
PLAYA D'ALBORAIA
Alboraya
C. Valencia
ALBORAIA
Av. de los Machado
Palmaret
Camí Hondo
LEVANTE
Ronda Este
Machado
Mar Mediterraneo
C. de Sagunto
Av. de Alfahuir
Casa-Museo Blasco Ibáñez
PLAYA DE LA MALVARROSA
Sagunt
Primado Reig
Benimaclet
UNIVERSITAT POLITÈCNICA LA CARRASCA
Universidad Politècnica
PASEO MARÍTIMO
Vicente Zaragozá
La Carrasca
Av. de Cataluña
C. del Clariano
C. de Ramon Llull
Facultats
Tarongers
Serrería
Catedral
Paseo de la Alameda
MESTALLA
C. de Cavite
La Cadena
Lonja
E. Viñes
La Marina
C. de Yecla
VALENCIA-CABANYAL
Les Arenes
C. de Chile
Estación del Norte
Dr. Lluch
Palau de la Música
PLAYA DE LES ARENES
M
GRAU
voir plan II
RUSSAFA
Museu de les Drassanes
Parque Gulliver
Pas. Neptuno
C. de Cádiz
C. de Sueca
CIUDAD DE LAS ARTES Y LAS CIENCIAS
ESTACIÓ MARÍTIMA
Museu Fallero
MARINA REIAL JUAN CARLOS I
Palau de les Arts Reina Sofía
Hemisfèric
C. de Filipinas
Museo de las Ciencias Príncipe Felipe
Av. de Ausiàs March
Umbracle
Oceanogràfic
Puente de l'Assut de l'Or
Agora
NAZTARET
Cam. Canal
Carrera del Río
CV-500
V-30
Autovía
V-31
CASTELLAR L'OLIVERAL
VALÈNCIA
plan I
0
1,3 km
EL SALER
1
2
3

1

blancs au-dessus d'un agréable jardin-palmeraie, faisant figure de sculpture contemporaine en plein air. De cette promenade ombragée, on bénéficie d'une magnifique **vue** sur la Cité des Arts et des Sciences.

★ L'Hemisfèric C2

Av. Autopista del Saler, 1 - ✆ 902 100 031 - www.cac.es/hemisferic - ♿ - tte la journée à partir de 11h - 8,80 € (4-12 ans 6,85 €), entrée combinée avec l'Oceanogràfic et/ou le Museo de las Ciencias : *p. 131.*

Ce bâtiment futuriste en forme d'œil humain, qui symbolise l'ouverture sur le monde, fut le premier à être livré (en 1998). Situé au centre d'un bassin de 24 000 m², il héberge un **planétarium**, un **cinéma** pour des projections Omnimax, ainsi qu'un « **laserium** » proposant un spectacle audiovisuel, le tout bénéficiant d'un écran de 900 m².

★★ Musée des Sciences Prince Felipe

(Museo de las Ciencias Príncipe Felipe) C2

Entrée face à l'Hémisfèric - ✆ 902 100 031 - www.cac.es/museo - de déb. juil. à déb. sept. : 10h-21h (jusqu'à 19h de mi-avr. à fin juin, de déb. sept à mi-oct. et dernière sem. de déc. ; jusqu'à 18h de déb. janv. à mi-avr. et de mi-oct. au 20 déc.) - 8 € (4-12 ans 6,20 €), entrée combinée avec l'Hemisfèric et/ou l'Oceanogràfic : *p. 131.*

Derrière un immense bassin triangulaire aux eaux turquoise (on peut y « naviguer » à bord – ou plutôt à l'intérieur – d'énormes bulles transparentes, les Waterballs, comptez 5 € les 10mn) se dresse ce monumental édifice, qui accueille le plus grand musée interactif d'Europe. Ce centre permet d'expérimenter et d'aborder d'une manière agréable, le plus souvent ludique, le monde des sciences en suscitant la curiosité et l'intérêt du visiteur. Les thèmes abordés sont : la vie, le génome humain, la recherche spatiale, l'astronomie, le sport, les techniques du laser mais aussi l'eau, l'électricité et bien d'autres sujets.

Puente de l'Assut de l'Or C2

Donnant accès au périphérique sud de Valence, ce grand pont suspendu en forme de harpe blanche, réalisé par **Santiago Calatrava**, est d'une extrême élégance, bien que lui aussi controversé pour des questions de vibrations. Avec un tablier de 180 m de long, il atteint une hauteur de 120 m, ce qui en fait le plus haut édifice de la ville.

L'Ágora C2

Av. Autopista del Saler, 1 - www.cac.es/agora.

Tout aussi futuriste que les autres bâtiments, l'Ágora, dont la silhouette évoque celle d'un immense coquillage (80 m de haut), est quant à lui revêtu de *trencadís* d'un bleu soutenu. Inauguré lors de l'Open de tennis de Valence (2009), ce bâtiment, posé lui aussi sur un lac artificiel, peut contenir 6 000 spectateurs. Il a été conçu comme une « place couverte » susceptible d'accueillir concerts et manifestations de masse.

★★ L'Oceanogràfic C2-3

Av. Autopista del Saler, 1 - ✆ 902 100 031 - www.cac.es/oceanografic - ♿ - tte la journée à partir de 10h jusqu'à 18h, 19h, 20h ou 0h selon la sais. - 27,90 € (4-12 ans 21 €), entrée combinée avec l'Hemisfèric et/ou le Museo de las Ciencias : *p. 131.*

Le plus grand parc océanographique d'Europe est constitué de plusieurs bâtiments et espaces souterrains reliés les uns aux autres par des jardins, passerelles et tunnels. La visite vous fera découvrir la faune marine des principales zones climatiques de la planète : les climats méditerranéen *(visite guidée 10mn)*, tropical et tempéré (tortues et phoques gris à l'extérieur et magnifique tunnel-aquarium au niveau inférieur), les zones arctique (bélugas et morses), antarctique (pingouins) et océanique (tunnel-aquarium où évoluent

La Cité des Arts et des Sciences, réalisée par l'architecte valencien Santiago Calatrava.
G. Gioux / hemis.fr / ADAGP, Paris 2015

raies et requins), les zones humides, avec une grande volière sphérique habitée par des ibis rouges et des flamants roses. Chaque jour, le **delphinarium** présente plusieurs spectacles passionnants *(15-20mn)*, pendant lesquels dresseurs et dauphins montrent leur parfaite complicité. Bar, boutique et restaurant présents sur le site ménagent d'agréables pauses.

LE LONG DU RÍO

L'ancien cours du río Turia est traversé par plusieurs ponts comme le **puente de Aragón**, pont de pierre que l'on emprunte en voiture lorsque l'on arrive de Barcelone, ainsi que par trois passerelles piétonnes : le **puente del Mar** (construit de 1592 à 1596), le **puente de las Flores**, décoré de plantes ornementales et le **puente Calatrava** (**de la Exposición**, 1995), première réalisation de l'architecte dans sa ville natale, surnommé « puente de la Peineta » en raison de sa forme (la *peineta* est le petit peigne qui se place dans la mantille).

Musée des Fallas (Museu Fallero) plan I C2

Pl. Monteolivete, 4 - ✆ 963 525 478 - www.fallas.com - lun.-sam. 9h30-19h, dim. et j. fériés 9h30-15h - 2 € - gratuit w.-end et j. fériés.

Situé à proximité de la Cité des Arts et des Sciences, ce musée permet de mieux se familiariser avec le déroulement des *fallas*, les grandes fêtes populaires valenciennes, à travers d'anciens programmes, affiches, photographies, etc. L'essentiel des collections est constitué par les *ninots*, immenses mannequins en carton-pâte et grandes vedettes des *fallas*, destinés à être brûlés après le défilé. Chaque année, les figures les plus réussies sont en compétition, et l'une d'elles est choisie par un vote populaire pour échapper aux flammes. On retrouve dans le musée tous les *ninots indultats* (figures graciées) depuis 1934 (*p. 117*).

Parc Gulliver/Parque Gulliver C2

Sur l'ancien cours du Turia, entre la Ciudad de las Artes y las Ciencias et le Palau de la Música - ✆ 963 370 204 - juil.-août : 10h-14h, 17h-21h ; reste de l'année 10h-20h - gratuit.

C'est le paradis des enfants qui s'assimilent à des Lilliputiens en investissant cette immense structure représentant le géant Gulliver allongé sur le sol. Un parcours ludique entre toboggans et autres toiles d'araignées.

Palais de la Musique (Palau de la Música) C2

Paseo Alameda, 30.

Sans doute moins spectaculaire que les bâtiments de la Cité des Arts et des Sciences, cette salle de concerts, conçue en 1987 par l'architecte José María de Paredes, n'en est pas moins une remarquable réussite architecturale, notamment par son jeu sur la transparence (grande voûte en verre). Elle est en outre réputée pour son acoustique exceptionnelle.

Couvent de Santo Domingo plan II GH2

Pl. de Tetuán, 22.

Le portail classique de ce couvent, orné de saints dans leurs niches, aurait été dessiné par le roi Philippe II en personne. On pénètre dans un beau patio, puis dans la Capilla de los Reyes (chapelle des Rois), qui abrite un retable de la fin du 16e s. représentant une Vierge de l'Espérance, ainsi que des stalles sculptées de style plateresque.

Poursuivez dans les jardins jusqu'au Puente del Real, du 16e s.

★★ **Musée des Beaux-Arts Saint Pie V**

(Museo de Bellas Artes San Pío V) plan II G1

San Pío V, 9 (Ⓜ Pont de Fusta, ligne 4) - ✆ 963 870 300 - http://museobellasartes-valencia.gva.es - lun. 11h-17h, mar.-dim. 10h-19h - fermé 1er janv., Vend. saint, 25 déc. - gratuit.

Situé près des jardins del Real, ce musée des Beaux-Arts est installé dans un ancien séminaire (16e-17e s.). Il est surtout intéressant pour sa **collection de primitifs valenciens**★★. D'innombrables retables témoignent de la vitalité de l'école valencienne du 15e s. Parmi les artistes représentés, on relève les noms de Jacomart, **Reixach**, Osona le Vieux et Osona le Jeune. De très beaux retables sont l'œuvre d'artistes moins connus, tels celui de *San Martín* (Gonzalo Pérez) marqué par l'art flamand, ou celui de *Fray Bonifacio Ferrer* (anonyme). Le *Triptyque de la Passion* de l'atelier de Jérôme Bosch frappe par l'expression des visages. Le panneau central est une copie de *Los Improperios (Les Injures)* qui se trouve à l'Escurial (Communauté autonome de Madrid). Dans un style gothique plus international, on remarquera les réalisations de Gonçal Peris Sarrià, dont un retable et le curieux petit tableau biface de *L'Annonciation* et *La Véronique de la Vierge*.
La Renaissance se signale par les œuvres de **Vicente Macip** et **Juan de Juanes** *(Virgen del venerable Agnesio)*, **Yáñez de la Almedina** et **Fernando de Llanos**, dont les tableaux colorés reflètent le style de Léonard de Vinci. Au début du 17e s., Ribalta *(Saint François embrassant le crucifié)* introduisit en Espagne le ténébrisme, tendance qui culminera avec Ribera, présent dans le musée avec un impressionnant *Saint Sébastien*. Les grands noms du Siècle d'or espagnol – **Le Greco**, **Morales** et **Velázquez** – sont présents. Le 18e s. est notamment illustré avec les toiles de **Goya**, qui démontre sa maîtrise de l'art du portrait avec celui de son beau-frère *Francisco Bayeu*.
La peinture valencienne des 19e et 20e s. est bien représentée, avec des œuvres de **Joaquín Sorolla**, le père de l'impressionnisme espagnol, Pinazo et Muñoz Degrain. Plusieurs sculptures de **Mariano Benlliure** sont réparties dans tout le musée. Admirez également une belle collection de sujets en terre cuite, de la main d'Ignacio Vergara Gimeno.
Dans le **cloître** sont exposés quelques sculptures antiques ou médiévales, ainsi qu'un beau **sarcophage paléochrétien** de la fin du 4e s. et un **lion d'époque**

ibérique provenant probablement d'un monument funéraire du 4e s. On découvre avec plaisir le deuxième cloître – **patio Vich** – restauré avec audace.

Jardins del Real (Jardines del Real) plan II GH1
San Pío V, s/n - ouv. de 8h au coucher du soleil.
Il s'agit du plus grand parc de la capitale valencienne, également appelé « Viveros » (serres). Le joli **jardín de Monforte** se trouve tout près *(pl. de la Legión española - 10h30-20h)*, et offre une séduisante promenade au milieu des bassins et des statues italiennes en marbre.

Maison-musée José Benlliure (Casa-Museu José Benlliure) plan II F1
Blanquerias, 23 - ✆ 963 919 103 - de mi-mars à mi-oct. : tlj sf lun. 10h-14h, 15h-19h, dim. 10h-15h ; reste de l'année : tlj sf lun. 10h-14h, 15h-18h, dim. 10h-15h - 2 €, gratuit w.-end et j. fériés.
Peintre académique renommé, **José Benlliure** (1858-1937) fit aménager cette demeure bourgeoise vers 1880. La maison, qui a conservé une partie de son mobilier, abrite une exposition des œuvres de Pepino et Mariano Benlliure, respectivement frère et fils du maître. Au fond du luxuriant jardin s'élève l'atelier du peintre, tel qu'il le laissa à sa mort : collections éclectiques, peintures inachevées, pinceaux et couleurs, objets ayant servi de modèles.

1

Centro del Carmen plan II F1
Museo, 2, près de la pl. del Carmen - ✆ 963 152 024 - été : mar.-dim. 11h-14h, 17h-20h ; hiver : mar.-dim. 11h-19h.
L'ancien monastère des Carmes, qui avait abrité le musée des Beaux-Arts jusqu'à son transfert en 1946 dans ses locaux actuels, a été restauré et rénové. Ses deux cloîtres et ses diverses salles monastiques accueillent aujourd'hui expositions temporaires, installations et performances d'artistes.
Dans le très élégant **cloître gothique**, un mausolée en bronze et en marbre, élevé à la mémoire de Blasco Ibáñez, a été réalisé par Mariano Belliure. Le second cloître, à deux niveaux, est d'époque Renaissance.

★ **IVAM - Institut valencien d'art moderne** (Instituto Valenciano de Arte Moderno) plan II EF1
Guillem de Castro, 118 - ✆ 963 863 000 - www.ivam.es - ♿ - mar.-dim. 10h-19h - fermé lun., 1er janv., 25 déc. - 2 € (-12 ans et dim. gratuit).
Le **centre Julio González** est un vaste bâtiment consacré à l'art moderne et à l'art contemporain. Plus de 7 000 œuvres de grands artistes composent le fonds de ce musée, parmi lesquels Picabia, Robert et Sonia Delaunay, El Lissitzky. L'IVAM expose, de façon permanente, la quasi-totalité de la collection de **Julio González** (1876-1942, *rez-de-chaussée galerie n° 2*), un des principaux sculpteurs valenciens du 20e s. L'exposition présente les différentes périodes artistiques de ce peintre-sculpteur qui travailla principalement en France. Les œuvres de la fin de sa vie sont particulièrement émouvantes *(Tête de Montserrat criant)*.
L'œuvre d'**Ignacio Pinazo** (1849-1916), qui constitue une partie importante du fonds d'art moderne, n'est présentée que lors d'expositions temporaires. Elle met en évidence la transition de la peinture académique à la peinture moderne.
Au sous-sol, la **Sala de la Muralla** accueille des présentations thématiques éphémères organisées autour d'un vestige de l'ancienne muraille médiévale.

★ **Centro Valenciano de Cultura Mediterránea** plan II E1
Corona, 36 - ✆ 963 883 565 - tlj sf lun. 10h-20h (21h en été) - fermé 1er janv., 1er Mai, 25 déc.

Cet ancien couvent d'augustins, transformé en maison de charité en 1840, abrite un complexe culturel composé du **musée de la Préhistoire**, du **musée d'Ethnologie**, d'une bibliothèque et de la salle Parpalló, vouée aux expositions temporaires.

Musée de la Préhistoire de Valence (Museo de Prehistoria de Valencia) – *963 883 565 - www.museuprehistoriavalencia.es - mar.-dim. 10h-20h - 2 €.* Les produits des fouilles effectuées dans les plus importants gisements de la région, allant du paléolithique jusqu'à l'époque romaine, sont présentés de manière agréable et pédagogique. On y découvre notamment une reconstitution de fouilles archéologiques, les plaquettes de la grotte del Parpalló, les céramiques néolithiques et des salles consacrées à l'art ibère. Dans cette section, la statue en bronze du *Guerrier de Moixent* (4e s. av. J.-C.) et le *Tossal de Sant Miquel*, ou vase des Guerriers (3e-2e s. av. J.-C.), se révèlent particulièrement intéressants. La période de la romanisation est superbement illustrée par une statue en bronze à la cire perdue, l'**Apollon de Pinedo★**, découverte en mer en 1963.

Musée d'Ethnologie (Museo de Etnología) – Consacré à la diffusion de la culture valencienne, ce petit musée développe en quelques grands thèmes l'évolution de la ville et de ses habitants entre 1800 et 1940 : la ville, l'habitat, le travail urbain, la vie en communauté. Une belle scénographie et un choix d'objets judicieux présentent la mémoire matérielle et immatérielle de Valence.

Jardin botanique (Jardín Botánico) plan II E1

Quart, 80, à hauteur du Paseo de la Pechina - 963 156 800 - www.jardibotanic.org - avr.-sept. : tlj sf lun. 10h-21h ; oct.-mars : tlj sf lun. 10h-18h - 2,50 €.

Valence fut l'une des premières villes espagnoles à suivre la mode des jardins d'étude née au 16e s. en Italie. L'emplacement actuel de ce jardin date de 1802 et, en dépit d'une histoire agitée, notamment une longue décadence au 20e s., il constitue aujourd'hui à la fois un centre de recherche et un environnement instructif et agréable pour la promenade. À côté de la traditionnelle serre s'élève l'**umbráculo★**, qui abrite une végétation de sous-bois : cette très élégante structure en fer, reconstruite en 1990, permet d'atténuer la lumière directe du soleil. Toutes les collections botaniques sont réparties par famille : palmiers, orchidées, plantes aquatiques ou médicinales.

Parque de Cabecera

Ce vaste espace conclut l'aménagement del Río. C'est un endroit très agréable doté de lacs et de jardins thématiques, parmi lesquels un jardin méditerranéen.

Le Bioparc se situe dans le parque de Cabecera, mais pour y accéder, remontez sur l'avenida Pío Baroja.

★★ Bioparc plan I B2

Av. Pío Baroja, 3 - Ⓜ Nou d'Octubre, lignes 3 et 5 - 902 250 340 - www.bioparcvalencia.es - juil.-août : 10h-21h ; avr.-juin : 10h-20h ; sept. : 10h-19h ; oct.-mars : 10h-18h (sf w.-end de mars et oct. : fermeture à 19h) - 23,80 € (4-12 ans 18 €).

Ce superbe parc animalier s'étend sur 100 000 m² dans le **parc de Cabecera**, à l'ouest de la ville. Le concept du lieu est de faire découvrir aux visiteurs les animaux en quasi liberté, dans le respect de leur environnement (on y trouve notamment la reconstitution de quatre écosystèmes africains, la savane, les terres lacustres, la forêt équatoriale et Madagascar). Découvrez les léopards, les lions, les girafes, les éléphants, les gorilles, les hippopotames ou encore les loutres dans de grands espaces appropriés à leur besoin. Une projection *(env. 20mn)* révèle la façon impressionnante dont a été construit le parc.

★ **Musée d'Histoire de Valence** (Museu de Historia de Valencia) plan I B2

Valencia, 42, à côté du parc de Cabecera - ✆ 963 701 105 - www.valencia.es/mhv - mar.-sam. 9h30-19h, dim. et j. fériés 9h30-15h - 2 € (7-12 ans 1 €), w.end et j. fériés gratuit.

Le musée se situe dans une ancienne citerne du 19e s. (1850) ayant servi à l'approvisionnement en eau de la ville. Les **salles voûtées** conservent un certain charme. Il présente l'histoire de Valence de l'époque romaine à nos jours, à l'aide de documents photographiques, peintures et gravures.

Plus au nord se trouve le quartier des affaires, autour du palais des Congrès.

★ **Palais des Congrès** (Palau de Congressos/Palacio de Congresos) plan I B1

Av. de les Cortes Valencianes, 60 - www.palcongres-vlc.com - ✆ 963 179 400 - Ⓜ Palau de Congressos (ligne 4).

Les amateurs d'architecture contemporaine se doivent d'aller admirer ce palais des Congrès, d'une élégance empreinte de légèreté, dessiné par **sir Norman Foster** en 1998. Par son toit incurvé en forme de losange prolongé d'un auvent évoquant une proue de navire, le bâtiment s'inscrit en dominante d'un quartier en pleine rénovation. Utilisé pour des conférences internationales, des salons et des spectacles de prestige, le palais devrait bientôt être agrandi grâce à un second bâtiment, identique, conçu par le même architecte.

1

À voir aussi Plans de ville

Musée du Siècle des Lumières et de la Modernité - MuVIM
(Museo Valenciano de la Illustración y la Modernidad - MuVIM) plan II F2-3

Quevedo, 10 et Guillén de Castro, 8 - ✆ 963 883 730 - mar.-sam. 10h-14h, 16h-20h, dim. et j. fériés 10h-20h - visite scénarisée, sur réserv. à l'office de tourisme.

Le beau bâtiment moderne (2001) de l'architecte Guillermo Vázquez Consuegra sert de cadre à de nombreuses expositions artistiques. On peut aussi y suivre un curieux parcours, guidé et mis en scène, s'intitulant « L'Aventure de la pensée », qui retrace cinq siècles d'histoire intellectuelle et sociale en Europe.

★ **Quartier de Russafa** (Barrio de Ruzafa) plan I C2

Ce quartier, devenu très à la mode, est né d'un jardin d'agrément aménagé aux 11e et 13e s. par les souverains musulmans, avant de devenir un faubourg agricole de la ville. Lors de la démolition des remparts en 1877, Russafa fut rattaché à Valence et intégré dans le plan d'urbanisme de l'Ensanche. Les rues au tracé fantaisiste de l'ancien village furent remplacées par des artères rectilignes. Ce quartier ouvrier connut cependant une effervescence comparable à celle d'aujourd'hui dans les années 1930, sous l'influence des nombreux anarchistes qui en avaient fait leur quartier général : théâtres, salles d'exposition, revues littéraires et cafés y pullulaient. Après la guerre civile, il entra dans une longue décadence, tout en demeurant un lieu animé par une « vie de rue » très active, même si sa réputation pâtit injustement de la présence de nombreux immigrés dans les années 1980.

Centré autour de son **marché** (sans intérêt architectural, mais considéré comme le meilleur de la ville) et de son église baroque **San Valero**, c'est aujourd'hui un quartier très agréable. Il fait bon se promener le long de ses rues en voie de piétonnisation, bordées d'immeubles de quatre étages aux façades colorées, vaguement inspirés par le modernisme et l'Art déco, et dotées de motifs ornementaux en stuc et de balcons aux ferronneries ouvragées. C'est surtout en fin d'après-midi et en soirée qu'il faut s'y rendre lorsque commerces alternatifs, bars branchés ou plus traditionnels, librairies-cafés, ateliers d'artistes et de designers, friperies, restaurants de toutes obédiences et autres cafés-théâtres attirent une foule jeune, bohème et cosmopolite jusqu'aux petites heures du matin.

Le quartier maritime (Poblats Maritims) Plan de ville I D1-2

Depuis le centre, prenez à la station Xàtiva la ligne 5 (verte) du métro jusqu'à la station Marina Reial Joan Carles I. Vous pouvez également prendre, sur la plaza del Ayuntamiento, les bus 22, 23 et 26 qui desservent la plage de la Malvarrosa.

Paseo Neptuno, 2 - de mi-juin à mi-sept. : lun.-sam. 10h-17h, dim. et j. fériés 10h-14h.

Comptez 2h.

Rénové depuis que Valence fut choisie pour accueillir l'America's Cup en 2007 *(voir encadré ci-contre)*, ce quartier est desservi par le métro et le tramway, ce qui facilite l'accès des Valenciens à leurs plages. On peut bien entendu y prendre un bain, déguster un plat de riz dans l'un des nombreux établissements qui bordent les plages, et visiter plusieurs musées. Bref, de quoi occuper une bonne journée.

Port plan I D2

Ⓜ Marina Reial Joan Carles I (ligne 5).

Le port s'est vu totalement transformé par la construction d'une digue et le percement d'un nouveau chenal vers la mer. De son passé industriel subsistent une grue classée et la **gare maritime** *(antigua estación marítima)*, que l'on reconnaît aisément à sa tour de l'Horloge. Édifiée en 1914 par l'ingénieur Federico Gómez de Membrillera, elle fait appel à un style clairement néo-classique. Du même architecte, les **entrepôts** *(tinglados)* adoptent un style moderniste nettement plus marqué, notamment par l'emploi de plaques de céramique apportant une polychromie séduisante. Les pilastres, terminés par des triglyphes propres au style de la Sécession, présentent des éléments décoratifs qui rappellent la fonction de ces édifices (tritons et trophées mécaniques – roue dentée, compas).

L'ancien port de commerce s'est quant à lui métamorphosé en quelques années en la moderne **Marina Real Juan Carlos I**, vouée à la navigation de plaisance. Là, se dresse depuis 2006, le pavillon de l'America's Cup, érigé par l'architecte anglais David Chipperfield. Le bâtiment, appelé « **Veles e Vents** » (en hommage aux vers du poète valencien Ausiàs March), présente une silhouette légère, superposition de quatre grands plateaux assemblés en léger décalage. Il abrite des équipements touristiques et un espace-belvédère, idéalement situé face à la mer *(mar.-vend. 10h30-18h30, dim. 10h30-15h - gratuit)*.Le nouveau **Marina Beach Club** comprendra, à l'été 2015, un restaurant (ouvert toute l'année), une piscine, une terrasse et des transats sur la plage (mars-oct.).

Musée de l'Arsenal royal (Museu de les Drassanes) plan I D2

Pl. Juan Antonio Belliure - Ⓜ Grau-Canyamelar, puis longez, face au port, la calle Dr Juan José Domine et prenez à droite l'av. del Puerto, puis immédiatement à droite jusqu'à une petite place - ✆ 963 527 478 - de mi-mars à mi-oct. : tlj sf lun. 10h-14h, 15h-19h, dim. et j. fériés 10h-15h ; reste de l'année : tlj sf lun. 10h-14h, 15h-18h, dim. et j. fériés 10h-15h - 2 €, sam. 1 €, gratuit dim. et j. fériés.

Construits au 14e s., alors que Valence connaissait un fort développement de son activité commerciale maritime (exportation de soie et de céramique notamment), ces bâtiments réhabilités sont aujourd'hui utilisés comme salles

L'AMERICA'S CUP

L'America's Cup trouve ses origines dans un défi lancé en 1851 par les Britanniques aux Américains, autour de l'île de Wight. Cette année-là, il fut remporté par les Américains, qui vont conserver la Coupe jusqu'en 1983. Les régates se courent en duel, et les règles sont toujours imposées par le vainqueur de la Coupe précédente, le *defender*. Remporté en 2003 par l'équipe suisse Alinghi, le trophée fut remis en jeu en 2007. La Suisse ne disposant pas de côtes maritimes, un concours fut lancé pour choisir le lieu d'accueil de la 32e America's Cup. Valence l'emporta, contre des villes concurrentes telles Barcelone ou Marseille, engageant en quelques années une profonde réorganisation de son quartier portuaire et de ses infrastructures d'accueil.

d'expositions temporaires. L'intérêt principal réside dans l'édifice même, qui se compose de cinq nefs parallèles en brique, couvertes de toitures à deux pentes soutenues par de grands arcs brisés.

Les plages plan I D1-2

Du port et de la plaza del Grau, la calle del Doctor Marcos Sopana mène **Paseo Neptuno**, qui longe la **plage de Las Arenas** (ou de Levante) et aligne des hôtels, des bars et de nombreux restaurants, lieux de rendez-vous des Valenciens aux beaux jours.
Plus au nord s'étend la longue et belle **plage de Malvarrosa**, bordée par le **Paseo Marítimo**, promenade très prisée des Valenciens venus chercher la fraîcheur en fin de journée. Là aussi, restaurants de plage, bars et glaciers, tous d'architecture identique (qui doit être revue pour 2015), attirent une nombreuse clientèle.
En retrait, le long de la calle Isabel Villena, subsistent des villas datant pour certaines des premières décennies du 20e s.

Musée du Riz (Museo del Arroz) et Musée de la Semaine sainte du quartier des pêcheurs (Museo de la Semana Santa Marinera) plan I D2 (M)

Rosario, 1 et 3 (au coin de la calle F. Cubells) - Ⓜ Grau, puis par la calle Francisco/Francesc Cubells - ✆ 963 525 478 - www.museoarrozvalencia.com - de mi-mars à mi-oct. : mar.-sam. 9h30-14h, 15h-19h, dim. et j. fériés 10h-15h ; reste de l'année : mar.-sam. 9h30-14h, 15h-18h, dim. et j. fériés 10h-15h - 2 €, sam. 1 €, gratuit dim. et j. fériés.

Aménagé dans un moulin à riz en activité jusqu'en 1970 (El Molí de Serra), le **musée du Riz** (dont le seul défaut est de ne pas proposer des explications en français) présente l'histoire du riz et de l'industrie rizicole valencienne, en insistant notamment sur les aspects économiques et sociaux. Un document audiovisuel introduit la visite, qui se poursuit par la découverte, sur trois niveaux (reliés par un ascenseur), de la machinerie, en état de fonctionnement, permettant de transformer le riz brut (ou « rouge ») en denrée comestible. Dans le même bâtiment, le **musée de la Semaine sainte du quartier des pêcheurs** présente étendards, costumes, sculptures et chars utilisés lors des processions.

Maison-musée Blasco Ibáñez (Casa-Museo Blasco Ibáñez) plan I D2

Isabel Villena, 156 - ✆ 963 525 478 - http://casamuseoblascoibanez.com - de mi-mars à mi-oct. : mar.-sam. 10h-14h, 15h-19h, dim. et j. fériés 10h-15h ; reste de l'année : mar.-sam. 10h-14h, 15h-18h, dim. et j. fériés 10h-15h - 2 €, sam. 1 €, gratuit dim. et j. fériés.

UN PERSONNAGE TRUCULENT

Né dans une famille d'origine aragonaise, **Vicente Blasco Ibáñez** (1867-1928) était le fils d'un épicier établi près du marché central. Il commença comme « nègre » d'un auteur de feuilletons madrilène avant d'entamer une fulgurante carrière littéraire, multipliant les best-sellers souvent adaptés au cinéma par Hollywood avec les stars de l'époque, comme *Les Quatre Cavaliers de l'Apocalypse*. Mais ce noceur invétéré et séducteur impénitent, impliqué dans plusieurs duels, ne se limita pas à la carrière d'écrivain. Il créa un journal, *Pueblo*, où ses prises de position virulentes lui valurent quelques ennuis avec les autorités et, plusieurs fois, de rocambolesques fuites à l'étranger. Affairiste, il ruina des dizaines de Valenciens dans un projet de colonisation agraire en Argentine. Cela ne nuisit pas à son étonnante popularité et, lorsque son corps fut ramené à Valence en 1933 (il était mort en exil à Menton), une foule immense suivit son cercueil. Ses collègues écrivains, en revanche, sans doute jaloux de son succès, étaient plus réservés. On dit que lorsque Ramón del Valle-Inclán apprit sa mort, il s'écria : « Pura publicidad ! » *(pure publicité).*

Au bout de la plage de la Malvarrosa, la maison de l'écrivain **Vicente Blasco Ibáñez** (1867-1928) renferme des souvenirs (photos, mobilier, coupures de presse), des objets personnels et des éditions des romans du grand auteur valencien ; auteur d'œuvres *(La Barraca, Entre Naranjos)* qui décrivent la vie quotidienne dans la *huerta* de Valence, il connut surtout le succès international avec les romans *Les Quatre Cavaliers de l'Apocalypse* et *Sangre y Arena (Arènes sanglantes)* d'ambiance tauromachique, maintes fois porté à l'écran.
La maison est un intéressant exemple d'architecture bourgeoise balnéaire du début du 20e s., dotée d'une étonnante loggia néogrecque à cariatides.

Aux alentours Plan de ville I

LES CENTRES DE CÉRAMIQUE

Les lieux de production sont situés en périphérie de Valence.

Manises Plan I A2 en dir.

Accessible par l'A 3 puis par une petite route à droite, mais aussi par le métro, lignes 3 et 5, dir. Aéroport, station Manises.
Cette cité n'abrite pas seulement l'aéroport, mais aussi une manufacture qui connut son heure de gloire après la Reconquête. La production locale peut être admirée au **musée de la Céramique** *(Sagrario, près de l'hôtel de ville - ☏ 951 521 044 - mar.-sam. 10h-13h, 16h-19h, dim. et j. fériés 11h-14h)* qui conserve 5 000 pièces du 15e au 20e s. On y verra également une cuisine valencienne typique produite par les ateliers de José Gimeno Martínez (1888-1967), ainsi que des créations contemporaines d'**Alfonso Blat** (1904-1970) et d'**Arcadi Blasco** (1928-2013).

Paterna plan I A1

Accessible par la V 30 ou via le métro, ligne 1, dir. Llíria.
Le **musée de la Céramique** est installé dans l'ancienne mairie *(Pl. del Pueblo, s/n - ☏ 951 379 657 - mar.-sam. 10h-14h, 17h-20h30 - gratuit).*

Tavernes Blanques plan I C1

À 4 km du centre, prenez la CV 300 vers Almassora.

La célèbre **maison Lladró** a ouvert à la visite sa Ciudad de la Porcelana. On y découvre des pièces créées par cette maison fondée en 1953 ; on peut assister au processus de fabrication et voir également une collection privée de peintures *(✆ 902 211 010 - lun.-vend. 9h30-17h, sam. 9h30-13h ; août : lun.-sam. 9h30-13h30 - gratuit)*.

Circuits conseillés Carte de région

LA CÔTE SUD B2-3

Circuit de 40 km tracé en vert sur la carte de région (p. 110-111). Comptez une demi-journée. Sortez de Valence en direction du sud par la route de la côte (CV 500).

El Saler B2

Cette localité possède une belle plage de sable située dans une zone de pinèdes.

★ Parc naturel de l'Albufera (Parque Natural de l'Albufera) B2-B3

À 20 km au sud de Valence par la CV 500, puis prenez la direction El Palmar. Accès depuis Valence par le « Metrobus » 190. Le Centre d'interprétation se trouve immédiatement sur la gauche. Carretera del Palmar - ✆ 961 627 345 - 9h-14h.

La vaste lagune de l'Albufera (nom arabe qui signifie « la petite mer »), désormais protégée dans le cadre d'un parc naturel de 21 000 ha, est séparée de la Méditerranée par un cordon littoral, la Dehesa. Depuis le 13e s., elle est exploitée en rizières et zone de pêche. Ses anguilles composent un des menus très typiques que l'on peut déguster dans les petits restaurants d'El Palmar, à moins qu'on ne leur préfère la célèbre paella.

Sur la route menant à El Palmar, on découvre l'habitat traditionnel, composé de petites maisons aux murs blanchis et aux toits couverts de roseaux, les *barracas*. À El Palmar, vous pourrez visiter certaines de ces maisons et faire une promenade en barque traditionnelle *(albuferenc)* sur le lac et les canaux. Le Centre d'interprétation est situé à l'emplacement d'un ancien hippodrome. Des sentiers aménagés permettent de se promener au bord des espaces humides et une tour d'observation offre une jolie vue sur le paysage lagunaire. Dans les anciennes écuries, un musée présente les caractéristiques de ce milieu naturel protégé : faune, flore, agriculture et géologie.

Continuez par la CV 500.

Cullera B3

Cette importante station balnéaire, située à l'embouchure du Júcar/Xúquer et au pied du Monte de Oro (mont d'Or), est réputée pour ses 10 km de belles plages, bordées néanmoins d'une suite d'immeubles et d'hôtels. La baie est délimitée au nord par le phare de Cullera. La ville conserve les ruines d'un château du 13e s., d'où l'on bénéficie d'une très jolie vue.

AU PAYS DU VIN AB2

Circuit de 67 km de Valence à Utiel, tracé en rouge sur la carte de région (p. 110-111). Comptez une journée.

Ce trajet emprunte l'A 3 qui relie la Meseta (haut-plateau) castillane à la Méditerranée. Au-delà de Bunyol, le paysage montagneux devient très castillan.

Bunyol/Buñol B2

Mondialement connue pour sa fameuse *tomatina* (*encadré page suivante*), cette petite ville industrielle (papier, ciment) a conservé un château, assez

1

LA TOMATINA DE BUNYOL
Les fêtards espagnols ne manquent pas d'imagination, comme en témoigne Bunyol : chaque dernier mercredi d'août à partir de 11h, un combat à coups de tomates bien mûres fait rage, pour le plus grand plaisir des blanchisseuses ! La bataille finit par un bain collectif dans le Río.

dégradé, dans lequel plusieurs maisons ont été construites (et sont toujours habitées).Selon la tradition, François Ier, fait prisonnier en 1524 après la bataille de Pavie, y aurait séjourné une nuit lors de son transfert à Madrid.
Poursuivez sur l'A3, puis prenez la NIII jusqu'à Requena.

Requena A2

García Montes, s/n - ✆ 962 3023 851 - mar.-jeu. 10h-14h, w.-end 10h-14h, 16h-19h.
Un très joli quartier ancien, le **barrio de la Villa,** aux maisons blanchies à la chaux, justifie largement un arrêt dans cette ville, connue pour ses vins (Dénomination d'origine Utiel-Requena). Le vieux Requena a conservé une partie de ses remparts, un **donjon** *(torre del Homanaje)* reconstruit après la Reconquête et, tout en haut, une **forteresse** *(fortaleza)* de style mudéjar. Dans les ruelles, on apercevra nombre de demeures seigneuriales aux façades arborant des blasons.

Iglesia de Santa María – Du 15e s., elle présente une façade de style gothique fleuri isabélin avec trois archivoltes sculptées d'anges et de petits personnages.

Iglesia arciprestal del Salvador – Construite entre 1380 et 1533, elle possède un superbe portail sculpté de style gothique isabélin.

Grottes (Cuevas) – *Pl. de Albornoz - tlj sf lun. - 4 à 7 visites guidées/j., s'adresser à l'OT - 4 €.* Utilisées depuis le Moyen Âge comme entrepôts à grains ou caves à vin, elles forment un vrai labyrinthe sous la ville. Leur visite permet d'effectuer une plongée dans un monde insolite et de parcourir l'ancien ossuaire de l'église du Salvador.

Palacete del Cid – *Cuesta del Ángel - ✆ 962 1303 052 - été : 17h30-20h30 ; hiver : mar.-sam. 16h30-19h30 - 2 €.* Cette demeure gothique élevée au 15e s. se situe sur les lieux où le Cid aurait rencontré en 1089 Alphonse VI de Castille. Celui-ci aurait engagé le héros à donner ses filles en mariage aux infants de Carrión. Mais ces derniers se révélèrent être des lâches et violentaient leurs femmes, ce qui obligea le Cid à intervenir. Voilà ce que relate un passage du poème épique *El Cantar de mío Cid.* Le palais abrite aujourd'hui un **musée du Vin** qui, outre des outils et panneaux didactiques, présente une « machine à musique » insolite car réalisée à partir d'instruments agricoles.

Musée d'Art contemporain Florencio de la Fuente – *Somera, 13 - ✆ 962 3032 281 - mar.-dim. 11h-14h - 2 €.* Œuvres de Miró, Dalí et Tàpies entre autres.
Reprenez l'A3, Utiel se trouve 14 km plus loin.

Utiel A2

Important nœud de communication routière et ferroviaire, Utiel est avant tout connue pour son vin… et pour ses *fallas*, qu'elle célèbre en même temps que Valence autour de la St-Joseph (19 mars).

Comme à Requena, le sous-sol de la ville est percé de tunnels et autres caves *(bodegas).* L'une d'entre elles, la bodega Redonda *(Sevilla, 12 - ✆ 962 171 062),* de forme circulaire comme son nom l'indique, abrite un intéressant **musée de la Vigne et du Vin de la Communauté valencienne** où l'on découvrira l'histoire et l'élaboration des vins de la DO Utiel-Requena.

L'ancien **quartier musulman** a conservé son tracé d'origine avec ses ruelles tortueuses, certaines se terminant en cul-de-sac. D'un plan plus régulier, la ville chrétienne est resserrée autour de la plaza de la Villa. On y voit de nobles palais comme la **Casa de Cadena** *(Santa María, 17)*, construite au 16e s., où la famille des Córdova reçut plusieurs rois d'Espagne : largement remaniée, c'est depuis le milieu du 19e s. le siège du café-salón Pérez, une institution locale. On s'attardera devant l'**église Notre-Dame de l'Ascension**, d'une taille qui peut paraître colossale : elle serait aussi large que la cathédrale de Valence ! L'édifice fut construit entre 1524 et 1528 dans un style gothique méditerranéen très sobre, animé par des ajouts postérieurs plus exubérants (façade, portails et clocher).
En dehors de la vieille ville, la **plaza de Toros La Utielana** *(av. Dos de Mayo)*, elle aussi démesurée, a été inaugurée en 1858. Sa particularité : une toiture, protégeant une partie des gradins du soleil, est soutenue par d'élégantes colonnes de fer aux chapiteaux ioniens.

NOS ADRESSES À VALENCE

INFORMATIONS UTILES

Service d'urgence – *✆ 112.*
Police – *✆ 091/092.*
Pharmacies de garde – *✆ 900 500 952.*
Poste – *Pl. del Ayuntamiento, 24 - ✆ 963 512 370 - lun.-vend. 8h30-20h30, sam. 9h30-14h.*

TRANSPORTS

Avion

Aéroport international de Valence-Manises – *8 km à l'ouest du centre-ville - ✆ 961 598 500.* Comptez env. 15 € en taxi. Bus (service Aero-bus) toutes les 20mn, 6h-22h. Métro, lignes 3 et 5, 6h-22h.

Train (Gares ferroviaires)

Estación del Norte – *Xàtiva, 24 - Ⓜ Xàtiva, lignes 3 et 5 - ✆ 902 240 202.* Trains pour Barcelone-Sants, Alicante, Murcie et *cercanías* pour les environs de Valence.
Estación AVE Joaquín Sorolla – *San Vicente Mártir, 171 - Ⓜ Joaquín Sorolla-Jesús, lignes 1 et 5, dir. Torrent.* Structure d'accueil provisoire des trains AVE et de certains trains longs trajets. Navette entre les 2 gares toutes les 20mn (sur présentation du billet de train).
Les 2 gares ferroviaires actuelles devraient être remplacées à l'avenir par la gare souterraine **Valéncia Parc Central**, conçue par l'architecte César Portela dans le cadre d'un gigantesque projet d'urbanisme.

Transports urbains

Métro et tramway – *www.metrovalencia.com - billet simple 1,50 € sans corresp. (AR 2,90 €).* 5 lignes de métro (voir plan p. 114). La ligne 2 (tramway, en projet) permettra de rejoindre la Cité des Arts et des Sciences.
Métro et bus – *www.emtvalencia.com - billet simple 1,50 € sans correspondance.* Depuis la pl. del Ayuntamiento, le n° 35 permet de gagner la Cité des Arts et des Sciences, et le n° 32 la plage de Malvarrosa. Abonnements de 1, 2 ou 3 jours : trajets illimité *(T1 : 4 € ; T2 : 6,70 € ; T3 : 9,70 €)*, en bus et en métro (zone A seulement pour ce dernier) à se procurer dans les kiosques à journaux et bureaux de tabac *(estancos)*.
La **Valencia Tourist Card**, valable 24h (15 €), 48h (20 €) ou 72h (25 €), permet de voyager sans

limitation dans les transports publics (y compris vers l'aéroport), et propose des réductions dans certains musées, boutiques, restaurants et autres lieux de loisirs de la ville.

Taxis – **Radio Taxi** *(✆ 963 703 333)* ; **Tele Taxi** *(✆ 963 571 313).* Taxis à toute heure sur la plaza del Ayuntamiento.

Location de voitures

À la gare ferroviaire *(Estación Joaquín Sorolla) :*
Avis – *✆ 963 525 200 ;*
Europcar – *✆ 963 519 055.*

Locations de vélos

Le vélo est idéal pour se promener dans les petites rues du quartier historique ou dans les jardins du Turia. Bon réseau de voies cyclables sur les grandes avenues.

Do you bike – *Pl. Horno de San Nicolás (El Carmen) - ✆ 963 155 551 et 653 771 135 - 10h-14h, 17h-20h.*

Valencia Bikes – *Tapinería, 13 - (enseigne El Rey de las Telas de l'hôtel Ding Dong Telas ci-contre) www.valenciabikes.com.* Autres points de location : à la Cité des Arts et des Sciences, près du pont de l'Assut de l'Or et paseo Pechina, 32 près du Jardin botanique.

HÉBERGEMENT

Ciutat Vella plan II

PREMIER PRIX

Hostal Venecia – F2 - *Pl. del Ayuntamiento (entrée par la calle En Llop, 5) - ✆ 963 524 267 - www.hotelvenecia.com - ▤ ♿ - 62 ch. 50/58 € - ☕ 4,90 €.* Cet édifice classique à la façade ornée de balcons donne sur la plaza del Ayuntamiento. Les chambres sont très bien équipées. Les étages supérieurs disposent de quelques appartements. Lumineuse, la salle du petit-déjeuner offre de magnifiques vues.

Hilux Hostel – F1 - *Cadirers, 11 - ✆ 963 914 691 - www.feetuphostels.com - 10 ch. à partir de 50 € ☕.* Cet hôtel hors normes est installé dans un ancien appartement. Les chambres, impeccables et simples, sont toutes décorées sur un thème différent. Les hôtes se partagent les 3 salles de bains de l'appartement et la cuisine pour le petit-déjeuner.

Sweet Hotel Continental – G2 - *Correos, 8 - ✆ 963 535 282 - www.sweethotelcontinental.com - 46 ch. 49/60 € - ☕ 6 €.* À deux pas de la plaza del Ayuntamiento, cet établissement propose des chambres confortables. Certaines salles de bains sont toutefois un peu exiguës. Accueil sympathique.

Hostal Antigua Morellana – F2 - *En Bou, 2 - ✆ 963 915 773 - www.hostalam.com - ▤ - 18 ch. (dbles seult) 55/65 € (75 € pdt les fallas).* À deux pas de la Lonja et du marché central, cet hôtel familial se distingue par son accueil chaleureux. Les chambres, claires et confortables, offrent de belles vues sur les venelles (un peu bruyantes) du quartier.

BUDGET MOYEN

Petit Palace Bristol – G2 - *L'Abadía de San Martín, 3 - ✆ 963 943 850 - www.hthoteles.com - 43 ch. 60/110 €.* Installé dans un immeuble du 19e s., cet hôtel est idéalement situé dans le centre historique. Décor moderne et raffiné dans toutes les chambres, dont certaines bénéficient d'une terrasse donnant sur le palais du marquis de Dos Aguas.

Hotel Alkazar – G3 - *Mosén Femades, 1 - ✆ 963 515 551 - www.hotelalkazar.es - 17 ch. 65/85 € - ☕ 5 €.* Bien situé, ce petit hôtel dispose de chambres très simples mais confortables.

Ding Dong Palacete – FG2 - *Embajador Vich, 5 - ✆ 963 155 042 - www.dingdongpalacete.com - 23 ch. 64/76,80 €.* Dans une rue tranquille, un hôtel design aux chambres sobres et fonctionnelles, certaines dotées de terrasses, et toutes de larges lits (certains circulaires). Pour la réception, il faut se rendre au **Ding Dong Telas** *(Tapinería, 13, installé dans l'ancienne boutique El Rey de las Telas - 18 ch. 42/63 €).* Autre adresse, le **Ding Dong Nuns**, aménagé dans un vieux couvent, derrière le Mercado Central *(Monje, 4 - 21 ch. 58/60 €).*

Hotel SH Inglés – G2 - *Marqués de Dosaïgues, 6 - ✆ 963 516 426 - www.inglesboutique.com - 63 ch. 70/90 € - ☕ 8,50 €.* Face au portail du palais du marquis de Dos Aguas, cet établissement installé dans un palais du 18e s. propose de grandes chambres élégantes et bien équipées. Certaines offrent une vue éblouissante sur la façade du palais. Restaurant de qualité et bar avec terrasse face au palais.

Lotelito Rooms & Bar – G2 - *Virrués, 6 (au coin de la calle Barcas) - ✆ 962 067 851 - www.lotelito.com - 5 ch. à partir de 80 €.* Superbement situé, ce petit hôtel propose des chambres de dimensions très diverses (celle de l'attique est la plus agréable), toutes équipées d'une kitchenette.

POUR SE FAIRE PLAISIR

Hotel Mediterráneo – F2 - *Av. Barón de Cárcer, 45 - ✆ 963 510 142 - www.hotel-mediterraneo.es - 34 ch. 50/200 € - ☕ 8 €.* Un hôtel de style classique, aux chambres modernes et confortables. Situation remarquable.

Hotel Sorolla Centro – G3 - *Convento Santa Clara, 5, au coin de la calle Ribera - ✆ 963 523 392 - www.hotelsorollacentro.com - 58 ch. 72/227 € - ☕ 13 €.* Superbement bien situé à deux pas des arènes et de la gare du Nord, cet hôtel, rénové dans un style très minimaliste, propose des chambres confortables et sobres, bien insonorisées ; celles donnant sur la rue disposent d'un balcon. La salle du petit-déjeuner, au premier, est lumineuse grâce à une grande baie vitrée. Accueil très aimable.

Hotel Reina Victoria – G2 - *Barcas, 4 - ✆ 963 520 487 - www.husa.es - ▤ - 95 ch. 95/130 € - ☕ 19 € - rest. (fermé en août) 19/45 €.* L'hôtel mérite le détour, ne serait-ce que pour admirer sa superbe façade baroque en pierre blanche. L'intérieur est à la hauteur des espérances : un charmant vestibule tout en marbre décoré de miroirs, un bar anglais et des chambres de style rococo mais modernisées.

Quartier maritime plan I

UNE FOLIE

Hotel Neptuno – D2 - *Paseo de Neptuno, 2 - ✆ 963 560 430 - www.hotelneptunovalencia.com - 50 ch. 138/273 € ☕ - rest. (El Tridente) 15/39,50 €.* Face à la plage du Levant, un hôtel au style résolument contemporain. Idéal pour alterner baignades et visites grâce au tramway et au métro qui relient la plage au centre historique.

RESTAURATION

Nombre de restaurants se concentrent dans la carrer Cavallers/calle Caballeros et dans les rues avoisinantes du quartier d'El Carmen. On trouve également de très agréables terrasses sur la plaza de la Reina et dans le quartier des plages, notamment le long du Paseo Neptuno.

1

Ciutat Vella plan II

PREMIER PRIX

Bar El Pilar – F1 - *Moro Zeit, 13, au coin de la pl. Tossal - ✆ 963 910 497 - tlj sf merc. 12h-0h - 8,50/15,50 €.* Fondé en 1917, et appelé parfois « la Pilareta », c'est l'un des bars à tapas historiques de la ville. Arrêtez-vous pour goûter (de préférence au bar parce que le lieu est minuscule) sa spécialité : les *clòtxines* (moules) à la vapeur, dont on jette les coquilles dans des seaux posés sur le sol.

Tasca Ángel – F2 - *Púrísima, 1 (accolé à la pl. Ibáñez) - ✆ 963 917 835 - lun.-sam. 10h-15h, 19h-23h - 10/25 €.* Fondée en 1946, cette *tasca* est devenue un lieu légendaire où les amateurs de sardines *a la plancha*, simplement assaisonnées d'ail et de persil, se pressent au comptoir. Les lieux proposent bien sûr d'autres tapas. Excellent choix de vins.

Taberna El Clot – F2 - *Pl. Redonda, 1 - ✆ 963 918 123 - 10h-13h, 16h-0h - tapas froides 2,50/10,80 €, chaudes 5,80/9,40 €.* Pour ses quelques tables, cette taverne, nichée sous les arcades de la plaza Redonda, propose d'excellentes paellas et de succulentes tapas. Goûtez les délicieuses saucisses ! Vous pourrez aussi vous laisser tenter par des *pepitos valencianos,* mini sandwichs de pain tendre fourrés de denrées diverses. Le lieu sert également un petit-déjeuner (2/2,80 €).

Orio – F2 - *San Vicente Mártir - ✆ 963 511 922 -* pintxos *3/5 € l'unité, menus à partir de 25 €.* On fréquentera d'abord ce lieu pour la partie taverne où de délicieux *pintxos* (que l'on peut accompagner d'un verre de cidre) témoignent de la richesse de la gastronomie basque. Le restaurant (2 salles) propose quant à lui des plats typiques, essentiellement axés sur les produits de la mer.

El Balconcillo – F2 - *San Fernando, 4 - ✆ 963 155 235 - www.elbalconcillo.es - menu du jour 11,50 €, carte 15/20 €.* À deux pas du Mercado Central comme de la cathédrale, une toute petite salle (agrandie aux beaux jours de quelques tables dans la rue). Accueil chaleureux et cuisine sans prétention mais goûteuse. Avis aux amateurs : le *salmorejo* cordouan est réussi. Carte des vins mettant en valeur les crus locaux.

Taberna Jamón Jamón – F1 - *Bolsería, 36 - ✆ 996 3925 877 - menu dégustation 8 €.* Tapas et *pintxos* que l'on peut déguster à table sont au menu. Certains sont assez originaux (jambon, *salmorejo* cordouan et poireaux par exemple). Service agréable et bon rapport qualité-prix.

Gastro Taberna Bisbe – G1 - *Pl. Arzobispo/Arquebisbe, 6 - ✆ 963 922 527 -* raciones *4,50 €, salade 7 à 9,50 €,* arroces *12,50 €.* Pour un déjeuner léger à base de spécialités locales sur une place tranquille, face à la crypte St-Vincent. Ce gastrobar propose des *puntitas*, « pointes » de sandwichs farcies, toutes aussi succulentes les unes que les autres.

BUDGET MOYEN

La Utielana – G2 - *Pl. Picadero de Dos Aguas, 3 - ✆ 963 529 414 - 13h15-16h, 21h-23h - fermé sam. soir et j. fériés - à partir de 14 €.* Depuis plus de 50 ans, les Valenciens fréquentent ce restaurant traditionnel au décor d'azulejos. Le secret de ce succès ? Les recettes de grand-mère concoctées avec amour par la patronne : *cordero al horno* (agneau au four), *fideuá, cocido* (sorte de pot-au-feu) *madrileño* ou *arroz a banda*… Un excellent rapport qualité-prix, à deux pas du palais de Dos Aguas.

Asador del Carme – F1 - *Pl. del Carmen, 6 - ✆ 963 922 448 - fermé midi sf dim. - ▤ - menus 15/20,50 €, carte 22/32 €.* Attirés par son agréable terrasse abritée, les clients bénéficient d'une carte faisant honneur à la viande grillée et aux salades. Un endroit sympathique où il fait bon profiter de la tranquillité de la place et des jolies vues sur l'église del Carmen.

Taberna Vintara – G2 - *Pl. de la Reina, 19 - ✆ 963 924 185 - 20/30 €.* On peut ici dîner en terrasse en écoutant le Micalet égrener les heures. Cuisine méditerranéenne de qualité, paellas et tapas.

2012 El Principio del Fin – G1 - *Pl. Arzobispo/Arquebisbe, 5 - ✆ 963 920 676 - menus 20/22 €, carte 25/40 €.* « Ne comptez plus le temps en minutes, mais en moments de plaisir », telle est la devise épicurienne de ce restaurant au cadre simple et apaisant. On y déguste une bonne cuisine de marché mêlant produits de la *huerta* et de la mer.

Sagardi – F2 - *San Vicente Mártir, 6 - ✆ 963 910 668 - www.sagardi.com - repas* pintxos *10/15 €, carte 25/37 €.* Un établissement de spécialités basques qui attire les gourmets de toute la ville. *Pintxos* tous plus appétissants les uns que les autres (plus de 80 variétés) au rez-de-chaussée, et restaurant de qualité à l'étage où l'on vous accueille avec un verre de cidre tiré du tonneau suivant le cérémonial d'usage. Goûtez notamment aux *piquillos* à la mode de Tolosa ou au *bacalao* confit. Un régal !

POUR SE FAIRE PLAISIR

La Riuá – G2 - *Calle del Mar, 27 - ✆ 963 914 571 - fermé Sem. sainte et août - réserv. conseillée - autour de 30 €.* Il s'agit d'une véritable institution locale, aujourd'hui trentenaire. La salle, à plusieurs niveaux, est décorée d'azulejos. On y déguste une savoureuse cuisine de marché, à moins que l'on choisisse parmi la vingtaine de riz proposés par la maison. En saison, goûtez à l'*all i pebre* d'anguilles !

Ocho y Medio – F2 - *Pl. Lope de Vega, 5 - ✆ 963 922 022 - www.elochoymedio.com - fermé sam. midi et dim. - menus 20/45 €, carte 29/49 €.* Donnant sur une agréable place entre le marché central et l'église de Santa Catalina, cet élégant restaurant offre un décor raffiné : murs en pierres apparentes et mobilier moderne. Le service est impeccable et la cuisine, élaborée, revisite les classiques valenciens avec délicatesse.

El Alma del Temple – G1 - *Almirante, 14 - ✆ 963 155 287 - menus 19/50 €, carte 23/49 €.* Ce restaurant est installé dans un petit palais construit sur des vestiges romains et arabes. On les découvre à l'intérieur. Superbement aménagé, le lieu propose une cuisine très actuelle. Et, folie pour folie, pour prolonger la magie, pourquoi ne pas prendre une chambre à l'hôtel *(Palacio Marqués de Caro, 140/290 €).*

Marisquería Civera – G3 - *Mosén Fermades, 10 - ✆ 963 529 764 - fermé 1re sem. d'août - carte 24/55 €.* Le grand spécialiste valencien des poissons et crustacés ; on peut même y déguster à certaines saisons des huîtres locales. Belle salle dotée de grands aquariums où les langoustes attendent d'être choisies.

UNE FOLIE

La Sucursal – EF1 - *IVAM, Guillém de Castro, 118 - ✆ 963 746 665 - fermé sam. midi, dim. et du 13 au*

31 août - carte 45/65 €. Au 1er étage du musée d'Art moderne, un restaurant design au décor minimaliste qui est à l'heure actuelle une des meilleures adresses gourmandes de Valence. Cuisine « d'auteur ».

Un peu plus loin du centre plans I et II

POUR SE FAIRE PLAISIR

Montes – plan II E3 - *Pl. Obispo Amigó, 5 - ✆ 963 855 025 - fermé dim. soir, lun., mar. soir et août - 25/35 €.* Au sud-ouest de la gare du Nord et du Parque de la Cultura, ce bon restaurant propose une cuisine du marché. Agréable salle avec bar à l'entrée.

UNE FOLIE

Alejandro del Toro – plan I C2 - *Amadeo de Saboya, 15 - ✆ 963 934 046 - menu 35 €, carte 50/68 €.* Dans le quartier du nouvel hôtel de ville, une grande table valencienne, réputée et appréciée pour sa cuisine créative et son sobre décor.

Quartier maritime plan I

☺ Tout au long du Paseo Marítimo de la **plage de Malvarrosa** se succèdent des petits bâtiments identiques *(chiringuitos)* abritant cafés et restaurants de plage.

PREMIER PRIX

Bodega Casa Montaña – D2 - *José Benlliure, 69 (av. del Puerto) - ✆ 963 672 314 - www.emilianobodega.com - fermé dim. soir - tapas 4 €,* raciones *12 € env.* Cette vieille taverne décorée de tonneaux propose un grand choix de tapas et dispose d'une cave où les vins espagnols sont presque tous représentés.

Destino 56 – D2 - *Paseo Neptuno, 56 - ✆ 963 724 433 - www.destino56.com - paellas 10/14 €, poisson 12/16 €.* Littéralement bondé toute la journée dès les premiers rayons de soleil, ce bar-restaurant au cadre contemporain accueille une clientèle plutôt jeune.

BUDGET MOYEN

Casa Hilario (autrefois Casa Chimo) – D2 - *Paseo Neptuno, 40 - ✆ 963 712 048 - fermé merc. - réserv. conseillée - autour de 25 €.* Autre institution du bord de mer. Les familles s'y retrouvent autour d'un plat de riz ou de fruits de mer. Si vous recherchez un peu de fraîcheur, préférez le salon aux murs couverts d'azulejos.

POUR SE FAIRE PLAISIR

La Pepica – D2 - *Paseo Neptuno, 6 - ✆ 963 710 366 - 27/50 €.* Un restaurant de plage historique bondé aux beaux jours. Grand spécialiste de la paella, le lieu s'honore d'avoir reçu jadis Don Ernesto (Hemingway). Atmosphère populaire et authentiquement valencienne.

UNE FOLIE

La Rosa – D2 - *Paseo Neptuno, 70 (playa de Las Arenas) - ✆ 963 712 076 - fermé le soir en hiver et 3 sem. en août - 40/60 €.* En bord de mer, une cuisine traditionnelle, avec notamment le fameux *arroz a banda* (plat de riz au poisson et au safran). Le restaurant, fondé en 1925 (c'était alors une buvette de plage), dispose d'une terrasse vitrée. Il est devenu presque aussi emblématique que son voisin, La Pepica.

PETITE PAUSE

Horchatería El Siglo – *Pl. Santa Catalina, 11 - ✆ 963 918 466 - 10h-13h, 16h-0h.* Fondé en 1836, El Siglo est l'adresse où se retrouvent les amateurs d'*horchata de chufa y fartón*, la grande spécialité valencienne (lait végétal, à base de jus de souchet, servi glacé avec un petit pain). On peut aussi y savourer un *chocolate con churros*, ou des glaces maison, dans un superbe décor d'azulejos.

Horchatería Santa Catalina – *Pl. Santa Catalina, 6 - ✆ 963 912 379.* Parmi les meilleures *orchatas* de Valence, selon bien des spécialistes.

Capuccino – *Pl. La Reina - ✆ 963 152 143 - www.grupocappuccino.com - formule petit-déj. à 7,95 €.* Lieu très agréable pour prendre un petit-déjeuner, des *tostadas* à la tomate ou à l'huile, aussi servies à l'heure de l'apéritif en fin de journée.

Moltto – *Pl. La Reina, 9 - ✆ 960 114 155 - lun.-jeu. 8h-21h, vend.-sam. 8h-0h, dim. 10h-0h.* Un grand comptoir pour choisir, et une terrasse ensoleillée le matin, idéale pour un petit-déjeuner. Au choix, viennoiseries diverses, pâtisseries, *empanadas* (chaussons) et sandwichs, pour accompagner café, chocolat ou jus d'orange.

Café de las Horas – *Conde de Almodóvar, 1 - ✆ 963 917 336 - 10h-2h.* Ce café à l'ambiance très 19e s. est situé à deux pas de la plaza de la Virgen. Son principal attrait réside dans sa décoration, à dominante rouge, faite de trompe-l'œil peints sur les murs et complétée de cadres. Des lustres imposants, une petite fontaine, un éclairage bien conçu et une douce musique de fond créent une ambiance calme et intime. Clientèle variée : plutôt âgée en journée, plutôt gay le soir (mais jamais exclusive).

Café Sant Jaume – *Caballeros, 51 - ✆ 963 912 401.* Un grand café à l'ancienne, d'autant plus parfait pour une pause en cours de journée qu'il déploie son agréable terrasse sous les arbres de la petite plaza Esparto.

Café Negrito – *Pl. Negrito - ✆ 963 914 233 - 15h-3h30.* Café d'artistes situé sur une petite place. On y vient pour boire entre amis la meilleure *agua de Valencia* (« eau de Valence », cocktail à base de jus d'orange, *cava* et triple sec à consommer très frais). En face, le **Ghecko**, avec son bar totalement recouvert de coquillages.

Manolo el del Bombo – *Pl. Valencia Club de Fútbol, 6.* Les amateurs de football connaissent tous le légendaire Manolo, fidèle supporter du Valencia CF et de *La Roja*, l'équipe nationale, dont il anime les matchs avec sa grosse caisse, au point qu'on l'a surnommé le « douzième homme de la sélection ». Eh bien, Manolo existe, et il tient un bar juste en face du stade de Mestalla. Plus qu'un café, un musée, et une légende vivante ! Ambiance assurée.

EN SOIRÉE

Carrer Cavallers/Calle Caballeros – Plan II D1. C'est le centre de la vie nocturne. Entre la plaza de la Virgen et ses grandes terrasses, et la plaza Tossal et ses bars à tapas, vous passerez devant le très huppé **Fox Congo** (au n° 25, un peu décrié ces derniers temps pour ses tarifs) et le bar de salsa **Johnny Maracas** (au n° 39).

Russafa – Le quartier branché de Valence s'anime à la tombée de la nuit, notamment dans les calles Sueca, Cuba et Literato Azorín.

Vivir sin dormir – Plan I C1 - *Paseo Neptuno, 42 - ✆ 963 727 777.* Son nom le proclame : ici, on vient passer les belles heures de la nuit autour d'un verre et en musique (DJ résident). Un haut lieu des nuits blanches valenciennes, face à la plage.

Palau de la Música – *Paseo de la Alameda - ✆ 963 375 020.* L'un

1

des temples de la vie culturelle, consacré à la musique classique.

ACHATS

Les amateurs de **céramique** trouveront de belles pièces de Valence ou de Manises dans les magasins spécialisés et chez les antiquaires, regroupés pour la plupart à l'est de la cathédrale, entre la plaza Arzobispo et la plaza Nápoles y Sicilia.

Mercadillo de la plaza Redonda – *9h-13h, 16h-21h.* Petit marché circulaire de merceries. Le dimanche, vente d'animaux.

Design et décoration

Juste au nord du quartier Marqués de Dos Aguas, la **calle de la Paz** et ses alentours réunissent un bon nombre de boutiques.

Lladró – *Poeta Querol, 9 - ✆ 963 511 625 - tlj sf dim. 10h-13h, 16h-20h.* Fabrique renommée de porcelaine, avec des magasins dans le monde entier. Les pièces, d'une esthétique que l'on appréciera plus ou moins, sont de véritables œuvres d'art.

Chez Ramón – *Pl. Redonda, 2 - ✆ 962 922 416 - www.chezramon.es.* Une boutique ouverte en 1853 et dirigée depuis cinq générations par la même famille. On y trouve avant tout des objets décoratifs en fer forgé. Céramiques également.

Les rues du **Marqués de Dosaïgues (Dos Aguas)** et **Poeta Querol** regroupent les grands couturiers et les enseignes de luxe les plus prestigieuses.

Autour du **Mercado de Colón**, quartier très tendance, se trouvent les stylistes d'avant-garde.

La **calle Colón** rassemble la plupart des enseignes de prêt-à-porter.

Plusieurs antennes du célèbre **Corte Inglés** se trouvent sur la calle Colón. La **FNAC** (rayon de langues étrangères assez conséquent) sur la calle de Xàtiva.

Sombreros Albero – *Pl. del Mercado, 8 (contre le marché central) - ✆ 963 916 517 - lun.-sam. 10h-13h30, 17h-20h.* Dans cette boutique historique (fondée en 1820 par la famille Albero, toujours aux commandes aujourd'hui), nul doute que vous trouverez le couvre-chef de vos rêves : toutes sortes de casquettes, certaines dignes de Sherlock Holmes, d'authentiques panamas et borsalinos, et même des canotiers appelés ici « chevalieres » en hommage à Maurice Chevalier. Autre boutique, plus moderne, calle de Xàtiva (face aux arènes).

Mercado Central – *Pl. del Mercado - tlj sf dim.* On y trouve tous les produits de la région (et, notamment, de délicieuses oranges) et les ingrédients nécessaires à l'élaboration de la cuisine valencienne : riz, épices variées dont le safran du Levant.

Turrones Ramos – *Sombrerería, 11 (à côté de la pl. Redonda) - ✆ 963 923 398 - fermé w.-end et août - 10h-14h, 17h-20h.* Depuis 1890, ce magasin est dédié à la fabrication du *turrón*. Goûtez aussi les massepains (pâte d'amandes, sucre et blanc d'œuf).

Original CV – *Pl. Mercado, 35 (au coin de la calle Ercilla) - lun.-sam. 10h-14h30, 17h-20h, dim. 10h30-14h30.* Cette boutique de produits gourmands est installée dans une ancienne pharmacie au plafond *artesonado* décoré par Francisco Dalt, peintre d'azulejos de Manises. Sur les étals : toutes sortes de riz, pâte de coing *(dulce de membrillo)*, miel et confitures, huile d'olive, *horchata de chufa*, *turrón*, vins et bières locales, et *agua de Valencia*. Autre point de vente à la gare AVE Joaquín Sorolla.

ACTIVITÉS

Golf del Saler – *À quelques km au sud de Valence par la CV 500 - ✆ 961 610 384*. Réputé pour ses greens très techniques. Un des meilleurs golfs d'Europe.

Devesa Gardens – *Ctra Saler, km 13, au sud de la ville - ✆ 961 611 136*. Parc de loisirs situé au bord de la lagune de l'Albufera. Piscine, cours de tennis, aires de jeux pour enfants, promenades en barque, services de restauration.

AGENDA

Fallas de Valencia – *Du 15 au 19 mars*. La fête valencienne par excellence. Tandis que chaque quartier dresse ses *fallas* (groupes sculptés parfois gigantesques de bois ou de carton-pâte sur des thèmes volontiers satiriques), une foule considérable se rassemble chaque jour à 14h sur la plaza del Ayuntamiento pour assister à la « **mascletà** », une impressionnante pétarade mise au point chaque jour par une entreprise pyrotechnique différente. Le soir du 18 mars (minuit ou 1h) a lieu la **Nit del Fòc**, feu d'artifice grandiose sur le paseo de la Alameda, le long du cours du Río. Corridas et *novilladas* chaque jour dans les arènes. La fête culmine, le dernier dimanche, avec l'offrande de fleurs à la Mare de Déu dels Desemparats sur la plaza de la Virgen par les *falleros*, groupes en costumes traditionnels. Et le 19, jour de la Sant Josep, une « **cabalgata del fuego** » (chevauchée du feu) parcourt la ville en prélude à la **Cremà**, marquée par la crémation de toutes les *fallas* : celle qui a remporté le premier prix est brûlée la dernière, juste avant la *falla* municipale de la plaza del Ayuntamiento en prélude à un dernier et somptueux feu d'artifice.

Les places sont chères dans les hôtels et les restaurants, et le goût des Valenciens pour les pétards ne se démentant pas, peu de chance de fermer l'œil avant une heure avancée…

Batalla de las Flores – Le dernier dimanche de juillet, défilé de chars fleuris et lancer de pétales dans les rues.

Feria de San Jaime – *Autour du 25 juillet*. La seconde feria taurine de la ville après les *fallas*. Plusieurs corridas aux affiches prestigieuses.

El Dia de la Comunitat Valenciana – *Le 9 octobre*. Commémoration de l'entrée triomphale de Jaume Ier dans la ville. La *Senyera*, drapeau de la Communauté, est emmenée en procession de l'*Ayuntamiento* à la cathédrale, où est célébré un *Te Deum*. La nuit précédente, **Festival international de pyrotechnie** dans l'ancien cours du río Turia.

Cuina Oberta – *Fin juin et mi-nov.* Pendant 10 jours, les restaurants de Valence composent de délicieux menus à prix unique : 20 € le midi et 30 € le soir (35 € et 45 € pour les restaurants étoilés Michelin). *www.valenciacuinaoberta.com*.

Russafart – *Dernière semaine de mai*. À cette occasion, les artistes du quartier de Russafa ouvrent leur atelier au public le dernier week-end de mai. Ateliers pour enfants, projections, concerts et poésie… avec la participation des bars, restaurants et boutiques du quartier qui accueillent, entre autres, des expositions. Ces portes ouvertes ont lieu tous les deux ans, la prochaine édition sera donc en 2016 - *www.russafart.com*.

Costa del Azahar

Costa dels Tarongers (valencien)

Provinces de Valence et de Castelló

Le parfum entêtant de la fleur d'oranger a donné son nom à cette côte qui s'étend de part et d'autre de Castelló. Très ensoleillée, protégée par les sierras des vents venus de la Meseta, elle est devenue l'un des grands centres du tourisme estival. Les stations balnéaires de la province de Castelló accueillent un tourisme plus familial que les grands centres touristiques du sud de Valence. Un peu partout, les immeubles se sont multipliés, formant un paysage urbain pas toujours très heureux entre les longues plages de sable et les orangeraies. Par bonheur, certaines villes ont conservé un centre ancien intéressant. Quant à la cuisine régionale, elle est fondée sur le poisson, les fruits de mer et, bien sûr, une grande variété de riz.

NOS ADRESSES PAGE 159

S'INFORMER

Offices de tourisme – Ils sont répertoriés au fil du circuit.

SE REPÉRER

Carte de région B1-B2-C1 (p. 110-111) – Longée par l'AP 7 et la N 340, la côte s'étire sur plus de 150 km, de Valence au delta de l'Èbre (Catalogne). L'arrière-pays est parsemé de quelques très beaux villages.

À NE PAS MANQUER

Les belles plages d'Oropesa et le village perché de Vilafamés.

ORGANISER SON TEMPS

Deux journées suffisent pour visiter les principaux sites de cette côte.

AVEC LES ENFANTS

Le musée des Sciences naturelles El Carmen à Onda ; le Planetarium à El Grau de Castelló.

Circuit conseillé Carte de région

DE VALENCE À VINARÒS VIA CASTELLÓ DE LA PLANA

Circuit de 250 km env. tracé en rouge foncé sur la carte de région (p. 110-111). Ce parcours peut se faire par la V 21 que prolonge l'A 7 ou par l'AP 7 (péage). Quitter Valence par la V 21 en suivant la direction de Castelló.

El Puig B2

18 km de Valence (V 21, sortie 5).

Calle de la Estación - 961 590 029 - www.elpuigturistico.es - mar.-sam. 10h-14h.

À l'écart de la route, la petite ville d'El Puig, fondée selon la tradition en 1093 par le **Cid** en personne, apparaît comme écrasée par la formidable silhouette de son monastère. Si elle est surtout connue pour celui-ci, la cité abrite également les vestiges du **château d'Enesa** (dit aussi de la Patà) détruit sur ordre de Pierre IV d'Aragon en 1365, ainsi qu'une chartreuse **(Cartuja de Ara Christi)**, mise à sac par la soldatesque française en 1808 ; elle a été restaurée après son abandon par les moines en 1835. D'une architecture très sobre, propice au recueillement, elle a aujourd'hui été investie par un hôtel-restaurant *(visite guidée certains jours : voir à l'OT)*. Sur la plage d'El Puig, s'élève la **Torre de Guaita** construite au 16e s. pour prévenir la ville des attaques de pirates.

Monastère royal (Real Monasterio) **de Santa María del Puig** – *961 470 200 - visite guidée (50mn) mar.-sam. à 10h, 11h, 12h, 16h et 17h - fermé dim.et lun. - 4 € (-8 ans gratuit)*. Vaste quadrilatère doté de quatre grosses tours d'angle carrées, le monastère est érigé sur un haut soubassement qui lui assure une position dominante au cœur du village. Il est encore occupé, en partie, par des religieux de l'ordre de la Merci *(Merced)*; le reste des bâtiments est dévolu aux activités culturelles organisées par la Generalitat, l'organisation politique de la Communauté autonome.

C'est en 1238 que Jaume Ier le Conquérant fit ériger l'église Santa María pour commémorer la bataille qui lui ouvrit les portes de Valence, ainsi que la découverte d'une image de la Vierge l'année précédente, par un religieux, fondateur de l'ordre, San Pedro Nolasco. En 1300, l'amiral Roger de Lauria fit construire le **monastère**. Celui-ci, largement remodelé au fil des ans, est aujourd'hui un grand bâtiment Renaissance flanqué de quatre puissantes tours et fut utilisé comme lieu de culte, prison ou encore école au gré des circonstances. On visite le patio, la grande salle gothique, le réfectoire puis, une chapelle. À l'étage, on découvre la salle à manger et le salon Royal, et les chambres des rois d'Espagne. On peut admirer dans l'**église** les voûtes gothiques. La visite se termine par l'intéressant **musée de l'Imprimerie et du Graphisme** (Museo de la Imprenta y de las Artes Gráficas – *961 206 490 - mar.-sam. 10h-14h, 16h-18h, dim. et j. fériés 10h-14h - gratuit - visite libre ou guidée, sur réserv.)*, qui expose plus de 60 machines de toutes les époques depuis l'invention de l'imprimerie (reproduction d'une presse de Gutenberg) jusqu'à nos jours (presses Offset), ainsi qu'une belle collection de gravures.

Continuez sur la V 21 puis prenez l'A 23 jusqu'à la sortie 4, puis la N 340. Prenez av. del País Valencià et carrer Major en direction de carrer Autonomia à Sagunt.

★ Sagunt/Sagunto (Sagonte) B2

Pl. Cronista Chabret - 962 655 859 - www.sagunt.es/turismo - juil.-août : lun.-vend. 9h30-14h30, 16h30-19h30, sam. 10h30-14h, 16h-18h, dim. 10h-14h ; reste de l'année : lun.-vend. 9h30-14h30, 16h-18h, w.-end 9h-14h.

Au centre d'une *huerta*, la vieille ville de Sagunt se blottit au pied d'une colline allongée que couronnent les impressionnantes ruines d'un château.

De la **plaza Mayor** à arcades, on atteint la calle Castillo, qui gravit la colline. En chemin, sur la droite, une porte médiévale marque l'entrée de l'ancien **quartier juif** *(judería)*, qui conserve le tracé de ses ruelles. En face, le **Musée archéologique** (*962 655 852 - www.sagunt.es/turismo - juil.-août : lun.-vend. 9h30-14h30, 16h30-19h30, sam. 10h30-14h, 16h-18h, dim. 10h-14h ; reste de l'année : lun.-vend. 9h30-14h30, 16h-18h, w.-end 9h-14h - fermé lun., 1er janv., Vend.*

UN SIÈGE LÉGENDAIRE

En 218 av. J.-C., le Carthaginois **Hannibal** assiège Sagonte, qui est alors un petit port (depuis, les alluvions l'ont éloigné de la mer) allié aux Romains. Les habitants de la cité, se voyant acculés à la reddition, allument un brasier avec leurs meubles et vêtements. Invalides, femmes, vieillards et enfants se précipitent dans les flammes tandis que les soldats tentent une sortie désespérée. L'épisode marque le début de la deuxième guerre punique. Cinq ans plus tard, **Scipion l'Africain** entreprend la reconstruction de Sagonte, qui deviendra une importante ville romaine.

1

saint, 30 juil., 25 déc.) expose les pièces issues des fouilles menées dans la ville, notamment un très beau taureau ibère en calcaire. Plus haut, à flanc de colline, se dresse le **théâtre romain** : le mur de scène et les gradins ont subi une reconstruction abusive, mais le site donne une bonne idée de ce qu'était l'édifice au 1er s. apr. J.-C. Le chemin se poursuit jusqu'à l'entrée du château.

Château – *962 665 581 - tte la journée, dim. et j. fériés mat. - fermé lun., 1er janv., Vend. saint, 25 déc.* Sur la crête de la colline, les nombreux vestiges racontent l'histoire de la ville depuis l'époque romaine : observez les traces du **forum**, notamment de la basilique originelle. Au centre du château s'élève l'**Antiquarium epigráfico**, petit musée épigraphique où sont conservées et traduites de nombreuses pierres et stèles d'époque ibérique et romaine. À l'extrémité ouest, on peut voir les bases de la **tour d'Hercule**. De toutes parts s'offre un vaste **panorama★** sur Sagunt, la *huerta*, la vallée du Palancia et la mer.

On peut redescendre, en passant derrière le théâtre, par un sentier qui mène au **calvaire** du 19e s. Le chemin de croix sinueux, les chapelles et les murs d'un blanc immaculé donnent à ce site une sereine beauté.

El Port de Sagunt – *5 km à l'est. Av. Mediterrani, 67 - 962 690 460.* Outre un port commercial né d'une usine sidérurgique (l'ancien haut-fourneau est ouvert à la visite), c'est une station balnéaire familiale en plein développement. Urbanisme sans grand charme, mais agréable Paseo Marítimo longeant la belle plage.

Prenez l'A 23 vers le nord-ouest sur 28 km jusqu'à Segorb.

Segorb/Segorbe B2

Pl. Mesones, 1 - 964 713 254 - horaires variables.

La ville, qui doit une partie de son importance à son siège épiscopal, conserve une portion de son enceinte médiévale et de son aqueduc. À l'extrémité septentrionale du site, sur un éperon rocheux, s'étend un agréable jardin public aménagé à l'emplacement de l'ancien château.

Musée de la cathédrale-basilique – *964 711 014 - mat. - 3 €.* Installé dans l'ancien cloître gothique de la cathédrale-basilique – datant pour l'essentiel de la fin du 18e s. –, ce musée possède une importante **collection de retables valenciens★**. Plusieurs tableaux sont de **Juan Vicente Macip**, artiste influencé par la Renaissance italienne, et père de **Juan de Juanes**, dont on peut voir un Ecce Homo empreint d'une douceur chère à Léonard de Vinci.

Dans la chapelle del Salvador, admirez le retable des vies du Christ et de la Vierge, par Macip et Juanes : les 24 tableaux qui le composent furent peints vers 1530. Autres œuvres de Rodrigo de Osona, de Jacomart, et une très belle Madone de Donatello, bas relief en marbre du 15e s.

Revenez vers la côte par la CV 230. Avant La Vall d'Uixó, tournez à droite en suivant les panneaux « grutes ».

★ Grottes de San Josep (Grutes de Sant Josep) B2

964 690 576 - www.riosubterraneo.com - visite guidée août : 11h-13h15, 15h30-19h15 (juin-juil. et sept. : 18h30 ; oct.-mai : 17h45) - fermé 1er et 6 janv., 25 déc. - 10 € (4-13 ans 5 €).

Situées au pied du Parc naturel de la sierra de Espadán, sous la colline où se dresse le sanctuaire de Sant Josep, ces grottes sont l'œuvre d'une rivière souterraine. Les galeries, qui courent sur plus de 2 500 m, ont gardé les traces d'une occupation humaine datant de 7000 av. J.-C. La visite s'effectue en barque (sur 800 m) puis à pied et permet de découvrir, sur un kilomètre environ, de très belles concrétions naturelles (stalactites) et d'appréhender la faune et la flore de ce milieu naturel très particulier.

Aux abords des grottes, de nombreux bars et restaurants se sont installés.

Les grottes de San Josep aux très belles concrétions naturelles.
www.riosubterraneo.com

1

Prenez l'A 7 en direction de Castelló pour rejoindre Onda.

Onda B2

Également accessible depuis Segorbe par l'intérieur des terres.
Onda, qui a conservé un agréable centre ancien, est connue pour son **musée des Sciences naturelles El Carmen** (*964 600 730 - tlj sf lun. 9h30-14h, 15h30-19h*). Installé dans un monastère, il conserve plus de 10 000 spécimens du monde animal, végétal et minéral. L'exposition, assez désuète, impressionne toutefois par son exhaustivité. La cité abrite également un centre de fabrication d'azulejos et un musée dédié à cet art.
Revenez sur vos pas pour reprendre l'A 7 et arriver à Castelló.

Castelló de la Plana/Castellón de la Plana B2

Casa Abadía, pl. de la Hierba s/n - 964 358 688/689 - www.castellonturismo.com - lun.-vend. 10h-18h, sam. 10h-14h.
En 1251, après la Reconquête par Jaume Ier, les habitants de la ville d'origine située sur la colline de la Magdalena ont fondé cette capitale de province dans la Plana, une vaste *huerta* irriguée par le Mijares. Peu de touristes se hasardent jusqu'au centre de cette ville assez étendue, qui recèle pourtant quelques intéressants bâtiments, ainsi que plusieurs musées.
Le centre ancien – Bordée par la calle Enmedio et la calle Mayor, le centre ancien, réduit, se serre autour de la plaza Mayor. C'est là que se dresse la **concathédrale de Santa María**, reconstruite après la guerre civile ; de l'édifice d'origine, il ne reste que trois portails, dont l'un est une œuvre (1385) du maître Guillem Coll *(du côté Arcipreste Balaguer)*. À deux pas, **El Fadrí** est une tour-clocher octogonale de 58 m, érigée au milieu du 15e s. La **mairie** *(Ayuntamiento)*, qui possède une élégante façade, fut achevée à la fin du 18e s. Plus à l'ouest, sur l'avenida Rey Don Jaime, se trouve le bâtiment moderniste de la **poste** *(Correos)*, construit par Demetrio Ribes y Joaquín Dicenta. Enfin, à la Puerta del Sol, on peut admirer l'**ancien casino** ou palais de Los Tirado, édifié au 18e s. et remanié en 1922 dans un style néoplateresque séduisant.

Musée des Beaux-Arts (Museo de las Belles Artes) – *Av. Hermanos Bou, 28 - ✆ 964 727 500 - www2.dipcas.es/museos/BellesArts/home.asp - mar.-sam. 10h-20h, dim. et j. fériés 10h-14h - fermé lun. - gratuit.* Il renferme des collections d'objets préhistoriques et de peintures (toiles de Sorolla, tableaux de Zurbarán provenant du couvent des Capucines), mais est surtout connu pour ses collections de céramiques régionales (16e au 19e s.).

El Grau de Castelló/El Grao de Castellón B2

Paseo Buenavista, 28 - ✆ 964 283 621.
La façade maritime de Castelló se situe à 4 km à l'est *(par l'av. del Mar).*
Planetarium – *Paseo Marítimo, 1 - ✆ 964 282 968.* Situé en bord de mer, cet équipement très moderne propose des expositions de vulgarisation scientifique, ainsi que des informations sur les Islas Columbretes.
La côte nord de la province, à la frontière avec la Catalogne, est protégée des vents venus de la Meseta par les sierras du Maestrazgo (p. 165 et 314). D'importantes stations balnéaires s'y sont développées.
De Castelló, prenez l'A 7 vers le nord-ouest sur 20 km, puis la CV 160 qui conduit en 12 km à Vilafamés.

★★ Vilafamés B1

Pl. del Ayuntamiento, 2 - ✆ 964 329 970 - mar.-vend. 9h30-15h (16h-18h avr.-sept.), sam. 10h-15h, 16h-18h, dim. 10h-14h.
Perché sur la montagne, ce village construit en pierre rose offre un spectacle chromatique saisissant. Il est enserré dans une enceinte du 14e s., percée de quatre portes. Au sommet se dresse le **château** d'origine arabe avec sa belle tour ronde, ancienne propriété de l'ordre de Montesa. Sous le château ont été découvertes des **peintures rupestres** de style « schématique » datant du IIe millénaire avant notre ère, classées au Patrimoine mondial de l'humanité (*pour les visiter, s'adresser à l'office de tourisme*).
Plus bas, l'**église paroissiale★** (fin 16e s.) présente une très élégante façade marquée par la Renaissance. Son plan fut dressé par le maître de la cathédrale de Tortosa (Catalogne), Martín de Mendoza. Elle donne sur une place pleine de charme, d'où l'on domine le village.
Au fil des ruelles, on découvre de ravissantes maisons et d'agréables jardins fleuris accrochés à flanc de montagne. L'atmosphère est telle que de nombreux artistes y ont élu domicile.
★ **Museo de Arte Contemporáneo** – *Diputació, 20, accès par la CV 10 - ✆ 964 329 152 - mar.-vend. 10h-13h30, 16h-19h, w.-end 10h30-14h, 16h-19h - 2 € (-12 ans gratuit).* Installé dans le palais Batlle (14e-15e s.), ancienne résidence du représentant de l'ordre de Montesa, ce musée original abrite dans ses 29 salles de nombreuses œuvres, certaines signées par des artistes célèbres : Miró, Chillida, Serrano, Genovés…
Revenez vers Castelló, puis suivez la N 340 vers le nord.

Benicàssim/Benicasim B1-2

Ce grand centre touristique est séparé de l'intérieur des terres par le **désert de las Palmes**, classé parc naturel. Il compte de belles plages bordées d'immeubles et de villas. Connue pour ses manifestations culturelles et musicales, la station accueille chaque été, durant 4 jours, l'un des festivals rock les plus importants d'Europe, le **Festival Internacional de Música independiente de Benicàssim**.

Orpesa/Oropesa B1

Un peu plus au nord, cette station tranquille aligne de belles **plages**. Au-dessus de celle de la Conxa se dresse la **tour du Roi** *(Torre del Rey)*, ouvrage fortifié du

15e s. destiné à protéger le village contre les attaques de pirates barbaresques. De forme cubique, elle fut modifiée en 1564. Elle est dotée de deux casemates hémisphériques et de deux guérites symétriquement disposées en diagonale.
Continuez sur la N 340 (42 km). Il est possible de faire une boucle par la petite route côtière (CV 1430) qui va de Torrenostra à Alcossebre : elle longe la mer vers la pointe de Cap i Corp, puis traverse des champs d'orangers et d'oliviers.

★★ Peníscola/Peñíscola (*p. 161*) C1

Après Peníscola, continuez vers le nord par la N 340.

Benicarló C1

Cette ville, jadis consacrée à la pêche, s'est transformée en un important centre touristique dû à sa proximité avec Peníscola. Les deux villes sont reliées par l'une des plus jolies plages de la région, qu'une urbanisation excessive a malheureusement enlaidie.
Reprenez la N 340 sur 7 km.

Vinaròs C1

Ce village médiéval possède une église du 16e s., l'**église de Nuestra Señora de la Asunción**, et une agréable promenade en bord de mer, qui longe le port de pêche. Les crevettes *(llagosti)* sont le produit phare de la gastronomie locale.

NOS ADRESSES SUR LA COSTA DEL AZAHAR

HÉBERGEMENT

À El Port de Sagunt

BUDGET MOYEN

Vent de Mar – *Isla de Córcega, 1 - ✆ 962 698 084 - www.hotelventdemar.com - 86 ch. 86/104 €* ☕. Une bonne option un peu en retrait de la plage. Chambres confortables, la plupart disposant d'un balcon.

À Castelló de la Plana

PREMIER PRIX

Hotel Zaymar – *Historiador Viciana, 6 - ✆ 964 254 381 - 36 ch. 40 €* ☕. Proche du parque Ribalta et de la plaza de Toros, cet hôtel dispose de chambres confortables au décor toutefois un peu vieillot.

À Vilafamés

BUDGET MOYEN

L'Antic Portal – *La Fuente, 7 - ✆ 964 329 384 - www.anticportal.com - 11 ch. 70/90 €*. Dans une ruelle haute, non loin du musée d'Art contemporain, un petit hôtel rural simple dont les chambres, agréablement décorées, bénéficient de vues époustouflantes sur les environs.

POUR SE FAIRE PLAISIR

El Jardin Vertical – *Nou, 15 - ✆ 964 329 938 - www.eljardinvertical.com - 9 ch. 99/115 €* ☕. Perchée dans le village, cette *casa rural* occupe une demeure du 17e s. construite sur cinq niveaux. Les chambres aux murs enduits d'ocre sont belles et chaleureuses, certaines dotées d'une cheminée. Le petit-déjeuner est servi sur une terrasse ouvrant sur l'immensité de l'horizon. Une adresse de grand charme !

À Benicàssim

BUDGET MOYEN

Vista Alegre – *Av. Barcelona, 71 (c/ de Oropesa) - ✆ 964 300 400 - www.hotelvistalegre.com - 68 ch. 55/71 € - ☕ 5,50/6 €*. Sympathique petit hôtel doté d'une bien agréable piscine à deux pas de la plage. Idéal pour une pause baignade.

RESTAURATION

À Sagunt

BUDGET MOYEN

El Palau del Duc – *Castell, 18 - ✆ 962 651 489 - menu du jour 13,90 €, carte 30/45 €.* Voisin du Musée archéologique et de la puerta de la Judería, ce restaurant a investi un palais gothique du 13e s. Très belle salle aux arcs ogivaux, mobilier en fer forgé et cuisine valencienne contemporaine. Goûtez les *langostinos al aroma de naranja.*

À El Port de Sagunt

BUDGET MOYEN

Negresca – *Av. del Mediterráneo, 141 - ✆ 961 680 404 - fermé dim. soir et lun. - menus 13/35 €, carte 20/41 €.* Sur le front de mer, avec des baies vitrées donnant sur la plage, ce restaurant propose une cuisine de la mer de qualité.

À Castelló de la Plana

BUDGET MOYEN

Mesón Navarro – *Sanchis Albella, 4 - ✆ 964 261 133 - fermé dim. soir et lun. - 25/35 €.* Une référence culinaire. Dans un décor agréable et rustique, on savoure une cuisine traditionnelle : spécialités de viandes à la braise. *Autres adresses à Castelló : pl. Tetuán, 26 et calle Amadeo I, 8.*

POUR SE FAIRE PLAISIR

Pairal – *Dr Flemming, 24 - ✆ 964 233 404 - 30/45 €.* Dans une salle à manger aménagée sur deux niveaux, on déguste une bonne cuisine traditionnelle de marché qui fait la part belle aux riz.

AGENDA

À Sagunt

Fête de la Virgen de Begoña – *Le 15 août.* Compétitions sportives, courses de vachettes et lâcher de canards dans le bassin portuaire.

À Segorb

La Entrada de Toros y Caballos – *Du dernier sam. d'août à déb. sept.* Les origines de cette fête populaire remontent au 16e s. Durant 7 jours et 7 nuits, cavalcades comparables aux *abrivados* camarguaises ainsi que courses de taureaux dans les rues provoquent l'enthousiasme et la ferveur populaires.

À Vilafamés

Vilafamés 1900 – *1er w.-end de mai.* Avec la participation active des habitants, certaines maisons du village se transforment en échoppes d'autrefois, faisant revivre les métiers anciens et les traditions locales.

Fiestas de la Magdalena – *Fév. ou mars.* Cette fête commémore la fondation de la ville à son emplacement actuel, survenue, selon la tradition, le 3e dimanche de Carême (date mobile). Parmi les festivités, la grande **Romería de les Canyes** rassemble une foule considérable sur le site d'origine de la ville. *Mascletà*, feux d'artifice et concerts animent la cité pendant une semaine. Corridas quotidiennes.

À Benicàssim

Festival Internacional de Música independiente – *4 jours en juillet (dans une vaste enceinte près de la N 340).* Les grands noms de la scène internationale rock et électro se donnent rendez-vous lors de ce festival pluridisciplinaire (théâtre, films, etc.).

Peníscola

Peñíscola (espagnol)

★★

8 182 habitants – Province de Castelló

C'est sans aucun doute la plus jolie ville de la Costa del Azahar. Le centre historique, entouré de murailles et dominé par l'austère forteresse de Benoît XIII, occupe une presqu'île rocheuse. De part et d'autre se développe une station balnéaire moderne, le long des vastes plages. Au sud, la ville a conservé un petit port de pêche qui fournit les meilleurs restaurants de la ville.

NOS ADRESSES PAGE 163

S'INFORMER

Office de tourisme – *Paseo Marítimo - ✆ 964 480 208 - www.peniscola.es - lun.-vend. 9h-20h, sam. 10h-13h, 16h30-20h, dim. 10h-13h.*

Golondrina Super Bonanza – *Port de pêche - ✆ 964 480 200.* Excursions en bateau autour du rocher de Peníscola (grottes, Bufador, escalier du Papa Luna) ou jusqu'au Parc naturel maritime des îles Columbretes.

SE REPÉRER

Carte de région C1 (p. 110-111) – Sur la Costa del Azahar, à env. 140 km au nord de Valence par la route côtière N 340 ou l'autoroute AP 7.

SE GARER

Il est possible (hors haute saison où cela devient nettement plus compliqué, à moins d'avoir de la chance) de se garer dans le quartier du port et à l'entrée de la vieille ville.

À NE PAS MANQUER

La citadelle, le château et le marché au poisson.

ORGANISER SON TEMPS

Prévoyez 3h pour visiter la ville.

Se promener

★ **La vieille ville** (Ciudad Vieja)

Les **remparts** de la ville, tels qu'on peut les voir aujourd'hui, furent construits sous Felipe II par l'ingénieur italien Antonelli, entre 1576 et 1578. Au 18ᵉ s. fut ouverte la porte de Santa María, sur ordre de Fernando VI. Jadis accessible en bateau, la porte de Sant Pere, ou del Papa Luna, est ornée du blason de l'antipape, Benoît XIII (*encadré ci-dessous*), où figure un croissant de lune.

Prenez le temps d'arpenter les rues tortueuses de la vieille ville, très agréable, qui témoignent de l'urbanisme de l'époque musulmane. En suivant les murs d'enceinte, vous profiterez de beaux panoramas sur la mer. **El Bufador** est une brèche dans le rocher qui laisse passer les flots avec un bruit très particulier lors des tempêtes. Elle se situe au bord de la rue longeant les remparts.

LE ROCHER

Peníscola a toujours eu un rôle militaire et commercial important grâce à sa situation dominante (64 m au-dessus des eaux), sa vaste plage au nord et la présence de sources d'eau douce dans la roche. Les civilisations ibère, phénicienne, grecque, romaine et arabe s'y sont succédé, puis l'ordre des Templiers prit le relais en édifiant le château actuel. Après sa dissolution, la ville fut occupée par le tout-puissant ordre de Montesa, qui la rendit prospère.

★★ Le château (Castillo del Papa Luna)

✆ 964 480 021 - Sem. sainte et de mi-juin à mi-sept. : 9h-14h30, 16h30-21h30 ; de mi-oct. au dim. des Rameaux : 9h30-13h, 15h15-18h ; reste de l'année : 9h-20h - fermé 1er et 6 janv., 9 sept., 9 oct., 25 déc. - 3,50 €.

Construit par les Templiers au début du 14e s. (1294 à 1307), il fut modifié par Benoît XIII. La partie basse est occupée par les salles des gardes et les écuries aux belles voûtes en berceau. Autour de la place d'armes s'ordonnent l'église, une vaste salle voûtée en berceau brisé et la salle dite « du conclave ». Dans une tour isolée, on entre dans l'intimité du cabinet d'étude de Benoît XIII qui fut un « pape » érudit, grand juriste ecclésiastique. De la terrasse, **panorama★** sur le village et la côte.

Musée de la Mer (Museu de la Mar)

Calle Príncipe - ✆ 964 481 603 - juil.-sept. : 10h-14h, 17h-21h ; avr.-juin : 10h-14h, 16h-20h ; oct.-mars : tlj sf lun. 10h-14h, 16h-18h.

Divisé en trois sections (histoire, pêche et faune), ce petit musée présente quelques découvertes archéologiques sous-marines ainsi que des maquettes de bateaux, et explique l'évolution historique et commerciale de la ville. Deux aquariums abritent la faune sous-marine caractéristique des environs.

Plages

Sur les trois plages de Peníscola, la plus grande, la **playa del Norte**, bordée d'hôtels en tous genres, s'étend sur environ 5 km.
Les deux autres sont situées de part et d'autre du très actif port de pêche.

UNE CITÉ (PRESQUE) PONTIFICALE

Papes et antipapes – En 1378, l'Italien Urbain VI fut élu pape à Rome sous la pression du peuple romain qui souhaitait le retour de la papauté dans la Cité éternelle. Le parti des cardinaux français, mécontent, décida d'élire de son côté Clément VII, qui s'installa à Avignon. En 1394, un nouveau pape fut élu à Rome ; à Avignon, les cardinaux élirent un Aragonais, **Pedro de Luna** (devenu Benoît XIII), pour succéder à Clément VII.
Quoiqu'ayant prôné la « cession » (démission simultanée des deux papes de Rome et Avignon, pour régler le problème du schisme), le « Papa Luna » préféra finalement coiffer la tiare et entamer une négociation sans issue. Par son obstination, il irrita les princes et les cardinaux, et fut contraint de fuir. Déchu en 1409 par le concile de Pise, puis en 1414 par celui de Constance, il se retira à Peníscola en compagnie des deux derniers cardinaux qui lui étaient restés fidèles. Refusant obstinément de se plier aux décisions des conciles, il fit nommer pape par ses deux compagnons, avant sa mort en 1423, un chanoine barcelonais, Gil Muñoz, qui prit le nom de Clément VIII.

NOS ADRESSES À PENÍSCOLA

HÉBERGEMENT

POUR SE FAIRE PLAISIR

Estrella de Mar – *Av. de la Mar, 31B - ✆ 964 480 071 - www.hotelestrelladelmar.com - 10 ch. 78/130 €* ☕. Proche du château et face à la plage, ce petit hôtel familial est des plus accueillants. Chambres dotées de tout le confort contemporain, certaines avec balcon donnant sur la mer.

Hostería del Mar - *Av. Papa Luna, 18 - ✆ 944 480 600 - www.hosteriadelmar.net - 86 ch. 84/164* ☕ *- rest 20/35 €.* Superbement placé face à la plage, il se distingue par un décor très castillan, assez inattendu ici. Les chambres, confortables, sont presque toutes pourvues d'une terrasse. Au restaurant, viandes grillées et poissons, notamment le fameux *rodaballo* (turbot) au four.

RESTAURATION

Dans la vieille ville, on trouve de nombreux bars et restaurants. Les terrasses de la **calle Príncipe**, à coté du musée de la Mer, bénéficient d'une vue magnifique sur la Méditerranée.

PREMIER PRIX

Puerto Mar – *Puerto Pesquero - ✆ 964 480 363 - 5/12 €, carte 25 €.* Dans l'enceinte du port de pêche, une guinguette où les pêcheurs et les estivants se retrouvent devant des *raciones* de *pescaíto frito.*

BUDGET MOYEN

El Caracol – *Av. España, 41 - ✆ 964 480 761 - 25/30 €.* Un restaurant familial non loin du port ; cette adresse culte des années 1970-1980 qui est ressortie de ses cendres au début de ce siècle, sert une cuisine de la mer. Célèbre pour son *arroz caldoso con bogavante* (riz « humide » au homard).

El Peñón – *Santos Mártires, 22 - ✆ 964 480 716 - fermé Noël, janv.-fév. et déb. mars - 25/40 €.* Dans une ruelle de la vieille ville, ce restaurant possède une petite terrasse très agréable où vous pourrez déguster une dorade au sel ou un bon ragoût de mérou. Décoration soignée.

ACHATS

Marché – Le marché au poisson (Puerto Pesquero) se tient tous les matins. Poisson frais garanti en direct des chalutiers.

AGENDA

Fête patronale – À partir de la nuit du 7 sept., en l'honneur de la **Vierge de l'Ermitage**. Les manifestations sont accompagnées de danses.

Morella

★★

2 724 habitants – Province de Castelló

Le site de Morella est aussi étonnant que spectaculaire : plus de 2 km de remparts du 14e s., jalonnés de quatorze tours et de six portes, encerclent la ville étagée sur une colline à 1 004 m d'altitude ; juchés sur un socle rocheux se dressent les murs de l'ancien château médiéval. Cette superbe ville perchée, sur laquelle le temps ne semble avoir aucune prise, se niche au cœur du Maestrazgo, une région aride et montagneuse qui fut le fief des chevaliers de Montesa.

NOS ADRESSES PAGE 167

S'INFORMER

Office de tourisme – *Pl. Sant Miquel, 3 - ✆ 964 173 032 - www.morellaturistica.com - lun.-sam. 10h-14h, 16h-19h, dim. 10h-14h ; hiver : mar.-sam. 11h-14h, 16h-18h, dim. 11h-14h. Visites guidées en saison (1h30 - ✆ 964 160 793).*

SE REPÉRER

Carte de région B1 (p. 110-111) – Morella est située à 78 km au nord-ouest de Peníscola par la N 232 (direction Alcañiz).

SE GARER

Parking public hors de l'enceinte (non accessible aux voitures), devant le portal de San Miquel (2,50 €).

À NE PAS MANQUER

Le château, la basilique et les ruelles piétonnes à portiques.

ORGANISER SON TEMPS

Comptez une demi-journée.

AVEC LES ENFANTS

Le musée « Temps de Dinosaures ».

Se promener

En arrivant de Vinaròs, on découvre soudain, au détour d'un virage, la ville entourée de murailles, et couverte de hautes maisons blanches dont les façades semblent constituer une seconde enceinte.

Pour entrer dans Morella, il convient de contourner la cité (belles vues successives), puis de prendre la route qui suit les arcades d'un **aqueduc** des 14e-15e s. L'accès à l'enceinte se fait par le **Portal San Miquel**, percé dans la muraille.

Au-delà, la rue principale mène à l'**Ayuntamiento** (hôtel de ville), édifice gothique remarquablement restauré. Plus loin, la **carrer Blasco d'Alagó**, dite aussi **« La Plaça »**, accueille sous ses arcades commerces, cafés et petits restaurants.

Au hasard de votre balade dans les ruelles concentriques reliées par des venelles en forte pente (et parfois entrecoupées d'escaliers, comme la **Costa de Sant Joan** qui donne accès à l'ancien quartier juif, la **Judería**), vous découvrirez nombre de maisons seigneuriales.

Le château de Morella offre un superbe panorama sur la ville et ses alentours.
A. del Castillo / age fotostock

Museu « Temps de Dinosaures »
Portal de Sant Miquel, sur la droite - ✆ 964 173 032 - mar.-dim. 11h-14h, 16h-18h (été 19h) - 2 € (-16 ans 1,50 €).
Riche en vestiges paléontologiques du crétacé inférieur, Morella souhaite aujourd'hui se servir de cette spécificité pour son développement territorial.

★ Basilique de Santa María la Mayor
Pl. Arxiprestal (accès de la carrer Blasco d'Alagó par la carrer del Pes, dite aussi carrer Colomer) - ✆ 964 173 032 - juil.-août : 11h-14h, 16h-19h ; reste de l'année : mar.-sam. 11h-14h, 16h-19h, dim. 11h-14h - fermé 1er et 6 janv., 25 et 31 déc. - 2,50 €.
Une des églises gothiques les plus intéressantes de la région. Sur la façade, on peut admirer deux belles portes surmontées de gâbles, celle des Apôtres (14e s.) et celle des Vierges (15e s.) ornée d'un tympan ajouré. Le *coro* Renaissance, surélevé au centre de la nef, possède un escalier tournant magnifiquement sculpté par un artiste local (scènes bibliques) et une fine balustrade dont la frise illustre le Jugement dernier. Le sanctuaire a reçu au 17e s. une somptueuse décoration baroque et la nef s'est parée au 18e s. d'un élégant buffet d'orgues.

LE MAESTRAT OU MAESTRAZGO

Cette vaste région aride et montagneuse s'étend entre le nord de la Communauté valencienne et l'Aragon (p. 233). Elle doit son nom au terme *maestre* (« maître »), qui désignait autrefois le chef des chevaliers des ordres du Temple et de Montesa qui dominèrent successivement la région. L'ordre de Montesa, fondé par Jaume II d'Aragon, siégea à Sant Mateu à partir de 1317 et fit fortifier les villages de la région pour lutter contre les Maures. Au pied de leur château, la plupart de ces villages occupent un site pittoresque. Avec leurs places à portiques et leurs rues étroites bordées de demeures à balcons, ils ont gardé, en raison de leur isolement, un cachet d'authenticité.

LE TIGRE DU MAESTRAZGO

Ramón Cabrera (1806-1877) naquit dans une famille de marins à Tortosa (Catalogne). En 1833, après avoir échappé aux geôles où il était retenu pour une conspiration contre la reine Isabelle II, il rejoignit Morella, tombée aux mains d'une insurrection carliste. Rapidement, Cabrera prit une certaine autonomie et fit régner la terreur en Aragon, au nom des carlistes, sans pour autant leur obéir. Il se fit proclamer général par sa propre troupe, essuya des succès et des revers, pour finalement devoir s'exiler en France, puis en Angleterre vers 1840, après avoir dirigé 10 000 hommes. Il a laissé l'image d'un chef militaire aussi vénéré que redouté.

Dans la sacristie, un petit **musée** rassemble des œuvres de grande qualité, notamment une *Déploration du Christ* de Nicolau Faleo, une madone attribuée à **Sassoferrato** *(*17e s.), un Calvaire anonyme du 16e s. et un portait du « Papa Luna », Benoît XIII *(p. 162)*, par Joan Reixach.

Château (Castillo)

Entrée par l'ancien couvent de Sant Francesc ou depuis la basilique (par la calle Hospital) - mars-oct. : 11h-19h ; nov.-fév. : 11h-17h - 3,50 €.

Couvent de Sant Francesc – L'ancien cloître gothique, très restauré, donne accès à l'église et à une salle dont les murs peints représentent une intéressante **Danse macabre★**. C'est ici que l'on veillait le corps des moines défunts.

En sortant du cloître, suivez le chemin qui monte vers le château.

Une **statue équestre de Don Ramón Cabrera y Griño** rend hommage au « Tigre du Maestrazgo » *(encadré ci-dessus)*.

Le chemin s'enroule autour des différentes enceintes du château. Le palais du gouverneur, la citerne, le moulin et le cachot sont autant d'héritages de ce grand ensemble fortifié. Au sommet se trouvent la place d'armes et les vestiges de la **tour Celoquia** (donjon). De ce belvédère, on jouit d'une **vue★** impressionnante sur la ville, le couvent de Sant Francesc, l'aqueduc médiéval et, alentour, l'enchevêtrement des cimes rousses des sierras.

À proximité Carte de région

Sanctuaire de La Balma B1

25 km au nord-ouest par la CV 14.

Ce curieux **sanctuaire marial** est accroché à une paroi rocheuse, dans un beau site qui domine un méandre du río Bergantes. La grotte dans laquelle est apparue la Vierge a été fermée par un mur latéral (13e s.) et par une façade (17e s.) : on y entre par une étroite galerie creusée dans la roche.

Mirambel B1 *(p. 314)*

30 km à l'ouest par la CV 14 et la CV 120.

Vallivana B1

24 km au sud-est par la N 232.

Sur la route qui descend de Morella vers Vinaròs et la Costa del Azahar, quelques maisons et un ermitage composent ce petit village. Le **sanctuaire de Vallivana** abrite la statue de la Vierge vénérée par les habitants de Morella. Selon la tradition, c'est elle qui éloigna la peste de Morella, en 1672.

Depuis cette date, tous les six ans, à l'occasion de la *Sexenni (voir Agenda p. 168)*, la population de Morella vient à pied chercher la statue et l'emporte en procession jusqu'à la ville fortifiée. L'église ne se visite pas, mais s'inscrit dans un très beau site.

Catí B1

2 km après Vallivana, prenez à droite la petite CV 128 sur 5 km.

Ce minuscule village médiéval, qui a conservé la plupart de ses maisons du 15e s., a beaucoup de charme. Parmi elles, on remarquera notamment la **Casa de la Villa** de 1428 avec ses arcades en ogive (si vous pouvez y entrer, remarquez le beau plafond) et, à côté, la **Casa Miralles** (de 1455). L'église conserve un retable du maître **Jacomart** (v. 1413-1461), appartenant à l'école des primitifs valenciens.

★ Sant Mateu B1

40 km au sud-est. Prenez la N 232, puis à droite la CV 132.

Palau Vilanova, Historiador Betí, 10 - 964 416 658 - mar.-sam. 10h-14h, 16h-18h, dim. 10h-14h.

Capitale historique du Maestrazgo, Sant Mateu devint possession de l'ordre militaire de Montesa en 1319 et les *maestres* (chefs des chevaliers) y installèrent leur résidence. La petite cité connut alors une époque de grande richesse, principalement grâce au commerce de la laine. La ville entra également dans l'histoire pour avoir été le théâtre de la fin du schisme d'Occident : Clément VIII, successeur du « Papa Luna » (*p. 162*), renonça officiellement au trône pontifical le 15 août 1429 en l'église de Sant Mateu. Le cœur de la ville se situe sur la **plaza Mayor**, bordée de quelques maisons à portiques, certaines assez anciennes. Dans la calle Historiador Betí s'élèvent de beaux palais gothiques du 15e s. Vous pourrez également admirer un four du 14e s.

★ **Église archipresbytérale** – *Mar.-dim. 10h-14h, 16h-19h - 1,50 €.* Cette église compte parmi les plus remarquables sanctuaires gothiques de la Communauté valencienne. On y accède par un porche roman du 13e s. Le reste de l'édifice date du 14e s. : nef à voûtes d'ogives, chœur et chapelles latérales remarquables par la qualité et la diversité des sculptures des chapiteaux. Dans le bras gauche du transept sont conservés les vestiges du retable gothique d'origine. Seule la **chapelle de San Clemente** a été reconstruite au 18e s. pour abriter avec splendeur les reliques – un corps complet ! – d'un saint anonyme rebaptisé pour les besoins de la cause San Clemente en souvenir de l'antipape. Son plafond est couvert d'une belle fresque. On sort par une porte gothique de 1431 pour admirer la tour-clocher élevée en 1400. De forme octogonale, elle avait une fonction défensive pour la ville.

Vous pouvez également flâner le long des vestiges des remparts et prendre le temps de visiter le **musée du palais Borull**, qui relate l'histoire de la ville et présente une maquette du palais disparu des *maestres* de Montesa.

1

NOS ADRESSES À MORELLA

HÉBERGEMENT

PREMIER PRIX

Hostal La Muralla – *Muralla, 12 (au bas de la costa de Sant Joan) - 964 160 243 - www.hostalmuralla.com - 19 ch. 40/46 €.* Entièrement rénové, cet hôtel modeste propose des chambres sommaires mais au confort tout à fait acceptable. Une bonne option dans sa catégorie.

BUDGET MOYEN

Hotel Rey Don Jaime – *Juan Giner, 6 - www.reydonjaimemorella.com - 964 160 911 - 44 ch.*

49/73 € - ☕ 8 € - rest. 13/25 €. Situé à deux pas du Portal (de la porte) de Sant Miquel, l'hôtel dispose de chambres simples et vastes, meublées dans un style montagnard. Celles qui donnent sur l'arrière jouissent de belles vues sur les montagnes du Maestrazgo.

La Fonda Moreno – *Sant Nicolau, 12 - ✆ 964 160 105 - www.lafondamoreno.com - 9 ch. 59/75 € ☕ - rest. 16,50 €.* Dans une belle ruelle, un petit hôtel doté de chambres au décor à la fois sobre et design, très agréables.

RESTAURATION

BUDGET MOYEN

La Fonda – *Carreró García, 21 (en contrebas de Blasco de Alagó par la costa Sunyer ou la costa Jovani) - ✆ 964 173 181 - fermé dim. soir et lun. - menus 12/25 €.* Restaurant de spécialités locales servies dans trois petites salles.

Vinatea – *Blasco de Alagó, 17 - ✆ 964 160 744 - menus 12/25 €, carte 25/38 €.* Ce restaurant au décor contemporain déploie aussi des tables sous les arcades de « la Plaça ». Il propose quelques plats originaux comme le millefeuille de foie gras d'oie ou le cabillaud confit *(bacallà al ajillo)*, mais aussi plus traditionnels tels que le *gazpacho andaluz* (en été). Service aimable et attentif.

Daluan – *Callejón Cárcel, 4 - ✆ 964 160 071 - fermé dim. soir et lun. - menus 15/30 €, carte 22/40 €.* Une option surprenante dans la ville ! La carte combine les spécialités de Morella avec des plats plus actuels et une petite note de créativité.

À Sant Mateu

PREMIER PRIX

La Plaça 7 – *Pl. Mayor, 7 - ✆ 667 560 384 - 8/20 €.* Tapas, *bocadillos* (sandwichs) et plats du jour, sans prétention, en terrasse ou dans la salle agréablement fraîche.

ACHATS

La truffe, le miel, les fromages de chèvre ou de brebis et les couvertures en laine de Morella sont quelques produits typiques que vous trouverez dans les boutiques de la ville.

Parmi celles-ci : **M. Manero** *(Blasco de Alagó, 8)* propose charcuteries, fromages et truffes ; **Guimerà** *(Mare de Déu del Pilar, 3)*, qui se présente comme « la maison du miel et du fromage », est un véritable musée ethnographique consacré au savoir-faire (et aux outils) des fabricants de fromage.

Le dimanche matin, sous les portiques de la calle Blasco de Alagó, se tient le **marché**.

À Sant Mateu

La Botiga – *Pl. Mayor.* Objets d'artisanat en bois d'olivier, fromages et champignons.

AGENDA

Sant Antoni Abat – *Le w.-end suivant le 17 janvier.*

Corpus Christi (Fête-Dieu) – *1er w.-end suivant la Trinité.* L'importante fête de Morella est célébrée depuis le 14e s. Grande procession religieuse et fameuse *cabalgata de la Degolla.*

Sexenni – *Tous les 6 ans, en août (prochaine édition en 2018).* Célébration de la Virgen de Vallivana : après le pèlerinage au sanctuaire *(24 km)*, la statue est rapportée en ville, puis des processions de chars parcourent les rues, tandis que les corporations se succèdent en dansant. Un petit musée (**Museu sexenal de sis en sis**, *calle sant Nicolau*) est consacré à cette tradition.

Xàtiva

Jàtiva (espagnol)

★★

29 400 habitants – Province de Valence

Dans un paysage de coteaux plantés de vignes et de cyprès, deux hautes collines encerclées de murailles crénelées annoncent Xàtiva, la ville aux mille fontaines. Elle est le berceau de deux membres de la famille Borgia qui devinrent tous deux papes, Calixte III (1455-1458) et Alexandre VI, ainsi que du peintre Josep de Ribera, dit « El Españoleto » (1591-1652). Dotée d'un riche patrimoine, Xàtiva est dominée par la silhouette de son imposante collégiale achevée au 20e s.

NOS ADRESSES PAGE 172

S'INFORMER
Office de tourisme – *Alameda Jaume Ier, 50 - ☏ 962 273 346 - 10h-14h.*

SE REPÉRER
Carte de région B3 (p. 110-111) – Comptez 62 km au sud-ouest de Valence par l'A 7 et 42 km depuis Gandia.

À NE PAS MANQUER
Le château et son panorama, la place de la collégiale bordée par la façade de l'ancien hôpital royal et l'église de Sant Felíu.

ORGANISER SON TEMPS
Prévoyez une demi-journée, une journée entière avec les excursions.

Se promener

Plaza de Calixto III

Sur cette place, qui honore le premier pape Borgia, se dresse la superbe **façade de l'ancien hôpital royal★★** (15e-16e s.). Le portail de droite est gothique : l'archivolte en accolade est surmontée d'une très belle série d'anges musiciens encadrant une statue de la Vierge.
Le reste de la façade présente une ordonnance régulière, d'époque Renaissance. La **collégiale**, appelée *Seu* (quoiqu'elle n'ait plus le titre de cathédrale), fut

LA PREMIÈRE PAPETERIE D'EUROPE

Importante localité ibère, Xàtiva devient le siège d'un évêché dès la période wisigothique – la cathédrale se trouvait alors à l'emplacement de l'actuelle église de Sant Felíu. Les Almoravides s'en emparent au 11e s. et y établissent la première industrie du papier en Europe : fabriqué avec de la paille de riz, il est toujours connu au Maroc sous le nom de papier *xativi*. Du 13e au 18e s., elle s'impose comme la deuxième ville économique et démographique du royaume de Valence. Assiégée par les troupes de Philippe V, elle est prise et incendiée, puis rebaptisée Nouvelle-Colonie-de-Saint-Philippe, avant de retrouver son nom en 1812. Les habitants y prennent le surnom de *Socarrats* (les brûlés).

LE « PETIT ESPAGNOL »

José de Ribera naît en 1591 à Xàtiva. Il étudie à Valence, probablement aux côtés de Ribalta, puis part pour l'Italie. « Lo Spagnoletto », le petit Espagnol, comme le nomment les Italiens en raison de sa petite taille, y mourra en 1652. Grâce au vice-roi de Naples, dont il devient le peintre attitré, il acquiert très vite une grande célébrité tant en Italie qu'en Espagne. Un art robuste et réaliste, qui rappelle par sa science du clair-obscur celui du Caravage, caractérise les toiles de ses débuts. Les nombreux personnages de son répertoire, religieux, moines et saints, sont dotés d'une énergie un peu rude. Ses dernières œuvres, aux tons plus tendres et aux sujets plus sereins, font découvrir un Ribera d'une surprenante délicatesse.

commencée à la fin du 16e s. et les travaux durèrent jusqu'en 1920. La façade principale est construite dans un style néoroman et la tour unique (son pendant ne fut jamais érigé), achevée au 20e s., est de style Art déco dans sa partie haute. À l'intérieur, les trois nefs sont impressionnantes par leur taille. Le **musée** *(accès plaza de Calixto III, 1,50 €)* conserve de beaux retables de Jacomart et Reixach.

Musée municipal de l'Almodí (Almudín)

Corretgeria, 46 - ✆ 962 276 597 - de mi-juin à mi-sept. : tlj sf lun. mat ; de mi-sept. à mi-juin : tlj sf lun., dim. et j. fériés mat. - 2,40 € (-18 ans 1,20 €).

Installé dans l'ancien grenier à grains de la ville, il conserve quelques pièces remarquables. Le beau patio Renaissance fait office de dépôt lapidaire. Dans les salles, on remarque des vestiges de la cathédrale wisigothique de Sant Felíu, ainsi qu'une croix gothique dite « du chemin de Valence » et une exceptionnelle **vasque islamique★** *(pila)* présentant un rare décor anthropomorphe (11e s.) sculpté dans le marbre. Dans la section peinture se distinguent deux portaits de **Ribera** (*San Matias* et *San Onofre*), le *Voile de sainte Véronique* en grisaille par Luca Giordano, et le retable de la Transfiguration par le **maître de Borbotó** (16e s.). Une vaste maquette montre la ville telle qu'elle était à la fin du 15e s.

★ Église de Sant Felíu

Sur la route du château, à droite.

L'église fut bâtie au 13e s. juste après la Reconquête. Le portique d'entrée est construit avec des éléments de remploi, notamment des colonnes romaines. On peut y admirer un **bénitier★** en marbre blanc creusé dans un chapiteau. La nef unique à quatre grands arcs diaphragmes est couverte d'un plafond en bois. Le **retable de San Nicola de Bari** est une œuvre commune des maîtres de Xàtiva (pour les prédelles), Borbotó et Cabanes.

En continuant le chemin qui monte au château, on passe devant l'**ermitage de Sant Josep** (18e s.), d'où l'on jouit d'une très belle **vue★** sur la ville.

★ Le château (Castillo)

✆ 962 274 274 - tte la journée - fermé lun. (sf j. fériés) - 2,40 € (-18 ans 1,20 €).

Établi à l'emplacement de la ville primitive, il est constitué de deux parties distinctes : le *castillo menor* et le *castillo mayor*. L'enceinte fortifiée (tours et murs) date principalement de l'occupation arabe et de la période gothique. Pour le reste, il s'agit essentiellement de vestiges – la forteresse fut démantelée par Philippe V – constituant un agréable lieu de promenade avec de vastes **panoramas★** sur la ville, la *huerta* et la mer au loin. La porte d'Hannibal garde le souvenir du passage du célèbre général carthaginois. Le château servit de prison royale pour le comte d'Urgel, prétendant au trône d'Aragon, écarté par son rival Ferdinand Ier lors du compromis de Caspe en 1412.

À proximité Carte de région

Simat de la Valldigna B3

À 21 km à l'est de Xàtiva par la CV 600, vers Gandia.

★ **Monastère royal de Santa María de la Valldigna** – *962 811 636 - 15 juin-15 sept. : 10h-14h, 16h-20h ; 16 sept.-14 juin : 9h-15h, 16h-18h - gratuit.* Le monastère forme un très bel ensemble architectural inscrit dans un site magnifique. Il fut fondé par Jaume II le Juste et confié aux cisterciens. Victime de deux tremblements de terre (1396 et 1644), il conserve des bâtiments d'époque gothique et d'autres de style classique, comme l'église de Santa María, dont l'intérieur est couvert d'un délirant décor de stucs colorés.

Gandia/Gandía B3

À 44 km à l'est de Xàtiva par la CV 600 ou 65 km au sud de Valence par l'AP 7 ou par la route côtière CV 500.

Av. Marqués de Campo, 16 - 962 877 788 ; au Grau : Pg Marítim Neptú, 45 - 962 842 407 - www.turismo.gandia.org.

Gandia est le centre d'une *huerta* productrice d'oranges irriguée par le Serpis et son affluent, le Vernisa. À côté du port, le long d'une immense **plage** de sable, s'élèvent les immeubles de la station balnéaire, le Grau de Gandia. Le centre historique est un peu en retrait. La délicieuse « **fideuá** » (une paella où l'on remplace le riz par des petites pâtes fines) est, selon la tradition, un plat originaire de Gandia : le cuisinier d'un bateau local manquant de riz pour la paella, l'aurait inventée. Un concours international annuel de *fideuá* commémore cette judicieuse invention.

Palais ducal – *Duc Alfons el Vell, 1 - 962 871 465 - visite guidée : mat. et apr.-midi, dim. et j. fériés mat. - fermé 1er janv., 25 déc. - 6 € (tarif réduit 5 €).* C'est dans cette maison, acquise par les Borgia en 1485, que naquit saint François Borgia, *(voir encadré ci-dessous)*. Après avoir subi bien des transformations entre le 16e et le 18e s., elle est aujourd'hui occupée par les jésuites. Seul le patio a gardé son allure gothique, caractéristique des patios de la côte est d'Espagne. Après la chambre où naquit le saint (carrelage d'origine), on découvre dans la vitrine d'une autre salle son lit démonté. La **galerie**★★ du palais est spectaculaire. Composée d'une enfilade de cinq salons séparés par des portiques en bois doré partiellement escamotables, elle présente un riche décor de la fin du 17e s. Les deux ultimes salles sont pavées d'un très frais pavement en céramique de Manises du 18e s. Celui du dernier salon se compose de 1 500 pièces trapézoïdales qui permettent le passage du plan quadrangulaire au plan circulaire. Il représente les quatre éléments et, au centre, le soleil.

UNE FAMILLE PAS TOUJOURS TRÈS SAINTE

Gandia devint le fief des Borja, plus connus aujourd'hui sous leur nom italien de Borgia, quand le duché de Gandia fut remis en 1485 par Ferdinand le Catholique à Rodrigo Borgia. Devenu pape en 1492 sous le nom d'Alexandre VI, il se distingua par les scandales de sa vie privée et par ses enfants – Lucrèce, réputée pour sa beauté, sa culture et sa vie dissolue ; César, habile politique sans scrupules qui fit assassiner son frère et inspira Machiavel pour son œuvre *Le Prince*.

Gandia conserve également le souvenir de son quatrième duc, **san Francisco de Borja** (saint François Borgia, 1510-1572), arrière-petit-fils d'Alexandre VI, nommé vice-roi de Catalogne en 1539, et troisième général des jésuites.

NOS ADRESSES À XÀTIVA

HÉBERGEMENT

À Xàtiva

POUR SE FAIRE PLAISIR

Hotel Mont Sant – *Ctra del Castillo - ✆ 962 275 081 - www.mont-sant.com - 16 ch. 94/190 €* ☕. Par la route qui gravit la colline du château, on accède au luxuriant jardin de ce relais du silence. Devant la façade peinte en ocre rouge, une terrasse invite à la détente. Cheminée dans le hall et chambres au mobilier ancien (avec vue sur la ville ou le château). Certaines chambres, plus modernes, sont installées dans les chalets en bois répartis dans le jardin. Piscine entourée d'orangers et protégée par l'ancienne muraille arabe de la ville. Une invitation au bonheur dans un cadre enchanteur.

À Gandia

BUDGET MOYEN

Albatros – *Clot de la Mota 11, Grau de Gandia - ✆ 962 845 600 - www.hotel-albatros.com - - 46 ch. 52/140 €* ☕. Cet hôtel moderne et de bon confort est situé en bord de mer près de la plage. Le soir, sa cafétéria propose un petit menu simple.

RESTAURATION

À Xàtiva

PREMIER PRIX

El Túnel – *Portal de Valencia - ✆ 962 288 237 - menus 10/12/15 €.* Niché dans une ruelle, c'est, selon l'avis général, le meilleur lieu où déguster des tapas à Xàtiva. Le menu à 15 € proposant un assortiment de cinq tapas fait l'unanimité, et les riz sont excellents.

BUDGET MOYEN

El Gourmet del Socarrat – *Trobar, 5 - ✆ 962 272 7980 - menus 20/25 €.* Doté d'une boutique de produits gourmands et d'un bar pour déguster tapas et *pintxos*, cet établissement à forte influence basque – ce qui en matière culinaire est un gage de qualité – séduit, notamment pour son menu dégustation aussi copieux qu'appétissant.

À Gandia

BUDGET MOYEN

Casa Manolo – *Pg Marítim, playa Daimús - Grau de Gandia - ✆ 962 818 568 - 25/30 €.* Connu pour la qualité de ses fruits de mer et de ses poissons, le restaurant jouit d'une vue magnifique sur la mer.

PETITE PAUSE

En fin de journée, l'**Alameda Jaume Ier** est l'endroit idéal pour boire un verre, à l'ombre des arbres centenaires.

ACHATS

Tous les mar. et vend., le **marché** de Xàtiva s'installe sur la plaza del Mercado, belle place à portiques.

AGENDA

Depuis l'an 1250, entre le 15 et le 20 août, se tient la feria de la **Xàtiva** : foire au bétail, corridas et courses de chars.

Alcoi

Alcoy (espagnol)

★

60 105 habitants – Province d'Alicante

Située sur la route européenne de l'Art nouveau, cette ville industrielle occupe un site exceptionnel au confluent de trois rivières et au cœur d'un grandiose paysage montagneux. Sa position stratégique, à la frontière de l'ancien royaume de Valence, lui assura un rôle important lors de la Reconquête, et les dernières luttes contre les Arabes en 1276 sont restées dans les mémoires. Chaque année, la ville commémore cet événement par l'une des plus grandes fêtes que connaisse l'Espagne. À cette fête des Maures et des Chrétiens, s'ajoute, à Noël, le défilée des Rois mages qui inonde de magie les moindres recoins de la ville.

NOS ADRESSES PAGE 176

S'INFORMER

Office de tourisme – *Pl. d'Espanya, 14 - ✆ 965 537 155 - www.alcoiturisme.com - ♿ - lun.-vend. 10h-14h, 16h-18h, w.-end et j. fériés 11h-14h.*

Centre d'interprétation touristique Explora – *C. Tints (au-delà du río Riquer, juste après le pont de Sant Jordí) - ✆ 965 537 155 - www.alcoiturisme.com - ♿ - mar. et jeu. 10h-11h45, merc. et vend. 10h-11h45, 16h-18h30, w.-end et j. fériés 10h30-12h30 - fermé lun. - 1 € (-5 ans gratuit).*

SE REPÉRER

Carte de région B3 (p. 110-111) – À 60 km au nord d'Alicante par la N 340 et l'A7.

SE GARER

Le stationnement est payant dans le centre-ville, qui dispose de parkings souterrains : celui de la calle Gonçal Barrachina, au coin de la plaça d'Espanya, est particulièrement pratique.

À NE PAS MANQUER

Le musée de la Fête, la Llotja de Sant Jordi et le Cercle industriel.

ORGANISER SON TEMPS

Comptez une journée.

Se promener

Plaça d'Espanya

Au cœur de la ville, vaste place sans grand caractère bordée par l'église **Santa María**, reconstruite après la guerre civile, et la **Casa Consistorial**, du milieu du 19e s.

★★ **Llotja de Sant Jordi** – *Pl. d'Espanya, 2 (accès par l'ascenseur sous la Casa Consistorial, sur la gauche du passage donnant accès à la pl. de Dins) - pdt les expositions : mar.-sam. 11h30-13h30, 17h30-20h30, dim. 11h30-13h30- en dehors des expositions, s'adresser à l'office de tourisme - gratuit.*

Difficile d'imaginer, en arpentant la plaça d'Espanya, que se cache dans son sous-sol un très vaste espace créé par **Santiago Calatrava** entre 1992 et 1995. Cette salle souterraine, d'un blanc immaculé, voûtée de grands arcs paraboliques, accueille des expositions temporaires.

Plaça de Dins – Cette curieuse petite place rectangulaire à portiques a été aménagée en utilisant le cloître néoclassique d'un couvent aujourd'hui disparu.

De retour sur la plaça de Espanya, prenez la carrer Sant Nicolau.

★ Cercle industriel (Círculo Industrial)

Sant Nicolau, 19 - ✆ 965 540 666 - 10h-14h - gratuit.

Daté de 1904, l'édifice, symbole de la richesse industrielle de la ville, présente une façade de style moderniste ornée de beaux balcons. Au niveau de l'attique sont peintes d'élégantes danseuses. On accède au Grand Salon par un couloir couvert d'une verrière colorée. Un second salon, en rotonde, est également surmonté d'une coupole en vitraux. La beauté du décor et l'ambiance désuète de ce cercle en font un lieu charmant.

À côté, la **Casa del Pavo** (1908) est un autre exemple de style moderniste.

En continuant dans cette rue, on arrive à la **Glorieta**, premier jardin public dessiné au milieu du 19e s. Il garde son tracé romantique (remanié à la fin du 19e s.) et s'anime d'un kiosque, d'une volière et d'un pigeonnier.

Longez la Glorieta par la carrer Sant Doménec, puis poursuivez jusqu'à la petite place Mossén Josep et tournez à droite.

Plaçeta de Ferrándiz i Carbonell

Cette petite place forme le cœur d'un ancien quartier industriel qui a su conserver et réhabiliter les bâtiments qui la bordent. Ces très beaux **édifices de style moderniste et Art déco** abritent désormais l'université polytechnique de Valence.

Prenez la carrer Joan Cantó.

★ Casa d'Escaló

Carrer Joan Cantó - merc. et vend. 10h-12h - gratuit.

Construit par l'architecte Vicente Pascual Pastor en 1906, cet hôtel particulier destiné à un industriel du textile développe en façade un répertoire proche du

UN PASSÉ INDUSTRIEL

La situation géographique d'Alcoi, encaissée dans une profonde vallée baignée par les eaux des rivières Serpis, Molinar et Barchell (ou Riquer), a permis le développement d'une industrie à multiples facettes : textile, papier (notamment papier à cigarettes) et métallurgie furent les fers de lance de son économie durant la seconde moitié du 19e s. et le début du 20e s. L'urbanisme en garde les traces profondes, qu'il s'agisse des simples maisons ouvrières, des demeures modernistes des riches industriels ou du patrimoine industriel à proprement parler, aujourd'hui reconverti.

La « ville des ponts » – Au sud-est de la ville, le **viaduc de Canalejas** enjambe la rivière Molinar. Érigée entre 1901 et 1907, sa structure métallique s'allonge sur 200 m. Au nord-ouest, le **pont de María Cristina**, de style néomédiéval (1828-1837), fut le premier grand ouvrage public de la ville. Le plus emblématique est le **pont de Sant Jordi**, au nord : lancé en 1931 sur la rivière Riquer, il adopte un style Art déco très élégant. La profondeur de la vallée en cet endroit imposa la construction de piles d'une hauteur impressionnante.

FIESTA DE MOROS Y CRISTIANOS
En 1276, Alcoi assiste à la révolte de sa population arabe, soutenue par l'armée d'Al-Azraq, chef militaire des musulmans du sud de l'Espagne. Une intervention miraculeuse de saint Georges donne la victoire aux chrétiens. La **fête des Maures et des Chrétiens**, qui commémore cet événement fin avril, fait aujourd'hui la célébrité de la ville. Durant trois jours, processions religieuses, cavalcades et reconstitutions théâtrales dans de somptueux costumes enflamment la ville et ses habitants.

modernisme : pierres rustiquées (travaillées pour donner un aspect rugueux), oriels en métal et balcons ouvragés curvilignes. Restauré, l'édifice abrite le conservatoire de musique.
Revenez à la plaça d'Espanya par l'avinguda País Valencià, puis la carrer Sant Llorenç légèrement à droite. Prenez alors la carrer Pintor Casanova (sur la droite de la façade de l'église) et poursuivez jusqu'à la carrer Sant Miquel.

★ **Musée de la Fête** (Museu Alcoià de la Festa - MAF)
Sant Miquel, 60-62 - ✆ 965 540 580 - www.alcoiturisme.com - tlj sf lun. 10h-14h, 16h-19h, dim. et j. fériés 11h-14h - 3 € (-5 ans gratuit).
Pour qui veut comprendre la ville et la fête des Maures et des Chrétiens, la visite de ce musée est indispensable et très plaisante. Documents photographiques ou imprimés, objets et témoignages exposent avec clarté le déroulement des fêtes ainsi que leur histoire. Une mise en scène audiovisuelle permet d'assister aux différentes étapes des festivités : jour des musiciens, jour des entrées et jour du saint patron.

À voir aussi

Abri Cervantès (Refugi de Cervantes)
Els Alçamora (au-delà du pont de María Cristina dans le prolongement de l'av. País Valencià) - ✆ 965 537 155 - www.alcoiturisme.com - mar. et jeu. 12h-14h, 16h-18h30, merc. et vend. 12h-14h, w.-end et j. fériés 12h45-14h30 - 1 € (-5 ans gratuit).
Voici l'un des abris creusés, durant la guerre civile, afin de protéger la population des attaques aériennes très nombreuses en raison de l'importance stratégique et économique de la ville, restée républicaine pendant tout le conflit. Des panneaux, un écran interactif et une vidéo expliquent le contexte historique et racontent la vie dans ce souterrain, de plus de 100 m de long, lors des bombardements.

Excursion Carte de région

Onteniente/Ontinyent B3
À 34 km au nord-ouest.
Ville de tradition industrielle textile, Onteniente a conservé un spectaculaire quartier ancien, le **barrio de la Villa,** aux *casas colgadas*, posées en surplomb du ravin creusé par le río Clariano.
Outre quelques vestiges des murailles, on y découvre plusieurs maisons seigneuriales, la plus belle étant le **palais de la duchesse d'Almodóvar** (plaza de San Roque) commencé au 14e s. et largement remanié par la suite.
L'**église Santa María**, mélange des styles gothique et Renaissance, arbore un beau portail plateresque.

NOS ADRESSES À ALCOI

HÉBERGEMENT

PREMIER PRIX

Hostal Savoy – *Casablanca, 9 (près de la pl. de Espanya par la calle Gonçal Barrachina) - ✆ 965 547 272 - www.hostalsavoy.com - 30 ch. 45/75 € ☕ - rest. 8/12 €.* Chambres confortables à l'ameublement sobre.

BUDGET MOYEN

Hotel AC Ciutat d'Alcoi – *Colón, 1 - ✆ 965 333 606 - www.ac-hotels.com - 84 ch. 60/75 € - ☕ 10 €.* Au nord du Riquer, l'hôtel a investi d'anciens bâtiments industriels. Une rénovation de qualité, avec des chambres conformes à cette chaîne : grand confort, décor design, service parfait. Jacuzzi, hammam et salle de fitness en accès libre.

POUR SE FAIRE PLAISIR

Masía La Mota – *Ctra Font Roja - ✆ 965 540 370 - www.masialamota.com - 10 ch. 116/130 € ☕ - rest. 30/35 €.* Un hôtel rural situé dans un environnement bucolique. Terrasses et piscine pour la détente et chambres personnalisées au mobilier ancien. Restaurant accueillant.

RESTAURATION

PREMIER PRIX

Les adeptes du *tapeo* se donnent rendez-vous au bar **Casa Miguel** *(plaçeta Sant Francesc, 9 - ✆ 965 542 175)*, au bar **Victor** *(Santa Rita, 5 - ✆ 686 116 007)* et au Café bar **L'Autentic** *(St Llorenç, 1 - ✆ 965 545 412)*. Dans tous les cas, privilégiez les spécialités locales : *albisinios* (à base d'œufs durs), *garibaldinos* (gambas) ou *espardenyes* (sardines frites).

BUDGET MOYEN

Casa Juliet – *Anselm Aracil, 21 - ✆ 965 331 007 - ouv. le soir du jeu. au sam. - 15/27 €.* Au nord de la ville, cette maison sert un menu complet très agréable ; mise en bouche *(aperitivo)* offerte. Goûtez la soupe aux lentilles et aux lardons. Le décor est chaleureux.

AGENDA

Fête des Maures et des Chrétiens – *Fin avr.* *➲ p. 175.*

Défilé des Rois mages – Le 5 janv., à la nuit tombante, la ville en liesse célèbre l'arrivée des Rois mages, chargés de friandises.

Alicante

Alacant (valencien)

★★

335 052 habitants – Province d'Alicante

Dès l'Antiquité, la luminosité de son ciel fit la réputation d'Alicante : les Grecs l'appelaient Akra Leuka (la citadelle blanche) et les Romains Lucentum (ville de la lumière). Dans cette ville accueillante, typiquement méditerranéenne, se mêlent avec bonheur une tranquillité toute provinciale et l'animation d'un grand centre touristique. Étroitement liés, le quartier historique, le port et la plage en font une ville à la géographie urbaine homogène, résolument tournée vers la mer.

NOS ADRESSES PAGE 186

S'INFORMER

Offices de tourisme – *Rambla de Méndez Núñez, 41 - ✆ 965 200 000 - www.comunitatvalenciana.com ; Portugal, 17 - ✆ 965 929 802 - www.alicanteturismo.com - lun.-vend. 10h-18h, sam. 10h-14h - fermé dim. ; pl. del Ayuntamiento - ✆ 965 149 219 - lun.-vend. 9h30-14h, 16h15-19h, sam. 10h-14h, 16h-19h ; gare ferroviaire (av. Salamanca) - ✆ 965 125 633 - lun.-vend. 9h30-14h, 16h15-19h.*

Touristcard – Uniquement pour les transports. Valable 24h *(13 €)*, 48h *(16 €)* ou 72h *(18 €) - www.alicantetouristcard.com.*

Visites guidées – Quartier historique et château (en anglais et en espagnol). *✆ 664 119 544 - tlj à 10h30 (sans réserv.), RV à l'office de tourisme - durée 2h30 - 8 € (plus le prix d'accès au château par l'ascenseur, 2,50 €).*

SE REPÉRER

Carte de région B4 (p. 110-111) – À 78 km au sud de Valence par l'AP 7 ou la N 332. La ville s'étale au pied du mont Benacantil et du château de Santa Bárbara, le long d'une vaste baie fermée par les caps de Huerta et de Santa Pola.

SE GARER

La ville dispose de plusieurs parkings souterrains. Le plus central – et commode d'accès – est situé sur le Muelle de Levante, au bout de l'Explanada.

À NE PAS MANQUER

Le château de Santa Bárbara, le quartier historique, la vie nocturne animée du *barrio* et du port.

ORGANISER SON TEMPS

Deux jours suffisent pour visiter la ville et profiter de sa plage. Prévoyez une journée supplémentaire pour une excursion à l'île de Tabarca.

AVEC LES ENFANTS

Le musée des Crèches ; le musée de Hogueras ; le musée du Sel à Santa Pola.

Se promener Plan de ville II

★ **LA VIEILLE VILLE** (CIUDAD ANTIGUA)

Circuit tracé en vert sur le plan de ville (p. 180). Départ au pied de la Concatedral. Le centre historique, des plus charmants, s'étend de la Rambla Mendez Núñez à l'Explanada, et de la plage du Postiguet au mont Benacantil dominé par le château. La calle Mayor et la calle Labradores, piétonnes, sont particulièrement agréables à parcourir.

★ Concatedral de San Nicolás de Bari C1

Calle Labradores - ✆ 965 212 662 - lun.-vend. 7h30-12h, 17h30-20h, w.-end 8h30-12h, 18h-20h.

Édifiée au 17e s. à l'emplacement d'une mosquée, cette ancienne collégiale appartenait autrefois au diocèse d'Orihuela. En 1959, elle reçut du pape Jean XXIII le titre de *concatedral* et devint le siège de l'évêché d'Orihuela-Alicante. La nef, aux sobres proportions, est dominée par une coupole de 45 m de hauteur. Remarquez le style baroque de la chapelle de la Comunión. Dans la même rue, au n° 9, le **palacio Maisonnave** (18e s.) accueille les archives municipales. Au n° 14, un *palacete* du 18e s. abrite le centre culturel.

★ Explanada de España CD2

Longeant le port de plaisance, l'**esplanade** est l'une des plus agréables promenades de bord de mer du littoral espagnol. Égayée de marbres polychromes aux dessins sinueux et réguliers, elle est ombragée de majestueux palmiers plantés en 1848. De nombreuses terrasses de cafés et de restaurants s'y déploient aux beaux jours (soit presque toute l'année!) et, en été, des concerts sont donnés le dimanche dans le kiosque à musique. Si elle constitue le lieu de promenade et de farniente idéal, l'esplanade est aussi la colonne vertébrale de la cité, bordant son cœur historique et reliant le centre-ville à la plage. À son extrémité, peu avant d'arriver à la plaza Puerta del Mar, se dresse, au n° 2, la fière façade à tourelles et clochetons de la **Casa Carbonell**, élevée par Juan Vidal Ramos en 1924 à la demande d'un industriel.

Prenez à gauche la calle Cervantes.

★ Hôtel de ville (Ayuntamiento) D2

Pl. del Ayuntamiento et pl. Santísima Faz - ✆ 965 149 100 - lun.-vend. 9h-14h.

Cet imposant palais, édifié tout au long du 18e s. et flanqué de deux tours, arbore une belle façade baroque. À l'intérieur, une chapelle rococo, décorée d'azulejos de Manises, et deux salons romantiques. Dans le hall, au pied du grand escalier de marbre rouge, notez la *cota cero*, petite plaque indiquant le point étalon pour le calcul des altitudes de tout le territoire espagnol (à 3,407 m au-dessus du niveau de la mer). Voir aussi la grande sculpture dorée de Salvador Dalí.

Depuis la calle Cervantes, prenez à gauche la calle Gravina.

★ Museo de Bellas Artes Gravina - MUBAG D2

Gravina, 13 - ✆ 965 146 780 - www.mubag.org - juil.-août : mar.-sam. 11h-21h, dim. et j. fériés 11h-15h ; reste de l'année : mar.-sam. 10h-20h, dim. et j. fériés 10h-14h - gratuit.

Le musée réunit deux palais des 17e et 18e s. Les collections permanentes occupent le premier niveau : quelques objets d'art décoratif, parmi lesquels trois beaux *bargueños* (cabinets) des 16e-17e s. ; dans la section peinture, remarquez le très beau **Calvaire** de Rodrigo de Osona (fin 15e s.) où

Le port d'Alicante.
R. SIME/Schmid/Sime/Photononstop

transparaît une forte influence des peintres flamands, ou encore *Saint Jean, saint Joseph et l'Enfant* par **Cristobal Llorens** (16e s.), artiste proche de Juan de Juanes ; plus anecdotique, une **vue d'Alicante** par Vicente Suárez Ordóñez donne une bonne idée de ce que pouvaient être la ville et le port au début du 19e s.

Revenez vers la plaza del Ayuntamiento et prenez à gauche la calle Villavieja.

Basilique de Santa María D1

Pl. de Santa María - ✆ 965 216 026 - 12h-13h, 18h-19h30.

La plus ancienne église de la ville, bâtie au 14e s. sur les fondations d'une mosquée, se dresse au pied du château de Santa Bárbara. L'intérieur a subi de nombreuses modifications : au 17e s., la nef fut élargie et le sanctuaire couvert d'une lourde décoration churrigueresque. Près de l'entrée, remarquez une peinture sur bois (les saints Jean) par Rodrigo de Osona le Jeune et de gracieux fonts baptismaux Renaissance en marbre. La **façade★** est très caractéristique du baroque du 18e s. avec ses colonnes torses, ses corniches brisées et ses piliers.

★ Musée d'Art contemporain (MACA)/Casa de la Asegurada D1

Pl. de Santa María, 3 - ✆ 965 140 959 - www.maca-alicante.es/?page_id=16 - mar.-sam. 10h-20h, dim. et j. fériés 10h-14h - gratuit.

Installé dans un ancien grenier municipal du 17e s., ce musée est né d'une donation par le sculpteur alicantin **Eusebio Sempere** (1923-1985), à laquelle s'est ajoutée une collection de peintures consacrée à **Juana Francés** (1924-1990). Il présente des œuvres d'artistes espagnols (Miró, Picasso, Gargallo, Tàpies, Saura, Genovés, Chillida, Dalí) et étrangers (Vasarely, Bacon, Braque, Chagall, Kandinsky, Adami, etc.).

Poursuivez jusqu'à la calle Jovellanos où se trouve l'ascenseur (10h-19h30 - 2,50 €).

★ Château de Santa Bárbara (Castillo de Santa Bárbara) D1

✆ 965 162 128 - tte la journée - fermé 1er janv., 25 déc. - gratuit.

SE LOGER		SE RESTAURER	
Gravina Cinco	1	Cantó (El)	12
Mediterránea Plaza	5	Ereta (La)	1
Monges Palace (Hostal Les)	4	Jareia (Gastrobar La)	5
Residencia La Milagrosa	7	Nou Manolin	14
Tryp Ciudad de Alicante	9	Sastrería (La)	6
		Taberna del Gourmet (La)	7

Il occupe une position stratégique au sommet du mont Benacantil, où plusieurs citadelles se sont succédé depuis l'Antiquité. L'origine de la forteresse actuelle date de l'époque musulmane (10e s.), bien que la plupart des bâtiments soient du 16e s. Des trois enceintes, c'est la première, la plaza de la Torreta *(station d'arrivée de l'ascenseur)*, qui compte les édifices les plus anciens. De la terrasse supérieure, on peut admirer la **vue★★** sur le port, la ville, le château de San Fernando juché sur une autre colline, la plage de Sant Joan et l'île de Tabarca.

ALICANTE DANS L'HISTOIRE

Des origines de la ville jusqu'au 17e s. – Les premières populations se fixèrent sur les flancs du mont Benacantil. Après l'invasion romaine, la ville, rebaptisée *Lucentum*, se développa dans le secteur de Benalúa (actuel centre historique).

Avec l'arrivée des musulmans fut entreprise la construction du château qui protégeait la ville et permit son développement. En 1246, la ville fut reprise par le roi Alphonse X le Sage pour le royaume de Castille. Elle intégra le royaume de Valence en 1296 et reçut le titre de ville en 1490 des mains de Ferdinand le Catholique. Jusqu'à la fin du 16e s., le port d'Alicante desservit la Castille, ce qui lui assura un rôle stratégique dans le commerce maritime et une indéniable prospérité économique. En 1650, elle était la troisième ville commerciale d'Espagne.

Capitale de la Costa Blanca – Grâce à la douceur de son climat et à la proximité de vastes plages **(El Postiguet, l'Albufereta, Sant Joan)**, Alicante est devenue la capitale du tourisme de la Costa Blanca (*p. 188*). Le long de la côte sud, plate et sablonneuse, ont surgi des stations balnéaires comme **Santa Pola**, **Guardamar del Segura**, **Torrevieja** et **Campoamor**. Mais au-delà du tourisme, Alicante s'impose aussi comme un centre international en accueillant l'**Office d'harmonisation du marché intérieur européen**. Son port a conservé un rôle économique important grâce à l'exportation des produits de sa *huerta* et de celle de Murcie.

La seconde enceinte *(étape intermédiaire de l'ascenseur)* date du 16e s., et l'enceinte inférieure *(fin de la route d'accès)* du 17e s.

MUSA (Musée de la Ville d'Alicante) – *952 152 969/211 744 - 10h-14h30, 16h-20h - gratuit*. Ses collections investissent progressivement le château avec une vidéo de présentation, une exposition sur la relation intime d'Alicante et de la mer, et une autre sur les personnalités qui ont marqué l'histoire de la ville. Le logis du gouverneur abrite des cartes, et on en profite pour découvrir l'*aljibe* (réservoir) d'époque Renaissance, destiné à conserver les eaux de pluie.

Quartier de Santa Cruz C1

En descendant à pied vers la ville, on arrive dans le quartier populaire de Santa Cruz aux ruelles étroites, escaliers et petites places d'origine médiévale. Les maisons, pleines de charme, arborent des façades blanches et fleuries sur lesquelles se détachent les encadrements des portes et fenêtres peints de couleurs vives. Cette ambiance de paisible village méditerranéen se découvre dans les calles **San Roque**, **San Rafael** et sur la **plaza del Carmen**.

Quittez la place par la calle del Carmen, puis à droite la calle Abad Najera.

Musée des Crèches (Museo de Belenes) C2

Calle San Agustín, 3 - 965 202 232 - lun. 18h-21h (17h-20h en hiver), mar.-vend. 11h-14h, 18h-21h (10h-14h, 17h-20h en hiver), sam. 10h-14h (11h-14h en hiver) - gratuit.

Pour les amateurs de crèches, ce musée associatif est plein de belles surprises. Quelques crèches anciennes et, surtout, de nombreuses scènes (Nativité, Annonciation, Retour à Nazareth, sainte Famille au travail, etc.) créées avec passion par des *maestros belenistas* contemporains.

Au bout de la rue, la plaza de la Santísima Faz ramène à l'Ayuntamiento.

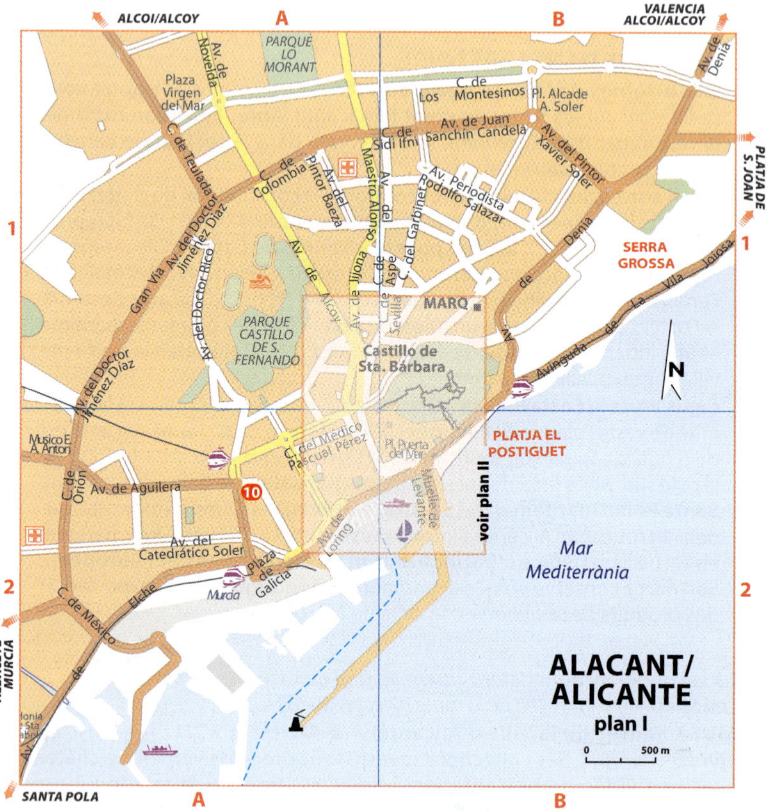

SE RESTAURER
Piripi 10

À voir aussi Plan de ville II

★★ Museo Arqueológico provincial de Alicante - MARQ D1

Pl. Doctor Gomez Ulla, s/n (accès par l'av. Jaime II, puis la calle Vázquez de Mella. Au nord du mont Benacantil) - ✆ 965 149 000 - www.marqalicante.com - ♿ - juil.-août : mar.-sam. 10h-14h, 18h-22h, dim. 10h-14h ; sept.-juin : mar.-vend. 10h-19h, sam. 10h-20h30, dim. 10h-14h - 3 € (-15 ans gratuit).

Le musée a pris place dans les imposants bâtiments de l'**ancien hôpital San Juan de Dios**, construit dans les années 1920 selon un plan en peigne. Grâce à une muséographie spectaculaire, sa visite saura captiver un large public. Amusant, didactique et merveilleusement bien présenté, il permet de découvrir le mode de vie, les croyances ainsi que les us et coutumes des premiers habitants de la province.

Il est divisé en cinq grandes salles (préhistoire, culture ibère, culture romaine, Moyen Âge, histoire moderne et contemporaine) complétées par un grand espace central dédié à l'archéologie ; les visiteurs pourront s'initier aux techniques de travail des archéologues et visiter trois reconstitutions de fouilles : une grotte, une église et un gisement sous-marin. Parmi les pièces les plus intéressantes, citons la **Dama de Cabezo Lucero★**, sculpture fragmentaire d'époque ibérique (4e s. av. J.-C.) assez proche formellement de la Dame d'Elche *(p. 197)*, et une très belle collection d'ex-voto de la même période.

Musée de Hogueras (Museu de Fogueres) C2
Angle Rambla Mendez Núñez et calle Teniente Álvarez - ✆ 965 146 828 - tlj sf lun. 10h-14h, 18h-21h (oct.-mai 17h-20h), dim. et j. fériés 10h-14h - gratuit.
Ce musée permet de suivre le déroulement des grandes fêtes de la Saint-Jean, comparables aux célèbres *fallas* de Valence, qui ont lieu à Alicante depuis 1928. Il présente des photographies, des documents d'archives, et les *ninots indultat*, figures graciées ayant échappé aux flammes.

À proximité Carte de région

Santa Pola B4
À 19 km au sud d'Alicante par la N 332.
Pl. Diputación, 6 - ✆ 966 692 276 ; calle Astilleros, 4 - ✆ 966 606 052 - www.turismosantapola.es.
Ce port de pêche est aussi une station balnéaire, très fréquentée en été. Ses anciennes **salines** (Parc natural de les Salines de Santa Pola), exploitées à partir de 1890, occupent une superficie de près de 2 500 ha au sud de la station balnéaire, de part et d'autre de la N 332 *(direction Cartagena)*. On y découvre de superbes paysages lacustres, peuplés notamment de flamants roses. 1
Musée du Sel (Museo de la Sal) – *Av. Zaragoza, 45 - suivez la signalisation en entrant dans la localité - ✆ 966 693 546 - mar.-vend. 9h-14h, w.-end et j. fériés 9h-13h.* Installé dans un ancien moulin à sel, il présente des machines et des documents liés à l'activité des sauniers. De là, en empruntant un sentier, il est possible d'observer une végétation typique de salicornes et d'étincelantes montagnes de sel.
Un peu plus loin sur la N 332, la tour de garde de **Tamarit** permet d'admirer un beau panorama sur les étangs.
On peut poursuivre vers le sud par **Torrevieja**, actuelle capitale du sel.

Excursion Carte de région

★ Île de Tabarca B4
Accès en bateau au départ du port (Explanada de España/Paseo Conde Vallellano) - compagnie Kontiki - ✆ 965 216 396 - horaires et nombre de rotations variables en fonction de la saison, pas de liaison en déc. et janv. - trajet env. 1h - dép. le mat. et retour en fin d'apr.-midi - 17 € ; de Santa Pola, par catamaran avec vue sous-marine (25mn - ✆ 693 893 920).
À 11 milles nautiques d'Alicante, l'île de Tabarca est une réserve maritime naturelle protégée, fameuse pour ses herbiers de posidonie (plante aquatique). Longue de 1 800 m et large de 400 m, elle conserve une partie de ses fortifications du 18e s. et ses rues anciennes. Ses jolies criques aux eaux transparentes, sa plage et sa gastronomie à base de fruits de mer en font une belle excursion.

Circuit conseillé Carte de région

À L'INTÉRIEUR DES TERRES

Circuit de 176 km tracé en orange sur la carte de région (p. 110-111). Compter une journée. Prenez la N 332 vers le nord jusqu'à Sant Joan d'Alacant (11 km).

★ Monastère de la Santa Faz à Sant Joan d'Alacant B4

Calle Sant Agustín, 3 - ☎ 965 202 232 - tlj sf dim. apr.-midi 9h-14h, 17h-20h.
Lieu de pèlerinage des Alicantins, il conserverait un morceau du linge avec lequel sainte Véronique essuya le visage du Christ lors de la montée au Calvaire (relique rapportée du Vatican à la fin du 15e s.). Propriété des clarisses, le monastère fut construit au 16e s., mais l'église date des années 1750. En façade, le tympan du portail baroque est sculpté d'une représentation du saint suaire.
Sortez de Sant Joan par la N 340, puis prenez à droite la CV 773. À Busot, prenez à gauche la CV 774, puis, 2 km plus loin, suivez à droite la direction Coves dels Canalobres.

★ Grottes des Canalobres (Coves dels Canalobres) B4

☎ 965 699 250 - visite guidée tte la journée - 6 € (-12 ans 2,50 €).
Véritable labyrinthe de stalactites et de stalagmites dont certaines ont la forme d'un candélabre, les grottes sont creusées dans le flanc du Cabeçó d'Or, à 700 m d'altitude.
Revenez sur la N 340 par la CV 774, à droite au retour des grottes.

Xixona/Jijona B4

Après avoir traversé un paysage aride planté de figuiers et de caroubiers, on arrive à cette petite ville spécialisée dans la fabrication du « **turrón** ». Traditionnellement, cette confiserie, faite d'amandes et de miel, se mange à Noël, mais elle s'exporte aujourd'hui dans le monde entier. Sur place, on peut visiter quelques fabriques.
Musée du Turrón – *Pol. Ind. Ciudad del Turrón Sector 10,2, ctra Busot km 1 - ☎ 965 610 712 - visites guidées toutes les 45mn - résev. conseillée - de mi-juil. à fin déc. : 10h-18h30 ; de déb. janv. à mi-juil. : lun.-sam. 10h-13h, 16h-17h30 - sais. haute 3 €, sais. basse 1,50 € (-10 ans gratuit).* Situé sur la route entre Xixona et Busot, le musée présente l'histoire et la fabrication du célèbre *turrón*.
Après Xixona, la route se faufile à travers les champs d'amandiers plantés en terrasses et parvient après une série de lacets au **Port de la Carrasqueta★** (1 024 m), d'où l'on domine toute la vallée du Torremanzanas.

★Alcoi/Alcoy (p. 173) B3

Quittez Alcoi à l'ouest par la CV 795, puis, au niveau de l'Ermita de Barchell, prenez la CV 794 à droite.

★★ Bocairent/Bocairente B3

Ce bourg perché plein de charme, où mourut le peintre **Juan de Juanes** (1523-1579 ; *encadré p. 72*), possède un rare patrimoine. Autour de la plaza Ayuntamiento, les hautes maisons s'accrochent au flanc de la colline. Une ruelle en pente conduit à la **iglesia de la Asunción** qui abrite un intéressant **musée** (*☎ 962 350 062 - visite guidée (45mn) sur RV - sam. 18h-19h, dim. 13h-14h - 1,80 €*). On peut y voir plusieurs œuvres de Juan de Juanes, le « Raphaël espagnol », et de son école, une *Cène* de Marcial de Sace (14e s.) ainsi qu'une collection d'orfèvrerie.
Plus bas dans la ville, la **Cava de Sant Blai★** est une ancienne glacière aménagée dans le roc pour la conservation de la neige et de la glace – le commerce de la glace connut ici son apogée du 17e au 19e s. On accède à ce vaste espace (8 m de diamètre par 11 m de profondeur) par une galerie souterraine *(mar.-vend. 12h-14h, 16h-18h, w.-end 11h-14h)*. Quant à la **plaza de Toros**, elle a été creusée dans la roche en 1843 (c'est la plus vieille de la région).

À l'extérieur de la ville, les **grottes des Maures★** (Covetes dels Moros) méritent une visite : dans une paroi rocheuse, 50 ouvertures (ou fenêtres) donnent accès à autant de grottes artificielles. Il s'agirait de greniers à grains creusés à l'époque hispano-arabe, vers le 10e-11e s. *(tlj sf lun. 11h-14h, w.-end 11h-14h, 16h30-19h). Prenez la CV 81 vers Villena.*

★ Villena AB3

★ **Château de la Atalaya** (Castillo de la Atalaya) – *✆ 965 150 236 - visite guidée tlj sf lun. ttes les 30mn à 11h, 12h, 13h, 16h et 17h.* Dominant la ville, ce château d'origine arabe conserve son enceinte fortifiée avec de grosses tours circulaires. Le donjon carré est d'époque almohade (12e s.) pour ses deux premiers niveaux. Les salles voûtées présentent un rare motif d'arcs entrecroisés formant une étoile. Les deux niveaux supérieurs ont été construits au milieu du 15e s. pour don Juan Pacheco, deuxième marquis de Villena. On y accède par un escalier couvert d'une belle voûte en berceau, en brique. Du haut de la terrasse supérieure, la **vue** sur la ville et sur les montagnes laisse deviner l'importance stratégique du château.

★ **Église de Santiago** – *Visite guidée (depuis l'OT) tlj sf lun. 11h-14h, dim. 10h-13h.* Cette église mêlant les styles gothique et Renaissance (14e-16e s.) se dresse sur la plaza de Santiago, non loin du Palacio Municipal. À l'extérieur, on remarquera le clocher et le portail. L'intérieur compte quatre nefs dont une contournant l'abside, mais ce sont les puissantes **colonnes torses★** soutenant les voûtes gothiques qui sont les plus remarquables : en Espagne, on retrouve ce type de colonnes à Valence et à Majorque. À noter : la présence d'un bénitier Renaissance dont la vasque à huit lobes fut sculptée par Jacobo Florentino en 1526.

Musée archéologique – *Pl. de Santiago, 1 - ✆ 965 801 150 - tlj sf lun. 10h-14h, visites ttes les 30mn - fermé 1er janv., 25 déc.* Installé dans le **Palacio municipal** doté d'une belle façade et d'un patio Renaissance, il renferme deux trésors en or massif datant de l'âge du bronze final (1000 à 800 av. J.-C.), dont le remarquable **trésor de Villena★★**. Découvert en 1963, cet ensemble de 70 objets en or pesant 9 kg est l'un des plus importants d'Europe occidentale. Il comprend entre autres des bijoux et des jattes décorées de motifs évoquant des coquilles d'oursins.

Repartez vers Alicante par l'A 31. Après 34 km, prenez la sortie pour Novelda, puis suivez à droite les panneaux Castell de la Mola/Santa María Magdalena.

Novelda B4

Longez les marbreries à la sortie du bourg, puis suivez la petite route.

Château de la Mola (Castell de la Mola) – *Tlj sf lun. 10h-14h, 17h-20h (l'hiver 10h-13h45, 15h-18h45).* De la forteresse d'époque almohade (12e s.) subsiste une tour construite en *tapial* (murs en terre argileuse coffrée). Reconquis par Alphonse X de Castille au 13e s., le château fut agrandi, comme en témoigne la tour de la zone nord-est, élevée au 14e s. en pierre de taille ; elle suit un rare plan en triangle isocèle.

Sur le même promontoire a été édifié, de 1918 à 1946, le **sanctuaire de Santa María Magdalena★★** *(mêmes horaires)*, sur un projet de José Sala Sala. L'architecte-ingénieur, formé à Barcelone, se montre très clairement influencé par la Sagrada Familia de Gaudí. Le plan au sol est trapézoïdal, pour rappeler la forme du vase contenant le parfum dont Marie-Madeleine oignit le Christ. L'édifice, très surprenant, est construit en pierres, galets et graviers, avec des apports de briques rouges et des ornements en faïence polychrome de Valence.

Revenez à Alicante par l'A 31.

1

NOS ADRESSES À ALICANTE

TRANSPORTS

Aéroport international El Altet – *10 km au sud de la ville par la N 332 - ✆ 966 919 100.* Taxis et location de voitures sur place.

Dans la ville, on circule facilement à pied. Le **Tranvía de la Costa** *(ligne 3)* part du bout de l'Explanada *(pl. Luceros)* et dessert la longue plage del Postiguet. La ligne 1 du tramway est une ligne de chemin de fer qui va à Benidorm *(3,75 €)* et à Dénia *(7,65 €).*

HÉBERGEMENT

PREMIER PRIX

Hostal Les Monges Palace – D1-2 - *San Agustín, 4 - ✆ 965 215 046 - www.lesmonges.es - P ▤ - 22 ch. 47/60 € - ☕ 6 €.* Son escalier en marbre, ses grands miroirs et ses baies vitrées confèrent à cet édifice du 18e s. un charme particulier. Il jouit en outre d'une excellente situation au cœur de la vieille ville. Accueil irréprochable. Quelques chambres disposent d'un sauna et d'un Jacuzzi (tarif plus élevé).

Residencia La Milagrosa – D1 - *Villavieja, 8 - ✆ 965 216 918 - www.hostallamilagrosaalicante.com - 29 ch. 50 €.* Pension simple qui accueille une clientèle jeune. Les chambres sont claires et certaines donnent sur la plaza de Santa María, plusieurs disposant d'une salle de bains privée. Immense terrasse fleurie à l'étage.

BUDGET MOYEN

Gravina Cinco – D2 - *Gravina, 5 - ✆ 965 147 317 - www.hotelgravinacinco.es - 22 ch. 60/70 € ☕.* Ce petit hôtel moderne dispose de chambres un peu petites mais très confortables, dotées de belles salles de bains.

Tryp Ciudad de Alicante – D2 - *Gravina, 9 - ✆ 965 210 700 - www.melia.com - 70 ch. 75/105 € - ☕ 9 €.* Tout proche du précédent, et donc très bien situé, un hôtel aux chambres agréables bien qu'un peu impersonnelles.

Mediterránea Plaza – D2 - *Pl. del Ayuntamiento, 6 - ✆ 965 210 188 - www.eurostarsmediterraneaplaza.com - 50 ch. 75/99 € - ☕ 7 €.* Chambres confortables, vastes et sobres dans un beau bâtiment situé sous les arcades de la place.

À Santa Pola

PREMIER PRIX

Hostal Quatre Llunes – *Marqués de Molins, 41 - ✆ 966 696 080 - www.hostal4llunes.com - 25 ch. 40/58 € - ☕ 4 €.* Près du port de plaisance, un petit hôtel moderne au confort très convenable.

RESTAURATION

Attention, de nombreux restaurants, souvent médiocres, déploient leurs terrasses dans la vieille ville, notamment plaza Santísima Faz et calle Mayor.

PREMIER PRIX

El Cantó – C2 - *Alemania, 26 - ✆ 965 925 650 - tapas 3 €,* raciones *14 €.* Une taverne sans prétention au cadre chaleureux, qui propose *pinchos* et cassolettes à base de produits de qualité. Accueil souriant et serveurs aidant les étrangers à faire leur choix.

Piripi – Plan I A2 - *Oscar Esplá, 30 - ✆ 965 227 940 - ▤ - 3/12 €.* Bon endroit pour déguster des tapas typiques de la région. Variété et qualité sont au rendez-vous. À l'étage, l'un des meilleurs restaurants de la ville selon les Alicantins *(carte 35/52 €).*

Nou Manolin – C2 - *Villegas, 3 - ✆ 965 200 638 - tapas 3 €,* raciones *12 €, menus 35/65 €.*

Une des adresses historiques de la ville. Dans cet établissement où dominent la brique et le bois, les amateurs de *tapeo* ne sauront où donner de la tête entre *raciones*, tapas, *montaditos*, riz, sans oublier les huîtres. Le choix semble illimité sur le bar couvert de victuailles toutes plus appétissantes les unes que ! L'établissement dispose aussi d'un prestigieux restaurant.

La Taberna del Gourmet – C2 - *San Fernando, 10 - ✆ 965 204 233 - tapas 8 €,* raciones *15 €.* Dans une salle décorée d'azulejos bleus et de peintures à thème marin, on vient déguster des spécialités de légumes *a la plancha*, de riz, de jambon, de fruits de mer et une grande variété de *montaditos* (petits sandwichs).

BUDGET MOYEN

Gastrobar La Jarela – C2 - *San Francisco, 4 (près du Portal de Elche) - ✆ 965 102 398 - menus 10/15 €, carte 18/35 €.* Décor minimaliste et cuisine aux touches parfois brésiliennes. Mais les grands classiques de la région sont au rendez-vous, notamment les riz et, en saison, la *calçotada* catalane.

La Sastrería – C2 - *Pl. Gabriel Miró, 20 - ✆ 965 203 174 - fermé dim. - 15/30 €.* Dans un décor tout en courbes inspirées du modernisme, un restaurant très tendance apprécié des Alicantins.

POUR SE FAIRE PLAISIR

La Ereta – C1 - *Parque de la Ereta - ✆ 965 143 250 - réserv. indispensable - ouv. le soir en été, à midi l'hiver, midi et soir tte l'année les jeu., vend. et sam. - 35/52 €.* Construit à flanc de colline entre le château et la ville, ce bâtiment aux grandes baies vitrées invite à profiter d'une vue exceptionnelle sur Alicante. Un lieu rare, une cuisine gastronomique et créative, avec de beaux menus dégustation.

PETITE PAUSE

Horchateria Azul – *Calderón de la Barca, 38 - tlj sf dim. 9h-13h, 16h-0h.* Minuscule local où l'on déguste une excellente *horchata de chufa*.

À Torrevieja

Casino de Torrevieja – *Pl. Waldo Calero - 10h-2h.* Décor arabisant pour des pièces de théâtre, des expositions d'art, etc. Un endroit idéal pour prendre un verre dans l'un des salons du milieu du 19e s.

EN SOIRÉE

El Barrio – Creuset de la vie nocturne, le quartier se transforme, l'été après 23h, en discothèque géante.

Port – Une des zones les plus animées les nuits d'été. D'un côté, les établissements du Muelle de Levante : **Capitán Haddock**, où la musique balance sur des rythmes latinos, **Ay Carmela** et **H2O** aux sonorités plus actuelles. Sur le Muelle Poniente, le centre **Panoramis** rassemble magasins et cafés avec vue sur le port.

À Torrevieja

Calle Apolo – Une quinzaine de bars (Casablanca, Memfils, Asteriz, Pub JF…) font de cette rue une immense discothèque.

ACHATS

Mercado Central – *Av. Alfonso X El Sabio - 6h-13h.* Marché alimentaire.

AGENDA

Fogueres/Hogueras de Sant Joan – La nuit de la Saint-Jean, le 24 juin, Alicante s'abandonne au délire des *fogueres*. Comparables aux *fallas* de Valence, on incendie des sculptures en carton-pâte sous les feux d'artifice. La fête s'accompagne d'une feria taurine (1 semaine de corridas).

Costa Blanca

★

Province d'Alicante

Plate et sablonneuse dans son ensemble, la Costa Blanca comprend cependant quelques passages accidentés, là où les sierras viennent s'achever en falaises sur la mer. Le climat très chaud, aux précipitations rares, la lumière blanche qui lui a donné son nom, les vastes et nombreuses plages ainsi que leurs eaux bleues attirent une multitude de touristes espagnols et étrangers tout au long de l'année.

NOS ADRESSES PAGE 192

S'INFORMER
Offices de tourisme – Ils sont répertoriés au fil du circuit.

SE REPÉRER
Carte de région B3-4 (p. 110-111) – La Costa Blanca s'étend sur environ 200 km de part et d'autre d'Alicante : au nord jusqu'à Dénia, au sud jusqu'à Torrevieja et La Manga del Mar Menor (Murcie). Elle est desservie par la N 332 et l'AP 7 (péage).

À NE PAS MANQUER
Les centres historiques de Xàbia et d'Altea, le Penyal d'Ifac à Calp.

ORGANISER SON TEMPS
Comptez une journée.

AVEC LES ENFANTS
Terra Mítica e Iberia Parc près de Benidorm.

Circuit conseillé Carte de région

AU NORD D'ALICANTE

Circuit de 60 km tracé en violet sur la carte de région (p. 110-111), au départ de Dénia, à 27 km au sud de Gandia par la route côtière (N 332). Compter une demi-journée (hors arrêts baignade).

Dénia/Denia B3

Dr Manuel Lattur, 1E - ✆ 966 422 367.

Cette importante colonie grecque passa aux mains des Romains et prit le nom de *Dianium*. C'est aujourd'hui un centre industriel spécialisé dans les jouets et une station balnéaire dotée d'un agréable port.

Forteresse – *Entrée calle San Francisco - ✆ 966 420 656 - juil.-août : 17h-20h30 ; juin : 10h-13h30, 16h-19h30 - horaires variables hors sais. - 3 €.* Siège d'un Musée archéologique, elle domine la ville, son port de pêche et de commerce.

Musée du Jouet – *Calle Calderón - ✆ 965 788 741 - 10h-13h, 17h-21h (sept.-juin 16h-20h).* Il retrace l'histoire de cette importante production à Dénia.

Après Dénia, la côte plantée de pinèdes devient escarpée, dominée par la sierra du **parc naturel d'El Montgó**, qui culmine à 753 m. On y rencontre plus de

Calpe, Penyal d'Ifac.
Ch. Bowman / age fotostock

1

600 espèces végétales, dont certaines très rares, et une faune protégée, parmi laquelle se distinguent l'aigle de Bonelli et le cormoran huppé.

★ Cap de Sant Antoni B3

Avancée de la sierra del Montgó, ce promontoire offre près du phare une **vue★** étendue sur Xàbia et le cap de la Nau. Ses eaux sont classées réserve naturelle marine en raison de leur richesse en organismes benthiques (vivant en eaux profondes).

Avant d'atteindre Xàbia, on passe devant un ensemble de onze **moulins à vent** destinés autrefois à moudre les céréales, grâce aux vents forts soufflant sur ce cap.

★ Xàbia/Jávea B3

Pl. President Adolfo Súarez, 11 (Xàbia Port) - ✆ 965 790 736 - www.xabia.org - lun.-vend. 9h-13h30, 16h30-20h (19h30 en hiver), sam. 10h-13h30 (dim. 10h-13h30 en hiver uniquement).

La ville historique s'accroche à flanc de montagne, offrant à l'admiration du visiteur ses belles maisons à arcades et ses ruelles étroites.

★ **Église de Sant Bertomeu** – *Tlj sf jeu. 11h-13h, 17h-19h.* Cette église fortifiée date des 14e et 16e s. L'abside est prise dans une tour des fortifications du 14e s. Avec l'accroissement de la population, il fut décidé, au début du 16e s., de déplacer les fortifications et d'agrandir l'église. La nef unique, à chapelles latérales, est percée de petites fenêtres placées très haut, et couverte d'une voûte à liernes et tiercerons. L'extérieur frappe par sa sobriété : soutenu par de massifs contreforts, le bâtiment est couronné de créneaux et de mâchicoulis. La tour fait office de clocher et de tour de guet.

Autour de l'église se dressent quelques **palais gothiques**, comme le palais Antoni Banyuls qui abrite un petit **Musée archéologique et ethnographique** *(calle Primicies)*.

Un élégant quartier balnéaire s'est développé à **Xàbia Port** et autour de la **platja de l'Arenal** *(vers le sud)*, où se trouve le parador.

★ **Cap de la Nau** (Cabo de la Nao) B3

Accès par la CV 142 et la platja de l'Arenal.

La montée dévoile de vastes vues sur Xàbia au pied de la sierra du Montgó. On traverse ensuite d'épaisses pinèdes peuplées de nombreuses villas. Le cap de la Nau est le relief le plus oriental de la chaîne Bétique (qui, en fait, se poursuit sous la mer pour réapparaître à Ibiza). De la pointe, la **vue★** est belle sur la côte sud où se succèdent des falaises déchiquetées jusqu'au Penyal d'Ifac. De nombreuses grottes accessibles par la mer et de charmantes criques, comme la **platja de la Granadella** au sud, ou la **Cala Blanca** au nord, sont très appréciées des plongeurs.

Revenez à Xàbia et prenez la N 332 à Gata de Gorgos.

Calp/Calpe B3

Av. Ejércitos Españoles, 30 - ✆ 965 836 920.

La silhouette du **Penyal d'Ifac★**, un impressionnant rocher dénudé, haut de 326 m (classé parc naturel), confère au site de Calp sa physionomie originale. Cette considérable masse de calcaire, reliée au continent par un isthme très étroit, résulte d'un glissement de la sierra de Oltà. Un sentier mène au sommet *(env. 1h de marche)* et offre, dès que l'on s'élève, des vues étendues sur Calp et ses salines, les chaînes grisâtres de l'intérieur et la côte accidentée jusqu'au cap de la Nau.

Malgré un développement urbain effréné, le centre historique de Calp garde un certain charme pour qui souhaite prendre le temps de le découvrir. Au sud de la baie, le célèbre architecte **Ricardo Bofill** a construit un ensemble de maisons accrochées aux falaises.

Reprenez la N 332 vers Alicante.

Altea B3

Pl. José María Planeles, 1 - ✆ 965 844 114 - www.altea.es - lun.-vend. 8h30-15h, 17h-20h, sam. 10h-13h, 17h30-19h30.

Échelonnée sur une colline dominant la mer, Altea – murs blancs, tuiles roses, coupoles bleues vernissées – compose une symphonie de couleurs et de lumière au pied de la sierra de Bernia. Une promenade à travers ses ruelles grimpant vers l'église, puis la vue qui s'offre de sa place sur le village et, au loin, sur le Penyal d'Ifac font ressentir au visiteur pourquoi cette petite cité a inspiré de nombreux peintres.

L'agréable quartier balnéaire est séparé de la ville par la calle Conde de Altea (empruntée par la N 322). La longue plage de sable et de galets est bordée par un **Passeig Marítim** piéton, auquel succède la carrer Sant Pere qui conduit au port. Cafés et restaurants de toutes les obédiences (y compris japonais) y déploient leurs terrasses.

Benidorm B4

Pl. Canalejas, 1 - ✆ 965 863 625 ; av. Europa - ✆ 965 860 095 - www.benidorm.org - lun.-vend. 9h-21h, sam. 10h-16h, dim. 10h-14h.

Le climat privilégié et deux immenses plages de sable incurvées (celle du Levant et celle du Ponant), de part et d'autre d'un promontoire, ont assuré l'incroyable essor touristique de cet ancien village de pêcheurs. Mué en un véritable « Manhattan » dressant ses hautes tours face à la mer, il offre une animation nocturne exceptionnelle : amateurs de calme, d'authenticité, de lieux de charme et de patrimoine, s'abstenir…

Du **belvédère du château**, le « balcon de la Méditerranée » déploie des **vues★** sur les plages et l'île de Benidorm. Juste en face, jaillit de la mer, en été, un puissant jet d'eau pouvant atteindre 60 m de hauteur. En retrait se dissimule le quartier ancien, près des coupoles bleues de l'**église Sant Jaume** (18e s.) qui abrite la statue de la **Virgen del Sufragio**, vénérée par les marins.

La **sierra Helada**, qui domine la ville au nord et tombe à pic dans la mer, offre de belles randonnées. Culminant à 438 m, elle est couverte de garrigues. Selon le versant, maritime ou continental, la flore et la faune présentent des différences notables. *L'office de tourisme fournit un livret incluant plusieurs randonnées (durées et difficultés variables) et une carte détaillée.*

Terra Mítica e Iberia Parc B3

À 3 km de Benidorm sur la route de Benidorm à Finestrat - quittez l'AP 7 par la sortie 65 A - 902 020 220 - www.terramiticapark.com - ♿ - juil.-août : 10h30-0h - de mi-avr à mi-oct. : 10h30-20h30 (w.-end et vac. scol.) - 40 €/j. (4-12 ans 28 €) ; apr.-midi seult 24 € (4-12 ans 20 €). Nombreuses formules familiales incluant un ou plusieurs repas, et un ou plusieurs spectacles : voir sur le site.

Ce vaste parc de loisirs propose un voyage à travers de grandes civilisations méditerranéennes – l'Égypte, la Grèce, la Rome et l'Ibérie antiques. Distribués autour du grand lac central, qui symbolise le *Mare Nostrum* et d'où émerge la cinquième section dite « Les Îles », les différents parcours alignent un grand nombre d'attractions régulièrement renouvelées, pour tous les âges et tous les goûts, des spectacles divertissants, des boutiques et des restaurants. Entre autres activités, vous pourrez descendre les Cataractes du Nil, « montagnes russes » aquatiques, ou, en Grèce, rivaliser avec Thésée dans le Labyrinthe du Minotaure, vous jeter dans les eaux de la Furie du Triton, etc. Iberia Parc *(entrée séparée, autre billetterie)* est plus axé sur les jeux aquatiques.

Revenez vers Benidorm, puis empruntez la CV 70 vers le nord.

On atteint **Polop** *(11 km)* dressé dans un harmonieux cadre montagneux.

Au-delà, à travers d'immenses étendues d'agrumes et de néfliers, on rejoint **Callosa d'en Sarrià** *(4 km)* et les **Fonts del Algar** *(2 km à l'est - 10h-17h, 18h ou 19h selon sais. - 4 €, enf. 2 €)*. On accède à ces **sources** par un sentier aménagé de passerelles et bordé de lauriers-roses imposants, dans un site d'une grande beauté.

Les eaux sont accessibles à la baignade. À la sortie, petit musée sur ce milieu naturel.

Prenez la sinueuse CV 755 vers l'est (direction Alcoi).

★★ El Castell de Guadalest B3

Av. Alicante, s/n - 965 885 298 - www.destinoguadalest.com.

Ce charmant village se profile parmi des vallonnements aux terrasses plantées d'oliviers et d'amandiers, face aux âpres escarpements calcaires de la sierra d'Aitana. Le **site★** est très impressionnant : retranché sur une arête rocheuse, véritable forteresse naturelle, le village n'est accessible que par une arche creusée dans la pierre. Pour monter au **castell Sant Josep**, il faut passer par la **Casa Orduña** *(tlj 10h15-21h, 18h en hiver - 4 €)*, qui conserve un beau mobilier et un intéressant Ecce Homo du 17e s. Du château ne subsistent que les ruines des murailles détruites par le séisme de 1744. Un minuscule cimetière s'y abrite. On admirera le **panorama★** sur la retenue de Guadalest, tache émeraude où se reflètent les cimes, le village et, au-delà, la mer.

1

NOS ADRESSES SUR LA COSTA BLANCA

HÉBERGEMENT

À Dénia

BUDGET MOYEN

Hostal L'Ánfora – *Explanada Cervantes, 8-9 - ✆ 966 430 101 - http://hostallanfora.com -* ▤ *- 20 ch. 60 € - rest. 20/25 €.* Petit édifice à la façade ocre situé face au port de pêche. Les chambres, exiguës et simples, sont propres et très claires.

POUR SE FAIRE PLAISIR

Hotel El Raset – *Bellavista, 1 - ✆ 965 786 564 - www.hotelelraset.com - 20 ch. 88/141 €* ☕ *- rest. 23/47 €.* Aménagé dans un bâtiment ancien, en bordure du port, ce bel hôtel dispose de chambres avec vue au décor design soigné. Restaurant à quelques mètres de là *(au n° 7)* spécialisé dans le poisson en croûte de sel.

À Xàbia

BUDGET MOYEN

Miramar – *Pl. Almirante Bastarreche, 12 (Xàbia Port) - ✆ 965 790 100 - www.hotelmiramar.com - fermé 1er-6 janv. -* ▤ *- 26 ch. 58/89 € (selon saison et vue).* Pratiquement les pieds dans l'eau, ce petit hôtel est l'un des meilleurs dans sa catégorie. Chambres modernes et spacieuses, dotées de salles de bains bien équipées.

Hostal Triskel – *Sor María Gallart, 3 - ✆ 966 462 191 - www.hostal-triskel.com - 5 ch. 65/108 €* ☕. Au cœur du quartier historique, ce bel édifice vous accueille avec bouteille de *cava* et corbeille de fruits. Les chambres, personnalisées, sont meublées à l'ancienne : tomettes en terre cuite, interrupteurs en porcelaine, téléphone rétro, etc. Une des chambres dispose d'une petite terrasse. Beaucoup de charme.

À Altea

BUDGET MOYEN

Altaya – *Sant Pere, 28 - ✆ 965 840 800 - www.hotelaltaya.com - 24 ch. 68/120 € -* ☕ *9 € - rest. 10,80 €.* Un ravissant petit hôtel posé face à la plage. Certaines chambres sont dotées d'un balcon donnant sur la mer. L'ensemble est confortable, l'accueil sympathique et le restaurant L'Espigó, avec terrasse et marquise, bien agréable.

À Benidorm

Nombreuses ressources hôtelières. *www.benidorm.org.*

À El Castell de Guadalest

BUDGET MOYEN

Cases Noves – *Achova, 2 - ✆ 965 885 309 - www.hotelruralenalicante.es - 5 ch. 87/127 €* ☕ *- rest. 22 € (sem.)/27 € (sam.)* À l'entrée du village, cette *casa rural* propose des chambres très bien équipées : douche avec hydromassage, lecteur DVD et grand choix de vidéos, connexion Internet et Ipad. Depuis les chambres, vues spectaculaires sur le village et le paysage. Une très belle adresse.

RESTAURATION

À Xàbia

PREMIER PRIX

Es Tapa Ti – *Av. Libertad. - ✆ 966 473 127 - tapas 2 €,* raciones *11 €.* Dans une salle au décor contemporain largement ouverte (baies vitrées, terrasse), vous dégusterez d'excellentes tapas, classiques ou plus inventives.

POUR SE FAIRE PLAISIR

Parador de Jávea – *Av. del Mediterráneo, 233 (pl. de l'Arenal) - ✆ 965 790 200 - menus*

27/34 €, carte 29/46 €. Cuisine gastronomique dans une salle à manger donnant sur le jardin de l'hôtel, en pente vers la mer. Vue agréable depuis la terrasse. La cuisine fait la part belle aux fruits de mer et poissons, avec une excellente *paella marinera*. Et l'on peut, bien entendu, y dormir (80/144 €).

À Altea

BUDGET MOYEN

La Maja de Altea – *Pg Marítim/Conde d'Altea, 34 - ✆ 966 885 546 - menu 16 €, carte 20/30 €.* Cadre et service raffinés sur le front de mer. Spécialités locales : poissons et plusieurs sortes de riz.

À Benidorm

La **calle Santo Domingo**, piétonne, est bordée de bars dont La Cava Aragonesa.

La Cava Aragonesa – *Pl. de la Constitución/calle Santo Domingo - ✆ 965 801 206 - 12h-15h30, 18h45-1h30 - tapas 3,20/19,50 €.* Un bar typique avec jambons suspendus au plafond et grand choix de tapas.

PETITE PAUSE

À la Vila Joyosa

Chocolaterías Valor – *Av. Pianista Gonzalo Soriano - ✆ 965 810 451 - tlj sf w.-end 10h-13h, 16h-19h.* Fondée en 1881, la chocolaterie possède aujourd'hui plus de 15 succursales en Espagne. Possibilité de visiter la fabrique et le musée du Chocolat.

ACTIVITÉS

Croisières Mundo Marino – *✆ 966 423 066 - www.mundomarino.es.* Mini croisières en catamaran entre Dénia et Xàbia *(juin-sept. : 4 AR/jour 18 € ; -10 ans 12 € ; suppl. vélo 1 €)*, découverte de la côte avec le circuit des trois caps *(45 € AR)*, excusions diverses.

À Benidorm

En bateau – Vers l'île de Benidorm, avec découverte du monde sous-marin en bateau à fond transparent *(tlj à partir de 10h, départs ttes les h - 14 €)* ou vers l'île de Tabarca *(jeu. et dim. 11h15 - 27,50 €)*. Départs du port de Benidorm *(✆ 965 850 052)*.

Plongée sous-marine - Club Poseidon – *Santander, 9 - Edificio Sylvia - ✆ 965 853 227.* Cours, baptêmes et sorties en bateau.

Aqualandia – *Sierra Helada, s/n - Rincón de Loix (au bout de la playa de Levante) - www.aqualandia.net.* Dans la grande tradition des parcs aquatiques *(23 €/j, 17 € apr. 15h)*.

AGENDA

À Dénia

Fiestas Mayores de la Santísima Sangre – *2e merc. de juil. après la San Pedro.* Défilés de chars, feux d'artifice, *bous a la mar* (les taureaux sont menés au port et poussés à se jeter dans l'eau).

À Xàbia

Fêtes en l'honneur de Jesús Nazareno – *23 avr.-3 mai.* Processions et montée à l'ermitage du Calvaire.

Fêtes de la Saint-Jean – *9-24 juin.* Feux, *bous al carrer* sur la plaza del Convento, offrandes de fleurs et cavalcades.

À Benidorm

Fêtes patronales – *6 j. à partir du 2e vend. de nov.* Processions, défilés de chars et feux d'artifice géants en l'honneur de la Virgen del Sufragio et de Sant Jaume.

Fallas – *Du 16 au 19 mars.* Selon la tradition valencienne.

Elche

Elx (valencien)

★★

230 224 habitants – Province d'Alicante

À quelques kilomètres de la côte et des salines, au cœur de la vaste plaine du Vinalopó, cette cité industrielle et touristique est devenue la troisième ville de la Communauté valencienne. Malgré un urbanisme très développé, elle a conservé un aspect fascinant qui lui vient sans doute de son histoire et de sa singularité. Entourée de la plus grande palmeraie d'Europe et théâtre de l'un des plus anciens « mystères religieux », elle s'inscrit par deux fois sur la liste du Patrimoine mondial de l'humanité.

NOS ADRESSES PAGE 199

S'INFORMER

Office de tourisme – *Pl. del Parc, 3 - ✆ 966 658 196 - www.visitelche.com - lun.-vend. 9h-19h, sam. 10h-19h, dim. 10h-14h.*

El Trenet – Découverte de la ville et de la palmeraie en train touristique. *Tlj à partir de 10h, devant l'office de tourisme - 3 €.*

SE REPÉRER

Carte de région B4 (p. 110-111) – À 25 km au sud-ouest d'Alicante. Aéroport international d'Alicante-Elche à 14 km à l'est.

SE GARER

Parking public situé au coin des rues Filet de Fora et Porta de la Morera.

À NE PAS MANQUER

La balade dans la palmeraie, le jardin du Curé, l'heure de l'apéritif sur la place de la basilique, l'ambiance du musée du Mystère d'Elche.

ORGANISER SON TEMPS

Comptez deux jours.

AVEC LES ENFANTS

Le jardin du Curé, le musée d'Archéologie et d'Histoire, le parc municipal.

La palmeraie d'Elche, classée au Patrimoine mondial de l'Unesco.
Visitelche

Se promener Plan de ville

★★ La palmeraie (El Palmerar/El Palmeral) AB1-2

La palmeraie aurait été plantée par les Phéniciens, qui chargeaient leurs navires de dattes afin d'alimenter les marins lors des traversées, mais ce sont les Arabes qui apportèrent leurs compétences pour son développement et sa culture. Unique en Europe de par sa superficie, elle conserve plus de deux cent mille palmiers grâce à un climat très doux et à un remarquable système d'irrigation. Les palmiers femelles permettent la récolte des dattes en automne ; on utilise les palmes des arbres mâles pour les processions des Rameaux et dans l'artisanat. Pour les rendre blanches, il faut les priver de lumière (on les attache alors en bottes avant de les couper). On y cultive également des fruits et légumes. Inscrite en 2000 au Patrimoine mondial, cette palmeraie européenne « constitue un exemple remarquable de transfert d'un paysage typique d'une culture et d'un continent à un autre » selon le texte officiel de l'Unesco.

1

★★ Musée de la Palmeraie (Museu del Palmerar/Museo del Palmeral) B2

Porta de la Morera, 12 - ✆ 965 422 240 - mar.-sam. 10h-14h, 15h-18h, dim. 10h-14h - 1 €.

Ce Centre d'interprétation est installé dans l'ancien jardin particulier Sant Placid. Les salles d'introduction exposent avec clarté l'histoire de la palmeraie d'Elche, ses caractéristiques et son évolution. Des panneaux et des montages audiovisuels expliquent la culture du palmier (une plante géante et non un arbre) pour la production de dattes ou de palmes blanchies. Le **jardin** est passionnant et agréable. Son système d'irrigation traditionnel favorise le développement des espèces propres à ce type de culture, telle une oasis : les palmiers forment une voûte végétale qui protège du soleil et garde l'humidité, abritant des arbres fruitiers – néfliers, agrumes, grenadiers, oliviers ou figuiers.

★★★ Jardin du Curé (Hort del Cura/Huerto del Cura) B2

Porta de la Morera, 49 - ✆ 965 451 936 - http://jardin.huertodelcura.com/fr - ♿ - juil.-août : lun.-dim. 10h-20h (dim. jusqu'à 10h30 en sept.) ; mai-juin : lun.-sam. 10h-20h (jusqu'à 17h30 en nov.-fév., 18h30 en mars, 19h30 en avr., 19h en oct.), dim. 10h-18h (jusqu'à 15h en nov.-fév., 17h en mars) - 5 € (-16 ans 3 €).

Classée « jardin artistique national », cette précieuse enclave dans la palmeraie ravira les amateurs de jardins. Le « verger du Curé » tient son nom de José Castaño Sánchez (1843-1918), l'aumônier qui reçut le jardin en héritage et y consacra sa vie. Sur 13 000 m², où domine le **palmier dattier**, ce jardin d'une très grande beauté s'organise autour d'un parcours végétal et paysager. Parmi

SE LOGER

Huerto del Cura 1

SE RESTAURER

Arenal 1
Dátil de Oro 4
Els Capellans 7
Madeira 11

les différentes espèces, remarquez les cycas, classés parmi les plus anciens êtres vivants connus (280 millions d'années). Derrière les bassins s'étend la collection de **cactées**★ et les euphorbes candélabres. La tradition veut que les illustres visiteurs donnent leur nom à un palmier : le sujet est arrosé par son parrain avec du vin de la région. Le plus connu d'entre eux est le **palmier impérial**★★, souvenir du passage d'Élisabeth d'Autriche (la fameuse Sissi) en 1894. Ce spécimen est unique par sa forme : autour du palmier mère ont poussé sept rejets (à 1 m de la base), formant un bouquet. Arbres fruitiers, fleurs et animaux viennent agrémenter ce jardin qui constitue une promenade exceptionnelle.

Revenez sur la Porta de la Morera et descendez vers le centre-ville par la carrer Almórida à droite, la carrer Corredera à gauche et la carrer Pere Ibarra à droite.

Bains arabes (Banys Àrabs) B1

Paseo de les Eres de Santa Llúcia, 14 - accès par une porte latérale du Convent de la Mercè - ✆ 965 452 887 - mar.-sam. 10h-14h, 15h-18h, dim. 10h-14h - 1 €, dim. gratuit.

Une Dame et un Mystère

HÉLIKÉ, L'IBÈRE

Plusieurs civilisations se sont succédé à Elche. Les premières traces découvertes sur le site archéologique de **La Alcúdia** *(p. 198)* remontent à l'époque néolithique. Cette agglomération s'est développée au fil des siècles pour devenir, vers le 5ᵉ s. av. J.-C., la cité de *Héliké*, haut lieu de la civilisation ibère. Cette époque a livré des sculptures de qualité, parmi lesquelles la célèbre **Dame d'Elche**.

La Dame d'Elche

Découverte sur le site de La Alcúdia le 4 août 1897, cette sculpture en calcaire (fin du 5ᵉ s. av. J.-C.), considérée comme l'une des œuvres maîtresses de l'art ibère, représente, pense-t-on, une prêtresse. Un archéologue français présent sur les lieux l'acquit immédiatement et l'emporta à Paris. Il fallut attendre 1941 pour que le musée du Louvre acceptât de s'en défaire, en échange d'un lot de tableaux de Vélasquez, Goya et Le Greco. Depuis, la sculpture est conservée au Musée national archéologique de Madrid, au grand dam des habitants d'Elche qui aimeraient la voir revenir sur sa terre natale : « Que vuelva a Elche su Dama ! » lit-on un peu partout en ville…

UNE VILLE QUI DÉMÉNAGE

Au 3ᵉ s. av. J.-C., les Romains s'installent dans la cité rebaptisée *Colonia Iulia Ilici* et leurs constructions recouvrent peu à peu son territoire. Colonie très prospère, elle garde son prestige sous les Wisigoths qui en font un siège épiscopal. Lors de l'arrivée des musulmans, le roi Teodomir parvient à conserver une certaine autonomie en payant tribut aux nouveaux maîtres. Mais au 8ᵉ s., ceux-ci décident de transférer la ville (rebaptisée Ilš) plus au nord. Elle sombre peu à peu dans l'oubli, après avoir servi de carrière.

Sous la domination arabe est créé un important système d'irrigation qui permet le développement de la **palmeraie**. Elche est reconquise par les chrétiens en 1265 : malgré une tradition qui voulait que tous les arbres soient abattus, Jaume Iᵉʳ aurait interdit la destruction de la palmeraie. Fortement industrialisée au 19ᵉ s., Elche est aujourd'hui la capitale espagnole de la chaussure !

★★ LE MISTERI D'ELX

Cette composition lyrique théâtralisée a été déclarée œuvre majeure du Patrimoine oral et immatériel de l'humanité en 2001 par l'Unesco. Drame en deux actes ou « journées », elle est représentée tous les ans les 14 et 15 août dans la basilique de Santa María, jouée et chantée (en valencien) par des interprètes amateurs. Elle met en scène la Dormition, l'Assomption et le Couronnement de la Vierge. Son origine est mal connue et, si la tradition la fait remonter au 14ᵉ s., les recherches en cours optent plutôt pour la seconde moitié du 15ᵉ s. La musique, qui dérive du répertoire grégorien, procède de différentes époques et la scénographie s'est mise en place au fil du temps. Il s'agit de l'unique ouvrage de ce genre – un **drame lyrique religieux médiéval** – représenté sans interruption depuis son origine, et ce grâce à une bulle du pape Urbain VIII en 1632 qui autorisait la tenue du « Mystère » dans l'église, dérogeant ainsi à l'interdiction du concile de Trente.

Un document audiovisuel initie le visiteur à la culture des bains, à leur importance et à leur utilisation au 12e s. La salle voûtée à quatre gros piliers conserve une partie de son système de chauffage et de distribution des eaux.

Basilique de Santa María AB1-2
Cette église baroque (17e-18e s.) s'ouvre par l'immense et beau **portail★** de Nicolas de Bussi. À l'intérieur a lieu, tous les ans, la célébration du Mystère *(p. 197)*. Du haut de la tour *11h-19h, jusqu'à 18h l'hiver - 2 €)*, vue magnifique sur les palmiers. À proximité, la **Calaforra**, tour almohade des 12e-13e s.
Dirigez-vous vers la carrer de la Fira puis la carrer Major de la Vila.

★ **Musée du Mystère d'Elche** (Museu de la Festa o Misteri d'Elx) A1-2
Carrer Major de la Vila, 25 - 965 453 464 - mar.-sam. 10h-14h, 15h-18h, dim. 10h-14h - 3 €, gratuit dim.
Pour qui n'aurait pas le privilège d'assister au « Mystère » *(p. 197)*, la visite de ce musée est vivement recommandée. Quelques costumes et accessoires utilisés pendant la représentation, et surtout un document audiovisuel *(en français)* reconstituent l'univers de la *festa* : origines médiévales de la légende du *consueta* (livret manuscrit de la représentation du Mystère, qui aurait été découvert sur une plage en 1370, avec la statue de la Vierge) ; déroulement acte par acte du drame ; explications sur la mise en scène, notamment la structure scénique du 18e s. permettant l'Assomption de la Vierge dans la coupole de la basilique. Une immersion totale dans l'ambiance fascinante de ce drame sacré.
Allez vers l'ancien alcázar et prenez à droite la carrer Diagonal del Palau.

★★ **Musée d'Archéologie et d'Histoire d'Elche**
(Museu Arqueològic i d'Història d'Elx - MAHE) A1
Diagonal del Palau, 7 (accès par le bâtiment moderne en sous-sol) - 966 658 203 - mar.-sam. 10h-14h, 15h-18h, dim. 10h-14h - 3 €, dim. gratuit.
Installé dans un bâtiment moderne et dans l'ancien alcázar voisin, ce musée à la scénographie très séduisante expose des produits de fouilles surtout issus de La Alcúdia *(ci-dessous)*. Remarquez la sculpture et les céramiques de l'époque ibère provenant de **monuments funéraires★** (taureaux, lions). Parmi les très belles œuvres : l'**Aphrodite (Venus de Ilici)★**, en marbre blanc et une représentation d'**Éros dormant★** (1er-2e s. toutes les deux), mises au jour à la villa d'Algorós. Une section aussi passionnante que didactique est consacrée aux méthodologies utilisées par les archéologues : de quoi faire naître bien des vocations ! On accède par un souterrain à l'ancien **alcázar★** *(un ascenseur relie les différents niveaux)* qui, à l'aide de maquettes, de bornes interactives, de documents et de projections vidéo, présente l'évolution de la cité, de l'invasion arabe à nos jours.

★ **Parc municipal** (Hort de Baix) AB1
7h-0h (21h en hiver).
Cet agréable parc urbain ombragé de palmiers s'étend sur plus de 6 ha juste derrière l'ancien alcázar. Nombreux jeux pour les enfants.

À proximité Carte de région

★ **La Alcúdia : site archéologique et musée** B4
2 km au sud d'Elche - Ctra de Dolores : suivez la signalisation à partir d'un rd-pt - 966 611 506 - www.laalcudia.ua.es - avr.-sept. : mar.-sam. 10h-20h (oct.-mars : sam. 10h-17h), dim. et j. fériés 10h-15h - 5 €.
Sur ce site occupé depuis le néolithique se succédèrent la ville ibère (où la Dame d'Elche fut découverte), romaine et wisigothique (forum, thermes,

maisons, basilique paléochrétienne). Dans le **musée**, vidéo consacrée à l'histoire du lieu et exposition des plus beaux objets trouvés sur place : céramiques ibères à décors d'animaux, objets d'époque romaine et reproduction de la Dame d'Elche.

NOS ADRESSES À ELCHE

HÉBERGEMENT

POUR SE FAIRE PLAISIR

Huerto del Cura – B2 - *Porta de la Morera, 14 - ✆ 966 610 011 - www.huertodelcura.com -* P - *71 ch. 80/190 € - 12 €.* Une situation privilégiée au cœur de la palmeraie, en face du célèbre jardin du Curé. Les chambres sont installées dans des bungalows confortables, à l'ombre des palmiers, dans un jardin florissant.

RESTAURATION

BUDGET MOYEN

Madeira – B2 - *Porta de la Morera, 5, au coin de la calle Infante D. Juan Manuel - ✆ 965 442 967 - 25/30 €.* En salle ou en terrasse, vous dégusterez une savoureuse cuisine locale : en été, ne ratez pas le *salmorejo* (sorte de gazpacho très aillé) cordouan !

Dátil de Oro – A1 - *Paseo de la Estación - ✆ 965 453 415 - - menus 20/25/30 €.* Au cœur du parc municipal, les salles ouvrent sur la végétation luxuriante. Au menu, *arroz con costra* (riz à la viande et aux œufs servi gratiné au four), grande spécialité d'Elche.

Arenal – B1 - *Diagonal del Palacio, 8 - ✆ 966 610 687 - fermé dim.-lun. - menu déj. 15 €, carte 26/35 €.* En face du MAHE, un bar-restaurant au décor contemporain pour déguster une cuisine espagnole revisitée ou une pizza !

POUR SE FAIRE PLAISIR

Els Capellans – B2 - *Porta de la Morera, 14 - ✆ 966 610 011- 38/55 €.* Le restaurant de l'hôtel Huerto del Cura sert une excellente cuisine dans une salle au décor élégant, à l'ambiance feutrée, donnant sur la piscine et la palmeraie.

PAUSE

Café París Plaza – *Pl. Congreso Eucarístico - ✆ 662 129 289.* Sous les arcades, un grand café au décor très frais avec fauteuils en osier blanc. Petits-déjeuners, *granissats* en journée et cocktails le soir, dont l'*Agua de Elche* (jus de fraise, citron et banane, vodka et champagne).

ACHATS

Mercat – *Près de la basilique - tlj sf dim. 7h-14h.* Dattes et fruits emblématiques d'Elche.

AGENDA

Misteri d'Elx – Dans la basilique, les 14 (acte I) et 15 août (acte II) ; et, les années paires, les 29-30 oct. et le 1er nov. Casa de la Festa, *Major de la Villa, 27 - ✆ 965 456 132 - www.misteridelx.com.*

Fiestas de Elche – *En août.* Notamment la **Fiesta de Moros y Cristianos** et la **Nit de l'Albà** (Nuit de l'aube), généralement le 13 août : un feu d'artifice de 300 m de haut, en forme de palmier, est tiré de la tour de la basilique.

Festival médiéval – *Oct.*

Fiestas de la Venida de la Virgen – *Le 28 déc.* Anniversaire de la découverte, sur la plage du Tamarit, de la statue de la Vierge et du livret du Mystère. Le défilé dans les rues annonçant la bonne nouvelle en est le point culminant.

Orihuela

Oriola (valencien)

★

91 260 habitants – Province d'Alicante

Construite sur le fleuve Segura, au pied d'une montagne où s'accrochent les ruines d'une forteresse et les bâtiments du séminaire, Orihuela est entourée d'une palmeraie et d'une « huerta » encore très importantes. Les quartiers historiques, riches en patrimoine gothique et baroque, s'étendent le long de la rivière.

NOS ADRESSES PAGE 203

S'INFORMER

Office de tourisme – *Pl. de la Soledad, 1 - ✆ 965 304 645 - www.orihuelaturistica.es - lun. 8h-14h, mar.-vend. 8h-14h, 17h-20h (16h-19h en hiver), sam. 10h-14h, 17h-20h (16h-19h en hiver), dim. et j. fériés 10h-14h.*

SE REPÉRER

Carte de région A4 (p. 110-111) – À 30 km au sud-ouest d'Elche par l'A 7 et à 24 km au nord-ouest de Murcie. La ville est située à une trentaine de kilomètres de ses plages (Campoamor, La Zenia, Cabo Roig).

SE GARER

Vous trouverez des places de stationnement autour de la Glorieta Gabriel Miró, parc situé au centre de la ville moderne (horodateurs).

À NE PAS MANQUER

La cathédrale et le musée d'Art sacré.

ORGANISER SON TEMPS

Comptez une demi-journée.

Se promener

De la Glorieta Gabriel Miró, gagnez le centre historique par la calle Calderón de la Barca et le pont sur le río Segura. Poursuivez dans le prolongement jusqu'à la calle Alfonso XIII. Prenez cette dernière à droite, puis tout de suite à gauche pour atteindre, via le paseo Calvo Sotelo, la calle Miguel Hernández.

Casa-Museo Miguel Hernández

Miguel Hernández, 73 - mar.-sam. 10h-14h, 17h-20h (16h-19h en hiver), dim. et j. fériés 10h-14h.

C'est dans cette humble demeure que naquit le grand poète d'Orihuela (*encadré ci-contre*). On y conserve un mobilier d'époque, quelques objets personnels et des photos de Miguel Hernández.

Poursuivez jusqu'au bout de la rue et prenez à droite pour gagner la calle Claravana.

Collège de Santo Domingo (Colegio de Santo Domingo)

Adolfo Clavarana - ✆ 965 300 240 - mar.-sam. 10h-13h30, 17h-20h (16h-19h en hiver), dim. et j. fériés 10h-14h - fermé lun., 1er et 6 janv., 17 juil., 25 déc.

On repère ce vaste quadrilatère à sa tour d'angle baroque dont les motifs sculptés anthropomorphes sont traités dans une intense polychromie.

Orihuela, au bord de la rivière Segura.
B. Boensch / Arco Image / age fotostock.com

1

Cette ancienne université (16e-18e s.), dessinée en 1553 par Jerónimo Quijano, cache derrière une façade Renaissance deux cloîtres des 17e et 18e s. aux styles Renaissance et baroque. **L'église**★ (fin 17e s.) arbore un décor baroquissime : fresques colorées et riches moulages de stuc.
Revenez par la calle Claravana et la calle Santa Lucía.

DEUX HOMMES DE PLUME POUR ORIHUELA

Fils d'un berger, **Miguel Hernández** naît à Orihuela en 1910. Durant sa (brève) scolarité, il contracte le « virus » de la littérature et, malgré l'opposition paternelle, publie ses premiers poèmes dans la presse locale, avant de se rendre à Madrid où son talent est reconnu par Pablo Neruda, Vicente Aleixandre, Rafael Alberti et Federico García Lorca.

Fervent républicain, il est capturé par les franquistes à l'issue de la guerre civile, et est condamné à mort en 1940. Sa peine est commuée en 30 ans de prison, mais il meurt de tuberculose à la prison d'Alicante en 1942. Miguel Hernández est aujourd'hui considéré comme un poète espagnol majeur du 20e s. Pour le centenaire de sa naissance, en 2010, sa ville natale a multiplié les manifestations (« Pasión por el poeta »). Longtemps conservées à Elche dans le coffre d'une banque, ses archives (5 000 documents, dont des manuscrits inédits, sa correspondance avec ses amis poètes et nombre d'objets personnels) ont été transférés en août 2012 à Quesada (Jaén), ville natale de Josefina Manresa, son épouse, où ils devraient être à terme exposés dans un musée consacré au poète (Le Guide Vert Andalousie).

Un autre homme de lettres est lié à Orihuela. S'il est né à Alicante, **Gabriel Miró** (1879-1930) a fait sa scolarité au collège des Jésuites d'Orihuela. Ce fin styliste, à l'œuvre empreinte de sensualité et d'un mysticisme mélancolique, chrétien mais volontiers anticlérical, a dépeint l'Orihuela ensommeillée de la fin du 19e s. sous le nom d'Oleza dans un roman qui fit scandale lors de sa parution, *L'Évêque lépreux* (1926).

TEODOMIRO (TUDEMIR)
Capitale du comté wisigoth de Teodomiro en 713, Orihuela conclut un pacte d'autonomie avec les Arabes avant d'être intégrée au califat omeyyade au siècle suivant. Libérée le 17 juillet 1242 par Alphonse X de Castille, elle entra bientôt dans le royaume de Valence. En 1564, un évêché y fut créé, contribuant à son développement. Durant la guerre de Succession, la ville prit le parti de l'Autriche et fut saccagée par les troupes victorieuses de Philippe d'Anjou (Felipe V). Orihuela cultiva longtemps un rôle de pôle universitaire dans la région. Aujourd'hui encore, plusieurs collèges témoignent de son passé studieux.

Plaza del Marqués de Rafal

Harmonieuse place dominée par le palais baroque du marquis (18e s.) et par le superbe palacio Pinohermoso (16e s.).
Gagnez la calle Ramón y Cajal.

★ Catedral

Ramón y Cajal, s/n - ✆ 965 743 627 - mar.-sam. 10h-14h, 17h-20h (16h-19h de déb. sept. à mi-juin), dim. 10h-14h - fermé lun.
Cette ancienne église paroissiale fut consacrée cathédrale en 1510. L'édifice, majoritairement gothique (14e s.), a connu d'importantes modifications au 16e s. Il montre au nord *(côté calle Dr Sarget)* un très beau portail Renaissance sur le thème de l'Annonciation et, vers la calle Ramón y Cajal, un portail gothique dont les archivoltes sont sculptées de chanteurs et musiciens. On pénètre dans le sanctuaire par le chevet, où fut plaqué en 1942 un très élégant **cloître★** du 14e s. provenant du couvent de la Merced. À l'intérieur, certaines voûtes portent de curieuses nervures hélicoïdales, caractéristiques du style gothique levantin. Le *coro*, au centre de la nef principale, conserve de magnifiques stalles sculptées de style baroque. Remarquez les splendides grilles qui ferment le chœur et le presbytère, avec l'écu impérial de Charles Quint, ainsi qu'un beau retable représentant Santa Catalina, attribué à **Juan de Victoria** (16e s.).
★ **Museo de Arte Sacro** – *✆ 965 743 627 - www.museodeartesacro.es - de mi-juin à mi-sept. : mar.-vend. 9h-14h, 17h-20h, sam. 10h-14h, 17h-20h ; reste de l'année : mar.-sam. 10h-14h, 16h-19h, dim. et j. fériés 10h-14h.* Situé derrière la cathédrale, le **palais del Obispo**, qui possède un magnifique patio du 18e s., abrite le musée d'Art sacré. Celui-ci renferme une importante collection de peinture où l'on peut admirer entre autres **La Tentation de Saint Thomas d'Aquin★** de **Velázquez**.
Poursuivez jusqu'au bout de la rue, puis prenez à gauche devant l'église Santas Justina et Rufina pour gagner la plaza de las Salesas.

Musée de la Muraille (Museo de la Muralla)

Campus de las Salesas de la Universidad Miguel Hernández (longez sur la gauche la façade de l'université ; entrée discrète surmontée par un petit dôme de verre) - ✆ 965 304 698 - mar.-sam. 10h-14h, 17h-20h (16h-19h en hiver), dim. et j. fériés 10h-14h - fermé 25 et 31 déc., 1er janv. - gratuit.
Au pied de l'université Miguel Hernández, ce petit musée réunit les découvertes réalisées au cours des fouilles de l'ancien terrain de la Casa del Paso (1998-2000) : vestiges des remparts, des bains et demeures de l'époque arabe, d'un palais gothique, d'un édifice baroque et de quelques autres bâtiments.
Longez la façade de l'Ayuntamiento et poursuivez dans la calle Francisco Die.

Musée archéologique

Hospital, 35 - ✆ 966 743 154 - mar.-sam. 10h-14h, 17h-20h, dim. et j. fériés 10h-14h.
Ce musée rassemble des pièces, essentiellement des céramiques arabes et chrétiennes, autrefois exposées au collège Santo Domingo, retraçant le riche passé historique de la ville, notamment à l'époque islamique.

Église de Santiago Apóstol

Pl. de Santiago - ✆ 965 301 360 - mar.-vend. 10h-14h, 17h-18h30 en été (16h-18h30 en hiver), sam. 10h-14h.
Cette église gothique possède un transept et un chevet de style Renaissance. Son portail principal présente les emblèmes des Rois Catholiques, qui furent ses fondateurs en 1488, ainsi qu'une statue de saint Jacques venue remplacer en 1948 l'original gothique détruit lors de la guerre civile. Le portail de droite est, quant à lui, de style baroque. À l'intérieur, les chapelles latérales abritent plusieurs statues attribuées à Francisco Salzillo (*p. 74 et 210*), dont une sainte Famille. La **sacristie★** Renaissance, œuvre du sculpteur et architecte Jerónimo Quijano, est couverte d'une coupole et d'une belle voûte en berceau à caissons.

NOS ADRESSES À ORIHUELA

Voir aussi nos adresses à Alicante et Murcie.

HÉBERGEMENT

BUDGET MOYEN

Palacio de Tudemir – *Alfonso XIII, 1 - ✆ 966 738 010 - www.solmelia.com - 50 ch. 76/93 € - rest. (Las Huellas) : menu du jour 14 €.* C'est l'ancien palais des comtes de Luna (1755) qui, restauré avec beaucoup de goût, accueille aujourd'hui cet hôtel raffiné, situé à l'orée du centre d'Orihuela. Restaurant, privilégiant les traditions culinaires de la Méditerranée, avec une touche d'inventivité. Pour les petites faims, *pinchos* au bar.

RESTAURATION

BUDGET MOYEN

Restaurante Joaquín – *Teodomiro, 18 - ✆ 966 743 415 - 26/35 € - fermé dim.* Sur l'avenue principale de la ville moderne, un lieu emblématique ici, repris par les fils du populaire Joaquín. Parmi les spécialités, goûtez l'*arroz con costra* (riz en croûte), sans oublier les crustacés. Attention : l'endroit étant souvent bondé, il est prudent de réserver, à moins que vous ne préfériez manger au bar.

AGENDA

Semaine sainte – Un moment fort. Pour commémorer la Passion du Christ, les statues des plus grands sculpteurs (Salzillo, Bussi) sont sorties en procession, transformant les rues en un musée à ciel ouvert.

Fête de la Reconquête – Manifestations festives et culturelles pendant une semaine autour du 17 juillet, date anniversaire de la Reconquête d'Orihuela.

MURCIE ET SA RÉGION

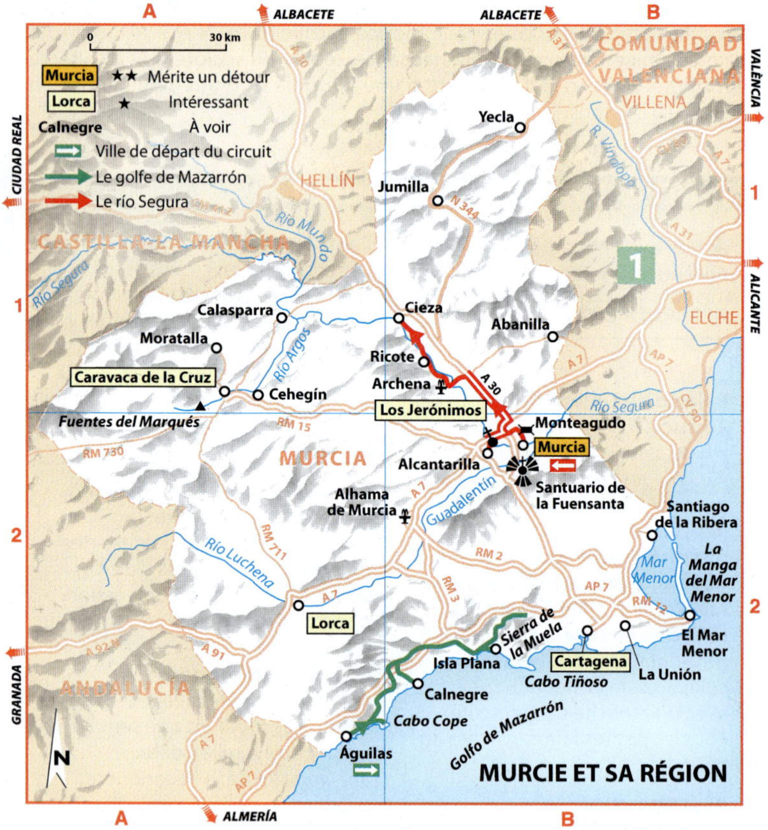

Murcie et sa région 2

Carte Michelin n° 577 S26 – Province de Murcia

Murcie

Murcia

★★

442 246 habitants – Province de Murcie

Murcie s'étale sur les deux rives du río Segura, au centre d'une riche « huerta ». Ville universitaire, commerciale et industrielle, elle s'est considérablement agrandie, avec de larges avenues et de belles promenades, dont le paseo del Malecón, qui encerclent le quartier ancien, très séduisant. Les rues piétonnes et les nombreuses petites places lui confèrent une atmosphère paisible, à laquelle répond un patrimoine souvent étonnant, dominé par la cathédrale. Baignée de soleil, chaleureuse et accueillante, à l'image de la toute proche Andalousie, Murcie se laisse découvrir avant d'explorer les environs.

NOS ADRESSES PAGE 215

S'INFORMER

Office de tourisme – *Pl. del Cardenal Belluga - ✆ 968 366 100 - www.turismodemurcia.es - lun.-sam. 10h-14h, 16h30-20h30 (avr.-oct. 17h-21h), dim. et j. fériés 10h-14h.*

Point d'information – *Calle Santa Clara, derrière le théâtre Romea.*

Visites guidées – Organisées par l'office de tourisme le samedi à 11h.

SE REPÉRER

Carte de région B2 (p. 204) – La ville se trouve à moins de 50 km de la côte. L'autoroute A 7 la relie à Elche (59 km au nord-est) et à Alicante (81 km au nord-est). Pour parvenir au centre, on parcourt, depuis une grande zone commerciale (la Nueva Condomina), une longue et large avenue bordée d'immeubles neufs.

SE GARER

Parkings publics souterrains, notamment sous la Glorieta de España, au bord du Segura et, en plein centre, sur la plaza de Europa, près des facultés.

À NE PAS MANQUER

La place Cardenal Belluga dominée par la façade de la cathédrale, à voir de jour comme de nuit, le monastère de Santa Clara et les petites places charmantes de la vieille ville.

ORGANISER SON TEMPS

Prévoyez 2 jours pour la ville et ses musées.

AVEC LES ENFANTS

Le musée de la Science et de l'Eau, l'Aquarium de l'université et les crèches du musée Salzillo.

Se promener Plan de ville

Circuit tracé en vert sur le plan de ville p. 208, au départ des jardins du Malecón.

La façade-retable de la cathédrale plante le décor de la place Cardenal Belluga.
ARCO/Boensch B/Arco Images/age fotostock

Jardines del Malecón AB2

La promenade surélevée qui sépare le parc du fleuve a été aménagée au 15e s., lorsque l'on voulut éviter les crues dévastatrices du río Segura. C'est aujourd'hui un parc ombragé apprécié par les Murciens à l'heure du *paseo*.

Poursuivez vers la calle del Plano de San Francisco.

2

Palacio Almudí A2

L'Almudí, ou grenier à grains, fut édifié au 15e s., puis remanié aux 16e et 17e s. dans un style Renaissance teinté de classicisme. En façade, un relief sculpté, *La Matrona de Murcia* (1575), représente une femme allaitant l'enfant d'une autre, symbolisant le caractère accueillant de la ville, avec un pélican figurant l'abondance. La salle basse accueille des expositions temporaires.

À côté s'élève le **marché central**, d'architecture moderniste.

Prendre la calle Arco de Verónicas, puis en face la calle Arzobispo Simón López.

Plaza de las Flores et plaza Santa Catalina A1

Ces deux agréables places contiguës illustrent parfaitement la qualité de vie à Murcie. Elles sont bordées de terrasses et plantées d'orangers ainsi que de jacarandas, arbres donnant de belles fleurs bleues au début de l'été puis de l'automne. L'**église de Santa Catalina** fut élevée en 1512 sur un terrain appartenant à l'ordre du Temple.

Au chevet de l'église, prenez à gauche la Gran Vía Escultor Salzillo, puis à droite la calle Fernández Ardavín.

★ Plaza Julián Romea B1

On passe devant le **palais Vinader**, construit à la fin du 18e s. pour la famille García Perea. Il arbore une façade en brique peinte, avec un encadrement de porte en pierre sculpté d'armoiries. La place est dominée par la façade éclectique du **théâtre Romea★**, inauguré par Isabelle II en 1862. Dix ans plus tard, il prit le nom de Julián Romea, un grand acteur originaire de Murcie. Seuls les murs extérieurs sont d'origine, le théâtre ayant souffert de deux incendies ravageurs avant la fin du 19e s.

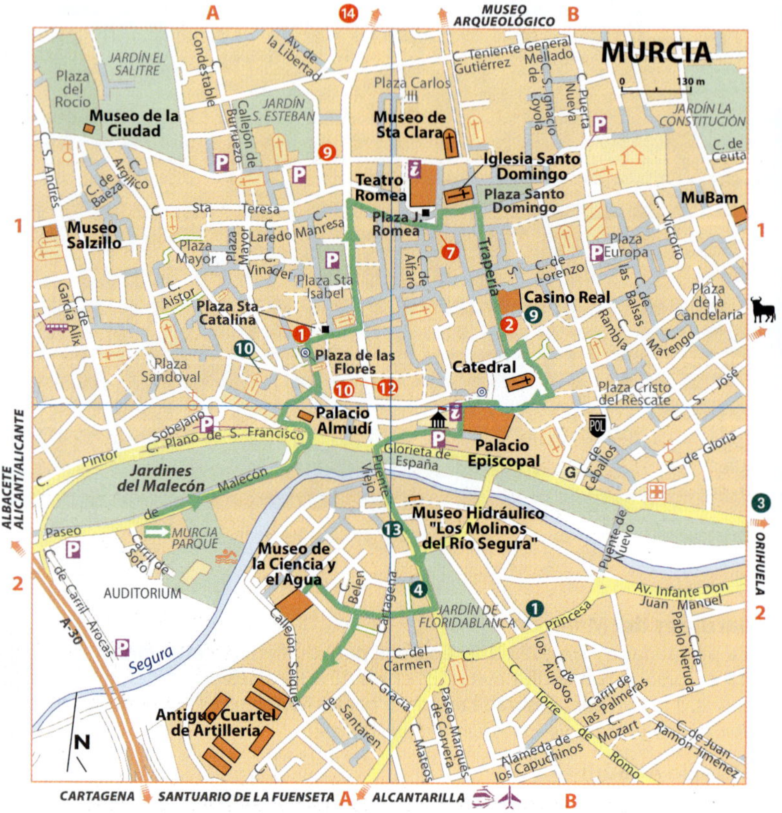

SE LOGER		
Casa Emilio (Hotel) 4	Segura (Pensión) 13	Hispano 2
Catalonia Conde de Floridablanca 1	Zenit Murcia 10	Mesón Las Viandas 10
Huertanica (La) 9	**SE RESTAURER**	Morales 14
Novotel Murcia 3	Arroces del Romea (Los) 7	Paco Pepe 12
	Casa Perela 1	Ventanales (Los) 9

UNE CAPITALE

Fondée par **Abd er-Rahman II** en 831, *Madina Mursiya* fut reconquise par les Castillans en 1243 alors qu'elle était la capitale d'un petit royaume de « **taifa** ». Entre 1264 et 1266, une révolte des morisques, due à la volonté royale de repeupler la région de Castillans, est matée par Jaume Ier d'Aragon, ce qui entraîne un véritable exode des musulmans. Passant tour à tour sous le contrôle du royaume d'Aragon puis de Castille, le royaume de Murcie conserva une certaine autonomie ; un statut qui lui permet d'être aujourd'hui une des 17 communautés autonomes d'Espagne. C'est par mesure de sécurité que le pape y transféra, peu après, le siège épiscopal, qui se trouvait jusqu'alors à Carthagène. L'agriculture et le tissage de la soie firent la prospérité de la cité jusqu'au 18e s. Aujourd'hui, elle exporte dans toute l'Europe la production de sa *huerta*, en produits frais ou transformés (confitures, conserves).

L'**église de Santo Domingo**, qui fait partie d'un couvent édifié au 18e s., ferme le côté oriental de la place.
Passez sous l'arc qui mène à la plaza Santo Domingo.

Plaza Santo Domingo B1

Ancienne place du marché, elle accueillait les grands événements de la cité : cérémonies royales, courses de taureaux, exécutions capitales. C'est toujours l'un des espaces urbains préférés des Murciens, bordé de terrasses animées, à l'ombre d'un ficus géant planté en 1893.
Allez vers la Gran Vía Alfonso X El Sabio.

★★ Monastère royal - Musée de Santa Clara B1

Avda Alfonso X El Sabio, 1 - ✆ 968 272 397 - www.murciaturistica.es/museos/ - juil.-août : mar.-dim. 10h-13h ; mai et sept. : tlj sf lun. 10h-13h, 17h-19h30, dim. et j. fériés 10h-13h ; oct.-avr. : tlj sf lun. 10h-13h, 16h-18h30, dim. et j. fériés 10h-13h - visite guidée avec réserv. obligatoire - gratuit.

Ce monastère fut fondé au 14e s. à l'emplacement d'un palais almohade qui n'avait pas été complètement détruit. Il en a gardé la structure et d'importants vestiges. Le **cloître gothique** est construit autour du bassin central du palais arabe. Les parterres ont été replantés d'espèces végétales conformes à la flore originale. Derrière les magnifiques arcades du cloître se dresse un **portique arabe★** à trois arcs festonnés, qui donnait accès à l'une des salles principales du palais. Des fouilles ont mis au jour des vestiges plus anciens, notamment quelques traces d'un patio appartenant à un palais almoravide du 12e s. Au centre se dressait un pavillon à colonnes, dont on conserve un fragment de peinture du 12e s. représentant un **flûtiste★**.

2

Le **musée★** conserve une importante collection d'art islamique local, ainsi que des tableaux, objets liturgiques et sculptures, réunie par la communauté du couvent de Santa Clara. Remarquez le **Christ en croix★★** (1770), œuvre de Francisco Salzillo *(voir encadré p. 210 et son musée p. 211)*. Sculpté grandeur nature, il fait preuve d'un équilibre exceptionnel et arbore un visage serein.
Revenez à la plaza Santo Domingo.

★ Calle Trapería B1

Cette rue piétonne est l'une des plus vivantes et des plus agréables de la ville. Elle relie la plaza Santo Domingo à la cathédrale. Juste au début de la rue, à l'angle de la plaza Santo Domingo et reliée au couvent du même nom par une galerie couverte, la **Casa Almodóvar** est un édifice de style maniériste reconstruit en 1908. Au-dessus du portail sont sculptés deux « sauvages » héraldiques.

★ **Real Casino** – *Au n° 18 - tlj sf lun. 11h30-21h - 5 € (gratuit dim. 18h30-21h).* En Espagne, le casino est une institution sociale que l'on peut comparer aux clubs anglais : les *caballeros* viennent y consulter la presse et parler affaires devant un verre. Construit à partir de 1847, celui-ci arbore un style éclectique des plus réjouissants, qu'une restauration a parfaitement mis en valeur. Derrière un vestibule néobaroque du plus bel effet, on accède au patio arabe inspiré du patio des Ambassadeurs de l'Alhambra de Grenade. Une longue

UN ÉCONOMISTE ÉCLAIRÉ

Don José Moñino, **comte de Floridablanca** (1728-1808), né à Murcie, fut ministre de Charles III puis de Charles IV. Si Murcie lui doit beaucoup, l'Espagne plus encore : par ses conseils avisés, cet *ilustrado* (adepte de la philosophie des Lumières) développa l'économie du pays.

UN MAÎTRE DES « PASOS »
Né d'un père italien, sculpteur, et d'une mère espagnole, **Francisco Salzillo** (1707-1783) est le dernier grand nom de la sculpture polychrome espagnole. Cet homme qui a toujours vécu à Murcie (son seul voyage connu l'a conduit à Carthagène...) a surtout exercé son talent sur des thèmes religieux. On lui attribue quelque 896 groupes sculptés en bois polychrome dont de nombreux *pasos* (statues de chars processionnels) : ceux qui ont survécu à la guerre civile peuplent les églises de la région et de la province d'Alicante. Son style, baroque, est émaillé de détails naturalistes.

galerie coiffée d'une voûte de verre dessert différentes salles (bibliothèque anglaise, salon rococo, salle d'armes) et conduit au patio pompéien décoré de sculptures antiquisantes. Chaque salle est un manifeste des arts décoratifs du 19e s.

★★ Cathédrale B1
*℘ 968 216 344 - 7h-13h, 17h-20h30 - fermé lors du pèlerinage de la Vierge de la Fuensanta (**Agenda dans « Nos adresses »**).*
L'édifice (14e s.) est dissimulé à l'extérieur par des adjonctions Renaissance et baroques. La **façade-retable★★**, harmonieux agencement de colonnes et de lignes courbes, est un exemple accompli de style baroque. Conçue par **Jaime Bort Miliá** comme un autel monumental dédié à la Vierge, elle fut achevée en 1754. Le programme iconographique des sculptures fait la part belle aux saints vénérés à Murcie. Le clocher a été terminé au 18e s. Au chevet, on peut admirer les murs de la chapelle des Vélez, ceinturée par une chaîne sculptée dans la pierre.
À l'intérieur, si l'entrée surmontée d'une coupole baroque va de pair avec la façade, la dominante est gothique. Cependant, la **chapelle Junterón★** *(4e à droite)*, du 16e s., montre une riche décoration Renaissance due à **Jerónimo Quijano**. La voûte en cul-de-four percée d'un oculus est particulièrement saisissante et originale. Le déambulatoire dessert différentes chapelles. La **chapelle de los Vélez★★** est une somptueuse réalisation (1490) d'un style gothique fleuri : sous une splendide voûte en étoile, la décoration, où s'immiscent des motifs Renaissance et mudéjars, envahit les murs. Tout de suite après, la chapelle de San Antonio contient la **chapelle de la Encarnación★**. De style plateresque, elle renferme le sépulcre du maître Jacobo de las Leyes et un très beau groupe de l'**Annonciation** en bois doré, par Quijano (1527). La sacristie, à laquelle on accède par deux belles portes plateresques, est surmontée d'une coupole rayonnante. Ses murs sont revêtus de riches boiseries, plateresques dans la partie inférieure, baroques au-dessus. Dans le *coro*, intéressantes **stalles** sculptées (1567) provenant d'un monastère castillan.
Musée de la Cathédrale – *Dans l'ancien cloître - mar.-sam. 9h-15h, dim. et j. fériés 10h-13h - 5 €.* Remarquez, à l'entrée, une partie d'un sarcophage romain représentant Apollon et ses muses, et, dans les salles latérales, le **saint Jérôme★** de Salzillo ainsi qu'un retable de Barnabé de Modène du 14e s. (sainte Lucie et la Vierge). Dans la salle capitulaire, le **trésor** rassemble ostensoirs et calices ainsi que couronnes et bijoux de la Vierge de la Fuensanta, vénérée à Murcie. L'ostensoir de la Fête-Dieu, à l'entrée du musée (1678), tout d'argent, est le troisième d'Espagne par sa taille.
Montée au clocher – *À 10h et 11h.* D'une hauteur de plus de 90 m, il permet de découvrir un beau **panorama★** sur Murcie et sa *huerta*.

★ Palacio Episcopal B2

Pl. del Cardenal Belluga.

Édifié entre 1748 et 1768, il montre une très claire influence du baroque italien, et particulièrement romain, notamment par sa façade peinte. Et pour cause, son architecte, Baltasar Canestro, qui collabora également à la construction du palais royal de Madrid, venait d'Italie. Le **patio** présente une élévation à deux niveaux. À l'étage, des médaillons en relief à figures d'évêques habitent les frontons brisés des fenêtres. La cour, ornée de nombreux blasons sculptés, donne accès à l'escalier d'honneur surmonté d'une coupole. Ne manquez pas de visiter la petite **chapelle** de plan circulaire.

Prenez la calle Arenal, qui longe la façade latérale du palais.

On peut voir l'autre façade du palais épiscopal ainsi que l'aile construite jusqu'au río Segura, terminée par une **loggia** appelée Mirador del Obispo.

Longez la Glorieta de España et franchissez le Segura par le Puente Viejo de los Peligros.

Museo Hidráulico « Los Molinos del Río Segura » B2

Calle de los Molinos - ✆ 968 358 600 - www.molinosdelrio.org - juil.-août : lun.-vend. 10h-14h, 17h-20h (fermé apr.-midi en août) ; sept-juin : lun.-sam. 10h-14h, 17h-20h - fermé w.-end et j. fériés - gratuit.

Au bord du fleuve, ce moulin à farine, réhabilité et transformé en musée, conserve ses installations d'origine.

Suivez l'avenida Canalejas.

L'Alameda de Colón longe le superbe **Jardín de Floridablanca** ombragé de majestueux ficus et de jacarandas, et doté d'une grande roseraie.

Prenez à droite la calle González Cebrián et, en face, la calle del Rosal.

2

Musée de la Science et de l'Eau (Museo de la Ciencia y el Agua) A2

Pl. de la Ciencia, 1 - ✆ 968 211 998 - www.cienciayagua.org - de mi-juin à fin août : lun.-vend. 10h-14h, 17h-20h (planetario 13h-19h), dim. et j. fériés 11h-14h ; de déb. sept. à mi-juin : mar.-sam. 10h-14h, 16h30-19h (planetario 13h-18h) - fermé w.-end et j. fériés - 1,50 €, planetario 1 €.

Outre des expositions temporaires, ce musée particulièrement destiné aux enfants propose un espace didactique, ludique et interactif consacré à l'eau : principes physiques, importance économique et écologique.

Revenez dans la calle del Rosal, puis prenez à droite la calle Madre Elisea Oliver Molina.

★ Ancienne caserne d'artillerie (Antiguo Cuartel de Artillería) A2

Cet ensemble de bâtiments militaires désaffectés (en cours de réaménagement) fut construit entre 1918 et 1922 dans un style exotique et séduisant dit « colonial ». Les six pavillons abritent diverses institutions, notamment universitaires, dont l'**Aquarium de l'université** (*visites guidées - mar.-sam. 12h et 18h, dim. 12h - fermé en août pour entretien - 6 €*).

À voir aussi Plan de ville

★★ Musée Salzillo A1

Pl. de San Agustín, 3 (entrée calle Dr Jesús Quesada Sanz) - ✆ 968 291 893 - www.museosalzillo.es - de mi-juin à mi-sept. : tlj sf w.-end 10h-14h ; reste de l'année : lun.-sam. 10h-17h, dim. et j. fériés 11h-14h - fermé 1er et 6 janv., Sem. sainte, 1er mai, 9 juin, 6 et 25 déc. - 5 €.

Aménagé dans l'église baroque de Jesús, il réunit des chefs-d'œuvre du sculpteur d'origine napolitaine **Francisco Salzillo**. Après une introduction consacrée au sculpteur et une vidéo présentant les processions de la Semaine sainte, on découvre des **crèches** *(belenes)* aux innombrables figurines de terre cuite : ici, l'artiste illustre, avec un remarquable sens anecdotique, la vie des paysans de son époque. Dans les chapelles entourant la nef circulaire de l'église sont disposés les huit magnifiques « **pasos★** » destinés aux processions du Vendredi saint. Admirez l'émotion contenue des visages (Cène, Arrestation du Christ) et la majesté des silhouettes (saint Jean, l'ange du jardin des Oliviers).

★ Musée des Beaux-Arts - MuBAM B1

Obispo Frutos, 12 - ✆ 968 239 346 - www.murciaturistica.es/museos/ - mar.-vend. 10h-14h, 17h-20h, sam. 11h-14h, 17h-20h, dim. et j. fériés 11h-14h - fermé l'apr.-midi (juil.-août) et lun. - gratuit. Les collections de ce musée, quoique restreintes, comprennent quelques très belles œuvres. Au rez-de-chaussée, on remarquera le retable de **Juan de Vitoria** (16e s.), représentant un Calvaire et le martyre de Santiago. Au premier étage, consacré au Siècle d'or, se détache *Saint Jérôme écrivant* (1613), attribué à **José de Ribera**. Dans la même salle, une belle *Crucifixion* de **Murillo** (1670) et, du même artiste, un **Ecce homo★** très émouvant. À côté, remarquez *Sainte Catherine d'Alexandrie* par **Bartolomeo Cavarozzi**, dont les couleurs et la richesse des étoffes contrastent avec les toiles de Murillo.

Musée archéologique Hors plan par B1

Gran Vía Alfonso X El Sabio, 7 - ✆ 968 234 602 - www.murciaturistica.es/museos/ - tlj sf lun. 10h-21h, dim. 10h-14h - gratuit.

Le musée bénéficie d'une scénographie assez remarquable qui permet de suivre pas à pas l'histoire de la région, depuis le paléolithique jusqu'à la christianisation. Une place de choix est faite à l'art rupestre néolithique, connu sous le nom de « style levantin », et caractérisé par un dessin très schématisé. L'art ibère est représenté, entre autres, par des ex-voto et des fragments de monuments funéraires (sculptures zoomorphes).

Musée de la Ville (Museo de la Ciudad) A1

Pl. Agustinas, 7 - ✆ 968 274 390 - www.murcia-museociudad.org - de mi-juin à mi-sept. : lun.-vend. 10h-14h, 18h-21h ; reste de l'année : tlj sf lun. 10h-14h, 17h-20h, dim. 11h-14h - fermé w.-end en juil.-août - gratuit.

La visite se déroule comme dans un livre d'images, suivant une frise chronologique. Chaque période de l'histoire de la ville est illustrée de documents et d'objets d'époque : romanisation, transfert du siège épiscopal, construction de la cathédrale, industrialisation, etc.

À proximité Carte de région

Santuario de la Fuensanta (Sanctuaire de la Fuensanta) Hors plan par A2

À 7 km au sud. Suivez la signalisation à partir du Vieux Pont (Puente Viejo) de Murcie.

Le sanctuaire baroque de la Virgen de la Fuensanta, patronne de Murcie, vaut surtout pour les belles **vues** sur la ville et sa *huerta*.

Castillo de Monteagudo B2

À 10 km au nord-est par la N 340.

Posée sur une colline dominant la *huerta* (et que signale un Christ colossal assez controversé, ressemblant à s'y méprendre au fameux Christ rédempteur de Rio de Janeiro), cette forteresse impressionnante est en parfait état de conservation. Elle fut élevée au 11e s. par les Arabes sur l'emplacement d'un oppidum ibère puis romain, avant de tomber aux mains du roi castillan Alphonse X le Sage en 1257.

Abanilla B1

À 25 km au nord-est par l'A 7, puis à gauche la RM 414.
Situé près de la frontière avec la province d'Alicante, ce village possède un centre historique constitué d'un dédale de ruelles que bordent quelques belles demeures nobiliaires. Parmi celles-ci, la **Casa Cabrera**, qui appartint à l'Ordre de Calatrava, ordre militaire espagnol fondé au 12e s., et arbore un impressionnant blason, ainsi que la spectaculaire façade de la **Casa Pintada**, élevée au 16e s.

Excursions Carte de région

Jumilla B1

À 63 km au nord-est par l'A 30, puis la N 344.
Jumilla est avant tout connue pour son vin, longtemps considéré comme un tord-boyaux, mais dont l'amélioration sa qualité, ce qui lui a valu de décrocher une Denominación de Origen, ou DO, bien méritée. Les caves et autres bars à vins y abondent, comme on peut l'imaginer, mais cette ville de quelque 25 000 habitants n'intéressera pas que les amateurs de la dive bouteille. Elle conserve en effet un quartier ancien digne d'intérêt, aux rues pavées volontiers tortueuses. On y verra notamment l'**église de Santiago** qui offre un savoureux mélange de styles allant du gothique au néoclassique en passant par la Renaissance et le baroque, la **Casa Consistorial** (mairie), installée dans l'ancien hôpital du 16e s. *(pl. Cánovas del Castillo)* et, sur l'agréable plaza de Arriba, le **Palacio del Concejo**, qui abrite aujourd'hui un musée archéologique. Enfin, dominant la ville, le **château des Marquis de Villena**, élevé au 15e s., a conservé son donjon de plan circulaire ainsi qu'une cour ovale. 2

Yecla B1

À 92 km par l'A 30, puis la N 344.
Cette autre capitale viticole de la région est entourée de nobles demeures. Dominée par son hôtel de ville *(ayuntamiento)*, un ancien palais de styles à la fois Renaissance et mudéjar, la plaza Mayor de Yecla constitue un ensemble d'une remarquable harmonie.

Circuit conseillé Carte de région

EN REMONTANT LE COURS DU RÍO SEGURA B1-2

Circuit de 61 km de Murcie à Cieza tracé en rouge sur la carte de région (p. 204). Compter une demi-journée. Quitter Murcie par la N 340 vers l'ouest.
Creusant son chemin parmi des montagnes aux reliefs arides, la fertile vallée du Segura constitue une véritable oasis où, parmi les palmeraies, abondent citronniers et orangers. De-ci de-là se nichent des villages où perdure l'héritage de la période musulmane.

Alcantarilla B2

À 9 km à l'ouest par la N 340.
En bordure de la route venant de Murcie, sur la gauche, a été aménagé le **musée de la Huerta★** *(✆ 968 893 866 - été : tlj sf lun. et j. fériés 10h-20h, w.-end 10h-13h30, 16h-18h ; hiver : tlj sf lun. et j. fériés 10h-18h30, w.-end 10h-13h, 15h-18h - gratuit)*. La vie de la *huerta* est évoquée dans un pavillon consacré à l'ethnographie, par les blanches *barracas*, témoins d'un habitat en grande partie disparu, dispersées parmi les orangers, et surtout par la **noria★**, roue géante conçue par les Maures pour élever l'eau du canal d'irrigation.

★ Monastère de los Jerónimos, à La Ñora B2

À l'entrée d'Alcantarilla, prenez à droite jusqu'à La Ñora. Traversez ce village en prenant tout de suite à droite. Ne se visite pas.

Occupé par l'université catholique, cet ancien monastère d'une immense beauté est communément appelé « l'Escurial de Murcie ». Construit à la fin du 18e s., il se caractérise par une grande homogénéité architecturale, et son église *(demandez la clé au monastère)* présente une richesse décorative inouïe : l'euphorie baroque dans toute sa splendeur !

Prenez la N 544, puis l'A 30 en direction d'Albacete.

Station thermale (balneario) de Archena B1

Prenez la sortie 121.

Située en bordure du *río* parmi les vergers d'orangers et de citronniers, cette station thermale (rhumatologie entre autres) connaît un regain de succès après une longue période de déclin. Connue depuis les Romains, très fréquentée ensuite par les Arabes, elle connut un franc succès au 19e s. (on dit même que le mythique Buffalo Bill vint y soigner ses rhumatismes…), comme en témoigne ses bâtiments emblématiques, hôtels et ancien casino, à l'architecture délicieusement surannée.

Poursuivez par la RM 520.

Valle de Ricote B1

La petite ville d'**Archena** est la « capitale » du valle de Ricote, aussi appelé « valle morisco ». C'est dans cette vallée qu'un chef de guerre musulman, du nom d'**Ibn Mud**, se révolta, en 1228, contre le rigorisme des Almohades. Il parvint à s'emparer de la quasi totalité des territoires arabes mais, soumis à la pression de la Reconquête chrétienne, il ne put les conserver que dix ans. Bien plus tard, en 1501, les nombreux **morisques** à être restés dans la vallée furent contraints à une conversion massive au christianisme. Mais, en 1614, accusés de perpétuer leur rite, ils furent victimes d'un décret d'expulsion et embarqués manu militari à Carthagène en direction des côtes africaines. Ils furent les derniers descendants de musulmans à avoir quitté l'Espagne.

Des traces de ce passé subsistent dans les villages alentour : **Ulea**, avec les ruines de son château et les vestiges de ses murailles, **Ojós** et son église mudéjare, et **Ricote**, où s'était établi l'Ordre de Saint-Jacques (Santiago), qui conserve de belles demeures nobiliaires ; dans l'église, retable exécuté par Francisco Salzillo.

Revenez sur l'A 30.

Cieza B1

Dominée par les ruines de la ville arabe de *Medina Sisâya*, cette petite ville industrielle et fleurie, célèbre pour ses pêches, fut longtemps un lieu disputé du fait de la proximité du royaume nasride de Grenade. Si, aujourd'hui, la cité mérite un arrêt, même bref, c'est avant tout pour son **église** de création contemporaine (2011). Le peintre et sculpteur local **José Lucas Ruiz** (né en 1945), en charge de la direction artistique de l'édifice, réalisa notamment les étranges portes en acier inoxydable qui semblent surgir de quelque vaisseau spatial imaginaire…

Vous pourrez aussi visiter le **musée de Sisâya** *(San Sebastián, 17 - ✆ 968 7732 153 - été : mar.-sam. 9h-14h ; reste de l'année : mar.-sam. 11h-13h30, 17h30-21h, dim. et j. fériés 10h30-14h - 2,10 €)* qui présente des objets retrouvés sur un oppidum ibère, ainsi que le résultat des fouilles menées sur le site de la ville musulmane : éléments architectoniques provenant des maisons mises au jour, reproduction grandeur nature de deux demeures, belle collection de céramiques.

NOS ADRESSES À MURCIE

TRANSPORTS

Aéroport de Murcia-San Javier – *Sur le bord d'El Mar Menor, à 47 km au sud-est de Murcie par l'autoroute MU 3319 (bus n° 73 de la gare routière, 7 €) - ☎ 968 172 000.*
Taxis – **Radio Taxis** *(☎ 968 297 700 ou 968 248 800)* ; **Eurotaxi** - *(☎ 968 297 700 ou 968 906 935).*

HÉBERGEMENT

PREMIER PRIX

La Huertanica – B1 - *Infantes, 5 - ☎ 968 217 668 - ch. 35/38 €.* Chambres très basiques mais convenables et à petit prix en plein centre. Le plus de ce modeste hôtel : une terrasse avec vue sur le clocher de la cathédrale.
Pensión Segura – AB2 - *Pl. Camachos, 14 - ☎ 968 211 281 - www.pensionsegura.es - 14 ch. 35/50 € - ☕ 2,50 €.* Au sud du río Segura, à quelques pas du pont menant au centre historique de la ville, une petite pension récemment rénovée aux chambres étroites mais propres et fonctionnelles.
Catalonia Conde de Floridablanca – B2 - *Princesa, 18 - ☎ 968 214 626 - www.hoteles-catalonia.com - 82 ch. 38/63 € - ☕ 11 €.* À 5mn à pied au sud du centre historique, cet hôtel abrite de belles chambres très confortables aux grandes salles de bains en marbre et un restaurant de bonne qualité.
Zenit Murcia – A1 - *Pl. San Pedro, 5-6 - ☎ 968 214 742 - www.zenithoteles.com - 61 ch. 45/57 € - ☕ 8 €.* Emplacement idéal, face à la plaza de las Flores, pour s'imprégner de l'atmosphère des petites places de la ville. Chambres confortables et modernes, avec toute la gamme de services nécessaires.
Hotel Casa Emilio – B2 - *Alameda Colón, 9 - ☎ 968 220 631 - www.hotelcasaemilio.com - 47 ch. 50 € - ☕ 4 €.* Au sud de la ville, donnant sur le jardin Floridablanca, un hôtel aux chambres vastes et confortables. Simple et bien tenu.

POUR SE FAIRE PLAISIR

Novotel Murcia – B2 en dir. - *Arquitecto Miguel Ángel Beloqui, 7 - ☎ 968 374 799 - www.novotel.com - ♿ - 120 ch. 60/350 € - ☕ 15 €.* Accessible aux familles les week-ends, l'hôtel se trouve à l'entrée de la ville. Décoration contemporaine et chambres tout confort. Le restaurant propose un menu du jour traditionnel *(15/36 €).*

RESTAURATION

PREMIER PRIX

Mesón Las Viandas – A1 - *Pascual, 2-4 - ☎ 968 221 188 - tapas 2/4 €,* raciones *5 € env, menu tapas 15 €.* Taverne traditionnelle proposant quelques tables pour le *tapeo* et une salle pour les *raciones*. Différents riz et *migas* (à base de pain émietté à l'ail) parmi les spécialités.

BUDGET MOYEN

Los Arroces del Romea – B1 - *Pl. Romea - ☎ 968 218 499 - 13h30-16h30, 19h30-0h - 18/25 €.* Situé sur l'une des plus agréables places de la ville, ce restaurant propose au déjeuner des spécialités de riz (cuits au feu de bois) et, le soir, des viandes à la braise préparées dans la cheminée. Le lieu idéal pour goûter à la spécialité de Murcie, *el arroz al conejo con caracoles* (riz au lapin et aux escargots). Accueil très sympathique.
Casa Perela – A1 - *Ruipérez, 6 - ☎ 968 935 198 - casaperela.es - menu 20 €.* Dans le quartier de la

2

plaza Santa Catalina, dégustez d'excellentes tapas au bar parmi une clientèle d'habitués. Mention particulière pour *el cochinillo* et *los huevos a la Real Murcia* ou encore *l'arroz negro con mariscos* qui fait les délices des connaisseurs. Également salle de restaurant.

Los Ventanales – A1 - *Ed. Los 9 Pisos - Ascicio Díaz au coin de la calle José García Martínez - ✆ 968 280 674 - www.losventanales.com. - carte autour de 25 €.* Dans la « casa de los 9 Pisos », tapas, salades et plats plus élaborés (tortillas, viandes) servis au grand comptoir en fer à cheval ou dans la salle dotée d'une mezzanine. Clientèle de quartier qui fréquente les lieux dès le petit matin pour accompagner son café d'une *tostada* à l'huile d'olive.

Paco Pepe – A1 - *Madre de Dios, 21 - ✆ 968 219 587 - tlj sf dim. - fermé 2e et 3e sem. d'août - menus 24/35 €.* Ce restaurant propose une cuisine traditionnelle à base de produits de qualité. Au bar, bel assortiment de tapas.

POUR SE FAIRE PLAISIR

Hispano – B1 - *Arquitecto Cerdá, 2 - ✆ 968 216 152 - fermé sam. soir et dim. - 30/45 €.* Un restaurant historique, véritable institution locale où se retrouvent les *famosos* de passage à Murcie. Grand bar pour le *tapeo*. Au restaurant, cuisine traditionnelle de spécialités murciennes. Le plat emblématique : les *berenjenas laminadas con bacalao* (aubergines émincées à la morue).

Morales – A1 en dir. - *Av. Constitución, 12 - ✆ 982 263 026 - menu 40 €, carte 38/52 €.* Une adresse bien connue de la ville. Carte avec spécialités de poissons et de crustacés, même si on y vient aussi pour la *paletilla de cabrito* (chevreau) au four.

PETITE PAUSE

Plusieurs places offrent de belles terrasses où les habitants aiment à se retrouver à l'heure de l'apéritif pour un verre ou quelques tapas. Les plus prisées sont celles de las Flores, de Santa Catalina, de Romea et de Santo Domingo.

ACHATS

Pastelería Bonache – *Pl. de las Flores, 8 - ✆ 968 212 083 - 9h30-14h30, 17h-22h - fermé sam. en juil.-août.* Cette pâtisserie fondée en 1828 mérite que l'on s'y arrête. Laissez-vous tenter par ses célèbres *pasteles de carne*, petits feuilletés à la viande.

Couvent de Santa Ana – *Pl. Sta Ana - ✆ 968 239 237 - lun.-sam. 10h30-12h30, 17h-19h.* Les sœurs fabriquent et vendent des *dulces caseros* tels que les *rollos de naranja y de anís*. Pour un péché de gourmandise !

AGENDA

Semaine sainte – Processions d'une particulière solennité. Le matin du Vendredi saint, des pénitents vêtus de mauve transportent à travers la ville les huit *pasos* de Salzillo.

Fêtes du printemps – La semaine suivant la Semaine sainte est l'occasion de réjouissances (concerts, défilé de chars, etc.), qui se terminent par l'« **Enterrement de la sardine** », dont l'incendie symbolise la fin du carême.

Feria de la Fuensanta – *Début sept.* Festivités diverses en l'honneur de la patronne de Murcie, et corridas à la plaza de Toros de la Condomina.

Carthagène

Cartagena

★

217 641 habitants – Province de Murcie

Blottie dans une baie profonde presque fermée, protégée par des collines où se dressent encore des ouvrages fortifiés, Carthagène a investi un relief marqué, dominé par la colline où fut érigé le château, et au flanc de laquelle s'accroche le théâtre antique. Dans la rade se côtoient le port de plaisance et l'arsenal militaire, séparés de la ville par une haute enceinte. Dans les rues piétonnes ou sur les quais, se mêlent touristes, marins en uniforme et familles carthagénoises.

NOS ADRESSES PAGE 222

S'INFORMER

Offices de tourisme – *www.cartagenaturismo.es.*

Centro de Interpretación Muralla Púnica – *San Diego, 25 - ✆ 968 506 483 - mar.-vend et dim. 10h-14h30, 16h-19h30, sam. 10h-13h.*

Palacio Consistorial – *Pl. del Ayuntamiento - ✆ 968 128 955 - mai-oct. : lun.-sam. 10h-14h, 17h-19h, dim. et j. fériés 10h30-13h30 ; nov.-avr. : lun.-sam. 10h-14h, 16h-18h, dim. et j. fériés 10h30-13h30.*

Visites – En bus *(tlj sf lun. 10h, 11h, 12h, 13h, 16h, 17h, 18h - 3 €)* ou en bateau *(tlj sf lun. ttes les h de 10h30 à 17h30 - 5,50 €)*. Un **billet combiné** inclut l'entrée dans 9 sites, la visite en bus et le tour en bateau *(22 €, 3-12 ans 18 € - billet valable 15 j. consécutifs).*

SE REPÉRER

Carte de région B2 (p. 204) – À 62 km au sud-est de Murcie par l'A 30.

SE GARER

Le centre historique est en grande partie piéton, mais vous pourrez vous garer sur le parking du port.

À NE PAS MANQUER

Le port et la rade, les vestiges romains et l'ARQUA.

ORGANISER SON TEMPS

Comptez une demi-journée.

AVEC LES ENFANTS

Le musée ARQUA.

Se promener Plan de ville

Partez du parking du port.

Sur le quai, on peut voir le tout premier **sous-marin** *(submarino)* construit en 1888 par un enfant du pays, le lieutenant **Isaac Peral**.

★★ Musée national d'Archéologie sous-marine - ARQUA (Museo Nacional de Arqueología Subacuática) B2

Paseo de Alfonso XIII - ✆ 968 121 166 - http://museoarqua.mcu.es - de mi-avr à mi-oct. : mar.-jeu. 10h-21h, vend.-sam. 10h-22h, dim. et j. fériés 10h-15h ; reste de

UN TRÉSOR RETROUVÉ

Depuis mai 2014, le musée a ouvert une nouvelle section intitulée **La navigation océanique,** consacrée en grande partie à la frégate *Nuestra Señora de las Mercedes*. Armée en 1786, la frégate assurait la route commerciale entre les Amériques et l'Espagne, lorsque le 5 octobre 1804, alors qu'elle faisait partie d'un convoi venant de Montevideo, elle fut attaquée et coulée par un navire anglais au cap de Santa María, au large de l'Algarve (extrémité sud du Portugal). Environ 250 hommes périrent dans le naufrage, ce qui entraîna le début d'hostilités entre les Espagnols et les Anglais. Elles débouchèrent en 1805 sur le désastre de Trafalgar. Après quoi, on oublia la frégate jusqu'en 2007. Cette année-là, en effet, une équipe de chasseurs de trésor américains réussit à faire main basse sur le butin qu'elle contenait : plus de 500 000 pièces d'or et d'argent. Ce fut le début d'une bataille juridique entre l'Espagne et les États-Unis qui allait trouver une issue heureuse en 2011 lorsque le tribunal d'Atlanta ordonna la restitution à l'Espagne de ce fabuleux trésor. Après quelques péripéties, celui-ci est aujourd'hui présenté au musée dans une section consacrée plus généralement au commerce maritime à travers l'Océan, à la construction navale et au destin de la frégate.

l'année : mar.-sam. 10h-20h, dim. et j. fériés 10h-15h - fermé 1er et 6 janv., 1er Mai, 24-25 et 31 déc., un j. férié local - 3 € (-18 ans et citoyens de l'Union européenne gratuit ; sam. après 14h et dim. gratuit pour tous).

C'est un audacieux bâtiment semi-enterré, de verre et de métal, conçu par l'architecte **Guillermo Vázquez Consuegra**, qui abrite depuis 2008 ce passionnant musée. Ludique, pédagogique et interactif, il expose les principes, les problèmes et les outils de l'archéologie sous-marine *(feuillets explicatifs en français),* avant de présenter des objets mis au jour dans la région, dans la section « Mare Hibericum ». On y voit notamment les vestiges d'une épave phénicienne découverte au large de Mazarrón. De belles céramiques ibères témoignent des échanges commerciaux entre les Grecs et les populations locales. Il y a également une collection impressionnante d'amphores et de *dolia* (grosses jarres en terre cuite de forme sphérique). Différents objets sont exposés, parmi lesquels un superbe *ataifor* (plat) d'origine majorquine et un ensemble de défenses d'éléphants, certaines porteuses d'inscriptions gravées en caractères phéniciens. Bref, un musée à ne négliger sous aucun prétexte !

Poursuivez vers l'ouest le long du port de plaisance, puis obliquez vers la ville à hauteur de la plaza del Ayuntamiento.

★ Palacio Consistorial A2

Pl. del Ayuntamiento - ✆ 968 128 950 - tlj sf dim. 10h-13h30, 17h-19h, dim. et j. fériés 10h30-13h30.

De plan triangulaire, la mairie compte trois façades différentes, témoignant de son style éclectique (Tomás Rico, 1907).

★ Museo del Teatro Romano A2

Palacio Pascual de Riquelme, pl. del Ayuntamiento, 9 - ✆ 968 525 149 - mai-sept. : mar.-sam. 10h-20h, dim. 10h-14h ; oct.-avr. : mar.-sam. 10h-18h, dim. 10h-14h ; Sem. sainte : lun.-merc. 10h-18h, jeu.-dim. 10h-20h - 6 € (-12 ans 5 €).

C'est l'architecte navarrais **José Rafael Moneo** qui conçut cet étrange musée, installé entre un palais situé face à la mairie, et le **théâtre romain★** (fin du 1er s.), en haut de la colline. Le visiteur emprunte des escaliers mécaniques et

Le port de Carthagène.
J. Stumpe/Look/Photononstop

des corridors souterrains percés dans le flanc de la colline, sous les rues et l'ancienne **cathédrale romane de Santa María la Vieja**. Chemin faisant, il traverse plusieurs salles (situées dans autant de maisons) intitulées « le couloir de l'histoire » où sont présentés des documents sur l'histoire des lieux, puis des vestiges architecturaux provenant du théâtre. Il débouche enfin en haut des gradins aujourdhui restaurés du théâtre. Celui-ci, dont seuls quelques érudits soupçonnaient l'existence, fut mis au jour un peu par hasard en 1990, sous un quartier populaire plus ou moins à l'abandon, et entièrement dégagé en 2003. *Sortez derrière la scène et prenez à droite la calle Cuatro Santos. Poursuivez dans la calle Duque jusqu'à la calle Gisbert.*

★ Castillo de la Concepción B2

Tlj sf lun. 10h-17h30, 19h ou 20h selon saison - 4,25 € incluant l'accès par l'ascenseur panoramique calle Gisbert, 10 € (3,75 € sans l'ascenseur).

L'HÉRITIÈRE DE CARTHAGE

La ville fut occupée en 227 av. J.-C. par le général carthaginois **Hasdrubal**. Plus tard, les Romains, qui la baptisèrent *Cartago Nova*, en firent une colonie prospère dont témoignent encore plusieurs vestiges, certains mis au jour très récemment et de façon assez fortuite. C'est dire que le sous-sol de la ville n'a peut-être pas encore révélé tous ses secrets… Siège épiscopal au 4e s., elle fut annexée après la Reconquête par Alfonso X, devenant la porte méditerranéenne du royaume de Castille. Puis, Felipe II fit fortifier ses collines et Carlos III y fonda l'arsenal (1726), faisant d'elle la capitale du *Departamento marítimo del Mediterráneo*. Durant la seconde moitié du 19e s., la forte croissance de Carthagène, liée à l'exploitation des mines environnantes, entraîna la construction de spectaculaires édifices publics et privés dans l'esprit du Modernismo (Art Nouveau), ou de style éclectique, en vogue à l'époque.

Du sommet de ce fort, converti en jardin public, on profite d'une belle **vue★** sur le port, la rade, le théâtre romain et les ruines de Santa María la Vieja. Le château abrite le **Centre d'interprétation de l'histoire de Carthagène**.

Revenez dans la calle Gisbert puis prenez à droite la calle San Diego.

★ Centro de Interpretación de la Muralla Púnica B1

San Diego, 25 - ✆ 968 525 477 - tlj sf lun. 10h-17h30, 19h ou 20h selon saison - 3,50 € (3-12 ans 2,50 €).

Construit autour des vestiges de la **muraille punique** (3e s. av. J.-C.), cet espace didactique explique, à travers un document audiovisuel et des panneaux, la fondation de la ville par Hasdrubal et les guerres contre les Romains pour la conservation de ce site stratégique. Les fouilles ont également mis au jour une **crypte** du 17e s. abritant les ossements des moines de San José : saisissante **danse macabre** peinte.

Reprendez la calle Gisbert et empruntez-la à droite.

★ Casa de la Fortuna B1-2

Pl. del Risueño - ✆ 968 525 498 - mar.-vend. 10h-14h30, sam.-dim. 10h-14h30, 16h-19h - 2,50 €.

Sous le niveau de la rue, ce site archéologique dévoile les vestiges d'une **maison romaine** (fin du 1er s. av. J.-C.) ayant appartenu à une famille aisée : mosaïques, peintures murales, base des murs et piliers, objets usuels ou décoratifs. Belle tête d'**Hermès** en marbre blanc.

Prenez sur la gauche la calle Caballero.

SE LOGER		SE RESTAURER	
Alfonso XIII (Hotel)	3	Barrio de San Roque (El)	4
Peninsular (Hotel)	1	Marquesita (La)	7

★ Augusteum A2

Calle Caballero, 2 - ✆ 968 529 582 - mar.-vend. 16h-19h, w.-end 10h-14h30 - 2,50 €.
Situé dans l'ancien **forum**, c'était le lieu où les prêtres célébraient le culte de l'empereur. Films, panneaux didactiques, vestiges architecturaux et objets archéologiques restituent l'importance et la beauté du lieu.

★ Casa Maestre A2

Pl. San Francisco.
Construite par **Víctor Baltrí** (élève de Gaudí) en 1906, cette demeure moderniste présente de nombreuses affinités avec la Casa Calvet conçue par le maître à Barcelone.
Poursuivez par la calle Honda.

Decumano A2

Calle Honda/Pl. de los Tres Reyes - tlj sf lun. 12h30-14h30 - 2 € (gratuit pour les titulaires de billets combinés).
Sous la rue, l'ancienne **chaussée romaine** dévoile ses secrets. Ce petit espace archéologique permet d'imaginer la voie ancienne, bordée d'arcades et de boutiques.
Descendez sur la calle Major qui ramène au port.

Calle Mayor A2

Cette rue piétonne concentre l'animation de la ville, notamment à l'heure du *tapeo*. Elle est bordée de quelques immeubles modernistes comme le **casino**, dont la façade élevée en 1897 par Víctor Baltrí intègre la porte d'un ancien palais du 18e s., et le **Gran Hotel** édifié en 1912 par le même architecte.

2

À proximité Carte de région

El Mar Menor B1

▶ *Manga del Mar Menor, à 33 km au nord-est de Carthagène par la N 322A.*
ℹ *Urbanización Las Almoladeras, avda de La Manga - ✆ 968 14 61 36 - mai-sept. : lun.-vend. 10h-14h, 17h-19h ; oct.-avr. : lun.-vend. 9h30-13h30, 16h-18h ; w.-end et j. fériés 10h30-13h.*
De Carthagène, la route traverse, autour de **La Unión** *(11 km)*, un ancien paysage minier hérissé de hautes cheminées en brique. Ici, les Carthaginois, puis les Romains exploitèrent des mines d'argent et, après des siècles d'abandon, l'exploitation reprit au début du 20e s. Installé dans un édifice moderniste, un **Museo minero** *(pl. del Liceo - ✆ 968 541 463 - lun.-vend. 10h30-13h30 - 3 €)* retrace l'histoire de cette activité, la vie quotidienne des mineurs et les différentes techniques d'extraction. La petite cité est surtout connue aujourd'hui pour son **festival del Cante de las Minas** (*Agenda dans « Nos adresses »*), rassemblement qui perpétue la grande tradition du flamenco local, introduite ici par les ouvriers andalous venus pour travailler à la mine.

El **Mar Menor** (« la petite mer ») est une ancienne baie fermée par un cordon littoral long de 20 km, large de 500 m, appelé **« Manga »**, qui prend assise sur le promontoire rocheux du **cap de Palos** (beau panorama).

Des terres basses plantées d'amandiers occupent l'arrière-pays avec, çà et là, quelques palmiers et moulins à vent. Les eaux peu profondes et salées du Mer Menor favorisent la pêche à la dorade, au mulet et à la langoustine.

Importante station balnéaire, **La Manga del Mar Menor** surprend par ses hautes tours modernes qui se dressent de manière quelque peu incongrue le long du cordon littoral et au-delà, sur des kilomètres. Ses plages de sable et ses eaux tranquilles se prêtent à la pratique de la voile, de la planche à voile et du ski nautique.

À **Santiago de la Ribera**, sur la rive occidentale du Mar Menor *(accès par l'AP 7, sortie 780)*, des pontons avec cabines ont été aménagés faute de plages au bord de l'eau.

NOS ADRESSES À CARTHAGÈNE

HÉBERGEMENT

PREMIER PRIX

Hotel Peninsular – A2 - *Cuatro Santos, 3 - ✆ 968 500 033 - www.verial.es - 23 ch. 45 €.* Hôtel très basique mais central. Chambres correctes, sans air conditionné. Attractif pour son prix.

BUDGET MOYEN

Hotel Alfonso XIII – B1 - *Paseo Alfonso XIII, 40 - ✆ 968 520 000 - www.hotelalfonsoxiii.com - 124 ch. 59/120 € - ☕ 9 €.* Un hôtel classique à l'orée de la vieille ville. Chambres confortables dotées de baignoires avec hydromassage. Un lieu un peu compassé sans doute, mais bien agréable.

RESTAURATION

BUDGET MOYEN

La Marquesita – A1 - *Pl. de Alcolea, 6 - ✆ 968 507 747 - fermé dim. soir et lun. - 20/40 €, carte 30/42 €.* Un restaurant accueillant au décor soigné, doté d'une belle terrasse ombragée. Il propose une bonne cuisine traditionnelle locale. Accueil très aimable.

El Barrio de San Roque – A1 - *Jabonerías, 30 - ✆ 968 500 600 - fermé dim. et août - 20/30 €, carte 32/41 €.* Briques apparentes et poutres : cet ancien entrepôt a rehaussé son cadre original d'un mobilier moderniste. On y déguste une bonne cuisine de marché parfois originale.

PETITE PAUSE

Le port est bordé de bars et de petits restaurants dont les terrasses donnent sur la rade.

AGENDA

Semaine sainte – Grandes processions.

Fête des Carthaginois et des Romains – *2e quinz. de sept.* De création récente, ces festivités s'organisent autour de processions, défilés et reconstitutions commémorant les guerres puniques qui suivirent la fondation de la ville.

Festival Internacional del Cante de las Minas, à La Unión – *2 sem. en août.* En 2010, ce prestigieux festival de flamenco a fêté son 50e anniversaire. Célébré dans la Catedral del Cante (l'ancien marché public), il rassemble tous les amateurs de *cante grande* qui attendent de découvrir les futurs grands de cet art. Espoir rarement déçu : lors de l'édition 2012, la Grenadine Marina Heredia a illuminé de sa *jondura* les *aficionados al cante.* D'autres années (comme en 2014), la programmation mise sur des valeurs sûres (Estrella Morente, Miguel Poveda).

Lorca

★

92 718 habitants – Province de Murcie.

Installée dans la fertile vallée du Guadalentín, qui contraste fortement avec le reste de la province particulièrement aride, la ville s'étend au pied d'une petite sierra, dont le sommet supporte les vestiges de la forteresse du Soleil. Si l'agglomération est assez étendue, le centre historique de la « ville aux cent blasons » se concentre sur un périmètre réduit.

NOS ADRESSES PAGE 227

S'INFORMER

Office de tourisme – *Antiguo convento de la Merced, calle Puerta de San Ginés - ✆ 968 400 0947 - www.lorcaturismo.es - 10h-14h, 16h-20h.*

La fondation « Lorca, Taller del Tiempo » soit « Lorca, atelier du temps », présente une exposition didactique du même nom, consacrée à l'histoire de la cité (1 €).

Visite guidée – La visite **« Lorca abierta por restauración »** propose un parcours dans la ville meurtrie par le tremblement de terre de 2011 *(visiteurs individuels - été seult - 4 €).*

SE REPÉRER

Carte de région A2 (p. 204). À 74 km au sud-ouest de Murcie par l'A 7-E 15.

À NE PAS MANQUER

Le palais Guevara, l'espace thématique de la forteresse du Soleil et la plaza de España.

ORGANISER SON TEMPS

Comptez une journée.

AVEC LES ENFANTS

L'espace thématique de la forteresse du Soleil.

2

Se promener

Du fait des incertitudes concernant l'avancée des travaux de restauration des différents points d'intérêt de la ville, nous vous invitons à vous renseigner au préalable sur le site de la ville de Lorca.

★★ Casa de Guevara

Calle Lope Gisbert, 12 - ✆ 968 441 914 - mai-déc. : mar.-sam. 10h30-14h, 17h-20h30, dim. 10h30-14h - 3 € (visite guidée).

Outre son magnifique **portail**★★ à colonnes torses, chef-d'œuvre du baroque civil, le palais de Juan de Guevara renferme quelques superbes éléments : un très élégant **patio**★ soutenu par des colonnes en marbre blanc aux écoinçons délicatement sculptés ; un bel escalier en pierre coiffé d'une coupole, sur le mur duquel trône le portrait de l'orgueilleux chevalier dont la monture se cabre, posture généralement réservée aux rois et aux empereurs. À l'étage, quelques pièces ont conservé leur sol en céramique de Manises et un mobilier éclectique (le palais est resté tel qu'il fut légué à la ville en 1988 par une descendante directe de Juan de Guevara).

« BLANCOS » ET « AZULES »

Les fêtes de la Semaine sainte à Lorca comptent parmi les plus spectaculaires d'Espagne. De somptueuses broderies, orgueil d'un artisanat très ancien et très réputé, ornent les chars. Les costumes des grands personnages de la Bible ou de l'époque romaine représentés dans les processions ajoutent une note chatoyante à la sévère robe des pénitents.
Depuis 1856, une lutte de prestige pousse chaque année les confréries à rivaliser en faste et en solennité. Celles du *Paso Blanco* (char blanc) et du *Paso Azul* (char bleu) catalysent les passions, mais il faut également citer le *Paso Encarnado* (écarlate) et le *Paso Morado* (violet) qui possèdent, eux aussi, leur propre musée (respectivement *calle Eulogio Periago, 21* et *calle Nogalte, 43*).

Face à la Casa de Guevara, prenez la calle Pío XII puis à gauche la Corredera, artère piétonne jusqu'à la calle Nogalte (dans le prolongement).

★ Musée des Broderies du Paso Azul

(Museo de Bordados del Paso Azul)
Calle Nogalte, 7 - ✆ 968 472 077 - lun.-vend. 10h-13h30, 17h-19h30 - 2,50 €.
Siège de la confrérie *(hermandad)* de Labradores (travailleurs-ouvriers), la maison des Cariatides abrite les précieuses créations du *Paso Azul*, ainsi que l'atelier où sont brodés à la main les manteaux et costumes destinés aux célébrations de la Semaine sainte. Parmi les plus spectaculaires, le grand manteau de la Résurrection.
Revenez en arrière et, au bout de la calle Nogalte, empruntez à gauche la calle Alfonso X El Sabio.

★★ Plaza de España

Autour de cette place sont concentrés quelques monuments majeurs de la ville. La **collégiale San Patricio★**, dont la nef s'est en partie effondrée, fut construite du 16e au 18e s. sur les plans de **Jerónimo Quijano** (v. 1500-1563) et dédiée à saint Patrick afin de commémorer la victoire contre les musulmans à la bataille de los Alporchones, le 17 mars 1452 (jour de la Saint-Patrick). La belle façade baroque à trois niveaux est couronnée par une statue d'ange de la Renommée. L'original de cette sculpture monumentale se trouve aujourd'hui sur la petite place Cardenal Belluga, à gauche de l'église.
Au coin de la calle del Álamo se dresse l'**hôtel de ville★** *(Ayuntamiento)*, ancienne prison royale édifiée à partir de 1677 (belle façade à deux niveaux d'arcades). Admirez aussi, face à la collégiale, la **Casa del Corregidor** (maison du Magistrat) dont l'angle est orné d'un magnifique **blason sculpté★** surmonté des statues des princes troyens Elio et Crota, mythiques fondateurs

DON JUAN DE GUEVARA GARCÍA DE ALCARÁZ

Membre d'une grande famille de Lorca, il épousa en 1679 sa cousine germaine et utilisa une partie de la dot de celle-ci pour transformer la demeure paternelle en un palais digne de l'idée qu'il se faisait de lui-même. Les travaux, probablement commencés vers 1689, durèrent jusqu'en 1705.
Chevalier de l'ordre de Santiago, il s'engagea aux côtés de Philippe V lors de la guerre de Succession d'Espagne. Propriétaire de très vastes domaines, il dut une partie de sa fortune au commerce d'esclaves. Il se fit d'ailleurs portraiturer à cheval, avec, à ses côtés, un jeune homme noir.

« TERREMOTO ! »
Le 11 mai 2011 à 18h47, tout était calme à Lorca, lorsque la ville fut secouée par un séisme de magnitude 5,1 sur l'échelle de Richter. Une seconde secousse (de 4,9) suivit quelques minutes plus tard. La panique était à son comble, les destructions massives : on releva 9 morts et 324 blessés. Environ 80 % des bâtiments de la ville ont été affectés plus ou moins gravement, notamment dans le centre historique et le quartier de la gare. De nombreuses demeures seigneuriales n'ont conservé que leur façade. Un plan directeur de récupération du patrimoine historique a été adopté en octobre 2011. Mais en attendant d'être restaurée, Lorca a décidé de faire de sa faiblesse une force, et organise des visites guidées de ce qui subsiste, sous le titre « Lorca abierta par la restauración » *(se rens. à l'office de tourisme)*. Signe d'espoir et de confiance en l'avenir, un *Parador de Turismo* a été inauguré début 2012 dans la forteresse *(Nos adresses p. 227)*.

de Lorca auxquels la cité doit son nom d'origine : *Eliocrota*. Derrière s'élève l'ancien **grenier à grains** *(pósito)*, élégante construction dessinée en 1552 par Quijano.
Quittez la place par la calle Santiago et, dans son prolongement, la calle Villaescusa, puis empruntez la Travesía de Santo Domingo jusqu'à la calle de Santo Domingo.

★ **Musée des Broderies du Paso Blanco** (Conjunto monumental de Santo Domingo/MUBBLA-Museo de Bordados del Paso Blanco)
Calle Santo Domingo, 8 - 650 272 004 - www.mubbla.org - lun.-sam. 10h30-14h30, 17h-19h30, dim. 10h30-14h - 2,50 €.
Rivale ancestrale du *Paso Azul*, l'archiconfrérie de Nuestra Señora del Rosario (ou *Paso Blanco*) expose ses trésors de broderie dans l'ancien couvent de Santo Domingo, premier musée de la ville à avoir rouvert ses portes après le séisme. L'église sert d'écrin aux magnifique capes et manteaux brodés qui illustrent des passages de l'Ancien et du Nouveau Testament. La finesse des broderies et le réalisme des rendus sont frappants. Dans la chapelle attenante, la Vierge du Rosaire trône dans une niche à décor rocaille.

Musée archéologique
Pl. Juan Moreno - 968 406 267.
Endommagé par le tremblement de terre, alors que les travaux de restauration étaient en voie d'achèvement, le musée pourrait (sous toutes réserves) rouvrir ses portes en 2015. Se rens.
La Casa de los Moreno, du 16e s., qui abrite le musée, s'ouvre par un somptueux portail à cariatides engainées et fronton brisé, dans le goût italien. Les collections du musée retracent l'histoire de la région : parmi les pièces essentielles figurent une statuette de **Mercure** du 2e s. av. J.-C. et, surtout, une **tunique**★ provenant de la Cueva Sagrada *(12 km au nord-est de Lorca)*. Vieille de plus de 4000 ans, cette pièce de lin serait le plus ancien vêtement connu en Europe.
Revenez par la calle de Santo Domingo (vers la calle Lope Gisbert) et poursuivez jusqu'à la plaza San Vicente.

★ **Columna Miliaria** (Colonne milliaire)
Sur la place San Vicente, à l'angle des rues Corredera et Juan II, s'élève une **borne milliaire**. Elle fut déplacée ici au 17e s. pour servir de socle à une statue de saint Vincent qui était venu prêcher à Lorca au 15e s. Cette colonne est une copie, l'original (1er s. av. J.-C.) étant conservé au Musée archéologique.
Revenez vers la Casa de Guevara par la calle Lope Gisbert.

★ Calle Lope Gisbert

De nombreux commerces et quelques beaux palais ornés d'armoiries, justifiant le surnom de Lorca, « la ville aux cent blasons », se succèdent dans cette artère animée. À l'angle de la calle Pío XII s'élève l'ancien **casino**, construit en 1885 dans le style éclectique (charmant escalier dans la cour).

À voir aussi

★★ Espace thématique de la forteresse du Soleil (Espacio temático de la Fortaleza del Sol)

Accès en voiture (signalisation) - ✆ 902 471 096 - de 10h30 au coucher du soleil - 5 € - visites nocturnes théâtralisées ou non : juil. 20h30, août 21h30 et 22h30 (se renseigner à l'office de tourisme).

Les vestiges de cette forteresse datent pour partie du 13e s., notamment le puissant **donjon** et la **tour Espolón**, mais celle-ci (de même que la partie haute des remparts) a été quasiment détruite par le séisme. L'espace thématique, aussi ludique que didactique, invite à un voyage dans le temps sous l'égide de l'association « Lorca, Taller del Tiempo ». **La Machine à remonter le temps** (La Maquina del Tiempo) transporte le visiteur au 13e s., lequel évolue aux côtés de personnages en costumes d'époque. Plus loin, on découvre une exposition sur l'importance historique et militaire du château, à la frontière entre deux mondes, chrétien et musulman. Cette dualité de cultures, qui se côtoyaient plus ou moins harmonieusement, est évoquée dans la section **Tierra de dos culturas**. Le petit *aljibe* (réservoir) est consacré au travail de fourmi que représente celui des archéologues. Enfin, la **Cultura del Pan** se concentre, démonstrations et expériences à l'appui, sur la fabrication du pain et son importance capitale dans la société. Bref, un lieu pouvant occuper sainement les plus jeunes une bonne partie de la journée.

À proximité Carte de région

Alhama de Murcia B2

À 36 km au nord-est par l'A 7.

Comme son nom « al hamma » l'indique, Alhama de Murcia est célèbre pour ses thermes, exploités par les Romains dès le 1er s. de notre ère, et plus encore par les Arabes. Le centre de la petite ville mérite un coup d'œil, notamment aux alentours de la plaza Vieja, abritant de nombreuses maisons seigneuriales. **Museo arqueológico de los Baños** – *Sánchez Vidal, 5 (au pied de la colline du château) - ✆ 968 630 776 - 10h-14h, 18h-21h (17h-20h en hiver) - gratuit.* Installé sur les vestiges des thermes romains, ce musée met en évidence les différences culturelles entre les utilisateurs successifs : à la fois médicaux et ludiques pour les Romains, ils eurent sous les Arabes une fonction quasi rituelle avec le hammam, avant de retrouver au 19e s. leur vocation de centre de soins. Objets retrouvés sur le site et documents animent la visite d'un lieu qui accueille concerts et représentations théâtrales.

Circuit conseillé Carte de région

LE GOLFE DE MAZARRÓN AB2

Circuit de 70 km d'Águilas à Carthagène, tracé en vert sur la carte de région (p. 204). Quittez Lorca par la C 3211 en direction d'Águilas (à 25 km).

Au départ d'**Águilas**, agréable petite ville de bord de mer dominée par un pic rocheux que coiffe un château, on peut suivre la côte très découpée du golfe de Mazarrón et ses falaises escarpées, jusqu'à Carthagène (*p. 217*).
Sur la pointe du **cap de Cope** (Cabo Cope), une tour fortifiée revêtant la forme d'une proue de navire fait face à la mer, dans un paysage d'une grande beauté.
En remontant vers **Calnegre**, on traverse des cultures horticoles s'étageant sur le flanc des collines. Il est possible de suivre la N 332 et les petites routes ou d'emprunter l'autoroute AP 7 d'où l'on profite aussi de très belles vues.
Un peu avant le **cap Tiñoso** (Cabo Tiñoso), le village d'**Isla Plana** offre un décor de carte postale : les petites maisons aux murs blanchis regardent vers la mer ; un port miniature côtoie une chapelle érigée sur la jetée. Une belle promenade aménagée de pontons de bois permet d'admirer la mer et le petit îlot face au village.
Vers le nord-est, la route E 16 traverse les très beaux paysages de la **sierra de la Muela**.

NOS ADRESSES À LORCA

HÉBERGEMENT

PREMIER PRIX

Pension del Carmen – *Rincón de los Valientes, 3 (à hauteur du 36 calle Nogalte) - 968 466 459 - http://pensionelcarmenrincondelosvalientes.com - 14 ch. 40 €.* Dans le centre, une petite pension à l'accueil très sympathique et aux chambres irréprochables.

BUDGET MOYEN

Hotel Jardínes de Lorca – *Alameda Rafael Méndez (au-delà de la gare et de la Plaza de Toros) - 902 470 599 - www.hotelesdemurcia.com - 45 ch. 54/116 € - 8 € - rest. 12/38 €.* Un peu à l'écart, cet hôtel reste néanmoins assez central. Vastes et élégantes chambres, certaines avec vue sur le château.

POUR SE FAIRE PLAISIR

Parador Castillo de Lorca – *Castillo de Lorca - 968 406 047 - http://paradores.es - 152 ch. 70/170 € - 18 € - rest. menus 27/45 €, carte 30/48 €.* Ouvert en 2012 dans un bâtiment moderne édifié dans la forteresse, ce parador, confortable comme il se doit, est le premier signe de la résurrection de la ville.

RESTAURATION

PREMIER PRIX

Taberna El Camino – *Alfonso El Sabio, 5 - 968 441 102 - fermé dim. - tapas et* raciones *5/15 €.* Tapas andalouses servies dans une salle rustique. Clientèle locale et accueil agréable.

Mesón El Segoviano – *Terrer Leonés, 8 - 968 473 185 - menu 9 €, carte env. 15/20 €.* Un petit bar-restaurant dressant quelques tables dans une rue non loin de la Casa de Guevara. Cuisine castillane sans prétention, accueil chaleureux et tapas localement réputées.

BUDGET MOYEN

El Galán Dorado – *Glorieta de San Vicente, 2 - 968 473 006 - menu 15 €, carte 26/35 €.* Sur une petite place ombragée, cette sympathique *arrosseria* propose à ses convives pas moins de 18 sortes de riz, des poissons et des crustacés (sur commande).

AGENDA

Semaine sainte – *p. 224.*

2

Caravaca de la Cruz

★

26 024 habitants – Province de Murcie

Haut lieu de pèlerinage, Caravaca de la Cruz s'enroule autour d'une haute colline couronnée par l'enceinte de son château et la silhouette du célèbre sanctuaire de la Sainte Croix. Le centre historique conserve de beaux édifices religieux et civils.

NOS ADRESSES PAGE 231

S'INFORMER

Office de tourisme – *Calle de las Monjas, 17 - ✆ 968 705 620 - www.turismocaravaca.org - lun.-sam. 10h-14h, 16h-19h (17h-20h en été), dim. 10h-14h.*

SE REPÉRER

Carte de région A1 (p. 204). À 70 km à l'ouest de Murcie par la C 415.

À NE PAS MANQUER

Le château et le sanctuaire de la Vera Cruz.

ORGANISER SON TEMPS

Quelques heures suffisent pour visiter la ville.

Se promener

Santuario de la Santísima y Vera Cruz

Cuesta del Castillo - ✆ 968 707 528 - www.cofradiaveracruzdecaravaca.com - sanctuaire : 8h-14h, 16h-19h30 (20h en été), dim. et j. fériés 10h-14h, 16h-19h30 - gratuit - musée : tlj sf lun. 10h-14h, 16h-19h (20h en été) - 4 € - fermé 1er janv., 1er-5 mai, 25 déc.

Les remparts et les 14 tours du château (15e s.), restaurés, protègent l'église qui conserve la « **Sainte Croix** » (*encadré ci-dessous)*. Le **portail**★ (1722), en marbres rouges locaux, surprend par son audace baroque. Il dégage, grâce aux *estípites* (balustres inversés) et aux colonnes finement torsadées, une impression de verticalité mais aussi de robustesse qui l'apparente aux portails des églises latino-américaines. À l'intérieur, on admire la stricte élégance inspirée de Juan de Herrera.

Les bâtiments annexes abritent le **musée de la Sainte Croix (museo de la Vera Cuz)**, où sont exposés des objets et documents relatifs à l'histoire de la croix de Caravaca.

Depuis les remparts et les créneaux, **panorama** sur la ville et les environs.

LE MIRACLE DE LA « SAINTE CROIX »

Le 3 mai 1232, un prêtre nommé Ginés Pérez Chirinos célébrait la messe devant le roi maure qui l'avait fait prisonnier. Soudain, la croix qui manquait sur l'autel fit son apparition. Il n'en fallut pas plus pour que le roi maure et sa suite se convertissent et que la croix, jugée morceau de la « Vraie Croix », devienne l'objet d'une vénération populaire. Elle a disparu en 1934 dans des conditions troubles et non élucidées, et a été remplacée par un autre morceau de la « Vraie Croix » offert par Pie XII en 1941.

Plaza de Toros : entrez dans l'arène !
imagebroker / hemis.fr

Museo de la Fiesta

Las Monjas, 19 - www.caravacajubilar.com/museo-de-la-fiesta.html - mar.-dim. 10h-14h (sam. 10h-14h, 16h-19h) - fermé lun. - 4 €.

Indispensable pour comprendre le déroulement des fêtes en l'honneur de la Sainte Croix, ce musée est installé dans l'ancien palais du marquis de San Mamés. Documents, costumes et accessoires expliquent les différentes cérémonies – bain de la Croix, *Caballos del Vino* (cavalcades dans les rues), défilé des Maures et des Chrétiens.

Museo arqueológico municipal de la Soledad

Cuesta del Santuario, s/n - www.caravacajubilar.com/museo-de-la-soledad-museo-arqueologico.html - mar.-dim. 10h-14h (sam. 10h-14h, 16h-19h) - fermé lun. - 2 €.

Établi dans l'ancienne église fortifiée de la Soledad, il expose des vestiges archéologiques locaux, notamment le matériel découvert (pierres taillées, tessons de poteries, bijoux) sur le vaste site de la Cueva Negra del Estrecho de la Encarnación (habité au paléolithique).

★ Église paroissiale del Salvador

Édifiée entre le 16e et le 18e s., cette église inachevée de plan carré est couverte d'une voûte nervurée soutenue par quatre très impressionnantes colonnes ioniques de 2 m de diamètre. Elle fut le siège du vicaire de l'ordre de Santiago.

ANNÉE JUBILAIRE « IN PERPETUUM »

Concédé à Caravaca de la Cruz par le pape Jean-Paul II, ce privilège permet à la ville de célébrer une année jubilaire tous les 7 ans *(prochaine édition en 2017)*. Cette « année sainte à perpétuité » est la récompense de sept siècles de dévotion au fragment du *Lignum Crucis* (croix du martyre du Christ). Seules quatre autres villes dans le monde bénéficient de ce privilège : Jérusalem, Rome, Saint-Jacques-de-Compostelle et Santo Toribio de Liébana.

Templete
Cet édifice de la fin du 18e s. dressé sur la plaza Templete abrite un bassin où se déroule, chaque année, la cérémonie du bain de la Croix.

À proximité Carte de région

Fuentes del Marqués A1
À 3 km à l'ouest de Caravaca. Sur l'avenida de los Andenes, prenez le camino de las Fuentes. Site ouvert.
Dans un paysage splendide, quatre **sources** d'une grande pureté s'écoulent dans une rivière canalisée. Le bois environnant, où domine le pin d'Alep, est le refuge des écureuils, éperviers et renards. Sur les hauteurs, en poursuivant le sentier, on découvre les **Cuevas del Marqués**, grottes occupées au 11e s.

Cehegín A1
À 7 km à l'ouest par la RM 15 (sortie 55).
Perchée sur une colline, cette petite ville ne manque pas de charme. Elle a conservé un centre ancien constitué d'un dédale de ruelles conduisant à la plaza del Castillo où se dresse l'**église Santa María Magdalena**, dessinée dans un style Renaissance très sobre par **Jerónimo Quijano**. On y verra également quelques **palais** dont celui des Fajardo (18e s.), qui prend appui sur la muraille arabe. Mais Cehegín, héritière de l'antique Begastri (cité ibère, municipe, romain puis évêché à l'époque wisigothique), est aussi un grand **centre d'art rupestre** avec, aux alentours, plusieurs abris sous roche (dont celui de Peña Rubia) décorés de peintures schématiques, représentatives du « style levantin ».

Moratalla A1
À 12 km au nord-est par la RM 15.
Barrio Nuevo, s/n - 968 730 208.
Une autre jolie ville perchée, aux ruelles parfois abruptes. Celles-ci conduisent au **château** médiéval (15e s.), doté de cinq tours, et dont le donjon *(torre del homenaje)* domine la ville du haut de ses 22 m.
Centro de Interpretación de Arte rupestre Casa de Cristo – *Route de San Juan (RM 703), km 7 - 968 735 987 - 10h-14h (sam. 10h-17h) - gratuit.* Moratalla est surtout un centre d'art rupestre, véritable « musée en plein air ». Au fil du temps furent découverts, sur le vaste territoire de la municipalité, plus de 30 abris sous roches décorés de peintures de style levantin. Parmi ceux-ci, le **Calar de la Santa** *(à 33 km par la RM 703 jusqu'à El Sabinar)*, deux abris décorés de quelque 75 figures humaines, animales ou anthropomorphes, et la **Fuente del Sabio** *(accès par la RM 702)*. La visite du Centre d'interprétation, installé dans un ancien ermitage, donne de précieux renseignements sur la civilisation des lointains habitants de la région *(pour visiter les sites, adressez-vous à l'office de tourisme)*.

Calasparra A1
À 24 km au nord par la RM 15 vers Murcie. À la sortie 57, prenez la RM 714.
Posée dans un cadre de montagnes, cette petite ville s'enorgueillit de son riz « bomba » cultivé en bordure du río Segura, l'un des trois riz espagnols à bénéficier du label « Denominación de Origen ».
On pourra, par curiosité, pousser jusqu'au **sanctuaire de la Virgen de Esperanza**, à 5 km. Né d'un ermitage installé dans une grotte dominant le *río*, le sanctuaire a été bâti au 20e s. contre la falaise abrupte, dans un style

qui peut évoquer une création de Gaudí. On y vénère, lors de la *romería,* deux statues de la Vierge, la Grande et la Pequeñica (« la Petitoune »). Celle-ci étant représentée enceinte, les offrandes de barboteuses et autres turbulettes s'y sont multipliées…

NOS ADRESSES À CARAVACA DE LA CRUZ

HÉBERGEMENT

PREMIER PRIX

Hospederia Convento Nuestra Señora del Carmen – *Corredera, 5 - ✆ 968 708 527 - www.hospederiacaravaca.org - 36 ch. 50 €.* Tenu par les pères carmélites déchaussés, ce couvent fondé par San Juan de La Cruz reçoit des hôtes depuis 400 ans. Les chambres sont monacales, mais irréprochables. Elles sont préparées pour votre arrivée, mais il vous incombe de faire votre lit si vous restez plusieurs jours.

RESTAURATION

BUDGET MOYEN

El Arco – *Pl. del Arco, 5 - ✆ 902 091 466 - fermé lun. - 7 ch. à partir de 55 € - menus 8 € (à la cafétéria)/15 €, carte 15/25 €.* Sur une belle place, à deux pas de l'hôtel de ville. Cuisine traditionnelle et desserts locaux.

POUR SE FAIRE PLAISIR

Torreón las Fuentes – *Fuentes del Marqués, 20 - 3 km de Caravaca - ✆ 968 722 114 - fermé lun. - autour de 30 €.* Installé dans un cadre champêtre séduisant, cet hôtel rural propose une bonne cuisine traditionnelle.

À Moratalla

POUR SE FAIRE PLAISIR

El Olivar – *Carr. de Caravaca, 50 - ✆ 968 724 054 - menus 15/59 €, carte 38/52 €.* Dans la rue principale, un restaurant doté d'un bar à tapas. Dans un décor rustique avec quelques touches de modernité, la cuisine proposée est locale, apprêtée au goût du jour. L'huile d'olive locale et le fameux riz de Calasparra y tiennent la vedette.

ACHATS

Sur la **plaza del Arco**, outre les croix à deux traverses, souvenir incontournable du pèlerinage, on peut goûter aux douceurs qui font la renommée de la ville : les *yemas* (à base d'œufs) et les *alfajores*, gâteaux d'origine arabe faits de miel et de fruits secs.

AGENDA

Fêtes en l'honneur de la Santissima y Vera Cruz – Du 1er au 5 mai, la commémoration du miracle de la Sainte Croix donne lieu à des messes et des processions, mais aussi au défilé des Maures et des Chrétiens, à la sortie des *Caballos del Vino* (cavalcades dans les rues) et à des corridas.

Feria del Arroz et « romería » – *Sept.* Pèlerinage au sanctuaire de la Esperanza à Calasparra et feria taurine célébrant la récolte du riz. Principale originalité : les *encierros* qui transforment Calasparra en une petite Pampelune.

Semaine sainte de Moratalla – *Du Jeudi saint au dim. de Pâques.* Pour les oreilles, *tamborrada* incessante. Pour les yeux, pénitents revêtus de tuniques rivalisant d'extravagance…

Saragosse et l'Aragon 3

Carte Michelin Région n° 574 – Provinces de Huesca, Zaragoza et Teruel

La rivière Huesca dans le Parc national d'Ordesa.

C. Ehlers/Tips/Photononstop

SARAGOSSE ET L'ARAGON

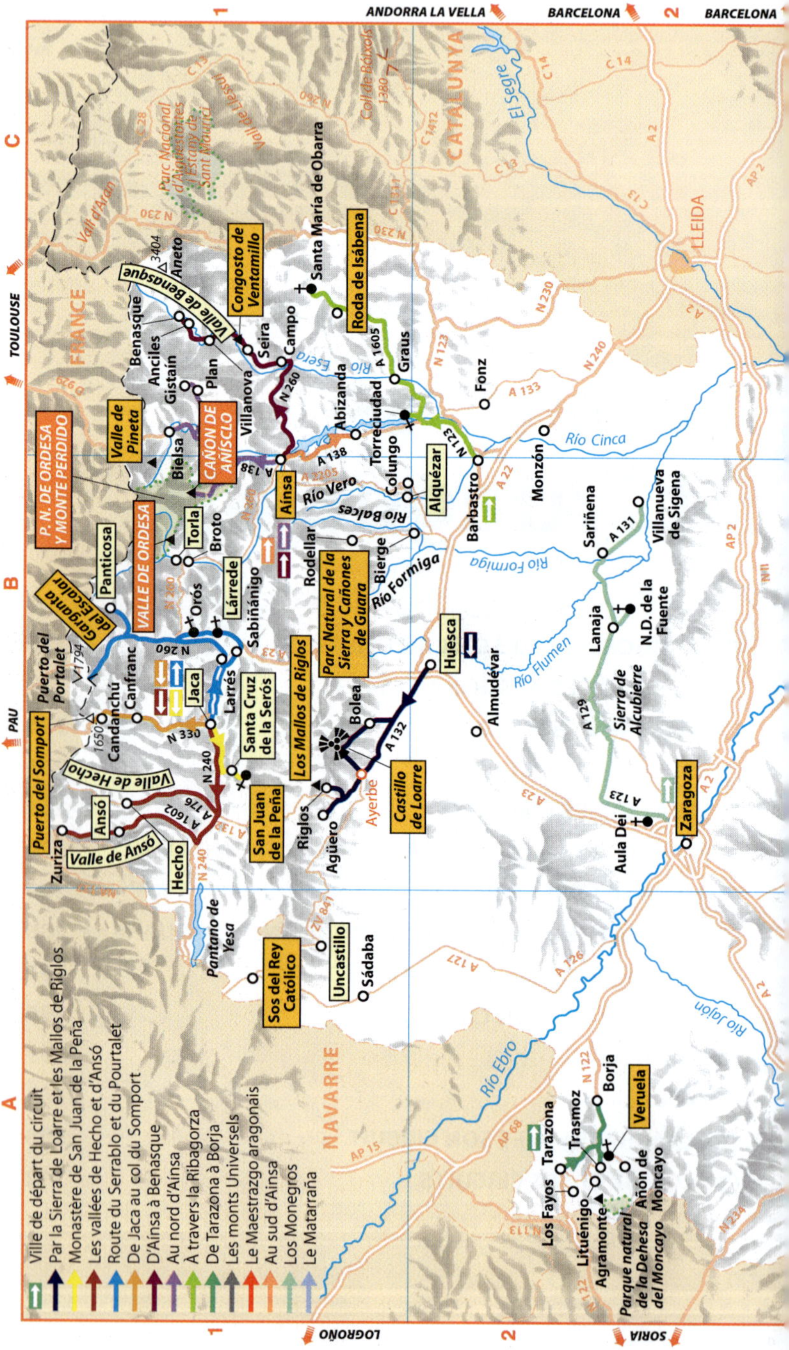

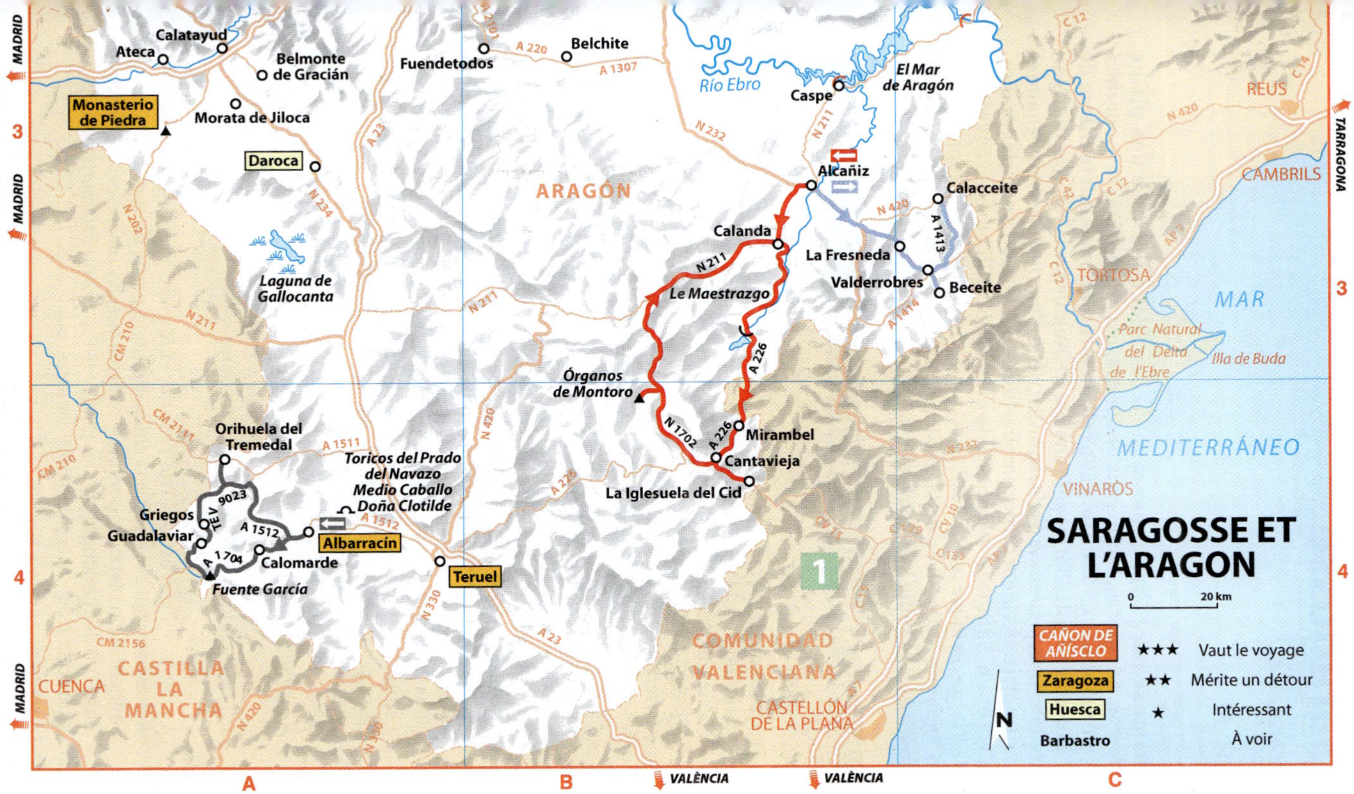
SARAGOSSE ET L'ARAGON
0 20 km
CAÑON DE AÑÍSCLO ★★★ Vaut le voyage
Zaragoza ★★ Mérite un détour
Huesca ★ Intéressant
Barbastro À voir
N
MADRID
TARRAGONA
VALÈNCIA
A
B
C
3
4
1
Calatayud
Ateca
Belmonte de Gracián
Monasterio de Piedra
Morata de Jiloca
Daroca
Laguna de Gallocanta
Fuendetodos
Belchite
ARAGÓN
Río Ebro
Caspe
El Mar de Aragón
Alcañiz
Calanda
Le Maestrazgo
Calacceite
La Fresneda
Valderrobres
Beceite
Órganos de Montoro
Mirambel
Cantavieja
La Iglesuela del Cid
Orihuela del Tremedal
Toricos del Prado del Navazo
Medio Caballo
Doña Clotilde
Griegos
Guadalaviar
Albarracín
Calomarde
Fuente García
Teruel
CASTILLA LA MANCHA
CUENCA
COMUNIDAD VALENCIANA
CASTELLÓN DE LA PLANA
VINARÒS
TORTOSA
CAMBRILS
REUS
MAR
MEDITERRÁNEO
Parc Natural del Delta de l'Ebre
Illa de Buda
A 220
A 1307
N 232
N 211
N 420
A 1413
A 1414
A 226
N 1702
A 1511
A 1512
A 1704
TE V 9023
N 234
N 202
CM 210
CM 2111
CM 2156
N 330
A 23
C 12
C 42
C 14
AP 7
CV 10
CV 15
N 340

Saragosse

Zaragoza

★★

682 004 habitants – Province de Zaragoza

Baignée par l'Èbre et par le canal impérial qui irrigue une plaine fertile, Saragosse, longtemps endormie, est entrée dans la modernité en organisant en 2008 une Exposition internationale sur le thème de l'eau, sujet particulièrement sensible ici. Aujourd'hui, réputée pour son dynamisme, la capitale de l'Aragon est riche d'une histoire bimillénaire et a su mettre en valeur un patrimoine hérité des Romains puis des Arabes. Cela étant, Saragosse est aussi une métropole religieuse : la dévotion à la Vierge du Pilier (Virgen del Pilar) en fait le premier sanctuaire marial d'Espagne, et la place de la basilique, avec ses tours et ses coupoles, mérite à elle seule le déplacement.

NOS ADRESSES PAGE 249

S'INFORMER

Office de tourisme régional – *Coso (angle pl. de España) - ✆ 976 282 181 - lun.-sam. 10h-14h, 17h-20h, dim. et j. fériés 10h-14h.*

Office de tourisme municipal – *www.zaragozaturismo.es. Pl. del Pilar (✆ 902 142 008 ou 976 201 200 - avr.-oct. : 9h-21h ; nov.-mars : 10h-20h), Torreón de la Zuda (Glorieta Pio XII - ✆ 902 142 008 - avr.-oct. : 9h-21h ; nov.-mars : 10h-14h, 16h30-20h, dim. 10h-14h) et Aeropuerto (✆ 976 780 144 - 9h-20h, 21h en été).*

Visites – L'office de tourisme organise des visites guidées thématiques de la ville entre juin et septembre. Départ de l'OT, plaza del Pilar *(2 € à 5,30 € selon le thème choisi).* La **Zaragoza Card**, valable 24h *(18 €)*, 48h *(21 €)* ou 72h *(24 €)*, donne accès à ces visites ainsi qu'à 5, 7 ou 9 trajets en transports en commun (bus et tram), au bus touristique, et aux monuments et musées de la ville. En vente dans les offices de tourisme. *Pour plus d'informations : ✆ 902 088 908 ou www.zaragozacard.com.*

Le **bus touristique** propose un circuit de 75mn. *Départ calle Don Jaime (près de la Lonja) - juil.-mi-sept. : entre 10h30 et 19h25 ; reste de l'année : le w.-end - 7 € - bus nocturne : juil. et 1re quinz. de sept. (vend.-sam. à 21h30 et 23h), août (dim.-jeu. 21h30, vend.-sam. 21h30 et 23h) - 10 €.*

SE REPÉRER

Carte de région B2 (p. 234-235) – Saragosse est située à 320 km au nord-est de Madrid et 307 km à l'ouest de Barcelone.

SE GARER

Le centre-ville n'est pas très étendu, et les sens uniques (sans oublier le tramway qui a interdit à la circulation une partie de la calle del Coso) rendent la circulation automobile difficile. Mieux vaut laisser son véhicule dans l'un des parkings près des plazas de España ou Salamero, ou au parking souterrain de la plaza del Pilar *(accès par le quai, 1,95 €/h, 19,80 €/j.).*

À NE PAS MANQUER

La Seo del Salvador, la basilique del Pilar, l'Aljafería, le patio de la Infanta et une soirée de *tapeo* dans « El Tubo » (*« Nos adresses »*).

La basilique Nuestra Señora del Pilar.
R. Cintract/hemis.fr

ORGANISER SON TEMPS
Prévoyez au moins une journée de visite.

AVEC LES ENFANTS
La visite de l'aquarium fluvial, des activités nautiques et une baignade au Parque del Agua Luis Buñuel.

3

Se promener Plan de ville

★ LES PLAZAS DE LA SEO ET DEL PILAR

Ces deux places forment une immense esplanade parallèle à l'Èbre (qu'enjambe depuis le 15e s. le pont de pierre ou « **puente de piedra** », aujourd'hui piéton et doté de sept arches), et sur laquelle donnent les principaux monuments de la ville. C'est le lieu de convivialité où les habitants de Saragosse se retrouvent afin de célébrer les grands événements. C'est également le lieu de rassemblement des pèlerins qui viennent en foule fleurir l'effigie de la Vierge le jour de la fête du Pilar (12 oct.). Plusieurs boutiques d'art et d'objets religieux ou de souvenirs sont installées en face de la basilique. À l'extrémité ouest de la place, la **Fuente de la Hispanidad**, hommage à l'Hispanité, est également fêtée le 12 octobre – date de la découverte de l'Amérique – dans toute l'Espagne. La fontaine, devant la bourse du commerce *(lonja)*, est dédiée à Goya (*encadré p. 245*).

★★ La Seo del Salvador (cathédrale de San Salvador) D1-2

976 291 231 - www.cabildodezaragoza.org - mai-oct. : mar.-dim. 10h-20h30 (hors offices) ; reste de l'année : mar.-vend. 10h-14h, 16h-18h30, sam. 10h-13h, 16h-18h30, dim. 10h-12h, 16h-18h30 - fermé lun. - 4 € (billet combiné avec le Musée diocésain) (11-17 ans 3 €).

Cathédrale de Saragosse, la Seo del Salvador réunit tous les styles, du roman au churrigueresque, mais l'architecture est gothique dans son ensemble et d'une remarquable ampleur. Au 17e s., on a ajouté la haute tour-clocher, qui s'harmonise avec celles, toutes proches, de la basilique du Pilar puis, au 18e s., la façade baroque. En s'avançant un peu dans la calle del Sepulcro, on peut voir la décoration mudéjare du **chevet**. La **tour-lanterne** du 16e s. présente un mélange des styles mudéjar et Renaissance.

Cinq nefs d'égale hauteur donnent à ce vaisseau une allure imposante. Au-dessus du maître-autel, un **retable★** gothique retient l'attention : sa prédelle a été exécutée par le Catalan **Pere Joan**, tandis que les trois scènes centrales – Ascension, Épiphanie et Transfiguration – sont dues au ciseau d'un sculpteur allemand, Jean de Souabe dit aussi Hans Piet D'Anso. La note germanique apparaît dans la position des corps et dans le modelé des visages et des vêtements.

Le « **trascoro** » et certaines chapelles latérales ont été parés au 16e s. d'ensembles sculptés qui témoignent de la vigueur de la sculpture espagnole pendant la Renaissance. Dans d'autres chapelles, le 18e s. churrigueresque a fait preuve de son exubérance habituelle dans la décoration. La **Parroquieta**, chapelle gothique, fait exception : on y voit un tombeau du 14e s., influencé par l'art bourguignon, et surtout une **coupole★** de style mauresque en bois polychrome, ornée de stalactites et d'entrelacs (15e s.).

★ **Musée capitulaire** (Museo Capitular) – *Réouverture après restauration prévue fin 2014.* Installé dans la sacristie, il présente des peintures, un triptyque d'émail, des ornements religieux et d'innombrables pièces d'orfèvrerie : des bustes reliquaires en argent, des calices et un monumental ostensoir processionnel de 24 000 pièces.

★★ **Musée de Tapisseries** (Museo de Tapices) – Avec une soixantaine de tapisseries, exposées à tour de rôle, la cathédrale de Saragosse possède une exceptionnelle collection de tentures gothiques comme la *Tenture des Nefs*, la *Crucifixion* ou les *Mystères de la Passion* ; toutes sont françaises ou flamandes, tissées à Arras, Tournai ou Bruxelles.

Musée diocésain - MUDIZ D1

Pl. de la Seo, 6 - www.mudiz.net - mar.-sam. 10h-14h, 17h-21h, dim. et j. fériés 10h-14h - 3 € (billet combiné avec la cathédrale).

Il est installé dans le palais épiscopal (juste en face de l'entrée de la Seo), qui fut une basilique romaine avant de servir de palais aux rois d'Aragon. Entièrement remodelé à la Renaissance, il fut en partie reconverti en musée en 2011 pour accueillir les collections du diocèse, provenant de nombreuses églises de la ville et de la région. Outre plusieurs vidéos consacrées à l'histoire du diocèse et à l'architecture gothique, le visiteur s'attardera plus particulièrement devant les Vierges de bois polychrome de la salle 6 et, à l'étage, sur le superbe plafond mudéjar de la salle 8, sans oublier la collection de peintures gothiques de la salle 9.

★ Bourse du commerce (La Lonja) D1

Pl. del Pilar - ✆ 976 3097 239 - visite lors des expositions temporaires mar.-sam. 10h-14h, 17h-21h, dim. 10h-14h30 - gratuit.

Comme Valence, Barcelone et les autres grandes villes commerçantes de l'ancien royaume d'Aragon, Saragosse disposait au 16e s. d'une bourse du commerce. Ces édifices à la transition du gothique et du plateresque comptent parmi les plus beaux exemples d'architecture civile en Espagne. Ici, la salle, très vaste, est divisée en trois vaisseaux par de hautes colonnes au fût curieusement orné d'une bague sculptée de grotesques. À la naissance des nervures qui s'épanouissent en réseau étoilé sur les **voûtes**, on voit des blasons encadrés d'angelots.

SE LOGER

Hispania 9
Hotel Pilar Plaza 7
Palafox (Hotel) 1
Príncipe (Hotel El) 2
Sauce (Hotel) 4

SE RESTAURER

Albarracín (Espacio Gastro Tapas 30
Antigua Casa Lac. 3
Antonio 1
Asador El Campo Del Toro 32
Bastilla (La) 6
Bodegas Almau 2
Bodeguilla de la Santa Cruz 4
Casa Juanico 24
Despensa (La) 22
Doña Casta (Taberna) 13
Fuelle (El) 28
Mesón Casa Teo 26
Olé (antigua Casa Colas) 7
Papa Mar 11
Republicana (La) 12
Sidrería Artxueta 16
Victorinos (Los) 14
Vinos Nicolás 18
Zarcillos (Los) 20

Sur la gauche, l'**hôtel de ville** *(Ayuntamiento)* a été reconstruit dans le style aragonais traditionnel avec un avant-toit ouvragé. Deux sculptures modernes en bronze précèdent l'entrée.

★ Basilique de Nuestra Señora del Pilar CD1

www.basilicadelpilar.es - 6h45-20h30 (21h30 le w.-end) - gratuit.

Selon la tradition, c'est le 2 janvier de l'an 40 que la Vierge apparut à saint Jacques. Pour abriter le pilier qu'elle aurait laissé en gage de sa parole, plusieurs sanctuaires se sont succédé ici. Le monument actuel, seconde cathédrale de Saragosse, a été conçu par **Francisco Herrera le Jeune** (1612-1685) et sa construction s'est étendue… jusqu'en 1961 ! C'est un quadrilatère régulièrement épaulé de contreforts et éclairé par un dôme central. Des coupoles à lanternons, dont les tuiles vernissées se reflètent dans l'Èbre, ont été ajoutées au 18e s. par l'architecte **Ventura Rodríguez** (1717-1785).

L'intérieur comprend trois vaisseaux séparés par de gigantesques piliers à pilastres cannelés. Les coupoles sont décorées par des fresques, l'une d'entre elles *(Regina Martyrum)* fut réalisée par le jeune **Goya** ; deux esquisses exécutées par le peintre sont exposées sous la coupole (mur côté Èbre), pendant la durée des travaux du musée Pilarista.

La **chapelle de la Vierge** (Santa Capilla), œuvre de Ventura Rodríguez, est en réalité une église en miniature qui abrite dans une niche, à droite, le pilier et la statue gothique en bois de la Vierge. Tous les jours, sauf les 2 et 12 de chaque mois – anniversaires de l'Apparition (2 janvier) et de l'Hispanité (12 octobre) –, la statue est vêtue d'un manteau différent. Elle fait l'objet d'une véritable vénération et les pèlerins se pressent pour baiser le pilier, accessible par derrière.
Au centre de la basilique se trouve le **maître-autel** surmonté d'un **retable★** gothique sculpté par **Damià Forment** et dont la prédelle, présentant six scènes de la vie de la Vierge, mérite un examen attentif. Le corps du retable est également consacré à Marie : la Présentation au Temple, l'Assomption et sa Naissance. Le *coro* est orné de stalles plateresques et fermé par une haute grille.
★ **Museo Pilarista** – *Pl. del Pilar - ☏ 976 397 497 - fermé pour travaux.* On peut voir les esquisses de Goya, González Velázquez et Bayeu pour les peintures des coupoles de la basilique du Pilar, une maquette de Ventura Rodríguez et une partie des joyaux qui ornent la statue de la Vierge lors des fêtes del Pilar. Parmi les pièces très anciennes, en ivoire, citons un olifant du 11e s. et un coffret à bijoux arabe.
Tour nord – *10h-14h, 16h-20h (ascenseur)- 3 € (-10 ans gratuit).* Large panorama sur la ville.

LE CENTRE ANCIEN

Délimitée au nord par l'Èbre et la basilique du Pilar, la vieille ville est bordée par une ceinture de boulevards tracée sur le parcours des anciennes murailles : l'avenida César Augusto et le Coso. Ce lacis de ruelles piétonnes ou à circulation restreinte est traversé par une voie principale rectiligne : la calle Alfonso I, qui relie la plaza del Pilar au Coso à hauteur de la plaza de España.
Depuis la plaza del Pilar, prenez la calle Alfonso I, puis à gauche la calle Espoz y Mina.

★ Musée Camón Aznar (Museo Ibercaja Camón Aznar) CD1

Espoz y Mina, 23 - ☏ 976 397 328 - www.ibercaja.es - mar.-sam. 10h-14h30, 17h-21h, dim. et j. fériés 10h-14h30 - gratuit.
Ce musée, constitué à partir des collections de l'historien José Camón Aznar (1898-1979) et de son épouse, rassemble un grand nombre de peintures du 15e au 20e s. dans un somptueux palais Renaissance, la **Casa Alguilar**. On peut y contempler des portraits de Franz Hals, ainsi que des toiles de José Ribera et du Greco *(Madeleine pénitente)*.
Une section est consacrée aux dessins et **gravures de Goya★★**, provenant des célèbres séries *Les Caprices*, *Les Désastres de la guerre*, *La Tauromachie* et *Les Disparates* (*aussi p. 245*). Réalisées à la charnière du 18e et du 19e s., ces œuvres étaient pour Goya un espace de liberté essentiel, l'occasion de sortir des commandes et de traiter parfois des sujets polémiques, tels que les violences de la guerre, la mauvaise éducation, la prostitution, les mariages de raison…, tout cela dans un style très dynamique et réaliste. Dans le Salon doré sont exposées des peintures du peintre, parmi lesquelles un autoportrait de 1775.
Au-delà, dans les ruelles situées tout autour de l'église de la Santa Cruz, les tavernes et les bars à tapas se sont multipliés dans ce que l'on appelle ici le « tubo », concentrant l'animation de la soirée.
Revenez vers la calle Alfonso I, puis prenez à droite la calle Méndez Núñez.

Plaza San Felipe C1

Cette petite place dégage une atmosphère sereine. Elle rassemble des monuments de styles divers : le **Torreón Fortea**, d'époque médiévale, qui accueille désormais des expositions temporaires, le **palais des Comtes d'Argillo** (17e s.) qui abrite le musée Pablo Gargallo, et l'**église baroque de San Felipe** arborant en façade des colonnes torses. On y découvre également la statue d'un homme assis, les yeux vers le ciel. Son regard est dirigé vers ce qui fut jadis le sommet de la tour mudéjare de l'église. Menaçant de tomber, celle-ci fut malheureusement détruite en 1892. Une marque au sol indique son emplacement.

★ Musée Pablo Gargallo (Museo Pablo Gargallo) C1

Pl. San Felipe, 3 - ✆ 976 392 524 - tlj sf lun. 10h-14h, 17h-21h, dim. et j. fériés 10h-14h - 4 € (-8 ans gratuit).

Doté d'un remarquable patio, le superbe palais des comtes d'Argillo, de style Renaissance et baroque, accueille ce musée consacré au grand sculpteur aragonais **Pablo Gargallo** (1881-1934). L'artiste, ami notamment de Picasso et de Juan Gris, partagea sa vie entre Barcelone et Paris, et travailla essentiellement le métal (cuivre, fer, plomb…), s'attachant à la figure humaine dans un style figuratif marqué par une progressive inversion des volumes. Travail passionnant qui en arrive à promouvoir le vide comme élément essentiel de la sculpture. Parmi les œuvres exposées retraçant ce processus de création se détachent *Le Grand Prophète*, *Kiki de Montparnasse* et la statue équestre *Salut olympique*. Le musée expose également des dessins, des documents, des éléments de travail et une chronologie permettant de situer cet artiste trop peu connu parmi ses contemporains. Une belle découverte.

Poursuivez vers l'avenida César Augusto.

Marché central (Mercado Central) C1

Av. César Augusto - tlj sf lun. 7h-14h.

Le principal marché de Saragosse se tient ici depuis le 13e s. Le bâtiment actuel, érigé en 1903, est un mélange de pierre, fer et verre. Il constitue surtout un endroit agréable et animé pour trouver les produits typiques de la région.

RUTA DE CAESARAUGUSTA

Circuit tracé en vert sur le plan de ville (p. 239).

L'Èbre fit de Saragosse une importante **cité romaine**, *Caesaraugusta*. Elle était alors protégée par une enceinte dont le tracé correspond aujourd'hui au Coso et à l'avenida César Augusto. Quelques vestiges des murailles subsistent dans le prolongement du marché central et au bout du puente de Santiago. Des fouilles ont permis de mettre en valeur les vestiges romains et la municipalité propose un circuit de découverte de ces principaux lieux. Chacun est doté d'un petit musée à la mise en scène pédagogique très réussie, avec documentaire audiovisuel (en français ou sous-titré, sur demande).

Les murailles romaines (Murallas Romanas) C1

Pour commencer votre découverte de la ville romaine, rendez-vous au bout de la plaza del Pilar, sur la plaza Caesaraugusta, à côté du marché central, où se situent les vestiges les plus importants. Construites au 3e s. sur les ruines de remparts antérieurs, les murailles pouvaient atteindre jusqu'à 7 m d'épaisseur. Du côté de l'Èbre, le **torreón de la Zuda** abrite un bureau de l'office de tourisme (*« S'informer » p. 236*). Du sommet *(accès libre)*, belle vue d'ensemble sur la ville.

Riche de nombreux vestiges de *Caesaraugusta* (dont les pierres ont été en grande partie réutilisées pour des bâtiments ultérieurs), Saragosse compte quatre musées archéologiques de sites consacrés à la cité romaine.

De « Caesaraugusta » à Zaragoza

Située au confluent de l'Èbre et des ríos Gállego et Huerva, *Salduba* devient en 25 av. J.-C. une colonie romaine dédiée à Auguste, sous le nom de *Caesaraugusta.* Son développement est fulgurant : grâce à sa place privilégiée, *Caesaraugusta* devient l'un des principaux ports de la péninsule. On y importe de la céramique, du marbre, des amphores, des bijoux et du verre, Les produits exportés sont tout aussi variés : laine, peaux, fer, lin, sel, blé et bois. Au 3e s., la vie de la cité est troublée par les persécutions de Dioclétien. La ville honore encore la mémoire de ses « Innombrables Martyrs » enterrés dans la crypte de **Santa Engracia**.

L'APOGÉE DE « SARAKUSTA »

La cité passe ensuite aux mains des Wisigoths (5e s.), puis des musulmans (8e s.). Ces quatre siècles d'occupation musulmane sont marqués par l'opposition au califat de Cordoue. Rebaptisée *Sarakusta*, la ville connaît une période faste au 11e s., notamment sur le plan culturel et scientifique, sous la dynastie des Benihud. Elle contrôle alors un royaume qui s'étend jusqu'à Gandia. La partie de leur palais, l'**Aljafería**, qui nous est parvenue, constitue un précieux témoignage de l'art hispano-musulman.

LA CAPITALE DE L'ARAGON

Libérée des musulmans, Saragosse devient la capitale du royaume d'Aragon au 12e s. Jalouse de son autonomie, elle fait voter les *fueros* les plus démocratiques de la péninsule et développe ses activités commerciales. Pour cela, elle s'assure les services d'une **Bourse**. Tout en les éloignant du centre-ville, elle protège ses maçons musulmans, si habiles à travailler la brique. Le style **mudéjar** s'illustre dans les clochers décorés de mosaïques blanches et vertes des églises **Santa María Magdalena** *(au bout de la calle Mayor D2)* et **San Pablo Apóstol** *(face au Mercado Central).* Plusieurs palais dotés d'élégants patios et de plafonds *artesonados* témoignent de la prospérité de Saragosse au 16e s.

DEUX SIÈGES HÉROÏQUES

Après deux siècles de décadence et de léthargie, Saragosse résiste aux troupes napoléoniennes en 1808 et 1809, illustrant ainsi la volonté d'indépendance du peuple espagnol et l'obstination proverbiale des Aragonais : en juin 1808, la ville est envahie une première fois, mais les Français lèvent le siège le 14 août. Le peuple exulte et chante : « La Vierge du Pilier ne sera pas française ». Hélas, le 21 décembre, le maréchal Lannes réapparaît et investit la ville jusqu'au 20 février 1809, jour de la capitulation. Saragosse a perdu plus de la moitié de ses habitants, soit environ 54 000 personnes. Aujourd'hui, la **porte del Carmen**, pieusement conservée en l'état, témoigne encore de la violence des combats.

Ces quatre musées ont les mêmes conditions de visite : mar.-sam. 10h-14h, 17h-21h, dim. et j. fériés 10h-14h30 - fermé lun. - 7 € billet combiné (accès gratuit le 1er dim. de chaque mois).

Musée du Forum (Museo del Foro de Cæsaraugusta) D1
Pl. de la Seo, 2 - ✆ 976 399 752 - mar.-sam. 10h-14h, 17h-21h, dim. et j. fériés 10h-14h30 - 3 €.
Situé sous la place de la Seo, il présente les vestiges archéologiques du centre politique et commercial de la ville romaine, ainsi qu'un diaporama retraçant l'histoire de la cité romaine, et des documents permettant d'appréhender le mode de vie des habitants de l'époque.

Palais de Don Lope (Real Maestranza de Caballería de Zaragoza) D1
Diego Dormer, 21 (depuis la calle Jaime I par la calle Mayor, puis la 1re à gche) - www.rmcz.com - w.-end 11h-14h - visites guidées (en espagnol) ttes les 30mn - 2 €.
Cette noble institution, héritière d'une confrérie de chevaliers d'origine médiévale et qui se couvrit de gloire lors des sièges de Saragosse de 1808 et 1811, s'est installée en 1835 dans ce beau palais Renaissance. Construit à la fin du 16e s., c'est le type même du palais nobiliaire aragonais. Sa façade, couronnée par un avant-toit *(alero)* sculpté, mérite d'être détaillée… La visite permet de découvrir le beau patio et l'**escalier** monumental couronné par une spectaculaire coupole de bois sculpté, réalisée par le charpentier **Bernat Giner**, également l'auteur des plafonds des salons.

Musée du Port fluvial (Museo del Puerto Fluvial) D1
Pl. de San Bruno, 8 - ✆ 976 393 15 - mar.-sam. 10h-14h, 17h-21h, dim. et j. fériés 10h-14h30 - 3 €.
Ce musée emmène les visiteurs à la découverte du fleuve et du port, en compagnie d'un commerçant de l'ancienne cité romaine. La visite permet de prendre conscience de l'intensité du commerce et des aménagements réalisés pour améliorer l'efficacité des échanges.
Dirigez-vous vers le centre par la calle Refugio.

Musée des Thermes publics (Museo de las Termas Públicas) D2
San Juan y San Pedro, 3-7 - ✆ 976 97 279 - mar.-sam. 10h-14h, 17h-21h, dim. et j. fériés 10h-14h30 - 3 €.
Il ne reste que peu de traces des premiers thermes romains édifiés au 1er s. av. J.-C. Ils furent en effet largement transformés par la suite, notamment avec la construction d'une piscine en plein air deux siècles plus tard.
Poursuivez et gagnez à gauche la plaza de San Pedro Nolasco.

Musée du Théâtre romain (Museo del Teatro romano) CD2
San Jorge, 12 - ✆ 976 726 075 - mar.-sam. 10h-14h, 17h-21h, dim. et j. fériés 10h-14h30 - 4 €.
Les fouilles réalisées en 1972 ont permis de mettre au jour ce théâtre romain construit au 1er s. apr. J.-C. D'une hauteur de 25 m, il pouvait accueillir jusqu'à 6 000 spectateurs (pour une ville d'environ 20 000 citoyens). Pendant plus de deux siècles, le théâtre fut un lieu de divertissement, mais aussi de réunions et de rencontres sociales, politiques et religieuses. Laissé progressivement à l'abandon à partir du 3e s., il finit par être oublié. Aujourd'hui, c'est le bâtiment le mieux conservé de tous les vestiges romains de la ville. Le théâtre est également visible depuis la calle Santa Verónica. Des projections en plein air sont régulièrement organisées les soirs de week-end.

À voir aussi Plan de ville

★★ Palacio de la Aljafería C1 en dir.

À l'ouest du centre-ville. Accès depuis l'av. César Augusto par la calle Conde de Aranda (bus n°s 25, 35 et 36), Diputados, s/n - ✆ 976 289 683 - www.cortesaragon.es - 10h-14h, 16h30-20h - fermé jeu. (hors été), 1er janv., 25 déc. - visites guidées en espagnol : 10h30, 11h30, 12h30, 16h30, 17h30 (et 18h30 en juil.-août) ; en anglais 10h, 17h ; en français 11h, 18h - 5 € (-12 ans gratuit), dim. gratuit.

Chemin faisant, les *aficionados* jetteront un coup d'œil à la **plaza de Toros de la Misericordia**, bâtie au 18e s., l'une des plus anciennes du pays (malgré une refonte en style néoclassique au début du 20e s. et, plus récemment, l'adjonction d'une couverture amovible) et, l'une des plus prestigieuses. Sur la place, quelques bars à thème taurin offrent une pause bienvenue.

Située dans un parc, la Aljafería fut édifiée au 11e s., probablement à l'emplacement d'un camp militaire occupé par Abderhaman III en 935. Le palais fut construit durant la période faste des *taifas*, pour le deuxième roi de la **dynastie des Banu-Hud**, Abu Yafar Ahmed Al Muqtadir – « Yafar » hispanisé s'est transformé en « Jafar », d'où le nom de l'édifice.

Alors souverain d'une importante *taifa*, née après l'effondrement du califat de Cordoue et qui contrôlait la frontière nord de l'islam et s'étendait jusqu'à Tudela (Navarre), Lérida/Lleida (Catalogne), Denia ainsi que Gandia (pays valencien), Abu Yafar souhaitait disposer d'un lieu réservé à ses loisirs personnels… C'est pourquoi sa façade massive, en grande partie due à des modifications parfois malheureuses, dissimule une surprise : un intérieur d'une extrême délicatesse, réplique troublante des palais maures d'Andalousie. Largement remanié et agrandi durant près de dix siècles, le palais présente aujourd'hui une architecture très hétéroclite, emblématique de l'histoire mouvementée de la région. Au 12e s., le palais passe en effet aux mains des rois d'Aragon et subit, sous le règne de Pierre IV le Cérémonieux (1336-1387), de nombreux apports gothiques et mudéjars, visibles notamment dans l'**église de San Martín**. Au 15e s., les **Rois Catholiques** en font l'un des symboles de leur suprématie, édifiant un palais plateresque au-dessus du palais musulman. Transformé en forteresse militaire sous le règne de Philippe II (16e s.), devenu ensuite le siège du tribunal de l'Inquisition, puis laissé à l'abandon, l'édifice a été entièrement restauré à la fin des années 1980. Il abrite depuis 1985 le siège du Parlement aragonais (Cortés de Aragón).

Le **palais arabe**, qui, selon les spécialistes, aurait été influencé par les palais omeyyades du désert de Syrie, se répartit autour d'un beau **patio** rectangulaire, entouré de portiques, et décoré de fins entrelacs et de chapiteaux ciselés. À droite, en entrant, la **« musallah »**, mosquée privée des émirs, est restituée avec son *mihrab* et toute la fantaisie de ses arcs festonnés et de ses décors floraux. Les stucs sont partiellement peints.

Le palais mudéjar du roi Pierre IV présente un somptueux plafond *artesonado* décoré des blasons des nobles familles aragonaises (un mirador à l'étage permet de voir au plus près ces peintures). L'escalier d'honneur transporte le visiteur quatre siècles plus tard dans les fastes de la cour des Rois Catholiques. Le gothique flamboyant y règne. De la salle du trône subsistent une partie du dallage d'origine, en céramique de Muel, et un somptueux **plafond★** aux caissons ornés de pommes de pin et séparés par des entrelacs géométriques. Depuis la galerie, les spectateurs pouvaient assister aux cérémonies officielles. D'autres plafonds *artesonados* décorent les salles des Pas Perdus (Salas de los Pasos Perdidos).

L'INCONTOURNABLE ARAGONAIS

Sans conteste, **Francisco de Goya y Lucientes** est la figure artistique dominante en Aragon. Né le 30 mars 1746 à Fuendetodos, le peintre passe son enfance à Saragosse où il étudie les beaux-arts. Au début de sa carrière, il multiplie les créations, essentiellement murales, dans sa région natale. Parti à Madrid, Goya parvient peu à peu à ouvrir les portes de la famille royale, en partie grâce à son beau-frère, le peintre Bayeu. Nommé peintre du roi en 1786, il devient premier peintre de la Chambre en 1800. Mais ses idées avancées choquent quelque peu. Ses gravures *Los Caprichos (Les Caprices)* sont ainsi censurées. Il s'exile à Bordeaux, malgré son opposition à l'invasion française de 1808, et y meurt en 1828.

★ Patio de la Infanta C2 en dir.

Entrée par la banque Ibercaja le matin, ou par la calle San Ignacio de Loyola, 16, lorsque les bureaux sont fermés (au bout du paseo Independencia à gauche, par la calle Albareda, puis au-delà de la pl. Paraíso) - ☏ 976 767 676 - www.zaragoza.es - lun.-vend. 9h-13h30, 18h-20h30, sam. 11h-14h, 18h-21h, dim. et j. fériés 11h-14h30 - gratuit.

Situé dans le siège local de la banque Ibercaja, ce patio est une belle œuvre de la Renaissance aragonaise, abondamment sculptée, essentiellement en albâtre. À l'origine, il faisait partie du **palacio Pardo**, édifié en 1546 par Gabriel Zaporta, puissant banquier de Saragosse. Il doit son nom à l'infante María Teresa de Vallabriga, belle-sœur du roi Charles III, qui y habita jusqu'à sa mort, en 1820. Puis le palais connut des destins divers : école des Beaux-Arts, casino, école de garçons, puis de musique, fabrique de pianos, ébénisterie, entre autres, avant d'être détruit en 1903. Seul le patio fut sauvé et acheté par un antiquaire français, ce qui lui valut de devenir quelque temps parisien… Sur les balcons apparaissent Charlemagne, Charles V, Philippe II, Ferdinand le Catholique… et Zaporta lui-même. Il abrite aujourd'hui des expositions.

CaixaForum Zaragoza C2 en dir.

Av. Anselmo Clavé, 4 - ☏ 976 768 200 - http://obrasocial.lacaixa.es - 10h-20h - entrée libre, expositions 4 €.

Ce nouveau centre, qui a ouvert ses portes en 2014, vient enrichir l'offre culturelle de la ville et le réseau des CaixaForum (fondation culturelle de la Caisse d'Épargne) déjà existants à Madrid, Barcelone ou Palma…. Son siège, de création contemporaine, composé de deux cubes posés sur une base vitrée, est dû à l'architecte barcelonais **Carme Pinós**. Expositions temporaires de grande qualité.

Musée de Saragosse (archéologie et Beaux-Arts) (Museo de Zaragoza, Arqueología y Bellas Artes) C2 en dir.

Pl. de los Sitios, 6 (accès par le paseo Independencia, puis à gauche la calle San Clemente) - ☏ 976 222 181 - www.zaragoza.es - tlj sf lun. 10h-14h, 17h-20h, dim. et j. fériés 10h-14h - gratuit.

Installé dans un édifice construit lors de l'exposition franco-espagnole de 1908, reproduction de la demeure Renaissance de Zaporta, le musée rassemble, dans sa section d'archéologie, une collection importante d'œuvres d'art et d'objets romains, notamment de belles mosaïques. La seconde section propose un panorama de la peinture du 12e au 20e s., avec en particulier deux salles consacrées aux **peintures de Goya**, parmi lesquelles le fameux portrait du roi Ferdinand VII. Explications en espagnol et en anglais.

Centre d'histoires (Centro de Historias) D2

Pl. de San Agustín, 2 (à l'est du centre, depuis le Coso par la calle Alonso) - ✆ 976 721 885 - www.zaragoza.es - mar.-sam. 10h-14h, 17h-21h, dim. et j. fériés 10h-14h - gratuit.

Dressé sur une place d'un quartier en pleine évolution, ce beau bâtiment du 19e s., ancien couvent de Saint-Augustin, côtoie l'imposante façade de la bibliothèque. Il accueille des expositions temporaires.

Instituto aragonés de arte y cultura contemporáneo (IAACC) Pablo Serrano C2 en dir.

Paseo María Agustín, 20 (au sud-ouest par l'av. César Augusto) - ✆ 976 280 659/60 - www.iaacc.es - merc.-sam. 10h-14h, 17h-21h, dim. et j. fériés 10h-14h - gratuit.

Installé dans l'ancien hôpital provincial, le musée présente des sculptures de l'artiste aragonais **Pablo Serrano** (1908-1985), dont l'œuvre se situe dans la lignée de celle de Constantin Brancusi par sa recherche de la pureté des formes. On y verra également des tableaux de son épouse, **Juana Francés** (1924-1990), ainsi qu'une collection d'art graphique contemporain. L'institut se veut aussi un centre de recherche, et une partie est réservée à la présentation de projets actuels (sculpture et urbanisme).

Église de Santa Engracia C2 en dir.

Depuis la plaza de España, par le paseo Independencia, puis à droite la calle Joaquín Costa.

Dans la crypte de cette église furent enterrés les premiers chrétiens victimes de persécutions, notamment sous le règne de Dioclétien (3e s.).

SUR LA RIVE DROITE DU FLEUVE

Le Parc de L'Eau Luis Buñuel (Parque del Agua Luis Buñuel) C1 en dir.

Accès en voiture du parking de la plaza del Pilar : par le puente de Santiago, puis tout de suite à gauche (attention rond-point giratoire : prendre par la droite) l'avenida de Ranillas qui longe le fleuve ; de la gare : par le pont du Troisième Millénaire (puente del Tercer Milenio), puis l'avenida Pablo Ruiz Picasso ; de l'autoroute A2 : sortie 321 (« Expo ») ; vastes parkings sur place. En bus, lignes E2, E3, E4 ou E7. En télécabine, de la gare de Zaragoza-Delicias - ✆ 976 229 132 - juil.-août : mar.-dim. 11h-20h ; reste de l'année : w.-end et vac. scol. 11h-18h ou 19h selon sais. En bateau, de l'embarcadère Azud situé près de la plaza del Pilar - ✆ 976 237 386 - www.turismoebrofluvial.es.

Héritage de l'Exposition internationale de 2008 dont le thème était l'eau, ce vaste parc est situé dans un méandre de l'Èbre, sur la rive gauche du fleuve, sur un site jadis occupé par la *huerta* de Saragosse. C'est aujourd'hui devenu un vaste espace de loisirs (122 ha) que les habitants de Saragosse (et particulièrement les plus jeunes) commencent à s'approprier.

Sillonné de canaux et d'aqueducs dont l'eau est puisée dans le fleuve, notamment par une gigantesque noria (machine hydraulique), le lieu est centré autour d'un large parc, élaboré selon un plan assez sophistiqué et conduisant insensiblement le visiteur d'une zone de « jardins » à une zone « sauvage » ; on y trouvera en outre un jardin botanique, un arboretum et des jardins aquatiques. Parmi les lieux qui attirent les plus jeunes, citons le **Canal de Aguas Bravas**, véritable « torrent » artificiel où l'on peut se livrer aux joies du rafting ou du kayak grâce à un dénivelé de 6 m sur une longueur totale de 314 m *(www.nautida.com)*, le **Parque Multiaventuras**, une **plage fluviale** (Playa Fluvial) de 5 000 m² et, pour les plus petits, **Balambambú** et un espace de jeux aquatiques.

Aquarium fluvial (Acuario fluvial de Zaragoza) – *Av. de Ranillas - ✆ 976 076 606 - www.acuariodezaragoza.com - lun.-jeu. 11h-19h, vend.-dim. et vac. scol. 10h-20h - 14 € (5-12 ans 7 €).* Cet aquarium, le plus grand d'Europe dans son genre, convie à une découverte de la faune d'eau douce des principales régions naturelles du monde : du Nil au Mékong et de l'Amazone à l'Èbre, c'est une incroyable diversité qui est présentée dans des bassins reconstituant des milieux de plus en plus fragilisés. Redoutables piranhas, anacondas et crabes violonistes précèdent hippocampes, poissons arc-en-ciel et bien d'autres créatures. Cette exposition de 2008 a aussi laissé des traces qui intéresseront les amateurs d'architecture contemporaine : le **pont du Troisième Millénaire**, lancé sur l'Èbre par l'ingénieur Juan José Arenas, se signale par son élégante arche en béton blanc qui surplombe les 268 m du tablier; Zara Hadid a signé l'audacieux **Pabellón-Puente** (pont-pavillon) qui enjambe lui aussi le fleuve; la **Torre del Agua** (tour de l'Eau), haute de 76 m, est surmontée d'une sculpture en forme de goutte d'eau; enfin, le **palais des Congrès** (architectes Nieto et Sobejana) est animé par une sculpture intitulée **L'Âme de l'Èbre★**, due à l'artiste **Jaume Plensa**.

À proximité Carte de région

Belchite B3

À 19 km à l'est par l'A 220.

Pendant plus d'un mois, républicains et nationalistes se livrèrent des combats acharnés pour le contrôle de ce site sur la route de Saragosse. La bataille de Belchite fit 6 000 morts et ruina complètement le village, qui fut reconstruit par des prisonniers républicains condamnés aux travaux forcés, après le conflit, 500 m plus loin. Aujourd'hui, les ruines du vieux village subsistent comme un saisissant témoignage de ce conflit fratricide.

UN VERROU

En août 1937, le commandement républicain décide de reprendre Saragosse, alors aux mains des armées franquistes. Le but ultime : obliger les nationalistes à dégarnir le front du Nord pour voler au secours de la capitale de l'Aragon, et ainsi soulager Bilbao. L'ennui, c'est que l'offensive républicaine se heurte dans le village de Belchite à la résistance acharnée d'une garnison de requetes. Résultat, la prise du village devient l'objectif prioritaire des républicains qui perdent un temps précieux à tenter de s'en emparer, au détriment de Saragosse qui ne sera jamais reprise... Quant au malheureux village, qui n'avait d'autre tort que de se trouver à cet emplacement, il sera à nouveau la cible de violents affrontements lors de la fameuse bataille de l'Èbre, un an plus tard.

Fuendetodos B3

À 45 km au sud-ouest par l'A 23-N 330 sur 21 km, puis à gauche par l'A 2101.

Cortés de Aragón, 7 - ✆ 976 143 867.

La route qui mène à Fuendetodos traverse des paysages superbes et austères où alternent le rouge de la terre, le blanc de la pierre et le vert des champs.

Garez-vous derrière le restaurant Caprichos de Goya, sur la route qui longe Fuendetodos, puis prenez la calle Goya et suivez le fléchage.

À l'intérieur de ce village, on visite la modeste **maison** où naquit en 1746 le célèbre peintre **Francisco de Goya y Lucientes** *(Zuloaga, 3 - ✆ 976 143 830 - 11h-14h, 16h-19h - fermé lun., 1er janv., 24, 25 et 31 déc. - 3 €)*. Tout près, le **musée de Gravures** (Museo de Grabados) expose une collection de ses gravures provenant des séries *Les Caprices*, *Les Désastres de la guerre*, *La Tauromachie* et *Les Disparates*.

3

Circuit conseillé Carte de région

LOS MONEGROS B2

Circuit de 96 km de Saragosse à Villanueva de Sigena tracé en vert clair sur la carte de région (p. 234-235). Prenez au nord-est l'A 123 en direction de Villanueva de Gállego.

Cette balade présente un paysage de steppe qui s'étend à perte de vue, seulement animé par des reliefs tabulaires et quelques arbustes, notamment l'alfa, jadis tressé par les habitants du village de Lalueza. Les humbles bourgades que l'on rencontre de loin en loin (comme Alcubierre) se caractérisent par les clochers mudéjars de leur église.

Chartreuse Aula Dei B2

Ctra de Montañana-Peñaflor, km 14 - ✆ 976 484 547 - www.cartuja.chemin-neuf.es - visite guidée ttes les h sam. 10h-14h - réserv. au 976 450 002 - 3 € (7-18 ans 1,50 €).

Fondée en 1563, elle renferme des sept des onze oeuvres que **Goya** a réalisé pour la chartreuse en 1774.

Juste avant San Mateo de Gállego, bifurquez à droite vers Leciñena par l'A 1106, puis empruntez l'A 129 à gauche.

Sierra de Alcubierre

Pas très élevée (elle culmine à 822 m), elle constitue cependant une barrière qui, dans les temps reculés, a fait le bonheur des ermites.

Continuez sur l'A 129 en direction de Villanueva de Sigena.

Chartreuse N.-D. de la Fuente à Lanaja B2

✆ 974 578 900 - dim. 9h-14h.

Construite en 1517, puis abandonnée, cette chartreuse a connu un destin assez peu commun puisqu'on voulut la transformer en établissement thermal avant qu'elle ne devienne un garage! Elle renferme un ensemble de plus de 250 peintures murales exécutées à partir de 1747 par un moine du lieu, **Fray Manuel Bayeu**, l'un des beaux-frères de Goya.

Continuez toujours sur l'A 129 en direction de Villanueva de Sigena.

Lagune de Sariñena B2

Bordée de roseaux, cette lagune de 235 ha est alimentée par la pluie et par l'irrigation, ce qui explique que les eaux jadis salées deviennent de plus en plus douces. C'est un lieu réputé pour l'observation ornithologique : poules d'eau, foulques, canards, cormorans et hérons y abondent.

De Sariñena, prenez l'A 131 18 km vers le sud-est.

Villanueva de Sigena B2

Ici naquit en 1511 **Miguel Servet**, l'un des plus grands savants du 16e s. Ce théologien et médecin, formé à Saragosse et à Paris, découvrit le principe de la circulation sanguine. Après avoir vécu à Lyon, Vienne et Genève, il fit scandale en niant le principe de la Trinité, ce qui lui valut d'être brûlé vif en 1555.

Monastère de Sigena – *✆ 974 578 158 - vend.-dim. 11h-13h, 13h30-16h30.* Fondé en 1188 en bordure du río Alcanadre, ce monastère de femmes doit sa célébrité au maître de Sigena qui, au début du 16e s., y peignit deux retables (exposés au musée de Huesca). Les peintures romanes de la salle capitulaire ont été déposées et se trouvent actuellement au MNAC de Barcelone. L'église romane, très sobre, témoigne de la prospérité passée de ce monastère qui n'accueillait pas de roturières. Elle est coiffée d'un curieux pavillon d'allure assez orientale.

NOS ADRESSES À SARAGOSSE

TRANSPORTS

Aéroport de Saragosse – *10 km à l'ouest de la ville - ✆ 976 712 300 - www.aena-aeropuertos.es*. Liaisons nationales et internationales. Bus pour le centre-ville *(1,80 €)*.

Gare RENFE de las Delicias – *Avda de Navarra, 80*. Saragosse est à 1h15 de Madrid, comme de Barcelone avec l'AVE ou l'ALTIA (trains à grande vitesse).

HÉBERGEMENT

BUDGET MOYEN

Hotel El Príncipe – C1 - *Santiago, 12 - ✆ 976 294 101 - www.hotel-elprincipe.com - 57 ch. 45/75 € - ☕ 4,50 €.* Remarquablement situé même si certaines chambres sont un peu vieillottes. Celles de l'annexe sont plus modernes.

Hotel Sauce (« Mi habitación favorita ») – D1-2 - *Espoz y Mina, 33 - ✆ 976 205 050 - www.hotelsauce.com - 43 ch. 49/58 € - ☕ 10 €.* Hôtel familial, situé dans une rue animée du centre. Accueil très sympathique : on a l'impression de faire partie de la famille ! Les chambres sont petites, mais gaies et soignées. L'hôtel s'est doté d'un agréable salon de thé. On y prend un excellent petit-déjeuner.

Hotel Pilar Plaza – C1 - *Pl. del Pilar, 11 - ✆ 976 394 250 - www.nastasibasiczgzhotel.com - 54 ch. 45/115 € selon la vue sur la basilique ou non, et les jours de la semaine.* Le vieil hôtel s'est relooké dans un design noir et blanc avec salles de bain high-tech. Son plus : sa situation face à la basilique. Bain à remous et sauna dans une salle voûtée au sous-sol.

BUDGET MOYEN

Hispania – C1 - *Av. César Augusto, 95 - ✆ 976 284 928 - www.hotelhispania.com - 46 ch. 48/95 € - ☕ 7 €.* Face au marché couvert, un hôtel simple, mais remarquablement situé, et aux chambres dotées de tout le confort souhaitable.

POUR SE FAIRE PLAISIR

Hotel Palafox – C2 - *Marqués de Casa Jiménez, s/n - ✆ 976 237 700 - www.palafoxhoteles.com - 160 ch. 89/165 € - ☕ 10 €.* Il se trouve près du paseo de la Independencia. Cet établissement propose des prix intéressants le week-end. Chambres grandes et confortables, service impeccable.

RESTAURATION

Dans le Tubo et le centre historique

El Tubo (le tube) – C'est le nom donné au quartier enserré par les rues Jaime Ier, Méndez Núñez et le Coso. Dans ces ruelles plus qu'étroites (Estebanes, Mártires, Libertad...), Saragosse vibre à l'heure du *tapeo* dans les tavernes. Certaines investissent aux beaux jours des friches urbaines pour déployer des terrasses parfois dotées de scènes musicales.

PREMIER PRIX

Bodeguilla de la Santa Cruz – C2 - *Santa Cruz, 3 - ✆ 976 200 018 - fermé dim. et août.* Un petit bar où l'on déguste ses tapas au comptoir.

Los Victorinos – D2 - *José de la Hera, 6 - ✆ 976 394 213 - fermé midi sf w.-end et de mi-nov. à fin nov. - tapas 3 €,* raciones *9 €.* Ce bar, très fréquenté, est décoré de thèmes taurins. Au comptoir, délicieux *pinchos*.

Los Zarcillos – D2 - *José de la Hera, 2 - ✆ 976 394 904 - tapas 2/9 €,* raciones *8 €.* Voisin du précédent, il propose lui aussi des tapas dont certaines ne manquent pas d'originalité. Quelques tables pour déguster les *raciones*.

3

Taberna Doña Casta – C2 - *Estébanes, 6 - ✆ 976 205 852. Tapas et* raciones *4/10 €. Montados* et *pinchos* dans la taverne, et grand choix de *raciones* en sous-sol.

La Despensa – C2 - *Libertad, 3 - ✆ 976 297 619 - tapas 4,50 €,* raciones *13 €.* Au cœur du Tubo, un lieu où le vin est roi. Salle appréciable au sous-sol pour son calme. Tapas traditionnelles ou créatives.

Bodegas Almau – C2 - *Estebanes, 10 - ✆ 976 299 834 - www.bodegasalmau.es - 8/10 €.* Une institution : ce lieu, littéralement tapissé de bouteilles, attire les amateurs de vin depuis 1870. Dégustation de crus accompagnés de tapas, au comptoir… ou dans le jardin situé juste en face de la rue.

Vinos Nicolás – C2 - *Estebanes, au coin de calle Libertad - ✆ 976 20 701 - 9/10 €.* Ce bar à vins (rien à voir avec la célèbre enseigne française), ouvert depuis 1912, a été élu meilleure taverne de la ville lors de l'Exposition de 2008. Outre les vins au verre (choix assez considérable), on y déguste des *huevos rotos* (œufs au plat) *al iberico*, à la longanisse (charcuterie espagnole) de Graus, aux truffes ou au « foie ».

Papa Mar – C2 - *Estebanes, 9 - face au précédent - ✆ 976 299 985 - tapas 3/8 €.* Ce bar (qui s'étend en terrasse, envahie aux beaux jours) propose des tapas savoureuses.

Olé (antigua Casa Colas) – C2 - *Martires, 10 - ✆ 976 399 216 - fermé dim. soir - 10/12 €.* Maison familiale qui propose des tapas dans un bar qui, comme son nom l'annonce, a adopté un décor (et une ambiance) à thème taurin.

Antigua Casa Lac by Ricardo Gil – C2 - *Martires, 10 - ✆ 978 396 196 - formule* verduras *6,50 €, traditionnelle 7 €, mixte 8 €.* Cette ancienne pâtisserie-restaurant, fondée en 1825, trouve une nouvelle jeunesse avec ses formules aux légumes (sans pour autant être un lieu végétarien) apprêtés de façon créative, comme la *cebolleta* confite au chardonnay.

La Republicana – C2 - *Méndez Núñez, 38 - http://larepublicana.es - tapas 1,20/2,40 €,* raciones *et plats 4,90/12,10 €.* Plats « populaires » et tapas servis dans un décor hétéroclite à souhait. On s'y posera pour le cadre « vintage » et l'ambiance chaleureuse.

Casa Juanico – C2 - *Santa Cruz, 231 - ✆ 976 397 292 - tapas et* raciones *9,50/16 €, menu du jour 12,50 €.* Clientèle locale pour ce lieu historique car fondé en 1929.

Mesón Casa Teo – C2 - *Espoz y Mina, 24 - ✆ 976 5392 119 - menus 12,50/16,90 €.* Ce très sympathique restaurant propose des spécialités aragonaises et basques goûteuses (les *migas* à l'œuf et aux grains de raisin sont un prodige de légèreté). La carte des desserts sort des sentiers battus et propose différentes spécialités : *orejones* de Huesca, *tejas* de Tolosa, fromage d'Idiazabal à la pâte de coing, *torrijas*, etc.

BUDGET MOYEN

Sidrería Artxueta – D1 - *Espoz y Mina, 25-27 - ✆ 976 299 048 - menus (jeu.-sam.) 19,90/23,50/31 €.* Un bar à cidre, basque comme son nom l'indique, où l'on déguste des tapas variées (chorizo, fromage et pâte de coing-*membrillo*), mais qui sert aussi des repas complets.

El Fuelle – D2 - *Mayor, 59 - ✆ 976 398 033 - fermé dim. soir - menu du jour 12,50 € - menus dégust. 21,50/39,50 €.* Ce restaurant est conçu comme un musée ethnologique aragonais, d'où sa clientèle touristique qui « pèse » un peu sur les prix. Cela dit, sa cuisine, régionale bien entendu, est savoureuse, et les locaux ne le dédaignent pas.

POUR SE FAIRE PLAISIR

Antonio – D2 - *San Pedro Nolasco, 5 - ✆ 976 397 474 - fermé dim. soir et lun. soir - carte 35/45 €,* raciones *(servies en terrasse 4/12 €).* Ce restaurant séduit ses habitués par son service attentif et sa cuisine de qualité, parfois innovante.

UNE FOLIE

La Bastilla – D1-2 - *Coso, 177 - ✆ 976 298 449 - fermé août, dim. soir et lun. soir - menus 40/50 €, carte 47/63 €.* Dans des dépendances du couvent du Santo Sepulcro, un restaurant réputé proposant une cuisine revisitant la tradition.

Près du centre historique

BUDGET MOYEN

Espacio Gastro Tapas Albarracín – C2 - *Pl. del Carmen, 1,2,3 (au déb. de la c/ Cádiz) - ✆ 976 158 108 - tapas 1,50/2,50 €, salades 8,50/12,50 €, « mini plats » 2/4,50 €, menu 27,50 €.* Un lieu mode au décor design, idéal pour un déjeuner léger. La cuisine fonctionne toute la journée.

POUR SE FAIRE PLAISIR

Asador El Campo del Toro – C1 en dir. - *Pl. Portillo, 5 - ✆ 976 438 721 - carte 25/40 € - fermé dim. soir en hiver.* À deux pas des arènes, un restaurant au décor très taurin. On y sert bien entendu des grands classiques : grillades (viandes et poissons), *rabo de toro* (queue de bœuf) à l'étouffée. Mais le chef se laisse parfois tenter par la « cuisine moléculaire » (salade de tomate à la vapeur à la crème de fromage de chèvre ou *burbujas* (bulles) de chocolat). Bref, un lieu à fréquenter avant ou après une corrida.

PETITE PAUSE

Gran Café – *Alfonso I, 25.* Beau café à la décoration rétro, installé dans une ancienne bijouterie. Ambiance paisible et feutrée.

EN SOIRÉE

Pour prolonger la soirée, un passage dans la **calle Temple** et les rues adjacentes s'impose. Les bars et discothèques s'y succèdent.

ACHATS

La Flor de Almíbar (Fantoba 1856) – *Don Jaime Ier, 21, à l'angle de la c/ Mendez Núñez - 10h-22h.* Pâtisserie proposant des gâteaux débordant de crème, des chocolats, des glaces et les traditionnelles pâtes de fruits aragonaises *(frutas aragonesas).*

La Casa del Bacalao – *Don Jaime Ier, 2 - 10h-14h, 16h-20h.* Un magasin spécialisé dans la morue, qui mérite le coup d'œil.

Montal – *Pl. San Felipe, à l'angle de la c/ Torrenueva, 29 - ✆ 976 391 773 - www.montal.es.* Cette épicerie gourmande propose dans son restaurant un menu dégustation à 39 € *(sur réserv. seult au 976 298 998).*

AGENDA

Festivités de l'Èbre – *Juin-juil.* Marché médiéval dans le centre ancien ; concerts dans l'anfiteatro Expo ; animations diverses.

Fêtes del Pilar – Dans la semaine du 12 octobre, les Saragossais fêtent « leur » Vierge avec une ferveur exceptionnelle. Le matin du 12 ont lieu les offrandes de fleurs, le lendemain, celles de fruits, puis, vers 19h, se déroule la procession du **Rosario de Cristal** à la lueur de 350 lanternes transportées sur des carrosses. Citons aussi le défilé des **« Gigantes y Cabezudos »** (géants et grosses têtes), le concours de *jotas* (chants et danses traditionnels) et un important cycle de corridas constituant la dernière *feria* taurine de la saison européenne.

Les Pyrénées aragonaises

Pirineos Aragoneses

★★★

Province de Huesca

La province de Huesca, qui couvre tout le nord de l'Aragon, est dominée par les sommets les plus élevés des Pyrénées espagnoles : pics d'Aneto (3 404 m), Posets (3 371 m) et Monte Perdido (3 355 m). Dès que l'on pénètre au cœur des hauts massifs, en remontant les vallées, le paysage prend une ampleur exceptionnelle. Les vallées profondes, où sont implantés des villages en pierre de taille et aux toits de lauzes, sont tantôt évasées et verdoyantes, tantôt resserrées en étroites gorges. Elles se terminent par des cirques calcaires majestueux comme celui d'Ordesa, paradis des randonneurs. Plus au sud, les paysages changent totalement : ravinés, couverts d'une végétation très clairsemée, comme dans la sierra de Guara y Cañones, devenue le paradis du canyoning.

SE REPÉRER

Carte de région BC1 (p. 234-235). Les portes du massif se situent à 71 km au nord de Saragosse, par l'A 23 *(Venir en Espagne côté Est p. 14).*

À NE PAS MANQUER

Une randonnée dans le Parc national d'Ordesa ; une descente de canyon dans la sierra de Guara y Cañones ; le monastère de San Juan de la Peña ; les pains de sucre des Mallos de Riglos ; une balade dans les vallées d'Ansó et Hecho.

AVEC LES ENFANTS

La plupart des chemins sont adaptés à la randonnée avec des enfants.

Structure et relief

Le découpage géologique des Pyrénées en grandes zones longitudinales s'observe ici nettement. La **zone axiale** faite de terrains primaires et de roches granitiques correspond aux massifs de la Maladeta, du Posets, de Vignemale et de Balaïtous. Vient ensuite la zone des Prépyrénées, dite aussi du Monte Perdido ou « mont Perdu », où des **calcaires** secondaires épais donnent un relief très escarpé : ce sont les canyons, gorges et cirques des vallées supérieures. Cette zone calcaire, qui se poursuit en chaînons discontinus jusqu'au bassin de l'Èbre (sierras de la Peña et de Guara), est interrompue à hauteur de Jaca par une longue dépression où coule le río Aragón. Les sédiments tertiaires s'y accumulent en collines parfois dépourvues de végétation, tel l'étrange paysage de marnes bleues qui environne le **lac artificiel de Yesa** (à la frontière avec la Navarre).

La vie dans les vallées

Les hautes vallées aragonaises se sont constituées très tôt en unités politiques et pastorales indépendantes où régnaient les pratiques communautaires. Malgré l'amélioration des relations routières, le particularisme s'est maintenu, dans le folklore et le costume, ou l'emploi de la langue aragonaise, au fond de certaines vallées retirées, celle d'**Ansó** notamment. Ici, la ferme isolée n'existe pas ; hameaux et villages sont nombreux, mais, désormais, les habitants quittent leurs maisons aux toits d'ardoise pour aller travailler à Saragosse, Pampelune ou Barcelone et les *despoblados* (villages abandonnés) ne sont pas rares. Le tourisme devient une des principales activités économiques avec le développement de stations de sports d'hiver (Candanchú, Astún, Canfranc, Panticosa, El Formigal, Benasque) et des sports nature en été.

L'ÉPOUVANTAIL À SORCIÈRES

Dans les Pyrénées aragonaises, les cheminées en pierre, très particulières, de forme conique, sont généralement surmontées d'une pierre ou d'une sculpture réalisée de manière grossière (souvent un visage). Il s'agit d'un **espantabrujas** (ce que l'on pourrait traduire par « épouvantail à sorcières », de *espantar*, « effrayer », et *brujas*, « sorcières »). Dans la tradition, cet ornement était destiné à éloigner les sorcières et à éviter qu'elles ne pénètrent dans la maison par la cheminée.

Huesca

★

52 418 habitants – Province de Huesca

La vieille ville de Huesca se concentre sur un promontoire dominé par son imposante cathédrale. Capitale du haut Aragon, elle offre un visage provincial serein qui lui donne un charme certain et ferait presque oublier son riche passé historique. La ville constitue par ailleurs un bon point de départ pour découvrir des reliefs pyrénéens.

NOS ADRESSES PAGE 259

S'INFORMER

Office de tourisme – *Pl. Luis López Allué - ✆ 974 292 170 - www.huescaturismo.com - 9h-14h, 16h-20h.* L'office de tourisme propose chaque jour à 11h (ainsi qu'à 17h en été) une visite guidée de la ville *(2 €).*

SE REPÉRER

Carte de région B2 (p. 234-235) – La ville est située dans la plaine, à 72 km au nord-est de Saragosse, 73 km au sud de Jaca et 121 km au nord-ouest de Lérida. La vieille ville est ceinte par une avenue, en partie piétonne, qui porte plusieurs noms : Montearagón, Coso Bajo, Coso Alto et Joaquín Costa.

SE GARER

Parking gratuit, sur Montearagón, à gauche après la Plaza de Toros.

À NE PAS MANQUER

La façade de la cathédrale.

ORGANISER SON TEMPS

Comptez 2h pour la visite de la ville.

AVEC LES ENFANTS

Le château de Loarre.

Se promener Plan de ville

LE QUARTIER ANCIEN (EL BARRIO ANTIGUO)

Construit sur une colline, le centre ancien est entouré d'une ceinture de rues, tracées sur l'emprise de l'ancienne enceinte fortifiée (une importante partie des murailles, percée d'une porte, est visible le long de la rambla Montearagón). L'impression qui s'en dégage est avant tout celle d'une cité sympathique à l'accueil chaleureux.

★ Cathédrale A1

✆ 974 220 586 - lun.-vend. 10h30-14h, 16h-19h30 (18h en hiver), sam. 10h30-14h - 4 € (Musée diocésain et accès au clocher inclus).

La façade, d'un gothique fleuri très élégant, est curieusement coupée en deux par une galerie et un auvent en bois sculpté typiquement aragonais. Un fin gâble enserre une petite rosace et les voussures du portail. Les statues des ébrasements, faites dans le calcaire très tendre de la région, ont beaucoup

Formations rocheuses des Mallos de Riglos.
O. Fantuz/Sime/Photononstop

souffert des intempéries. Sur le tympan, on reconnaît les Rois mages, représentés aux trois âges de la vie, et l'apparition du Christ à Marie-Madeleine.
Entre les 13e et 16e s., trois nefs de hauteurs différentes ont été édifiées sur plan carré, avec des voûtes en étoile. Le **retable★★** du maître-autel (1533), en albâtre, compte parmi les chefs-d'œuvre de **Damià Forment** (*p. 72 et 292*). Au milieu d'un décor de frises et de dais flamboyants, l'élève de Donatello a campé trois scènes du Calvaire en haut relief.
En face de la cathédrale, l'hôtel de ville, ou *palacio municipal*, est installé dans une demeure Renaissance décorée avec goût.

3

★ Musée provincial de Huesca (Museo de Huesca) A1

Pl. de la Universidad, 1 - ✆ 974 220 586 - mar.-sam. 10h-14h, 17h-20h, dim. et j. fériés 10h-14h - fermé lun., 1er et 6 janv., 24-25 et 31 déc.
Ouvrant sur une place au cachet ancien, le musée occupe les bâtiments de l'ancienne université. L'édifice, composé de huit salles disposées autour d'un beau patio octogonal, fut construit en 1690. Il garde quelques vestiges du palais des rois d'Aragon (12e s.). On peut notamment voir la salle où eut lieu l'épisode de « la cloche de Huesca » (*p. 257*). Il contient des collections archéologiques (surtout de préhistoire) et des peintures, dont une **collection★** de tableaux de primitifs aragonais ; on remarquera plusieurs œuvres du maître de Sigena (16e s.).
Au-delà de la plaza de la Universidad, on aperçoit à l'horizon les ruines du **monastère de Montearagón**, situé à 5 km de la ville *(sur la route de Barbastro)*. Cette forteresse fut bâtie par le roi Sancho Ier Ramírez pour investir Huesca encore aux mains des Maures.

★ Église et cloître de San Pedro el Viejo B2

✆ 974 222 387 - lun.-sam. 10h-13h30, 16h-18h (19h30 en été), dim. et j. fériés 11h-12h, 13h-13h30 - 2,50 €.
Cet ancien monastère du 12e s. doit sa renommée à son très beau **cloître★**, dont les chapiteaux historiés, bien que très restaurés, restent un témoignage

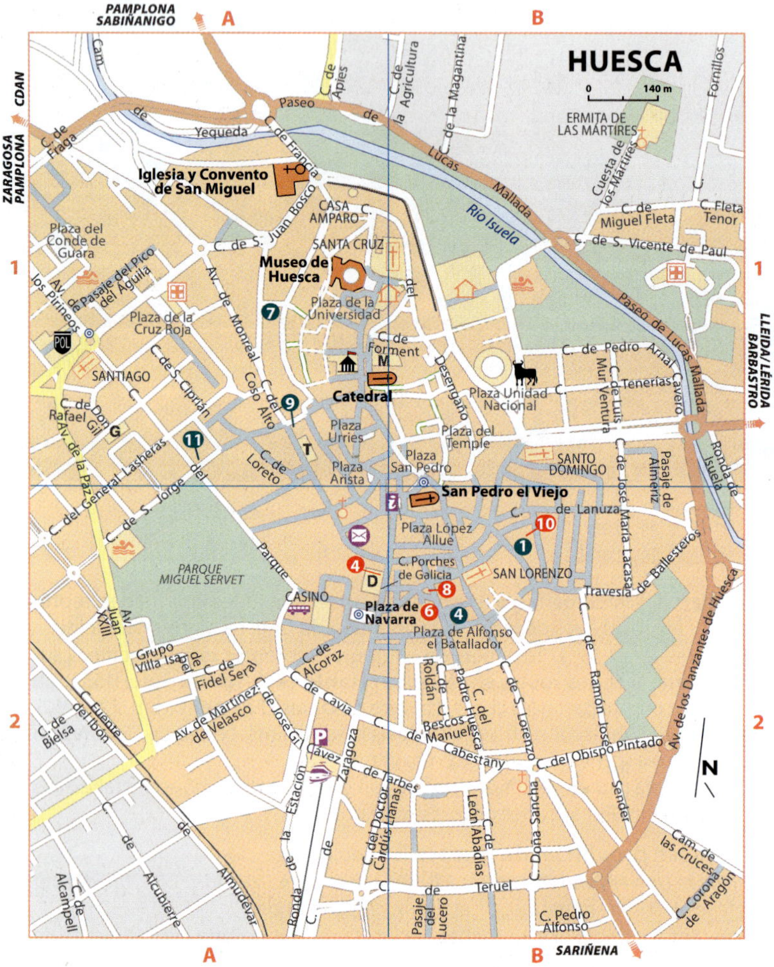

SE LOGER	
Centro (Hostal El)	1
Pedro I de Aragón (Hotel)	11
Posada de la Luna (La)	7
Sancho Abarca (Hotel)	9
San Marcos (Hostal)	4

SE RESTAURER	
Flor de Huesca	4
Hervi	8
Origen (El)	10
Tomate Jamón	6

capital de la sculpture romane en Aragon. On y accède depuis l'église, qui abrite quelques peintures murales, notamment celle représentant David et Goliath. Le tympan de la porte menant au cloître présente une Adoration des Rois mages originale, où l'accent est mis sur le geste d'offrande. La galerie conserve les chapiteaux les moins restaurés. Dans une chapelle romane, on peut voir les tombeaux des rois Ramiro II (sarcophage romain) et Alphonse Ier le Batailleur, les seuls monarques de la dynastie aragonaise à ne pas être enterrés dans le panthéon royal de San Juan de la Peña.

L'ANCIENNE CAPITALE DE L'ARAGON

Un peu d'histoire – Ville romaine, Osca s'institue, au 1er s. av. J.-C., capitale d'un éphémère État indépendant créé par le tribun Quintus Sertorius. Devenue en 714 une importante place forte arabe, Wasqa, elle fut reconquise en 1096 par **Pierre Ier d'Aragon** et resta capitale de l'Aragon jusqu'en 1118, date à laquelle Saragosse lui ravit le titre.

L'origine d'une expression – L'expression « *Será como la campana de Huesca* » (« Ce sera comme la cloche de Huesca ») désigne, en Espagne, un événement appelé à faire grand bruit ; elle date du 12e s., lorsque **Ramiro II**, moine à Saint-Pons-de-Thomières (Hérault), fut appelé à succéder à son frère à la tête du royaume d'Aragon : lassé d'être contesté par les puissants du royaume, il convoqua ses vassaux sous le prétexte de leur présenter une cloche qui puisse être entendue sur tout le territoire. Une fois les seigneurs réunis, le roi fit décapiter les plus indisciplinés. Une manière sans doute un peu brutale, mais efficace, d'asseoir son autorité…

EN DEHORS DE LA VIEILLE VILLE

Huesca est en pleine mutation, avec la création d'une grande zone piétonne à l'orée du centre ancien : sur le **Coso Bajo** et le **Coso Alto**, tracés à l'emplacement des anciens remparts, les cafés installent leurs terrasses au milieu de la chaussée.
De nouvelles transformations devraient voir le jour, les boutiques de toujours étant appelées à céder la place à des enseignes contemporaines.

Autour de la place de Navarre AB2

L'élégante **calle Porches de Galicia**, avec son bel ensemble d'arcades, conduit les promeneurs à la plaza de Navarra où trône le majestueux **casino Oscense**, œuvre moderniste érigée en 1904 par un architecte catalan, Ildefons Bonells. Cet édifice, haut-lieu de la vie sociale et artistique de Huesca, qui tient du château médiéval et du palais 18e s., abrite entre autres à l'étage, un café ainsi qu'un restaurant.
Au-delà se trouve le beau **parc Miguel-Servet**, poumon vert de la ville, où trônent les symboles de la cité, des « cocottes en papier » réalisées en 1929 par le sculpteur, peintre et pédagogue Ramón Acín (1888-1936) (*encadré ci-dessous*).

Église et couvent de San Miguel A1

Au nord de la vieille ville, à hauteur du rond-point séparant l'av. Joaquín Costa de la Ronda Montearagón - 10h-12h, 16h-18h. Sonnez si la porte est fermée.
Édifié à partir de 1110 sur l'ordre d'Alphonse Ier d'Aragon, dit « Le Batailleur », ce couvent a retrouvé, depuis sa rénovation en 1985, les styles roman et gothique d'origine. On remarquera le plan asymétrique de l'église et son beau plafond peint. Des religieuses carmélites y sont installées depuis 1622.

LA LOTERIE AU SECOURS DU CINÉMA

Ami de Lorca, libertaire militant (il fut du reste fusillé au début de la guerre civile), **Ramón Acín** est entré dans l'histoire du cinéma en produisant un célèbre documentaire de **Luis Buñuel**, *Las Hurdes (Terre sans pain*, 1933). Il finança, dit-on, le film grâce à l'argent qu'il avait gagné à la loterie !

3

CDAN – Fondation Beulas A1 en dir.

Av. Dr Artero - accès en bus depuis le Coso Bajo ou Alto, ou en voiture, direction Zaragoza puis Pamplona - ✆ 974 239 893 - www.cdan.es - jeu. et vend. 18h-21h, sam. 11h-14h, 18h-21h, dim. 11h-14h - 3 €.

Le **Centre d'art et de nature** de Huesca, inauguré en 2006, est né de la volonté d'un artiste local, José Beulas, de créer un lieu dédié à l'art contemporain. L'endroit, dessiné par l'architecte Rafael Moneo, est très réussi, très zen, et offre un bel espace ouvert sur l'extérieur. Expositions temporaires.

À proximité Carte de région

Almudévar B2

19 km au sud-ouest par l'A 23-E 7, direction Saragoza (sortie 341).

Né d'une villa romaine, ce village médiéval perché, dominé par les vestiges de son château, mérite un arrêt pour son **église de la Asunción** (18e s.), ses quelques demeures seigneuriales aux façades sculptées et blasonnées (**Casa Corredor**, dans la calle Izquierdo) et, tout en haut, près du temple de Nuestra Señora de la Corona, son curieux **Pozo de hielo** (« puits de glace ») utilisé pour stocker la glace et la neige.

Circuit conseillé Carte de région

PAR LA SIERRA DE LOARRE ET LES MALLOS DE RIGLOS

Circuit de 100 km env. tracé en bleu marine sur la carte de région (p. 234-235). Compter une demi-journée. Quittez Huesca par l'A 132 (direction Pamplona), dans le prolongement de Coso Alto. Au bout de 12,5 km, juste après Esquedas, tournez à droite sur l'A 1206. Bolea se trouve à 5 km.

Bolea B1

Établi sur un promontoire, le village de Bolea est dominé par son imposante **collégiale** du 16e s. (*✆ 649 655 125 - tlj sf lun. 11h-13h30, 16h-19h - 2 €*), d'où l'on profite d'une **vue**★★ magnifique sur tous les environs. Le **retable du maître-autel**, récupéré de l'ancienne église, témoigne superbement de l'art hispano-flamand du 15e s. Celui de la chapelle à droite de l'autel a longtemps été attribué à Damià Forment, mais il serait en réalité l'œuvre du Français Gabriel Joli.

Poursuivez vers Loarre et, avant le village, prenez la route vers le château, 11 km après Bolea.

★★ Château de Loarre (Castillo de Loarre) B1

✆ 974 342 161 - été : 10h-20h ; printemps et automne : 10h-19h ; hiver : tlj sf lun. 11h-17h30 - fermé 1er janv., 25 déc. - 3,90 € (6-16 ans 2,70 €) - visites guidées 5,50 € (6-16 ans 3,30 €).

À mesure que l'on approche de cet impressionnant nid d'aigle, on est saisi par la beauté et le calme du site. Au 11e s., Sancho Ramírez, roi d'Aragon et de Navarre, fit agrandir à 1 100 m d'altitude cette forteresse inexpugnable et y installa un monastère. Une fois franchi l'enceinte flanquée de tours rondes, on découvre un immense **panorama**★★ sur la dépression de l'Èbre. Outre le donjon massif et un bel escalier voûté, l'**église** retiendra l'attention. Terminée au 12e s., elle est soutenue par une crypte. La nef très élancée, la coupole et surtout l'abside, rythmées d'arcatures, sont d'un roman extrêmement pur. Très beaux chapiteaux à motifs floraux.

Gagnez par l'A 206 Ayerbe (à 9,5 km) où l'on retrouve l'A 132.

★★ Les Mallos de Riglos B1

La traversée d'**Ayerbe**, petite ville connue pour son marché, permet de découvrir sa plaza Mayor, dominée par la façade typiquement aragonaise du palais (18e s.) des seigneurs du lieu. En reprenant la route, au bout d'une quinzaine de kilomètres, on aperçoit de hautes falaises ruiniformes d'une coloration ocre-rouge. Ce sont les « **mallos**★ », accumulations de poudingues (éléments de roche conglomérés) roses, très vulnérables à l'érosion qui les a découpés en grands pains de sucre. Le groupe le plus spectaculaire se trouve à droite de la route, écrasant de sa masse flamboyante le petit village de **Riglos**, l'un des rendez-vous favoris des amateurs d'escalade.

Revenez sur l'A 132 puis, après 1,5 km, prenez à gauche vers Agüero.

Agüero B1

Le site de ce village aux toits de tuiles est embelli par une autre série de *mallos* à l'arrière-plan. Un kilomètre avant Agüero, sur la droite, un chemin mène à l'**église romane Santiago** *(11h-13h30 - 1 €)* : remarquez les thèmes sculptés du tympan (Épiphanie, saint Joseph endormi) et des ébrasements du portail (à gauche, danse de Salomé).

Une fois de retour sur l'A 132, plusieurs possibilités : gagner **Sos del Rey Católico**★★ *(p. 261)* en prenant à Bailo, sur la gauche, l'A 2602 qui parcourt le nord de la *comarca* des **Cinco Villas**. Vous traverserez des paysages d'une beauté austère parsemés de villages perchés ; si vous vous sentez l'âme aventureuse, vous pouvez rejoindre le **monastère de San Juan de la Peña**★★, *(p. 266)* en prenant sur la droite l'A 1205, à hauteur du lac de retenue de la Peña et du village de Santa María. Étroite et sinueuse, la route s'élève à travers de beaux paysages de garrigue ponctués de bourgs isolés, comme **Brenués** *(24 km jusqu'à Brenués, puis 12 km jusqu'au monastère par l'A 1603 à gauche).*

Autre option, la plus simple : poursuivre vers Jaca *(p. 263)* par Puenta la Reina de Jaca.

Dans un cas comme dans l'autre, pensez à faire le plein de carburant avant de vous engager sur ces routes secondaires.

3

NOS ADRESSES À HUESCA

HÉBERGEMENT

PREMIER PRIX

Hostal San Marcos – B2 - *San Orencio, 10 - ✆ 974 222 931 - www.hostalsanmarcos.es - 27 ch. 42/59 €.* Très bien placé, un hôtel aux chambres bien tenues et à l'accueil agréable.

Hostal El Centro – B2 - *Sancho Ramírez, 3 - ✆ 974 226 823 - www.hostalelcentrohuesca.es (pas de réservation par Internet) - 25 ch. 45/55 €.* Simple et bien tenu. Chambres de taille convenable. Évitez celle donnant sur le patio intérieur.

Hotel Pedro I de Aragón – A1 - *Parque, 34 - ✆ 974 220 300 - www.gargallohoteles.es ou www.pedroidearagon.com - 129 ch. 50/60 € - ☕ 8 € - P 7 € -* 🏊. Bien situé (presque en face du parc Miguel-Servet), un hôtel qui privilégie l'espace : le hall d'accueil est immense ! Chambres aussi vastes que confortables. Une bonne adresse.

BUDGET MOYEN

Hotel Sancho Abarca – A1 - *Coso Alto, 52 - ✆ 974 220 650 - www.hotelsanchoabarca.com - 42 ch. 70/100 € - ☕ 11 € - rest. El Caserío 30/55 €.* Un hôtel-Spa au décor design très épuré qui intègre et met en valeur des vestiges archéologiques témoignant du passé romain et arabe de Huesca. Grand confort.

POUR SE FAIRE PLAISIR

La Posada de la Luna – A1 - *Joaquín Costa, 10 - ✆ 974 240 857 - www.posadadelaluna.com - 8 ch. 69/143 € - ☕ 7 €.* Un hôtel à l'atmosphère chaleureuse. Les chambres, au décor original, portent chacune le nom d'une planète.

RESTAURATION

PREMIER PRIX

Tomate Jamón – B2 - *Padre Huesca, 20 - ✆ 974 227 765 - tapas 3 €, viandes à la braise 8,50/20 €, menu du jour 14,80 €.* En salle ou en terrasse, deux formules rapides : plutôt fromage et charcuterie, *de la dehesa a la mesa* ; et plutôt salade, *de la huerta al plato.*

Hervi – B2 - *Santa Paciencia, 2 - ✆ 974 240 333 - menu 12 € (+ IVA).* Un petit restaurant à la décoration très simple, mais de bon goût, qui reçoit une clientèle d'habitués. Cuisine sans originalité, mais de bonne qualité, et service diligent.

BUDGET MOYEN

Flor de Huesca – A2 - *Porches de Galicia, 4 - ✆ 974 240 402 - menu 13,50 €, carte 20/30 €.* Ce restaurant, installé sous les arcades, propose un menu original. Service de qualité. Une bonne adresse.

POUR SE FAIRE PLAISIR

El Origen – B2 - *Pl. Justicia, 4 - ✆ 974 229 745 - carte 30/40 €.* Le restaurant à la mode de la ville. Dirigé par deux jeunes chefs, il propose une cuisine aragonaise quelque peu revisitée.

ACHATS

Pasteleria Ortiz – *Porches de Galicia, 3.* Pâtisseries comme le **« pastel ruso »** (amandes, noisettes et praliné), la **« trenza de Almudévar »** (tresse de pâte feuilletée avec noix, noisettes et amandes), ou les **« castañas de mazapán »** (châtaignes en massepain).

Ultramarinos La Confianza – *Pl. López Allué, 8 - ✆ 974 222 632.* Cette épicerie de 1868 mérite le détour pour son plafond peint par León Abadías y Santolaria. Quelques tables sous les arcades pour déguster fromage ou jambon.

ACTIVITÉS

Saut à l'élastique, rafting, kayak, canyonning

Aventura Pirineos Huesca – *✆ 974 383 022 - www.evasiongrupoexplora.com.* Ces activités réservées aux amateurs de sensations fortes ont pour cadre **Murillo de Gállego** *(9 km au nord-ouest d'Ayerbe sur l'A 132).*

AGENDA

San Lorenzo – Le début des fêtes patronales est annoncé le 9 août à midi par le lancement d'une fusée sur la place de la cathédrale. Pour l'occasion, les habitants sont habillés en vert (référence au basilic, la plante aromatique emblématique de la ville) et blanc. Le lendemain, jour de la San Lorenzo, processions et danses traditionnelles. Pendant six jours, corridas et festivités diverses.

Sos del Rey Católico

★★

635 habitants – Province de Zaragoza

C'est ici, dans le palais de Sada, que naquit en 1452 le futur roi d'Aragon, Ferdinand le Catholique, qui allait unifier l'Espagne en épousant Isabelle de Castille. Les maisons, palais, murailles et les sept portes de la ville, une des cinq cités de la « comarca » de las Cinco Villas, ont gardé un cachet médiéval que l'on découvrira tout au long des rues étroites montant vers l'église et le donjon.

NOS ADRESSES PAGE 262

S'INFORMER

Office de tourisme – *Palacio de Sada, pl. de la Hispanidad - ✆ 948 888 524.*

SE REPÉRER

Carte de région A1 (p. 234-235). À 120 km au nord-ouest de Saragosse par l'AP 68, l'A 126 et l'A 127, et à 87 km à l'ouest de Jaca par la N 240.

À NE PAS MANQUER

Une longue flânerie dans les rues du village.

Se promener

On prend plaisir à se promener dans les ruelles fleuries de ce village perché, qui a conservé une bonne partie de ses remparts médiévaux, et où les boutiques de produits artisanaux ont envahi les nobles demeures médiévales.

Irrégulière, la **plaza Mayor** est bordée par l'imposant bâtiment (16e s.) de l'**hôtel de ville (Casa Consistorial)** et le collège des Gil de Jasa, tous deux protégés par de grands auvents en bois sculpté et par les grandes arcades de la **lonja** (Bourse).

Palacio de Sada

Pl. de la Hispanidad.

C'est dans ce palais Renaissance qu'est né le 10 mars 1452 l'infant Ferdinand, héritier de la couronne d'Aragon, dont le mariage avec la princesse héritière de Castille, Isabelle, allait entraîner l'union des deux royaumes. Le palais abrite aujourd'hui un petit musée consacré au souverain.

★ Église de San Esteban

On y accède par un passage voûté. Sous l'église se trouve la **crypte**★ du 11e s. dédiée à la Vierge du Pardon. Deux des trois absides sont décorées de belles **fresques** du 14e s. Dans l'abside centrale, remarquables chapiteaux représentant des oiseaux et des femmes.

Les statues-colonnes du **portail** ont une attitude noble et raide. L'église, construite dans le style de transition, possède une fort belle **tribune**★ Renaissance. Dans l'une des chapelles, Christ roman du 12e s. aux yeux ouverts.

3

À proximité Carte de région

★ Uncastillo A1

À 21 km au sud-est de Sos del Rey Católico par la ZV 841 (vers Ayerbe et Huesca).
Santiago, s/n (iglesia de San Martín) - ✆ 976 679 061.
Hérissée de tours et de clochers, cette petite ville ne rassemble pas moins de 14 églises et ermitages, 13 maisons seigneuriales et un **château** des 11e-14e s. qui a conservé son donjon (Torre del Homenaje). Les ruelles sont bordées de palais aux façades blasonnées et se serrent autour de la **plaza del Mercado**, à portiques, où se dresse encore une **lonja** (bourse) médiévale. L'église romane de **Santa María** possède une curieuse tour fortifiée du 14e s. ornée de mâchicoulis et de clochetons. Le **portail sud★** est l'un des plus beaux de l'époque romane tardive par la richesse et la finesse de ses sculptures. La majorité d'entre elles représente des animaux fantastiques. La tribune aux **stalles★** Renaissance et le **cloître★** sont de style plateresque (16e s.).

Centre d'Art religieux du Piémont pyrénéen (Centro de Arte Religioso del Prepirineo) – *Santiago, s/n - ✆ 976 679 061 - juin-août et Sem. sainte : 10h-14h, 16h-20h ; reste de l'année : merc.-dim. 10h-13h, 16h-19h.* Installé dans l'église romane San Martín de Tours et dans son cloître, il présente des panneaux didactiques ainsi qu'une vidéo sur les ermitages et églises romanes de la région.

Sádaba A1

À 30 km au sud de Sos del Rey Católico par l'A 127. Longeant, parmi les éoliennes qui surmontent les crêtes environnantes, la frontière avec la Navarre, la route conduit à ce village, dominé par un imposant **château** du 13e s. et qui possède une belle église gothique. Sur la gauche de la route, peu avant Sádaba, un **mausolée romain** du 2e s subsiste.

Lac de barrage (pantano) de Yesa A1

À 37 km au nord de Sos del Rey Católico par l'A 1601.
Ce très grand lac (activités nautiques) est bordé au nord par le chemin de Saint-Jacques qui conduit à Pampelune *via* le monastère de Leyre (Navarre).

NOS ADRESSES À SOS DEL REY CATÓLICO

HÉBERGEMENT

BUDGET MOYEN

Casa del Infanzón – *Coliseo, 3 - ✆ 605 940 536 - www.casadelinfanzon.com - 10 ch. 45/90 € - ☕ 6 €.* Au cœur du vieux village, une demeure médiévale aux chambres de caractère. Excellent accueil.

POUR SE FAIRE PLAISIR

Parador de turismo – *Arquitecto Sáinz de Vicuña, 1 - ✆ 948 888 011 - www.parador.es - fermé 2 janv.-11 fév. - 66 ch. 105/135 € - ☕ 16 € - rest. 27/33 €.* Le long de la muraille médiévale, parador dont les chambres sont confortables et sobrement décorées.

RESTAURATION

La Cocina del Principal – *Fernando el Católico, 13 - ✆ 948 888 348 - menu 25 €, carte 29/35 €.* Au sein de la ville historique, un restaurant raffiné dans la salle voûtée d'une demeure médiévale.

AGENDA

Fiestas Mayores – La 3e sem. d'août, à Sos del Rey Católico et dans les villages alentour. L'occasion également de célébrer l'**Encierro de San Cojón**, parodie des San Fermines de Pampelune.

Jaca

★

13 221 habitants – Province de Huesca

Établie au pied des Pyrénées, Jaca est dominée par la Peña de Oroel. Sa position stratégique la transforma en une remarquable enclave du tout nouveau royaume d'Aragon, dont elle devint un temps la capitale. Aujourd'hui, elle constitue un important lieu de passage animé, une étape pour les skieurs en hiver, les promeneurs en été et les pèlerins de St-Jacques empruntant le Camino Francés depuis le col du Somport.

NOS ADRESSES PAGE 272

S'INFORMER

Office de tourisme – *Pl. San Pedro, 11-13 - ✆ 974 360 098 - www.jaca.com et www.valledelaragon.com.*

SE REPÉRER

Carte de Jaca (p. 268) – À Jaca se croisent la N 330, qui arrive de Huesca (73 km) et mène jusqu'au col du Somport, et la N 240, qui va à Pampelune (111 km au nord-ouest). La ville est établie sur une terrasse de la large vallée du río Aragón.

À NE PAS MANQUER

Le monastère de San Juan de la Peña.

ORGANISER SON TEMPS

Comptez 2h pour Jaca et 2 jours pour les environs.

AVEC LES ENFANTS

La Ciudadela, le parc animalier de Lacuniacha à Piedrafita de Jaca et le musée des Arts populaires du Serrablo, à Sabiñánigo.

3

Se promener Plan de ville

Ceinturé par de larges avenues ombragées, le centre ancien concentre ses principales curiosités autour de deux places contiguës, la plaza San Pedro et la plaza de la Catedral. Des bâtiments anciens peuvent être aperçus le long de la calle Obispo (Palais épiscopal de style Renaissance) et de la calle Mayor (hôtel de ville à la façade plateresque, tour de l'Horloge, vestiges du Palais royal, sur la calle Ramón y Cajal).

★ Cathédrale A1-2

✆ 974 356 378 - mat. et apr.-midi - gratuit.

Élevée au 11e s., c'est la première cathédrale romane d'Espagne. Sa décoration sculptée a inspiré les artistes romans qui ont travaillé sur tous les sanctuaires du chemin de St-Jacques. À l'extérieur, remarquez les **chapiteaux historiés**★ du portique latéral sud et du portail qu'il abrite : l'accent mis sur les drapés, dans la représentation du sacrifice d'Isaac ou du roi David accompagné de ses musiciens, rappelle les canons antiques. Les voûtes gothiques aux clés surchargées, qui ont été fâcheusement ajoutées au 16e s., n'enlèvent rien au caractère exceptionnel de la nef et des collatéraux, très larges pour l'époque. Les sculpteurs de la Renaissance ont décoré avec profusion les absides et les chapelles latérales, mais la coupole sur trompes à la croisée du transept a conservé sa primitive sobriété.

★★ Museo Diocesano de Jaca (MDJ) A1

Accès par la cathédrale – ✆ 974 356 378 - www.diocesisdejaca.org - juil.-août : 10h-14h, 16h-20h ; reste de l'année : mar.-vend. 10h-13h30, 16h-19h, sam. 10h-13h30, 16h-20h, dim. 10h-13h30 - fermé 25 déc., 1er janv., 1er vend. de mai et 25 juin - 6 €.

Aménagé autour du cloître, le musée, qui a redéployé ses très riches collections et doublé sa superficie, présente des documents et objets retraçant l'histoire du diocèse ; dans l'espace consacré à l'art campanaire (art relatif aux cloches), un écran interactif permet d'écouter le son de quelques-unes des cloches les plus réputées d'Aragon.

Plus loin, dans l'ancien réfectoire, sont exposées de remarquables **peintures murales** romanes et gothiques provenant d'églises de la région : Urríes, Sorripas, Ipas, Navasa et Osia (reconstitution de l'abside).

Une vaste salle, spécialement aménagée pour restituer le plan de l'église d'origine, est entièrement consacrée aux extraordinaires **fresques de l'église de Bagüés★★★** (fin du 11e s.). C'est le plus grand ensemble de peintures romanes d'Espagne. L'atelier chargé de leurs réalisations aurait pu être influencé par celles de la crypte de l'abbatiale de Saint-Savin-sur-Gartempe (Poitou). Elles constituent une sorte d'immense « bande dessinée » retraçant sur quatre registres (trois à l'abside) le cycle biblique, d'Adam et Ève à la Rédemption.

Plus loin, dans les chapelles claustrales, collections de bois polychromes romans, et sarcophage sculpté du comte Sancho Ramírez, bâtard du roi d'Aragon Ramiro Ier. À l'étage, on découvre le « Secretum », pièce constituant en quelque sorte le coffre-fort du diocèse, entièrement décoré de grisaille au 16e s. ; ce lieu précède des salles consacrées au gothique, à la Renaissance et au baroque, avec des tableaux du maître aragonais **Fray Manuel Bayeu y Subías** (1740-1809).

Ciudadela/Castillo de San Pedro A1

Av. Primer Viernes de Mayo – ✆ 974 361 124 - www.museominiaturasjaca.es - visite guidée tlj sf lun. mat. et apr.-midi - citadelle et musée 10 € (-16 ans 5 €) ; musée seul 6 € (-16 ans 4 €).

UNE SITUATION STRATÉGIQUE

La cité aurait été fondée durant le Ier millénaire av. J.-C. par un peuple ibère, les **Lacetanos**. Baptisé *laca*, le village devient bientôt la capitale d'un territoire allant des Pyrénées jusqu'à Huesca et Lérida. En 194 av. J.-C., Laca est la première place à céder face aux Romains. Pour y parvenir, ceux-ci s'allient aux ennemis historiques des Lacetanos : les Suessetanos, basés dans la zone des Cinco Villas. Intégrée à l'Empire romain, la ville profite de sa position clé dans le contrôle des routes pyrénéennes pour prospérer. Mais à partir du 4e s., envahie par les Goths, puis prise par les Maures, elle connaît un déclin important. Au début du 11e s., Sancho Ramírez en fait la première capitale de l'Aragon et, en 1064, Ramiro Ier y fonde une cathédrale. À la fin du 16e s., pour améliorer le système défensif de la région, Philippe II fait construire plusieurs forteresses, dont la Ciudadela. Prise par les Français le 21 mai 1809, Jaca demeure sous leur emprise jusqu'en février 1814. Elle fera à nouveau parler d'elle lors du soulèvement du 12 décembre 1930 dirigé par deux capitaines de la garnison de Jaca contre la dictature de Primo de Rivera. Même si le *pronunciamento* échoue, il est l'un des signes avant-coureurs de l'instauration de la République.

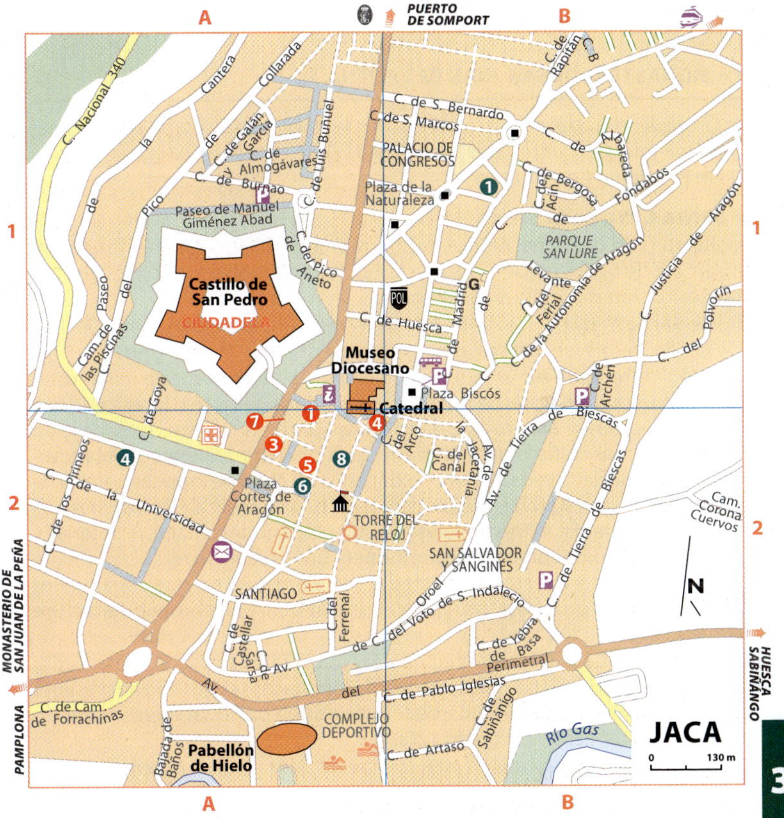

SE LOGER

- Boira (A) 1
- Conde Aznar................................ 4
- Jaqués (Hotel) 6
- Somport (Hotel) 8

SE RESTAURER

- Biarritz................................ 7
- Bodegas Langa (Vinoteca)................................ 1
- Lilium 3
- Mesón del Serrablo 5
- Rincón de la Catedral (El)................................ 4

Construite en 1595 par un ingénieur militaire italien sur ordre de Philippe II, elle faisait partie du système défensif composé de citadelles (Jaca et Pampelune) et de tours (Fiscal) qui devait protéger la frontière avec la France. De taille restreinte et entourée d'un fossé sans eau, cette citadelle a la forme d'un pentagone aux sommets duquel se trouvent les bastions. Elle abrite un **musée de Miniatures militaires**. Plus de 35 000 soldats de plomb (tous à l'échelle 1/87e) et accessoires composent 23 tableaux retraçant l'histoire militaire mondiale, de l'antiquité égyptienne à nos jours.

Pabellón de Hielo A2

Av. Perimetral s/n.

Dû au cabinet d'architectes Coll-Boreu, le Pabellón de Hielo se présente comme une immense structure ovoïde de verre et d'acier. Il renferme deux pistes, dont une de taille olympique, et peut accueillir 3 500 spectateurs, ce qui conforte l'ambition de la ville de devenir la référence du patinage sur glace en Espagne.

Circuits conseillés Carte des environs de Jaca

★★ MONASTÈRE DE SAN JUAN DE LA PEÑA

Circuit de 50 km tracé en jaune sur la carte des environs de Jaca (p. 268). Compter une demi-journée. Quittez Jaca par la N 240 à l'ouest et bifurquez à gauche après 11 km vers Santa Cruz de la Serós.

★ Santa Cruz de la Serós

Niché au pied de la montagne, cet harmonieux village est constitué d'un ensemble de belles maisons de pierre aux toits d'ardoise surmontés de cheminées coniques typiques de la région.

Église Santa María – *974 355 119 - www.monasteriosanjuan.com - 10h-14h, 15h30-18h - fermé lun. (de déb. nov. à mi-mars), 1er janv., 25 déc. - gratuit.* Cette église romane est le seul vestige d'un célèbre couvent de religieuses, fondé vers 1060, et richement doté par les princesses doña Teresa et doña Sancha, filles du roi Ramiro Ier. Les moniales quittèrent les lieux en 1555. Son robuste clocher coiffé d'un lanternon octogonal apparaît soudé à la tour-lanterne. Le portail avec son tympan décoré d'un chrisme rappelle celui de la cathédrale de Jaca. Il arbore notamment des « boules de Jaca » *(bolas jaquesas)*, éléments décoratifs utilisés en Aragon durant la période romane. À l'intérieur, une colonne et plusieurs chapiteaux forment un bénitier. Un retable gothique (15e s.), entièrement restauré, est dédié à la Vierge. Remarquez également un Enterrement du Christ, groupe sculpté en bois polychrome de facture flamande (vers 1520).

Ermitage San Caprasio – *Mêmes horaires.* À l'entrée du village, cette petite église édifiée entre 1020 et 1030 par des maîtres maçons venus d'Italie présente une nef ornée de bandes lombardes et une abside basse caractéristiques du 11e s. Le clocher date de la fin du 12e s.

La route s'élève ensuite dans les paysages boisés de la sierra de la Peña.

★★ Monastère de San Juan de la Peña

974 355 119 - www.monasteriosanjuan.com - juin-août : 10h-14h, 15h-20h ; mars-mai et sept.-oct. : 10h-14h, 15h30-19h ; nov.-fév. : 10h-14h, sam. 10h-17h - fermé lun. (de nov. à mi-mars), 1er janv., 25 déc. Attention : il est interdit de se garer (et même de s'arrêter) à proximité du monastère ancien : parking sous les arbres près du nouveau monastère (minibus pour rejoindre l'ancien) dont une partie a été reconvertie en hôtel-Spa (974 374 422). Billetterie dans le nouveau monastère (aile gauche) - trois visites : le vieux monastère, le nouveau monastère et le Centre d'interprétation du royaume d'Aragon - 12 € (visite complète) ; 8,50 € (2 sites au choix) ; 6 € (1 seul site).

Après une longue montée dans la sauvage sierra de la Peña, le monastère apparaît sous le surplomb d'un rocher. Ce **site★★** spectaculaire fut choisi par

SAN VOTO ET SAN FELIZ

Voto, un jeune homme de Saragosse, poursuivait un cerf. Lors de cette course effrénée, il tomba dans un précipice avec sa monture. Dans leur chute, Voto invoqua saint Jean-Baptiste qui ralentit miraculeusement leur descente, permettant au jeune homme de découvrir la grotte du rocher El Galeón ainsi que le corps d'un anachorète, qui avait dédié l'endroit à saint Jean. C'est ainsi, dit-on, que Voto et son frère Feliz fondèrent le monastère de San Juan de la Peña. Cette légende est représentée sur l'un des retables de l'église de Santa Cruz de la Serós.

Vestiges du cloître troglodytique de l'ermitage rupestre de San Juan de la Peña, près de Jaca.
F. Chartron/hemis.fr

un groupe d'ermites qui, peu à peu, construisirent un ensemble monastique. Au milieu du 9e s., ils adoptèrent la règle de saint Benoît. Le lieu devint le panthéon des rois et des nobles d'Aragon-Navarre. Au 11e s., le couvent adhéra à la réforme clunisienne. Les donations royales attirèrent ici de nombreux moines. Au 17e s., suite à une série d'incendies, le monastère neuf fut construit, les plus anciens éléments étant conservés dans le vieux monastère.

3

Monasterio viejo – Église primitive qui, par la suite, fit office de crypte, l'**église basse** est l'une des rares constructions mozarabes (8e s.) subsistant dans la région. Elle se compose de deux nefs accolées, séparées par de grands arcs ; deux niches creusées dans le roc servent d'absides où l'on décèle, de même qu'à l'intérieur des arcs, des décorations murales du 12e s. représentant les saints Cosme et Damián, ainsi que des anges observant une crucifixion. La **salle des Conciles** fut érigée, croit-on, par le roi Sancho Garcés vers 922.

Dans la partie supérieure se trouvent la cour du panthéon des nobles aragonais, le musée, l'église haute et le cloître. Le **panthéon des nobles aragonais** (11e-14e s.) abrite les niches funéraires frappées d'un écusson, d'un chrisme ou de la croix aux quatre rosaces, emblème d'Íñigo Arista, l'un des fondateurs du royaume de Navarre. L'**église haute** (fin du 11e s.) possède une nef unique à trois chapelles absidiales décorées d'arcatures. Le **panthéon royal** ouvre dans le mur de gauche. Pendant cinq siècles, les souverains d'Aragon et de Navarre y ont été inhumés. Son allure actuelle date du 18e s.

Enfin, on accède au **cloître★★** (12e s.) par une porte mozarabe récupérée de l'église primitive. Coincé entre le précipice et la falaise qui lui fait une toiture insolite, le cloître n'a plus que deux galeries aux chapiteaux historiés et des fragments mal conservés d'une autre aile. Le sculpteur des **chapiteaux★★** montre un style très personnel et un symbolisme qui a influencé toute la sculpture locale. La disposition des sujets suit l'ordre chronologique de la création de l'homme aux évangélistes.

Monasterio nuevo – Édifié de 1693 à 1705 dans la Pradera (prairie) de San Indalecio après qu'un incendie a obligé les moines à quitter le vieux monastère, puis abandonné en 1835, il s'organise autour d'une vaste église à trois nefs à l'architecture et au décor baroquissimes.

Centro de Interpretación del Reino de Aragón – *Dans l'église du monasterio nuevo.* Pour les amateurs d'histoire, cet espace interactif propose un aperçu (45mn) du fabuleux destin de cet obscur royaume pyrénéen devenu l'une des grandes puissances de la Méditerranée médiévale.

★ LES VALLÉES DE HECHO ET D'ANSÓ

Circuit de 114 km (146 km avec le détour d'Ansó à Zuriza) tracé en rouge foncé sur la carte des environs de Jaca ci-dessous - comptez une journée.

Ces deux vallées ont joué un rôle important pendant la Reconquête. Longtemps repliées sur elles-mêmes, elles ont conservé une économie archaïque fondée sur l'élevage ovin et l'exploitation en commun des pâturages. Les maisons en pierres grises, surmontées de cheminées traditionnelles, se groupent en hameaux afin de faire face à la rudesse de l'hiver.

Les villageois parlent un dialecte différent dans chaque vallée et, durant les fêtes religieuses, ils arborent leurs costumes traditionnels. Aujourd'hui, ces deux vallées restent un peu à l'écart de l'engouement touristique provoqué par leurs voisines d'Ordesa ou de Guara, et c'est ce qui fait tout leur charme!

Sortez de Jaca par la N 240 et, à Puente la Reina de Jaca, tournez à droite par l'A 176 en direction de Hecho.

★ Vallée de Hecho (Valle de Hecho)

Pallar d'Agustin, à Hecho - 974 375 505.

La route qui suit le cours de la rivière Aragón Subordán mène au village de **Hecho★** (**Echo** en aragonais), aux maisons traditionnelles remarquables (portes en pierre, parfois blasonnées, grands toits de tuiles plates, cheminées...). Il rassemble un **Musée ethnologique** *(Casa Mazo, c/ Aire - 974 375 505 - de déb. juil. à mi-sept. : mat. et apr.-midi - fermé lun. et de mi-sept. à fin juin - 1 €; -14 ans gratuit)* et un **musée de Sculpture à l'air libre** (Museo de Escultura al Aire Libre), à côté de l'office de tourisme. Ce dernier est né d'un partenariat

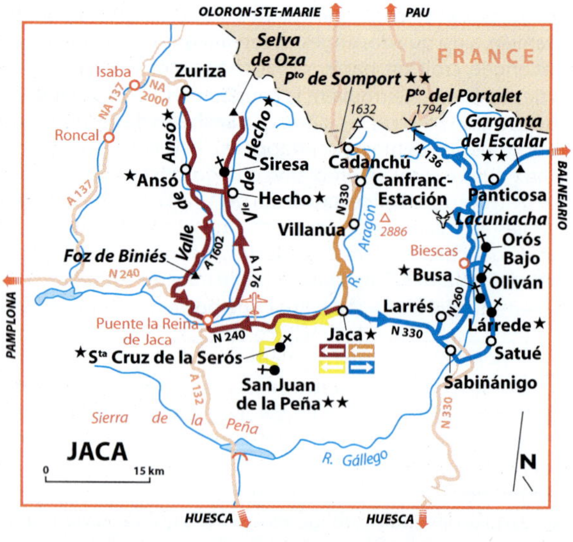

entre le village et l'école des beaux-arts de Gennevilliers en 1984 où enseignait un sculpteur de Jaca, Pedro Tramullas : pendant 20 ans, de jeunes sculpteurs du monde entier y étaient accueillis durant l'été en échange de l'une de leurs œuvres.

À 2 km au nord se trouve le village de **Siresa**, dominé par **l'église de San Pedro★**, qui faisait partie du monastère du même nom. Celui-ci existait déjà au 9e s. puisqu'il fut visité par **saint Euloge de Cordoue**, martyrisé par les musulmans en 859. Réformé à la fin du 11e s., il accueillit des moines augustins. Datant de cette époque et maintes fois remaniée, l'église, d'une belle élévation, présente des parois rythmées d'arcatures et de contreforts. Elle abrite un Christ en bois du 13e s. et une intéressante collection de **retables★** ; la plupart datent du 15e s. *(✆ 638 212 764 - 11h-13h, 15h-17h - 1,50 €).*

La route (très fréquentée par les chèvres comme par les moutons) continue à s'enfoncer dans l'étroite vallée en direction de la **Selva de Oza**.

Revenez à Hecho et prenez à droite l'A 176, puis tournez à droite vers Ansó.

★ Vallée d'Ansó (Valle de Ansó)

Pl. Domingo Miral, 1, à Ansó - ✆ 974 370 225.

Le village paisible d'**Ansó★** invite à une agréable flânerie à la découverte de ses maisons traditionnelles massées autour de l'imposante église. On peut y visiter un intéressant **Musée ethnologique** *(✆ 974 370 022 - juin-sept. : tlj mat. et apr.-midi ; reste de l'année : sur rdv - 2 €).*

Si vous disposez de temps, profitez-en pour vous rendre, au fond de la vallée, à **Zuriza** *(16 km plus loin)*, où s'ouvre une belle étendue de prairies dominée par les massifs montagneux. Vous y trouverez également un agréable complexe touristique et le point de départ de plusieurs randonnées.

Redescendez la vallée par l'A 1602 en longeant le cours du Vera, étroit et sinueux.

Avant d'atteindre la plaine cultivée, la rivière a creusé l'étroite **gorge de Biniés** (Foz de Biniés), longue de 3 km, où l'on peut apercevoir vautours et faucons (attention aux chutes de pierres, très violentes par moments…). On aperçoit le village et son château *(privé)* de la route.

Reprenez la N 240 vers Jaca.

3

ROUTE DU SERRABLO ET DU POURTALET

Circuit de 150 km env. tracé en bleu sur la carte des environs de Jaca ci-contre - comptez une demi-journée. Quittez Jaca en direction de Sabiñánigo.

Ce circuit se déroule presque entièrement le long du río Gállego. Il mène d'abord au col du Pourtalet et permet de découvrir en redescendant un magnifique ensemble d'églises mozarabes des 10e-11e s.

À 18 km à l'est de Jaca par la N 330, puis une petite route à gauche conduit à Larrés.

Larrés

Le château de Larrés, une ancienne forteresse médiévale du 14e s., accueille le **musée national du Dessin Julio Gavín** (Museo Nacional de Dibujo – *✆ 974 482 981 - www.serrablo.org - juil.-août : 10h-14h30, 16h30-21h ; avr.-juin et sept.-oct. : mar.-dim. 11h-13h, 16h-19h ; nov.-mars : mar.-sam. 11h-13h, 15h-18h, dim. et j. fériés 11h-13h, 16h-18h - fermé lun. sf juil.-août - 3 €*), consacré au dessin de 1920 à nos jours. Il présente notamment des œuvres d'Antonio Saura, Martín Chirino, Ignacio Zuloaga, Daniel Vázquez Díaz ou Salvador Dalí, sans oublier le caricaturiste **Mingote**, qui fit jadis rire toute l'Espagne (dans la salle consacrée aux croquis humoristiques).

Reprenez la N 330, puis tournez à gauche vers Piedrafita de Jaca.

Parc animalier de Lacuniacha à Piedrafita de Jaca

✆ 902 363 029 - www.lacuniacha.com - juil.-août : 10h-20h ; avr.-juin et de déb. sept. à mi-oct. : lun.-vend. 10h-18h, w.-end 10h-20h ; de mi-oct. à fin mars : 10h-18h - 15 € (12-17 ans 13 €, 4-11 ans 11 €) - prévoyez des chaussures adaptées.

Ce parc animalier et botanique se visite en suivant un sentier balisé. Vous découvrirez les animaux depuis des miradors, ou en empruntant le sentier qui traverse certains enclos. Prédateurs (lynx et loups) et herbivores (bisons d'Europe, bouquetins d'Espagne, chevaux de Przewalski, ainsi que toute une population d'isards, de cerfs, de chevreuils et de rennes) sont les espèces que vous rencontrerez. Les amateurs d'oiseaux disposent en outre d'un observatoire ornithologique.

Revenez sur la N 330 ; à Cartirana, prenez la N 260 jusqu'à Biescas, puis l'A 136 dans le prolongement. À l'entrée d'Escarilla, empruntez l'A 2606 vers Panticosa.

Panticosa

Depuis cet agréable village de montagne, on peut emprunter une **télécabine** *(www.panticosa-loslagos.com - 10h-17h, 3mn de trajet - 15,50 € AR, 2-11 ans 6,50 €)* qui conduit à près de 1 900 m d'altitude, où un mirador dévoile des **vues** somptueuses sur la vallée.

Pour profiter des nombreuses activités qui se pratiquent dans le secteur, en hiver comme en été, on peut également choisir de faire étape au village de Panticosa, richement doté en hébergements de toutes sortes.

★★ Gorge del Escalar (Garganta del Escalar)

La gorge est si étroite et profonde que le soleil y pénètre à peine ; elle se creuse d'abord dans les calcaires, puis dans les schistes feuilletés et les granits. La route, qui escalade le versant occidental par de longues rampes et épingles à cheveux très fermées, débouche sur un cirque montagneux austère où se trouve la station thermale de Panticosa.

★ Station thermale (balneario) de Panticosa

À 8 km du village.

Située à 1 636 m d'altitude, cette station thermale est réputée pour les vertus curatives de ses six sources sulfurées ou radioactives. Connue depuis les Romains, la station rencontra un franc succès au 19e s. lorsque tout le gratin de la société aragonaise y venait en cure.

Trois pics culminant à plus de 3 000 m d'altitude dominent cet ensemble aujourd'hui en plein renouveau. En effet, l'architecte **José Rafael Moneo** a entièrement revisité le Gran Hôtel, et sa fille **Belén Moneo Feduchi**, associée à **Jeff Brock**, a dessiné les thermes en concevant une structure faisant la part belle au verre, et donc largement ouverte sur les montagnes.

Revenez jusqu'à Escarilla et continuez à droite vers le Pourtalet.

La route longe le barrage de Lanuza. Un peu à l'écart se trouvent le bourg montagnard de **Sallent de Gállego** (1 305 m), centre de pêche à la truite et de courses en montagne, et **El Formigal** (1 480 m), une station de ski bien aménagée.

Col du Pourtalet (Puerto del Portalet)

À 1 794 m d'altitude, il s'ouvre entre le pic du Pourtalet et celui d'Anéou, dont la cime aiguë se détache à l'ouest. Vue étendue vers le nord-ouest sur le cirque d'Anéou et le pic du Midi d'Ossau (2 884 m).

Rebroussez chemin jusqu'au niveau de Biescas et tournez tout de suite après le pont à gauche vers Orós et Oliván. Suivez les indications, parfois fort discrètes !

Églises mozarabes du Serrablo

En chemin, vous découvrirez quelques églises mozarabes. Généralement petites, elle sont souvent isolées et dessinées selon un plan rectangulaire, que parachève une abside semi-circulaire. Certaines possèdent une tour-clocher. Les murs ont peu d'ouvertures et les arcs utilisés sont des arcs en fer à cheval ou semi-circulaires. Certaines portes sont encadrées d'un *alfiz* (moulure rectangulaire autour d'un arc). Les plus belles sont celles d'**Orós Bajo**, de San Martín de **Oliván**, de San Juan de **Busa**★ (dont une abside est inachevée), de San Pedro de **Lárrede**★ et de **Satué**.

De Satué, prenez la direction de Sabiñánigo.

Sabiñánigo

Galería comercial « Pirenarium » - Av. Ejército, 27 - ☏ 974 484 272.

À la sortie de la petite ville, en direction de Huesca, le quartier El Puente de Sabiñánigo abrite un bel ensemble de maisons traditionnelles dont l'une est reconvertie en musée.

★ **Musée Ángel Orensanz et des Arts populaires du Serrablo** – *☏ 974 484 261 - www.aytosabinanigo.net - mar.-dim. 10h-13h, 15h30-18h30 - fermé lun., 1er janv., 25 juil., 25 déc. - 2 € (-16 ans 1 €).* Ce musée est installé dans la superbe **Casa Batanero** – dotée d'une impressionnante cuisine – et dans une annexe moderne. C'est une véritable immersion dans la vie traditionnelle du Serrablo (« tierra del diablo » selon le dicton populaire) qu'il propose, avec outils et objets de la vie quotidienne, évoquant le dur labeur des paysans, la tradition pastorale et les fêtes. Une salle abrite quelques œuvres du sculpteur local **Ángel Orensanz** (né en 1941).

DE JACA AU COL DU SOMPORT

Circuit de 54 km tracé en orange sur la carte des environs de Jaca (p. 268). Compter environ 2h. De Jaca, prenez la N 330 vers le col du Somport.

3

À **Villanúa**, la **grotte de las Güixas** (Cueva de las Güixas), longue de 300 m, abrita des groupes humains à partir du néolithique, avant de devenir un lieu de rassemblement pour « sorcières » (d'où son nom). Conçue de façon originale et ludique, la visite sait se montrer participative et faire appel à l'imagination du promeneur *(☏ 974 373 217 - visite guidée de la grotte et du Centre d'interprétation juil.-août : 10h30-13h, 16h30-20h - chaussures de marche et lainage conseillés ; reste de l'année : se rens. - 6,50 € ; Centre d'interprétation Subterránea seul : mar.-sam. 10h-13h, 16h-19h - 2 €).*

Canfranc-Estación est une impressionnante gare ferroviaire internationale *(pour les visites guidées, s'adresser au 974 373 141 - 3 €)* édifiée en 1925-1928 par l'architecte **Fernando Ramírez de Dampierre**. Deuxième plus grande gare d'Europe à l'époque, elle était située sur la ligne Pau-Saragosse, par le tunnel du Somport. Un accident de locomotive survenu en 1970 donna le coup de grâce à cette ligne internationale et Canfranc ne dessert aujourd'hui plus que Saragosse, même si les Aragonais militent pour la réouverture du tunnel. Parviendront-ils à leurs fins ? Dans tous les cas, la gare fait l'objet de travaux de restauration. Au-delà, la route parvient à **Candanchú**, à moins de 1 km du col du Somport, la plus connue des stations de ski aragonaises.

Le **col du Somport**★★ (1 650 m) est le seul des Pyrénées centrales qui soit, sauf enneigement exceptionnel, dégagé toute l'année. Franchi jadis par une voie romaine, il a vu défiler les légions de Pompée, les hordes sarrasines, les pèlerins de St-Jacques et… les coureurs du Tour de France.

En montant sur la butte, à droite du monument qui commémore la construction de la route, on découvre un vaste **panorama**★★ sur les Pyrénées espagnoles.

NOS ADRESSES À JACA

HÉBERGEMENT

PREMIER PRIX

A Boira – B1 - *Valle de Ansó, 3 - ✆ 974 363 528/848 - www.hotelaboira.com - 30 ch. 49/75 € - ☕ 5/7 €.* Chambres confortables, de taille variable. Accueil agréable.

BUDGET MOYEN

Hotel Jaqués – A2 - *Unión Jaquesa, 4 - ✆ 974 356 424 - www.hoteljaques.com - 24 ch. 60/80 € - ☕ 5 €.* Un hôtel tranquille et bien situé. Chambres au décor un peu suranné, mais dotées du confort souhaitablee.

Hotel Somport – A2 - *Echegaray, 11 - ✆ 974 363 410 - 18 ch. 60/80 € - ☕ 5 €.* Même direction que le précédent (s'adresser à l'hôtel Jaqués en cas d'absence) pour ce petit hôtel pimpant et confortable.

Conde Aznar – A2 - *Paseo de la Constitución, 3 - ✆ 974 361 050 - www.condeaznar.com - 34 ch. 55/110 € (selon confort et saison) - ☕ 18 € - rest. La Cocina Aragonesa menus 14/30 €, carte 30/55 € (demi-pension obligatoire en été).* Cet hôtel est installé sur une belle promenade ombragée. Établissement de caractère décoré avec des meubles anciens. Le restaurant est réputé.

À Santa Cruz de la Serós

PREMIER PRIX

Hostal Santa Cruz – *Ordana - ✆ 974 361 975 - www.santacruzdelaseros.com - 6 ch. 58,50/62,50 € - ☕ 5 €.* Agréable auberge rurale dominant la place du village. Très simple, avec de belles salles communes et un balcon offrant une vue imprenable sur l'église.

À Biescas

15 km au nord de Sabiñánigo par la N 330.

PREMIER PRIX

Casa Ruba – *Esperanza, 18 - ✆ 974 485 001 - www.hotelcasaruba.com - 29 ch. 56/68 € - ☕ 5 € - rest. 15 €, fermé dim. soir.* Plus d'un siècle d'histoire et de tradition au service d'une cuisine élaborée avec de bons produits. Chambres confortables.

À Siresa (valle de Hecho)

PREMIER PRIX

Hotel rural Usón – *À 4 km de Siresa, sur la route de Selva de Oza - ✆ 974 375 358 - www.hoteluson.com - 8 ch. 50/58 € ☕.* Situé en pleine nature, cet hôtel propose des chambres rustiques mais de bon confort. Une adresse « verte », dans tous les sens du terme.

À Panticosa (village)

BUDGET MOYEN

Casa Morlans – *San Miguel, 4 - ✆ 974 487 057 - www.casamorlans.com - 25 ch. 60/66 € ☕ - rest. 14/35 €.* Un agréable hôtel de montagne où le bois domine. Chambres simples et confortables. Le restaurant sert une cuisine typique de l'Alto Gállego (viandes à la braise, gibier, truites…).

RESTAURATION

PREMIER PRIX

Vinoteca Bodegas Langa – A1-2 - *Pl. San Pedro.* Tapas, *raciones* et *tostadas* (tartines) en salle ou sur la terrasse agrémentée de tonneaux faisant office de tables. Cette institution fonctionne depuis 1930. On peut aussi s'y procurer des vins, des charcuteries ou du fromage.

BUDGET MOYEN

El Rincón de la Catedral (Chez Claudine) – A2 - *Pl. de la Catedral, 5 (sous les arcades) - ✆ 974 355 920 - formule déj. 14,50 €, carte 20/25 €.* Sous les couverts de la place, un café-restaurant sans prétention proposant des plats montagnards et des grands classiques (*huevos al salmorrejo*, entre autres) dans la tradition aragonaise. Service aimable et diligent.

Lilium – A2 - *Av. Primer Viernes de Mayo, 8 - ✆ 974 655 356 - fermé mar., 2e quinz. de mai et 1re quinz. d'oct. - menus 12,10/16/18 € (+ IVA), carte 20/30 €.* Un classique de Jaca. Salle à deux niveaux tout en boiseries, plus rustique en sous-sol, où goûter une cuisine typiquement aragonaise.

Biarritz – A2 - *Av. Primer Viernes de Mayo, 12 - ✆ 973 361 6321 - 15/25 €.* Il mérite la même attention que son voisin décrit précédemment. Une bonne adresse pour déguster d'excellentes *migas*, en salle ou dans la véranda de l'avenue.

Mesón del Serrablo – A2 - *Obispo, 3 - ✆ 972 362 418 - 15/25 €.* Dans une demeure du 17e s., deux grandes salles décorées d'objets rustiques (dont une belle horloge à balancier) dans lesquelles on déguste une cuisine de montagne (*ternasco asado* ou truite).

À Hecho

BUDGET MOYEN

Restaurante Gaby (Casa Blasquico) – *Pl. la Fuente, 1 - ✆ 974 375 007 - www.casablasquico.es - fermé 1er-15 sept. - 6 ch. 40/53 € - ☕ 6 € - 16/35 €.* Cette véritable institution sert d'excellents mets qui allient la cuisine traditionnelle et actuelle. Dans un décor chargé de diplômes divers, de plantes et de broderies, l'accueil est chaleureux. Vous trouverez également 6 chambres.

Canteré – *Aire, 1 - ✆ 974 375 214 - menus 19,50/21 €.* Dans une belle demeure de pierre, ce restaurant propose une savoureuse cuisine traditionnelle. Spécialités de champignons et de charcuteries.

PRENDRE UN VERRE

Casa Fau – *Pl. de la Catedral, 6.* Sous les arcades de la place (et en terrasse), un café (quasi) historique : il est ouvert depuis 1957.

ACHATS

Echeto – *Pl. de la Catedral, 4 - ✆ 974 360 343.* Pâtisserie historique (1890), où l'on vend le *lanzon de San Jorge*, à base de génoise, de truffe et de crème, ainsi que des bonbons, les *besitos*, vendus en sachets.

ACTIVITÉS

Fans de patin à glace, vous pouvez vous exercer toute l'année au **Pabellón de Hielo** *(Av. Perimetral, s/n - lun.-vend. 19h-21h, w.-end 17h-20h30 - 8 € avec location de patins, 6 € sans).*

AGENDA

Premier vendredi de mai – La légende raconte que, le premier vendredi de mai de l'an 758, les musulmans attaquèrent la ville. Après plusieurs heures de lutte, les femmes sortirent armées d'ustensiles de cuisine. Aveuglés par les rayons du soleil, les soldats prirent peur et s'enfuirent, pensant que de nouvelles troupes s'approchaient. Les habitants célèbrent ce jour par un « défilé de la victoire ».

Santa Orosia et San Pedro – La semaine du 24 au 29 juin est consacrée aux saints patrons de Jaca. Au programme, processions et danses traditionnelles.

Parc national d'Ordesa et du Mont Perdu

Parque Nacional de Ordesa y Monte Perdido

★★★

Province de Huesca

Véritable joyau des Pyrénées aragonaises, prisé des randonneurs et des alpinistes, le Parc national d'Ordesa et du Mont Perdu s'étend sur quatre vallées : Ordesa, Añisclo, Pineta et Escuaín. La première est un grandiose canyon. Les versants, qui s'élèvent à près de 1 000 m au-dessus de la vallée, sont découpés en strates horizontales de couleur gris acier ou ocre-rouge. Au printemps, les cascades strient les parois vertigineuses. Au fond de la vallée coule l'Arazas, torrent rempli de truites, enfoui sous une végétation exubérante de hêtres et d'érables. Le canyon d'Añisclo, dominé par les imposants sommets du Monte Perdido (3 355 m), est une autre merveille du parc. Creusé par un fleuve aux teintes bleues et vertes, il impressionne par la hauteur de ses falaises. La vallée de Pineta, facilement accessible à partir de Bielsa, est assez bien pourvue en infrastructures touristiques, tandis que la vallée d'Escuaín, moins connue, offre la promesse de belles balades en solitaire.

NOS ADRESSES PAGE 279

S'INFORMER

Centre de visiteurs de la vallée d'Ordesa – *Av. Ordesa, à Torla - ✆ 974 486 472 - avr.-oct. : 9h-13h30, 15h-18h (hiver : w.-end seult) ; point d'information à La Pradera.*

Centre de visiteurs de la vallée d'Escuaín – *C/ de La Iglesia, à Tella - avr.-oct. : 9h-13h30, 15h-18h (hiver : w.-end seult) ; point d'information à Escuaín.*

Point d'information de la vallée d'Añisclo – *Mayor, s/n, à Escalona. ✆ 974 505 131.*

Point d'information de la vallée de la Pineta – *Casa Larraga, pl. Mayor, à Bielsa (p. 278) - ✆ 974 501 000/127.*

SE REPÉRER

Carte des Pyrénées aragonaises (p. 252-253) – Situé à une centaine de kilomètres au nord-est de Huesca, le parc est accessible, à l'ouest, par la N 330 depuis Sabiñánigo puis, à Biescas, par la N 250 vers Broto et Torla, et, au nord-est, depuis Bielsa par l'A 138.

À NE PAS MANQUER

Les cascades de la vallée d'Ordesa, le cirque de Soaso et le canyon d'Añisclo.

ORGANISER SON TEMPS

Au printemps et au début de l'automne, le Parc national revêt ses plus beaux atours, et l'afflux de visiteurs est moindre qu'en été. Si vous aimez la randonnée, prévoyez plusieurs jours.

AVEC LES ENFANTS

La plupart des chemins sont aménagés et donc adaptés à la randonnée avec des enfants. Vérifiez toutefois la difficulté des parcours.

Le canyon d'Añisclo au cœur du Parc national d'Ordesa.
AGE/Photononstop

Découvrir Carte des Pyrénées aragonaises p. 252

★ Torla

Fatás, s/n - ✆ 974 486 378.

Dans un **paysage★** grandiose, la haute falaise de Mondarruego (2 840 m), qui ferme au nord la vallée d'Ordesa, sert de toile de fond au petit village de Torla. Massé sur le versant ouest de l'Ara, il sert de base aux nombreux randonneurs de la vallée d'Ordesa. 3

Une balade dans ses rues paisibles permet de découvrir l'église de San Salvador qui conserve de remarquables retables du 18e s. À proximité, l'abbaye-château est le siège d'un **Musée ethnologique** *(✆ 974 486 152 - juil.-août seult : 11h-14h, 18h-21h).*

Juste à côté, à **Broto**, l'église San Pedro, de style gothique aragonais, possède un portail Renaissance digne d'intérêt et un clocher fortifié.

Randonnées Carte du Parc national p. 277

★★★ VALLÉE D'ORDESA (Valle de Ordesa)

La capacité d'accueil dans la vallée est limitée à 1 800 pers. et, durant l'été et la Semaine sainte, les voitures ne sont pas autorisées dans le parc. Un bus part ttes les 15-30mn du parking de Torla, à partir de 6h ou 7h (dernières descentes à 20h30, 21h ou 22h selon saison). Comptez 4,50 € AR/pers., parking 0,60 €/h. Le reste de l'année, on peut se rendre directement au parking de la Pradera, point de départ de multiples randonnées.

Dès la route d'accès, deux belvédères permettent d'avoir une vue générale sur le canyon d'Ordesa et d'admirer la **cascade de Tamborrotera** (60 m) ①. Au bout de la route s'ouvre le grand **parking de la Pradera**.

Pour les marcheurs débutants ou les familles avec enfants, suivez l'itinéraire tracé en bleu marine sur la carte du parc ci-dessous ou le début de

LE PARC NATIONAL

Dès 1918, la vallée d'Ordesa fut déclarée Parc national sur un territoire de 2066 ha. En 1982, la superficie du parc fut multipliée par 7 (15608 ha), englobant tout le massif du Mont-Perdu et les vallées d'Ordesa, d'Añisclo, d'Escuaín et de la Pineta. Le principal objectif du parc, qui communique, côté français, avec le Parc national des Pyrénées, est de préserver la beauté naturelle du massif, remarquable par ses reliefs calcaires (canyons, hautes falaises, gouffres), ainsi que par la variété de sa flore (saxifrage, primevère, gentiane, liliacée, joubarbe) et la richesse de sa faune (bouquetin des Pyrénées, aigle royal, isard, gypaète barbu). Informations : *www.ordesa.net*.

celui du Circo de Soaso, repéré en vert clair, jusqu'à la Cola del Caballo ⑥. Le sentier s'étire au fond du canyon le long de l'Arazas, offrant une promenade très agréable et ombragée. *Comptez la journée pour parcourir tout le canyon et revenir au parking.*

Cascades del Estrecho

Sentier tracé en bleu marine sur la carte du parc ci-dessous - durée 2h AR, 100 m de dénivelé. Par le chemin du Soaso, on passe par le mirador de la **cascade de Arripas** ②, dont on s'approche dans la seconde partie du sentier. Avant de traverser la rivière Arazas, on peut admirer la cascade de la Cueva et celle **del Estrecho** ③.

Cirque de Cotatuero

Sentier tracé en rouge foncé sur la carte du parc ci-contre - durée 4h AR, 450 m de dénivelé. À la limite nord du parc, les **cascades de Cotatuero** ④ et de los **Copos de Lana** (flocons de laine) ⑤ dévalent de 250 m.

Cirque de Carriata

Sentier tracé en orange sur la carte du parc ci-contre - durée 4h AR. Départ du point d'information. L'excursion est intéressante, mais le passage de *clavijas* (pitons) la rend assez difficile et peu recommandée à ceux qui ont le vertige.

Cirque de Soaso

Sentier tracé en vert clair sur la carte du parc ci-contre - durée 7h AR. Départ du refuge de la Cadiera, après le parking. La première partie du chemin, jusqu'au fond de la vallée, est la plus facile et la plus accessible à tous. En revanche, la seconde partie, après la cascade de la Cola del Caballo, est plus difficile et n'est conseillée qu'aux promeneurs entraînés et bien équipés : les dénivelés sont très importants. Ce parcours offre la meilleure vue sur l'ensemble de la vallée d'Ordesa. Du chemin du **cirque de Soaso**, on découvre plusieurs cascades. La plus spectaculaire est celle de la **Cola del Caballo** (la queue de cheval) ⑥, de 70 m de hauteur, qui se trouve après les **Gradas de Soaso** ⑦ dont la forme évoque les marches d'un escalier. Le sentier continue en corniche par la **faja de Pelay**, qui domine le canyon à 2000 m d'altitude au pied de la **sierra de las Cutas**. On poursuit par la **senda de los Cazadores** (le sentier des Chasseurs) ⑧, qui offre un beau panorama sur le canyon. Du **belvédère de Calcilarruego** ⑨, très belle **vue**. Le chemin de retour vers le refuge descend brusquement avec un dénivelé de presque 1000 m.

Le mont Perdu (Monte Perdido)

Sentier tracé en rouge sur la carte du parc ci-contre - durée 3h30, dénivelé de 1200 m. Enfin, pour les amateurs de grande randonnée, le Monte Perdido est

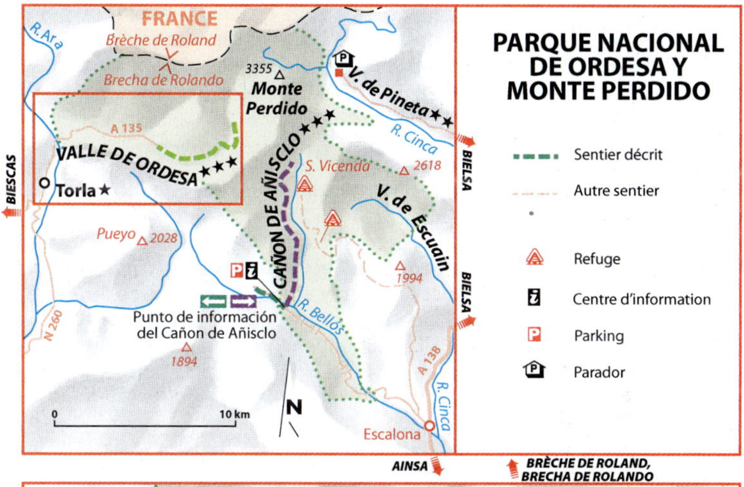

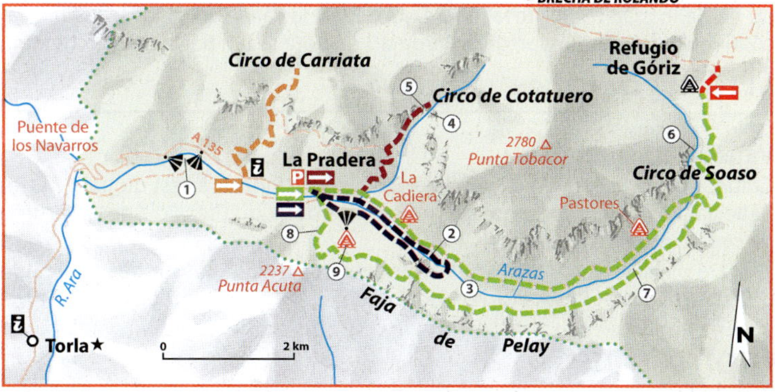

accessible à partir du **refuge de Góriz** ou par les sentiers permettant d'atteindre le cirque de Gavarnie en France à travers la brèche de Roland. Le refuge de Góriz, situé à 2 160 m d'altitude, est l'un des plus grands et des plus connus des Pyrénées espagnoles. On peut aussi y camper. Ouvert toute l'année, il est pris d'assaut pendant la saison touristique. Mieux vaut donc réserver (*✆ 974 341 201*).

★★★ CANYON D'AÑISCLO (Cañon de Añisclo)

À côté du parking de la Ereta de Biés, au pont de San Úrbez.

L'accès en voiture au canyon d'Añisclo ne se fait pas à partir de Torla. Il faut rejoindre Aínsa (40 km par la N 260) puis, de là, Escalona (11 km par l'A 138). Du village d'Escalona, suivez, sur 13 km, une route étroite et sinueuse, à sens unique, qui semble s'enfoncer dans un chaos de roche le long des eaux vertes et turquoise du río Vellós. Cette route mène au parking aménagé au pont de San Úrbez.

Impressionnante brèche dans la montagne s'étirant sur une vingtaine de kilomètres, le canyon d'Añisclo séduit par ses spectaculaires parois de calcaire, sa fraîcheur et sa végétation de pins à crochets. Plus étroit que la vallée d'Ordesa, il est d'un accès moins facile et offre en conséquence des aménagements davantage limités aux visiteurs. En contrepartie, on profite d'un environnement plus sauvage et de sentiers moins fréquentés.

3

Toutes les balades partent du parking de la Ereta de Biés, situé près du pont et de l'ermitage de San Úrbez, patron des bergers. L'ermitage est, encore aujourd'hui, le théâtre de processions visant à bénéficier de pluies abondantes.
Pour plus de renseignements et des cartes détaillées des circuits, renseignez-vous auprès des offices de tourisme (p. 274).

Circuit de Sercué

Sentier tracé en vert sur la carte du parc (p. 276) - durée 3h AR, 220 m de dénivelé.
Passez d'abord par l'ermitage de San Úrbez, puis empruntez le pont de Sangons. Tournez ensuite à gauche vers Secué *(en suivant la signalisation)* et montez jusqu'au hameau. Juste avant d'y arriver, on peut accéder à une petite église romane. Dans le village, descendez vers le barrage de Viandico et le pont en pierre de Las Espuciallas. Continuez ensuite votre descente par la route de Buerba jusqu'au parking en suivant les indications « Cañon d'Añisclo ».

Circuit de la Ripareta

Sentier tracé en violet sur la carte du parc p. 276 - durée 5h AR, 440 m de dénivelé. Le sentier large et bien tracé suit, au début, l'itinéraire précédent, le long du río Bellós. On remonte la rivière qui dévale la vallée en cascade jusqu'à la confluence avec le canyon de la Pardina. Le retour se fait par le même chemin.

À L'EST DU PARC NATIONAL D'ORDESA

Vallée d'Escuaín

Creusée entre le canyon d'Añisclo et la vallée de Pineta, à l'est du parc, cette belle vallée fluviale présente des reliefs plus doux que ses voisines et attire, de ce fait, moins de visiteurs.
De plaisantes balades vous attendent cependant autour des hameaux d'Escuaín, Tella et Revilla *(se renseigner auprès des offices de tourisme p. 274).*

À proximité Carte des Pyrénées aragonaises p. 252

★★ Bielsa et la vallée de Pineta

Casa Lanaga - pl. Mayor - ✆ 974 501 127/043.
Bielsa est un agréable village de montagne qui vit essentiellement du tourisme. Dans l'hôtel de ville, un **musée** présente la région, son histoire et ses caractéristiques géographiques *(pl. Mayor - ✆ 974 501 000 - juil.-sept. et vac. : 16h-19h - 3,60 €).*

LA « POCHE DE BIELSA »

La guerre civile fut particulièrement acharnée dans ces vallées pyrénéennes, et nombre de villages comme Broto, qui n'imaginaient pas être des cibles militaires, furent bombardés. Ce fut aussi le cas du monastère de San Victorián *(p. 282)* près d'Aínsa. Entre le 14 avril et le 15 juin 1938, la 43e division de l'armée républicaine, encerclée à Bielsa, résista héroïquement aux troupes franquistes, avant d'être contrainte de se retirer à Aragnouet, dans les Hautes-Pyrénées françaises, en compagnie de l'ensemble de la population des lieux. Certains ne revinrent jamais d'exil et cet épisode a profondément traumatisé le village.

De là, on atteint, après 11 km, le pied du Monte Perdido par une route étroite qui remonte le río Cinca et traverse le site spectaculaire de la **vallée de Pineta★★**. Au cœur d'un cirque glaciaire, on parvient au parador *(« Nos adresses »)* qui offre une belle vue sur le mont. C'est aussi le point de départ de plusieurs randonnées *(kiosque d'information sur place en été)*.

NOS ADRESSES AUTOUR DU PARC

HÉBERGEMENT

À Torla

PREMIER PRIX

Hotel Ballarín – *Capuvita, 11 - 974 486 155 - fermé du 20 déc. au 10 janv. - 25 ch. 40/50 € - 4 €.* Au centre du village, un hôtel familial aux chambres rénovées et très bien tenues. Accueil simple, à l'image de l'hôtel.

Hotel Villa de Torla – *Pl. Nueva, 1 - 974 486 156 - www.hotelvilladetorla.com - fermé déb. janv.-déb. mars - 38 ch. 50/70 € - 6 €.* Situé dans une jolie maison fleurie de la place principale, cet hôtel possède des chambres agréables et une piscine.

À Broto

BUDGET MOYEN

Hotel Pradas – *Av. Ordesa, 7 - 974 486 004 - www.hotelpradasordesa.com - 24 ch. 55/85 € - 7,50 € - rest. 14/24 €.* Cet hôtel placé à l'entrée du village, à côté de la route, se remarque par sa façade en pierre. Grandes chambres, certaines mansardées, d'autres dotées d'un petit salon.

À Sarvisé

5 km au sud de Broto en direction d'Aínsa.

PREMIER PRIX

Casa Frauca – *Crta de Ordesa - 974 486 353 - www.casafrauca.com - fermé janv.-fév. - 12 ch. 50/70 € - rest. menu 22 €, carte 31/35 €.* De jolies chambres, dont certaines, mansardées, ont beaucoup de charme. Également restaurant proposant une cuisine de montagne dans un cadre rustique.

Dans la vallée de Pineta

POUR SE FAIRE PLAISIR

Parador de Bielsa – *14 km de Bielsa par la HU-V-6402 - 974 501 011 - www.parador.es - fermé de déc. à déb. mars - 33 ch. 105/155 € - 16 € - rest. 27/33 €.* Ce parador affiche une allure de refuge… mais c'est un refuge de luxe dont il s'agit ici ! Grand confort et restaurant proposant des spécialités des Pyrénées aragonaises.

RESTAURATION

À Torla

BUDGET MOYEN

El Rebeco – *Fatas, 55 - 974 486 068 - - 12/20 €.* Installé au cœur du village, ce restaurant propose un menu avec un large choix, mais pas de plats à la carte. Cuisine de montagne, bonne et simple. Ambiance familiale.

El Duende – *C/ de la Iglesia - 974 486 032 - fermé 22 déc.-7 janv. - - 21/30,50 €.* Célèbre dans la région, El Duende sert une délicieuse cuisine classique, dans un cadre traditionnel. Spécialité de côtes de bœuf. Une bonne adresse.

Aínsa

★★

2 250 habitants – Province de Huesca

Sur un promontoire, ceint de murailles, Aínsa, l'une des plus belles villes des Pyrénées, domine le confluent du Cinca et de l'Ara. Dotée de privilèges par le roi Alphonse Ier le Batailleur, la cité connut son heure de gloire entre le 11e s. et le 16e s. Aujourd'hui, elle s'est résolument tournée vers le tourisme. Sa plaza Mayor et ses rues pavées en font une escale agréable entre deux randonnées dans le Parc national d'Ordesa et du Mont Perdu.

NOS ADRESSES PAGE 284

S'INFORMER

Offices de tourisme – *Pl. del Castillo, torre Nordeste (OT de la* comarca*) - ✆ 974 500 512 ; av. Pirenaica, 1 (dans la ville basse, OT d'Aínsa et du Sobrarbe) - ✆ 974 500 767.*

SE REPÉRER

Carte des Pyrénées aragonaises (p. 252-253) – À env. 100 km au nord-est de Huesca, Aínsa se situe au pied des hauts reliefs du parc d'Ordesa.

SE GARER

Un grand parking *(2 € en saison)* est aménagé à l'entrée de la ville haute, à côté du château dont on traverse la vaste cour pour gagner la plaza Mayor.

À NE PAS MANQUER

La plaza Mayor et la vue depuis la tour de l'église de Santa María.

ORGANISER SON TEMPS

Comptez une demi-journée de visite.

AVEC LES ENFANTS

L'Écomusée de la faune pyrénéenne dans le donjon du château.

Se promener

Aínsa est la capitale du **Sobrarbe**, petite région qui se considère comme le **berceau de l'Aragon** et où l'aragonais est encore couramment employé. C'est ici que la légende situe autour du 8e s. ce « royaume démocratique » mythique (« el reino de la carrasca y de la cruz » ou royaume du chêne et de la croix), dont les rois élus par leurs pairs juraient, à leur entrée en fonction, de respecter les droits de leurs concitoyens. Le Sobrarbe est véritablement entré dans l'histoire au début du 11e s. lorsque Ramiro Ier l'unit avec la Ribagorza et le comté d'Aragon pour former l'embryon du royaume d'Aragon.

La ville haute, joyau de l'architecture aragonaise, regroupe l'ensemble des lieux touristiques. Plusieurs panneaux (en français) permettent de mieux comprendre son histoire. Elle peut aussi être visitée avec un audioguide en espagnol (5 €/j) ou avec un téléphone portable grâce au numéro indiqué sur chaque panneau (en espagnol).

Château

La partie la plus ancienne du **château**, le donjon (Torre del Homenaje), date du 11e s. Sancho III le Grand souhaitait une forteresse pour renforcer la ligne défensive face aux musulmans.

LES « NAVATAS » AU FIL DE L'EAU

Aínsa était autrefois l'un des lieux de passage des *navatas*, embarcations qui permettaient de descendre le bois de Laspuña jusqu'aux scieries de Tortosa en suivant le cours du río Cinca puis de l'Èbre. Le trajet durait entre une et deux semaines. La meilleure période pour circuler se situait de mai à juin, en raison des *mayencadas* (crues dues à la fonte des neiges). Ces expéditions, souvent dangereuses, durent subir la concurrence de la route et la construction des barrages, avant d'être abandonnées en 1949. Depuis 1983, le week-end le plus proche du 22 mai, une descente du río Cinca entre Laspuña et Aínsa attire la grande foule.

Le reste de la construction, en partie démoli, a été édifié aux 16e et 17e s., sur ordre de Philippe II, afin de se défendre contre la menace française, mais aussi contre d'éventuelles rébellions en Aragon.
Le donjon abrite l'**EcoMuseo de la Fauna pirenáica** – *974 500 597 - juil.-août : 10h-14h (11h 1re quinz. de sept.), 16h-21h (20h 1re quinz. de sept.), reste de l'année : lun., jeu., vend. 11h-14h, w.-end et j. fériés 11h-14h, 16h-19h (juin 17h-20h) - 4 € (-6 ans gratuit)* consacré à l'écosystème du Sobrarbe (vidéo), et en particulier au gypaète, espèce appartenant à la famille des vautours. Un tunnel vitré permet d'observer un certain nombre de rapaces recueillis et soignés par le centre.

★ Plaza Mayor

Ouverte côté château, cette place, en forme de trapèze, et aux maisons dotées de majestueux *soportales* (reconverties en cafés ou en restaurants pour nombre d'entre elles,) confère une atmosphère très chaleureuse à la ville.
Bordées de belles demeures traditionnelles, dont certaines ont conservé leurs fenêtres gothiques, les deux rues du village se rejoignent devant le Portal Bajo (Porte Basse) des murailles.

Église de Santa María

Construite aux 11e et 12e s., cette église romane, d'une simplicité extrême, conserve une belle crypte, ainsi qu'un minuscule cloître de plan irrégulier des 13e et 14e s. Le sommet (au 4e niveau), qui abrite une élégante salle voûtée, offre une vue dégagée sur les alentours *(1 €)*.

★ Musée des Arts et Métiers traditionnels (Museo de Artes y Oficios Tradicionales)

Pl. San Salvador, 5 - 974 510 075 - été : 10h30-14h, 17h30-21h ; reste de l'année : w.-end 11h-14h, 16h30-19h - 2,40 €. Il propose une découverte de la vie quotidienne traditionnelle et de l'artisanat du Sobrarbe : ferronnerie, terre cuite, bois, laine, chanvre, vannerie. Les photos des artisans au travail donnent une bonne idée de leur savoir-faire.

À proximité Carte des Pyrénées aragonaises p. 252

Boltaña

À 6 km au nord-est par la N 260.
Ce gros bourg sans charme dissimule un agréable quartier ancien dominé par les vestiges de son château (11e s.). L'église San Pedro, de style gothique aragonais, a récupéré les stalles sculptées baroques du chœur du monastère de San Victorián (*page suivante*).

CROYANCES ET MÉTÉO
L'*esconjuradero*, petite construction en pierre que l'on retrouve dans les Pyrénées aragonaises, ressemble à un abri anodin. Il s'agit en fait d'un lieu essentiel, où les habitants venaient prier pour que les pluies soient suffisantes, sans être dévastatrices. Placé à un endroit en surplomb, le plus souvent de plan carré et ouvert aux quatre vents, l'*esconjuradero* est en principe situé à proximité d'une église. L'un des plus représentatifs se situe à **Guaso** *(5 km à l'ouest d'Aínsa par la petite A 2205).*

Circuits conseillés Carte des Pyrénées aragonaises p. 252

D'AÍNSA À BENASQUE

Circuit de 137 km tracé en grenat sur la carte des Pyrénées aragonaises (p. 252-253). Compter une demi-journée. Prenez la N 260 ; au niveau d'Arro, prenez sur la gauche une petite route signalisée jusqu'à Los Molinos où un chemin carrossable conduit au monastère.

Monasterio de San Victorián
✆ 974 518 025 - visites guidées à 12h et 13h le dim. (et le merc. en juil.-août) - billetterie sur place à la porte est - 2 € (-12 ans gratuit).
Fondé au 6e s., ce grand monastère connut son heure de gloire en 1137 puisque c'est ici que le roi Ramiro II, surnommé « le moine », et le comte de Barcelone Ramón Berenguer IV scellèrent l'union de leurs États en organisant le mariage du comte avec l'héritière du trône d'Aragon, Pétronille. Le début de sa décadence survint au 16e s. avec la création de l'évêché de Barbastro, et il tomba peu à peu en ruines au 20e s. avant d'être en partie restauré. La visite permet de découvrir des bâtiments pour l'essentiel du 16e s. (avec quelques éléments romans), comme l'église de style classique, ainsi que la crypte médiévale.
Revenez sur la N 260. À Morillo de Liena, suivez vers le nord.

Musée des Jouets traditionnels (Museo de los Juegos Tradicionales) **de Campo**
Pallerez - garez-vous près de l'office de tourisme, sur la N 260, et montez à pied - ✆ 974 550 136 - 2 €.
Ce lieu vise à garder la mémoire des jeux pratiqués dans la région, notamment de *las birllas*, jeu qui s'apparente au célèbre bowling.
La route devient plus jolie à mesure que l'on avance dans la vallée du *río* Esera.
11 km plus loin, sur la N 260, se trouve Seira.

Musée de l'Électricité à Seira
Dans la mairie, sur la route - ✆ 974 553 131 - mar.-vend. 12h-14h - gratuit.
Connue pour sa centrale électrique, la municipalité a ouvert un musée qui présente la construction de la centrale entre 1913 et 1918, ainsi que du matériel de production (turbines, transformateurs, ampèremètres, etc.). L'ensemble est bien mis en valeur.

★★ **Défilé de Ventamillo** (Congosto de Ventamillo)
Ce défilé, long de 3 km, surprend par la verticalité de ses parois calcaires.
Avant Castejón de Sos, tournez à gauche sur l'A 139.
Quelques kilomètres plus loin, la route passe par le village de **Villanova**, qui conserve deux églises romano-lombardes (11e-12e s.).

★ Benasque et la vallée de Benasque

Casa de la Cultura, San Sebastian, 5 - ✆ 974 551 289.

La ville de Benasque (alt. 1 138 m), ou Benas en aragonais, se trouve dans un fond de vallée ample, frais et verdoyant au pied des hauts massifs du Parc naturel Posets-Maladeta (*p. 89*). Station de montagne sans grand charme malgré ses rues étroites et ses anciennes maisons seigneuriales, Benasque offre avant tout une très large palette d'activités sportives, été comme hiver. Si la randonnée et le ski sont rois, on y pratique aussi cyclisme, escalade, parapente, canyoning, raquettes, etc.

Balades et randonnées – Plusieurs circuits peuvent être réalisés à partir du village. Il est possible notamment d'atteindre **Cerler** en 45mn, le village le plus haut des Pyrénées aragonaises et l'une des plus grandes stations de ski **(Aramón-Cerler)**. Le village d'**Anciles**, à 1,6 km, et ses jolies maisons méritent également une visite.

Mais les randonnées les plus recherchées sont celles qui parcourent le **parc naturel Posets-Maladeta**, et plus particulièrement l'ascension du **pic d'Aneto** qui culmine à 3 404 m *(pour randonneurs confirmés uniquement)*. Ce parc de 33 440 ha pourrait être érigé au rang de parc national, sans l'opposition de la majorité des habitants de Benasque (consultés par référendum en novembre 2013), s'inquiétant des restrictions – chasse, cueillette – que ce classement pourrait entraîner. Il est traversé par les rivières Noguera, Ribagorzana, Esera et Cinqueta. Constitué de granit, de calcaire et d'ardoise, il alterne les sommets montagneux et les lacs glaciaires. Une faune et une flore très variées s'y développent. *En été, un service de bus est mis en place pour se rendre dans la vallée de Ballibierna, jusqu'au refuge de Coronas, ainsi qu'à la Besurta. Pour les horaires et les tarifs, voir l'office du tourisme de Benasque.*

AU NORD D'AÍNSA

3

Circuit de 50 km env. jusqu'à Gistaín, tracé en violet sur la carte des Pyrénées aragonaises (p. 252-253). D'Aínsa, prenez l'A 138 vers Escalona et Bielsa. À Labuerda (4 km), tournez vers San Vicente de Labuerda.

Église San Vicente de Labuerda

À 3 km de Labuerda - tlj en été.

Par une route étroite et parfois à pic, on arrive à cette petite église du 12e s., à l'écart du village. On y entre par un *esconjuradero* (*encadré ci-contre*). À l'intérieur, beau retable gothique (fin 15e s.). Depuis l'église, une promenade de 40mn mène à l'ermitage de San Visorio, un saint dont les reliques sont conservées dans l'église. De là, la vue est dégagée sur la vallée du Cinca.

Reprenez l'A 138 vers Bielsa.

À **Escalona**, vous pouvez bifurquer à gauche vers le **canyon d'Añisclo★★★** (*p. 277*) ou poursuivre sur l'A 138 dont le paysage devient presque dramatique à hauteur du **défilé de las Devotas★★**.

Poursuivez sur l'A 138 et prendre à droite à Salinas de Sin.

★ Vallée de Gistaín (ou de Chistau)

Cette vallée a subi l'érosion du río Cinqueta. Elle abrite des villages pittoresques : **Plan**, San Juan de Plan et **Gistaín** qui a conservé deux *casas torreadas* (maisons-tours) dont la Casa Tardán (1679), qui a la particularité d'enjamber le cours d'un torrent. Fréquentes dans la région aux 16e et 17e s., ces tours habitées symbolisaient la puissance d'un clan familial.

En poursuivant l'A 138 vers le nord, on atteint Bielsa et la vallée de Pineta (p. 278).

AU SUD D'AÍNSA

Circuit de 21 km environ jusqu'à Abizanda tracé en rose saumon sur la carte des Pyrénées aragonaises (p. 252-253). Compter 1h. D'Aínsa, prenez l'A 138 en direction de Barbastro.

La route longe le lac de barrage de Mediano, sur lequel elle offre de belles vues.

Morillo de Tou

Centro de Vacaciones Morillo de Tou - ✆ 974 500 793 - www.morillodetou.com.

Ce village est un exemple de *despoblado* (village abandonné) comme il y en a tant en Aragon. Il a pourtant retrouvé vie grâce à un célèbre syndicat, qui l'a reconverti en centre de vacances, adaptant au tourisme des maisons traditionnelles, l'ancienne école ainsi que des logements ouvriers.

Abizanda

Dans ce village pittoresque qui a conservé quelques *casas torreadas*, on peut visiter, dans l'ancienne abbaye, un petit **musée des Croyances et de la Religiosité populaire** *(✆ 974 300 372 - de déb. juil. à mi-sept. : tlj sf lun. 11h-14h, 17h-20h, w.-end 11h-15h ; de la Sem. sainte à fin juin : w.-end 11h-14h, 16h30-20h - 1,50 €)* qui permet de mieux connaître la culture traditionnelle du Sobrarbe.

NOS ADRESSES À AÍNSA

HÉBERGEMENT

PREMIER PRIX

Hostal et hôtel Dos Ríos – *Av. Central, 2 - ✆ 974 500 106 - www.hoteldosrios.com - fermé nov.-mars - 18 ch. 45 €* (hostal), *à partir de 64,50 € (hôtel) - ☕ 7,50 € - rest. menu 13,90 €.* L'auberge comme l'hôtel, entièrement rénovés, ont un bon choix compte tenu de leurs prix modérés. Situés dans la partie basse de la localité, ils proposent des chambres bien tenues. Restaurant de qualité et paniers-repas pour les randonneurs (6,90 €).

POUR SE FAIRE PLAISIR

Posada Real – *Pl. Mayor, 6 - ✆ 974 500 977 - www.posadareal.com - 8 ch. 90/135 € ☕ - rest. menu 14 € (+ IVA), carte 28/48 €.* Ce très bel hôtel, aux grandes chambres de style médiéval, dépend du restaurant Bodegón de Mallacán, de l'autre côté de la place. Certaines offrent des vues dégagées sur les environs de la ville.

Los Arcos – *Pl. Mayor, 23 - ✆ 974 500 016 - www.hotellosarcosainsa.com - 7 ch. 90/140 € ☕.* Pierres et poutres apparentes, mobilier choisi avec goût, chambres confortables et salles de bains modernes, le tout sur une des places les plus harmonieuses d'Aragon : un lieu idéal pour un séjour romantique.

Los Siete Reyes – *Pl. Mayor (réception dans la boutique) - ✆ 974 500 681 - www.lossietereyes.com - 6 ch. 100 € ☕.* Chambres vastes, à la fois simples et mêlant un caractère ancien (murs de grosses pierres) à un décor très contemporain. Celles qui donnent sur l'arrière offrent de superbes vues sur la campagne. Une adresse de charme.

À Boltaña

UNE FOLIE

Monasterio de Boltaña-Spa – *Afueras Sur (à l'entrée sud du village, sur la gauche, au-delà de la rivière) - ✆ 974 508 000 - www.barcelomonasteriodeboltana.es - 96 ch. 80/250 € ☕ - rest. 25/58 €.*

Un authentique monastère du 17e s., à l'architecture monumentale, accueille cet hôtel remarquablement aménagé et décoré. Chambres aussi vastes que confortables, immense piscine et espace dédié au bien-être.

À Labuerda

BUDGET MOYEN

Peña Montañesa – *Route 138, 2 km au sud du village - ✆ 974 510 051 - www.hotelpenamontanesa.com - 49 ch. 70/120 € ☕ - rest. 17/35 €.* Hôtel de montagne disposant de vastes chambres dotées d'un bon confort.

Près de Benasque

BUDGET MOYEN

Hospital de Benasque – *Camino Real de Francia - 15 km au nord par l'A 139 (chemin à droite, indiqué) - ✆ 974 552 012 - www.llanosdelhospital.com - 55 ch. 71/124 € ☕ - rest. (La Fuenrroya) menu 23 €.* Le bois et la pierre prédominent dans cet hôtel accueillant, installé dans un ancien hospice de pèlerins, reconstruit. Il est situé en pleine nature dans un site de montagne spectaculaire, au pied du pic de la Maladeta et près de l'Aneto. Les chambres sont bien décorées et agréables, certaines en duplex (suppl. 20 €). Restaurant réputé dans la région.

RESTAURATION

PREMIER PRIX

La Carrasca Tapas – *Pl. Mayor - ✆ 974 500 385 - 5/10 €.* Excellentes tapas et *pintxos* inventifs. Le must du lieu : la « Flor de Calabacín de Bilbao a l'Ainsa pour la Yebra de Basa-Fiscal ». Ce nom impressionnant désigne les lieux d'où proviennent les ingrédients de ce mini sandwich (morue, poivron del Piquillo, fromage Flor de Aspe, fleur de courgette) grâce auquel La Carrasca a obtenu le prix de la meilleure tapa de la province de Huesca.

El Portal – *Portal Bajo, 5 - ✆ 974 500 353 - menu 10 €, carte env. 15 €,* raciones *8/12 €.* Ce restaurant est situé dans la ville haute, près de la Porte Basse. Sa jolie terrasse offre une vue dégagée sur la rivière. Cuisine simple et service agréable.

BUDGET MOYEN

Bodegas del Sobrarbe – *Pl. Mayor, 2 - ✆ 974 500 237 - www.bodegasdelsobrarbe.com - fermé janv.-fév. - menu 20 €, carte 30/45 €.* Un restaurant aux salles voûtées et aux tables ornées d'*azulejos*. Beau jardin où l'on peut déjeuner ou dîner en été. Spécialités de gibier, dont le fameux sanglier – *jabalí* –, roi des tables du Sobrarbe, et le cabri.

ACHATS

Sabores de Pueblo – *Pl. Mayor et av. Ordesa à Aínsa (✆ 974 500 720) et pl. Mayor, 7 à Benasque (✆ 974 551 717) - www.saboresdepueblo.com.* Trois adresses gourmandes : charcuteries et fromages du Sobrarbe, vins du Somontano, confitures et miels locaux.

AGENDA

La Morisma – Cette fête se déroule les années paires, le dim. le plus proche du 14 sept. Elle est organisée en souvenir de la lutte du roi García Giménez contre les Sarrasins (8e s.) et de l'apparition d'une croix, annonciatrice de la victoire des chrétiens. Aujourd'hui, elle donne lieu à des scènes de batailles jouées par les habitants.

Marché médiéval – 1er dim. de sept.

Parc naturel de la Sierra y Cañones de Guara

★★

Province de Huesca

Classée parc naturel depuis 1990, la sierra de Guara y Cañones est un lieu enchanteur qui s'étend sur 81 225 ha (dont 20 % dans le Somontano réputé pour ses vins). Traversée du nord au sud par de nombreux ríos, elle dévoile des canyons aux couleurs grises et orangées, creusés par des eaux turquoise, qui attirent chaque été les amateurs de canyoning, mais aussi de randonnée, de baignade, d'escalade, de spéléologie, etc. Pour reprendre son souffle au milieu de cette large palette d'activités, on ne manquera pas d'aller flâner dans les ruelles d'Alquézar, superbe village connu pour sa collégiale. Dernier attrait de la région : les peintures rupestres de Colungo, haut-lieu de la préhistoire, et de ses alentours.

NOS ADRESSES PAGE 290

S'INFORMER

Centre d'interprétation du parc naturel de la Sierra y Cañones de Guara – *Sur la route Bierge-Rodellar - ✆ 974 318 238.*

SE REPÉRER

Carte de région B1-2 (p. 234-235) – Alquézar, centre touristique de la sierra, se trouve à 46 km au nord-est de Huesca, par l'A 22 et l'A 1229, et à 25 km de Barbastro par l'A 1232. Rodellar, rendez-vous des sportifs, est situé au cœur de la sierra (accès par Bierge).

À NE PAS MANQUER

La descente du río Vero et un verre de *somontano* devant le village d'Alquézar illuminé.

ORGANISER SON TEMPS

N'hésitez pas à passer plusieurs jours dans la sierra afin de profiter de toutes les activités.

Découvrir Carte de région

★ Alquézar B1-2

Nueva, 1 (à l'entrée du village en contrebas des parkings) - ✆ 974 318 940 - www.alquezar.org - ouv. w.-end, j. fériés et mai-nov.

Le **site**★★ d'Alquézar est saisissant : au détour de la route apparaît le village, accroché au rocher et dominé par son château-collégiale construit sur le rebord du canyon du río Vero.

Parkings à l'entrée du village.

La **vieille ville** déploie un dédale de ruelles tortueuses bordées de maisons aux façades blasonnées et aux portails de pierre. Certaines de ces ruelles passent même sous des maisons que l'on appelle des *callizos*. La plaza Mayor à arcades, quant à elle, charme par ses proportions modestes et irrégulières.

★ **Collégiale de Santa María la Mayor** – *☏ 974 484 261 - visite guidée 11h30-13h, 16h30-19h en été, 11h-13h30, 16h-18h en hiver - 2,50 € (-13 ans gratuit).* Au 9e s., les Arabes avaient édifié sur les lieux un alcazar, Al-Qasr (qui a donné son nom au village), qui fut repris par le roi Sancho Ier Ramírez autour de 1067. C'est à cette époque et au début du 12e s. que furent élevées les murailles et l'église, transformée vers 1530. On entre dans la collégiale par une porte ajoutée au 16e s., ornée d'un blason. Dans la cour se dresse une tour dont la partie haute fut utilisée comme *esconjuradero* (*p. 282*). La galerie nord du **cloître** roman a conservé de beaux chapiteaux représentant des scènes de la Bible – Balaam traînant son ânesse, Adam et Ève, la Cène – sculptées dans un style archaïque mais expressif. Sur le portail gothique de l'église apparaît la Vierge à l'Enfant. À l'intérieur, beau **Christ roman du 12e s.**

Musée ethnologique Casa Fabián – *Baja - ☏ 974 318 913 - de Pâques à mi-oct. : mar.-dim. 10h30-13h30, 16h-20h (mar. matin uniquement) ; reste de l'année : mar.-vend. 10h30-13h30, w.-end 16h30-19h - 1,50 €.* Présentation de la vie dans le Somontano au 17e s. le long d'un parcours qui permet de découvrir la cour, les caves, les écuries et les principales pièces de la demeure.

Peintures rupestres B1-2

Les alentours du río Vero ont conservé de nombreuses peintures rupestres datant de la préhistoire, notamment à Abrigo de Arpán, Tozal de Mallata et Covachos de Barfaluy, situés entre Colungo *(au sud-est du parc)* et Lecina *(17,5 km plus au nord par l'A 2205).*

Les amateurs d'art rupestre, également randonneurs, pourront suivre le chemin de randonnée appelé « **route de Chimiachas** » depuis Alquézar (une demi-journée sur sentier balisé). Ils découvriront alors des peintures de style dit « schématique » (5000-1500 av. J.-C.) dans les abris de Quizans, et des peintures de style « levantin » (8000-2000 av. J.-C.) dans les grottes de Chimiachas.

Le **Centre d'art rupestre del Río Vero de Colungo** retrace 20 000 ans d'art rupestre dans son musée qui abrite aussi la reconstitution d'une grotte, la cueva del Trucho, ainsi qu'un parc archéologique regroupant un ensemble de cabanes néolithiques. Le centre organise en outre des visites guidées des abris sous roche voisins d'Arpán et de Mallata, ainsi que différents ateliers *(Las Braules, 2 - ☏ 974 318 185 - de déb. juil. à mi-sept. : mar.-dim. 10h-14h, 16h30-20h ; reste de l'année : vend. et w.-end 10h-14h, 16h-18h - 4,50 € (-7 ans gratuit), excursion 4,50 €, billet combiné centre + excursion 6,80 € - prévoir des chaussures de marche).*

La route A 2205, qui relie Colungo à Arcusa, au nord, est très belle. Se glissant entre les champs d'oliviers puis dans une végétation plus sauvage, elle dévoile de belles vues sur Alquézar et sur le canyon du *río* Vero.

Bierge B2

Accès par la HU 341.

Bierge est un haut lieu de l'huile d'olive, ici réputée pour sa qualité exceptionnelle. Village un peu triste en dehors de la période estivale, il offre cependant une très belle vue sur les environs depuis l'**église de Santiago Apostol** *(ouverte seult aux grandes occasions)*, de style gothique tardif (16e s.). L'**ermitage de San Fructuoso** renferme quant à lui de précieuses peintures murales du 13e s. *(demandez la clé au point info en été).*

Rodellar B1

La route qui mène de Bierge à Rodellar *(15 km au nord)* plonge à travers les champs d'oliviers et les pinèdes, offrant un véritable régal visuel et olfactif. Petit village constitué de belles maisons en pierre, Rodellar se situe en plein cœur du parc naturel, entre les sierras d'Arangol et de Balced, au confluent

3

LE SINISTRE DON LUIS

Pour qui a lu *Les Aventures du capitaine Alatriste,* d'Arturo et Carlota Pérez-Reverte, sachez que le nom d'Alquézar fut inspiré du machiavélique Don Luis de Alquézar. Né vers 1570, ce lettré fut le protégé du comte-duc d'Olivares et parvint au poste de secrétaire royal. Mais rien de dit que, dans la réalité, il ait ourdi d'aussi sinistres machinations que le personnage de fiction…

des rivières Alcanadre et Mascún. Une position centrale qui lui valut son rôle de forteresse durant la Reconquête et qui en fait aujourd'hui l'un des principaux camps de base en été des activités sportives de la sierra : canyoning, randonnée, escalade.
En dehors du refuge et du camping El Puente (*« Nos adresses »*), il existe peu de possibilités de logement à Rodellar même. Vous aurez davantage de choix à **Las Almunias de Rodellar**, à 4 km en aval, village connu pour son fromage de brebis.

Randonnées

AU DÉPART D'ALQUÉZAR

Circuit de las Pasarelas

1h30 AR. À partir de la plaza Mayor d'Alquézar.
Sortez du village vers l'est en direction du río Vero. Longez-le jusqu'au pont de Fuentebaños (16e s.). Le chemin, qui passe en dessous du village et de sa collégiale, offre de nombreux lieux de baignade. La vue est exceptionnelle.

LE PARADIS DU CANYONING… ET DES RAPACES

Les rivières qui s'écoulent sur le versant sud de la sierra ont creusé dans la roche calcaire quelque **70 canyons** aux parois souvent vertigineuses. Cascades, chaos de roches, grottes, piscines et toboggans naturels s'y succèdent dans un décor à couper le souffle.
Pas étonnant donc que le site de la sierra de Guara y Cañones soit devenu le spot de canyoning le plus recherché des Pyrénées. Mais attention, s'il existe plusieurs parcours ouverts aux débutants, la descente des canyons est une activité à risques, soumise à des règles de sécurité. Ne partez jamais sans un **guide agréé** ! Adressez-vous aux maisons de guides basées essentiellement à Bierge et à Rodellar. Parmi les canyons les plus connus, citons, pour les plus accessibles, les ríos **Vero** (un classique), **Barazil**, **Peonera** et **Formiga**, et, dans la catégorie supérieure, le **Balced** (jusqu'à 500 m de dénivelé), l'**Otín** ou encore le **Mascún Superior** (très sportif et très long, pour les plus chevronnés uniquement).
Mais la sierra ne fait pas seulement le bonheur des sportifs : parmi ses habitants, on trouve l'impressionnant gypaète barbu, les vautours fauve et percnoptère, toutes sortes de faucons ainsi que l'aigle royal qui trouve son gîte sur les parois rocheuses.

Canyoning dans la sierra de la Guara y Cañones.
A. Demotes/Photononstop

Circuit d'Asque

4h AR. À partir de l'église de San Miguel.
Le chemin se dirige vers le pont de Villacantal (16e s.), qui traverse le río Vero. C'est un endroit où l'on peut se baigner. On atteint ensuite **Asque** où se trouvent l'église de Santa Columba et le centre culturel du Guadamacil. Après avoir traversé le village, prenez sur la droite le GR 1 qui longe le canyon de Rosico. Avant le retour à Alquézar, le sentier traverse à nouveau le río Vero par le pont de Fuentebaños (16e s.).

AU DÉPART DE RODELLAR

Circuit de l'ermitage de la Vierge du Château

3h AR, 100 m de dénivelé.
Prenez le chemin qui rejoint le village abandonné de Cheto et traversez le hameau. Pour atteindre l'ermitage de la Vierge du Château (12e s.), montez le long de la gorge. Puis faites demi-tour et empruntez le chemin qui mène directement à Rodellar.

Circuit de la crête de Balced

5h30 AR, 650 m de dénivelé (pour randonneurs confirmés).
Suivez le chemin qui part vers l'ermitage de San Lorenzo et continuez vers la Peña de San Martín. Le chemin bifurque ensuite vers le sud, sur la crête, avec une vue plongeante sur le río Balced. Il mène à Los Comenares, puis à Las Almunias. De là, rejoignez Rodellar par la HU 341.

NOS ADRESSES DANS LA SIERRA Y CAÑONES DE GUARA

HÉBERGEMENT/RESTAURATION

À Alquézar

PREMIER PRIX

Escuela de Alquézar – *San Gregorio, 24 - ✆ 974 318 966 - www.era-info.es - 75 lits répartis en 19 ch. 21,30 €* ☕. L'endroit est chaleureux et vous pouvez y dîner (12,50 €).

Casa Mercedes – *San Gregorio, 2 - ✆ 974 318 912 - 3 ch. 15 €/pers.* Pension très basique. L'une des chambres donne sur le village et la collégiale, et toutes ont une terrasse individuelle. Salle de bain collective. Accueil très sympathique.

BUDGET MOYEN

Villa de Alquézar – *Pedro Arnal Cavero, 12 - ✆ 974 318 416 - www.villadealquezar.com - 31 ch. 69/85 €* ☕. Dans une ancienne demeure seigneuriale où résida, dit-on, le roi Sancho Ramírez, belles chambres, certaines dotées de superbes vues sur le río Vero.

POUR SE FAIRE PLAISIR

Hôtel Maribel – *Arrabal, s/n - ✆ 974 318 979 - www.hotelmaribel.es - 9 ch. 109/150 €* ☕ - 🅿. Un hôtel rural de charme, installé dans une demeure décorée comme un petit palais. Accueil charmant, chambres confortables et petit-déjeuner gastronomique à base de produits régionaux.

À Bierge

POUR SE FAIRE PLAISIR

Hostería de Guara – *Oriente, 2 - ✆ 974 318 107 - www.hosteriadeguara.com - 20 ch. 85/130 €* ☕ *- rest. 24 €.* Un agréable hôtel aux chambres confortables. Terrasse pour dîner l'été face à la campagne.

À Rodellar

PREMIER PRIX

Camping El Puente – *C/de Bierge - ✆ 974 318 312 - www.campingelpuente.com - avr.-oct. - 5,50/6 €/pers. - bungalows de 5 à 9 pers. 75/142 € - tentes et caravanes 5,50/6 € - camping-cars 7,50 €.* Le grand rendez-vous des sportifs. Niché au fond de la vallée, ce camping est bien équipé.

À Las Almunias de Rodellar

PREMIER PRIX

Casa Tejedor – *C/ Alta - ✆ 974 318 686 - www.casatejedor.com - 18 ch. 49/56 € - rest. env. 15 €.* Une auberge de montagne au cadre rustique. Chambres de bon confort et accueil sympathique.

RESTAURATION

À Alquézar

BUDGET MOYEN

Casa Gervasio – *Pedro Arnal Carrero - ✆ 974 318 282 - menu 25 €.* C'est doña Maribel en personne (celle de l'hôtel, *Hébergement/Restauration*) qui concocte les menus élaborés avec des produits de saison… et c'est souvent succulent !

ACTIVITÉS

Sports d'aventure

Compañía de Guías de Bierge – *La Cruz, 16 - Bierge - ✆ 619 412 528.*

Compañía de Guara – *Casa Abadía - c/ de la Iglesia - Rodellar - ✆ 974 318 440.*

Actividades Aventura El Puente – *Camping El Puente - Rodellar.* Canyoning *(50/62 €)*, via ferrata et escalade *(47 €)*.

Barbastro

17 210 habitants – Province de Huesca

Capitale de la région viticole du Somontano, Barbastro possède un intéressant patrimoine architectural, témoin de l'importance passée d'une cité où fut scellée en 1307 l'union catalano-aragonaise. C'est un bon point de départ pour une excursion dans les Pyrénées aragonaises.

NOS ADRESSES PAGE 294

S'INFORMER

Office de tourisme – *Complejo S. Julián y Sta Lucía - av. de la Merced, 64 - 974 308 350 - www.somontano.es - été : lun.-sam. 10h-14h, 16h30-19h30, dim. 10h-14h, 17h-19h.*

SE REPÉRER

Carte de région B2 (p. 234-235) – Barbastro est située à 49 km au sud-est de Huesca par la N 240. La ville occupe le centre du fertile Somontano, au débouché de deux vallées pyrénéennes conduisant l'une vers le parc d'Ordesa, l'autre vers la Maladeta par le défilé de Ventamillo (*p. 282).*

À NE PAS MANQUER

Une excursion à Roda de Isábena.

ORGANISER SON TEMPS

Comptez 2h pour un tour complet de la ville.

Se promener

La capitale du Somontano

Le centre de Barbastro présente, sur la rive droite du río Vera – presque à sec le plus souvent, mais réputé pour ses crues aussi soudaines que dévastatrices –, un lacis de ruelles semi-piétonnes au cœur duquel se dissimule la **plaza del Mercado**. Celle-ci, très allongée, est encadrée de façades reposant sur de hauts *soportales* (portiques, *p. 81)*. Elle s'anime le samedi lors d'un marché aux primeurs très couru.

L'extrémité ouest de la place s'ouvre sur la calle Argensola. Dans celle-ci se dresse le **palacio Argensola** (16e s.) qui présente la façade typique des palais aragonais, avec une galerie d'arc et un auvent en bois sculpté de pommes de pin. Ce palais fut habité entre autres par deux frères écrivains, Lupercio (1559-1613) et Bartolomé (1565-1634) Leonardo de Argensola. Le second fut un poète volontiers satirique. Quant au premier, il écrivit des drames restés fameux car la plupart de ses personnages, si ce n'est pas tous, y trouvaient la mort, hécatombe qui amusait beaucoup Cervantès.

De l'autre côté, la calle Romero débouche sur l'agréable Paseo del Coso, promenade ombragée aux nombreuses terrasses, agréablement rafraîchies en

CURIOSITÉ…

En vous promenant sous les portiques de la place du Marché, levez les yeux : vous apercevrez des trous aménagés entre les poutres. Ils permettaient aux habitants de vérifier l'identité de ceux qui tapaient à leur porte…

3

été par des brumisateurs. Ce *paseo* s'insinue entre les collines où s'élèvent, sur l'une, la cathédrale et, sur l'autre, le complexe San Julián.

★ Cathédrale de l'Assomption (de la Asunción) et Musée diocésain

De mi-juil. à fin août : mar.-sam. 10h-14h, 16h30-19h30, dim. 10h-12h ; reste de l'année : mar.-sam. 10h-11h30 - visites guidées : mar.-sam. entre 10h30 et 12h (rens. auprès du Musée diocésain) - 2,50 € (cathédrale), 5 € (musée et cathédrale).
Typique église-halle du 16e s. espagnol, elle frappe par son élancement dû à la sveltesse particulière des piliers. Les chapiteaux sont à peine soulignés et, au contraire, d'exubérantes voûtes en réseau sont parsemées de rosaces. À la manière churrigueresque, des stucs surabondants décorent les portes des chapelles latérales. La prédelle du **retable** qui orne le maître-autel a été dessinée par **Damiá Forment** puis édifiée en albâtre, après la mort du maître (1540), par son disciple Juan de Liceire. Quant au retable proprement dit, il a été réalisé entre 1600 et 1602 dans un style Renaissance classique.
Dans la première chapelle à gauche, remarquez la **peinture murale romane★** (12e s.) représentant un Christ Pantocrator : elle provient de l'abside de l'église San Vicente Mártir de Vio, village des Pyrénées aragonaises.
Enfin, l'accès au cloche est possible… quand les cigognes n'y sont pas !
Musée diocésain de Barbastro-Monzón – *Pl. Palacio, 1 - ✆ 974 415 581 - http://museodiocesano.es - tlj sf lun. 10h-13h, 16h-19h (oct.-mai), 17h-20h (juin-sept.) - 4 €, -12 ans gratuit).* Il est situé juste en face de la cathédrale, dans le palais épiscopal dont les salles ont été aménagées de façon très contemporaine. Il présente une section archéologique (vestiges de l'époque musulmane), une collection d'orfèvrerie et de vêtements liturgiques, de peintures (remarquez notamment les œuvres de Pedro García de Benabarre, maître aragonais de la peinture hispano-flamande du 16e s.) et de sculptures provenant de l'ensemble du diocèse de Barbastro-Monzón, et notamment du monastère de San Victorián (*p. 282*).

Conjunto de San Julián y Santa Lucía

Av. de la Merced, 64 - accès depuis le paseo del Coso par la Via Taurina. L'ancien hôpital San Julián, réhabilité, abrite l'office de tourisme et l'**Espace du vin** (*✆ 974 313 031*), où est présentée une vidéo consacrée au *somontano*. En face, dans l'enceinte qui sert de cour d'accès à la petite plaza de Toros *(arène)*, l'église Renaissance de San Julián (16e s.) est devenue un **Centre d'interprétation du Somontano★** qui présente un diaporama de 11mn sur la région. *✆ 974 308 350 - juil.-août : 10h-20h ; reste de l'année : mar.-sam. 10h-14h, 16h30-20h - 2 € (-16 ans gratuit, s'adresser à l'office de tourisme).*

À proximité Carte de région

Monzón C2

À 15 km au sud-est par la N 240, puis l'A 130.
Ancienne capitale d'un petit royaume chrétien entouré de terres musulmanes, puis commanderie de Templiers, Monzón a conservé de sa splendeur un impressionnant **château** fondé par les Arabes, agrandi par les Templiers, puis réaménagé aux 17e et 18e s. Il abrite aujourd'hui un petit **Centre d'interprétation des Templiers** (*✆ 974 417 7901 - tlj sf lun. 10h-14h, 15h-17h30 - 3 €).*
Devenue au fil du temps une ville industrielle, la cité recèle toutefois un patrimoine de valeur parmi lequel on distingue la **concatedral Santa María del Romeral**, bel édifice roman doté d'une tour mudéjare.

Fonz C2

À 16 km à l'est par la N 123 en direction de Benabarre puis, au niveau d'Estadilla, prenez à droite l'A 133.

Cette ville perchée recèle quelques maisons nobiliaires typiques du style Renaissance aragonais. Parmi elle l'édifice le plus remarquable est le **Palais des Barons de Valdeolivos**, construit en 1613. On y découvre un oratoire privé décoré de peintures murales baroques et, à l'étage noble, des salles qui ont conservé leur mobilier et leur décoration des 18e et 19e s. *(pl. Pedro María Ric - ☏ 974 412 001 - visite guidée w.-end et j. fériés 10h-14h, 16h-20h, visites théâtralisées en été - 2,50 €).*

Circuit conseillé Carte de région

À TRAVERS LA RIBAGORZA C1-2

Circuit de 85 km tracé en vert pomme sur la carte de région (p. 234-235). Compter une journée.

Ce circuit suit le parcours des ríos Esera et Isábena, qui traversent les terres chargées d'histoire du comté de Ribagorza, dans les Prépyrénées aragonaises.

De Barbastro, prenez la N 123 sur 8 km, puis dans le prolongement l'A 138 (vers Aínsa et Bielsa) et, après 9 km, tournez à droite dans l'A 2211.

Sanctuaire de Torreciudad (Santuario de Torreciudad) C1

Église - ☏ 974 304 025 - www.torreciudad.org - tte la journée.

Dès 1084, date de la Reconquête, les habitants de la région vénéraient la statue de Notre-Dame de Torreciudad qui se trouvait dans un petit ermitage. En 1975 fut inauguré le **sanctuaire** actuel, construit à l'initiative de **Mgr José María Escrivá de Balaguer** (1902-1975), natif de Barbastro, fondateur de l'Opus Dei en 1928, et qui fut canonisé par Jean-Paul II en 2002. Pompeux, les bâtiments sont précédés d'une immense esplanade d'où s'offrent de belles **vues★★** sur les eaux turquoise de la retenue d'El Grado et la chaîne des Pyrénées. À l'intérieur de l'église, un retable moderne en albâtre abrite dans sa partie inférieure la statue romane (11e s.) de Notre-Dame de Torreciudad. Les bas-reliefs du retable évoquent des scènes de la vie de la Vierge.

Poursuivez sur l'A 2211 puis, après La Puebla de Castro, sur la N 123A à gauche.

Graus C1

Fermin Mur, 25 - ☏ 974 546 163.

La vieille ville se serre autour de la **plaza de España**, bordée de maisons anciennes décorées de fresques, de solives sculptées et d'arcades de brique. Le plus important monument est le **sanctuaire de la Virgen de la Peña★**, construit au milieu du 16e s. Un portail Renaissance donne accès à l'église, qui possède une nef unique avec une voûte sur croisée d'ogives. Le cloître, tel un balcon, s'ouvre sur la ville et héberge un **musée de reproduction d'icônes.**

De Graus, prenez l'A 1605 qui traverse le río Esera et poursuivez sur 26,5 km.

★★ Roda de Isábena C1

Parking à l'entrée du village.

Ce minuscule et superbe village est posé sur un piton rocheux dans un beau **site★** de montagne. Les quelques ruelles du lieu invitent à une promenade hors du temps parmi des façades anciennes. La **cathédrale★** présente un chevet à bandes lombardes (11e s.) et abrite dans la crypte le **tombeau de saint Raymond★★** aux intéressants bas-reliefs polychromes. Dans une chapelle

3

du cloître, d'une merveilleuse harmonie, vous verrez des fresques du 13e s. *☎ 974 544 535 - visites guidées (45mn) entre 11h15 et 16h45 (18h45 en été) - 3 €.*
Poursuivez sur l'A 1605 vers le nord pendant 16,5 km.

Monastère de Santa María de Obarra C1

Seul le monastère qui fut construit par des maîtres lombards aux 10e et 11e s. est conservé. De l'extérieur, on en voit la façade avec trois absides décorées d'arcatures aveugles. L'ermitage de San Pablo (12e s.) se trouve tout à côté.

NOS ADRESSES À BARBASTRO

HÉBERGEMENT

BUDGET MOYEN

Gran Hotel Ciudad de Barbastro – *Pl. Mercado, 4 - ☎ 974 308 900 - www.ghbarbastro.com - 37 ch. 67/80 € ☕ - P 8 € - rest. El Portillo (fermé dim. soir et lun.) menu 14,50 €, carte 15/20 € - cafétéria La Cantina del Mercado (tapas et menu cantina à 9,90 €).* Un hôtel moderne, entièrement rénové en 2012, aux chambres vastes et confortables, idéalement situé au cœur de la vieille ville.

Hotel San Ramón del Somontano – *Academia Cerbuna, 2 (au coin du paseo del Coso) - ☎ 974 312 825 - www.hotelsanramonsomontano.com - 18 ch. 88/109 € ☕ - rest. menus 20/35 €, carte 37/40 €.* C'est une belle demeure de style moderniste qui, après avoir accueilli de 1903 à 2000 une auberge emblématique, abrite aujourd'hui cet hôtel-Spa confortable à l'atmosphère raffinée.

À Roda de Isábena

PREMIER PRIX

Hospedería de Roda de Isábena – *Pl. de la Catedral - ☎ 974 544 554 - www.hospederia-rdi.com - fermé nov., 20-26 déc. - 10 ch. 45/65 € - ☕ 8 €.* Ce bâtiment médiéval, dont la façade donne sur la place de la cathédrale, dispose de jolies chambres. Les balcons de la partie arrière offrent de magnifiques points de vue.

RESTAURATION

Outre les vins du Somontano et son huile d'olive, Barbastro s'enorgueillit de ses « tomates roses », particulièrement savoureuses.

PREMIER PRIX

La Brasería – *Pl. del Mercado - ☎ 974 310 757 - menu 10,50 €.* Spécialités catalanes, escargots préparés *a la llauna*, *calçots* (oignons doux allongés servis en sauce) et viandes grillées, servis dans une salle rustique à l'étage.

POUR SE FAIRE PLAISIR

La Frutería (Bodega Del Vero) – *Romero, 13 - ☎ 669 879 103 - autour de 30/35 €.* Au niveau rue, une épicerie-primeurs propose, entre autres, toutes sortes de charcuteries et de fromages, tandis qu'au sous-sol, une belle cave voûtée (ancienne fabrique de chocolats), tapissée de bouteilles et décorée d'objets anciens, accueille des tables bien dressées. Pas de menu ni de carte, mais des entrées plus que copieuses (planche de fromages ou de charcuteries, salades), et des plats consistants et savoureux (chapon, viandes rouges). Et dans les verres, tous les *somontano* possibles et imaginables. Service attentif et très aimable où l'on sent la volonté de faire connaître et apprécier la gastronomie de la région.

Flor – *Goya, 3 (sur la rive gauche du río Vera) - ☎ 974 311 056 -*

fermé dim. soir et lun. - menus 21/30 €, carte 32/52 €. Un vaste restaurant (avec terrasse extérieure aux beaux jours), réputé dans la région. Carte à base de produits locaux et de recettes traditionnelles parfois revisitées, accompagnés de vins du Somontano, comme il se doit. Le restaurant a en outre ouvert une succursale dans le bâtiment des bodegas Laus *(route 240 de Barbastro à Monzón).*

À Roda de Isábena

BUDGET MOYEN

Hospedería La Catedral – *Pl. Pons Sorolla - ✆ 974 544 545 - fermé dim. soir sf en été, nov., 20-26 déc. - menu 16 €, carte 22/35 €.* Le restaurant occupe l'ancien réfectoire du monastère. Il est décoré de reproductions de toiles de Velázquez et de mobilier ancien. Sur un mur subsistent des fresques du 14e s. Cuisine simple et originale.

ACHATS

Vins

Pour découvrir les **vins du Somontano**, plusieurs caves sont ouvertes au public sur la route de Barbastro à Alquézar (A 1232) : **Lalanne** *(✆ 974 310 689 - www.bodegaslalanne.com - 3 €)*; **Fábregas** *(✆ 974 310 498 - www.bebesomontano.com - 3 €)*; **Pirineos** *(✆ 974 311 289 - www.bodegapirineos.com - 3 €)* et **Viñas del Vero** *(✆ 973 302 216 - www.vinasdelvero.es - 5 €).* Sur la route de Barbastro à Monzón : la **Bodega Irius** à l'architecture futuriste *(✆ 974 269 900 - www.bodegairius.com - 10 €)* et la **Bodega Laus** *(✆ 974 269 708 - www.bodegaslaus.com - 4 €).* Les visites consistent en une découverte des caves suivie d'une dégustation commentée de vins, huiles d'olive et fromages du cru. Se renseigner pour les jours d'ouverture et horaires de visite.

www.rutadelvinosomontano.com.

Huile d'olive

La Tienda del Aceite de Oliva – *Paseo del Coso, 14 - ✆ 974 110 761 - www.ecostean.com.* Une boutique proposant les huiles d'olive (et produits dérivés) provenant de la coopérative agricole bio locale Ecostean.

www.aceitedelsomontano.org.

EN SOIRÉE

La Viuda de Vargas y su dulce Burgués – *Martínez Vargas, 20 - ✆ 678 432 500 - lun.-vend. à partir de 10h.* Ce café « alternatif », qui déploie une terrasse sur les rives du río Vero, est le lieu où se retrouve la jeunesse locale. Expositions, concerts et performances diverses animent l'endroit certains soirs.

AGENDA

Festival Vino Somontano – *1er w.-end d'août.* Fête gastronomique (tapas, marché) et œnologique (visite de caves). En soirée, concerts de qualité aux arènes.

Fiestas Mayores de Barbastro – Du 4 au 8 septembre, en l'honneur de l'Assomption de la Vierge. Défilés de géants, concerts, corridas, etc.

Tarazona

10 863 habitants – Province de Zaragoza

Cette ville, où juifs, musulmans et chrétiens ont longtemps cohabité, a accueilli durant quelque temps la cour des Rois Catholiques. Elle conserve autour de l'ancienne demeure royale, devenue palais épiscopal, un vieux quartier aux rues étroites dominant les quais du río Queiles.

NOS ADRESSES PAGE 298

S'INFORMER

Office de tourisme – *Pl. de San Francisco, 1 - ✆ 976 640 074.*

SE REPÉRER

Carte de région A2 (p. 234-235) – Située à 88 km à l'ouest de Saragosse par l'A 68, puis la N 122 à gauche.

À NE PAS MANQUER

La façade de l'*ayuntamiento* et le monastère de Veruela.

ORGANISER SON TEMPS

Quelques heures suffisent pour visiter la vieille ville.

Se promener

Cathédrale de Nuestra Señora de la Huerta

✆ 976 640 271 - www.catedraldetarazona.es - avr.-oct. : mar.-sam. 11h-14h, 16h-19h, dim. 11h-14h, 16h-18h ; reste de l'année : se rens. - 4 € (-12 ans gratuit) - audioguide 1,50 € - visites guidées (trésor) 1,50 €.

Édifiée au 13e s., elle fut en grande partie reconstruite aux 15e et 16e s. Plusieurs styles y sont représentés : mudéjar aragonais (tour-clocher et tour-lanterne), Renaissance (portail) et gothique avec les **tombeaux** finement sculptés de deux cardinaux d'Avignon, les frères Pérez Calvillo, situés dans la deuxième **chapelle★** du déambulatoire à gauche. Le **cloître mudéjar** arbore des remplages mauresques exécutés dans le plâtre au 16e s. La cathédrale a ouvert au public en 2012, après 30 ans de travaux de restauration !

À proximité, on découvre une petite place octogonale entourée de logements : la **plaza de Toros vieja** (1792).

Plaza del Ayuntamiento

L'**ayuntamiento** (hôtel de ville), construit au 16e s., a d'abord servi de halle et de grenier public. Sur sa **façade**, outre des figures mythologiques et des géants, on remarque la représentation du défilé triomphal de Charles Quint, après son couronnement à Bologne en 1530.

La **calle de la Judería**, qui part de la plaza del Ayuntamiento, conduit dans la Judería, le quartier juif (13e-15e s.). Celui-ci a conservé plusieurs **maisons à encorbellement** *(casas colgadas)* surplombant l'impressionnante muraille verticale du Tajo, gorge escarpée aux parois verticales en pleine ville. En continuant, on arrive au **palais épiscopal** et à l'**église de Santa Magdalena**, surmontée d'une belle tour mudéjare.

À proximité Carte de région

Parc naturel de la Dehesa del Moncayo A2

Culminant à 2 316 m au Pozo de San Miguel, le Parc naturel du Moncayo arbore deux visages : aride au sud, verdoyant au nord. Plusieurs espèces animales, notamment des oiseaux, y trouvent refuge (perdrix grises, faucons, hiboux, tritons palmés, etc.).

Un Centre d'interprétation se trouve à 13 km de Tarazona ; empruntez la CP 10 vers Santa Cruz de Moncayo au sud, puis prenez la direction de San Martín de la Virgen de Moncayo.

Centre d'interprétation d'Agramonte – *976 192 125 - juil.-août : 10h-14h, 15h-19h ; avr.-juin et sept.-oct. : w.-end et j. fériés 10h-14h, 15h-19h ; nov.-mars : w.-end et j. fériés 10h-14h, 15h-18h.* Il permet d'en savoir plus sur la faune et la flore du parc, et propose des circuits de randonnée. Un second Centre d'interprétation, à **Añon de Moncayo**, se concentre davantage sur la vie et les coutumes régionales. En dehors d'Añon, les villages les plus intéressants sont **Los Fayos**, **Lituénigo** et **Trasmoz**.

Circuit conseillé Carte de région

DE TARAZONA À BORJA A2

Circuit de 29 km tracé en vert foncé sur la carte de région (p. 234-235). Prendre la N 122 vers Zaragoza, puis à droite la Z 373.

La route entre Tarazona et le monastère longe des villages perchés sur des collines, à l'abri des montagnes. Le plus connu, **Trasmoz**, qui s'étend au pied d'un château des 12e et 13e s., est le théâtre de légendes retranscrites par le poète romantique sévillan **Gustavo Adolfo Bécquer**. Le long de la route, on aperçoit également de petites cabanes en pierre, les *bodegas en cerro* (caves de colline) où l'on vinifiait le raisin et conservait le vin. Ces caves se sont multipliées au 19e s. et sont devenues des lieux de rencontres et de fêtes. 3

★★ Monastère de Veruela

976 649 025 - tlj sf mar. 10h30-20h30 (été), 10h30-18h (hiver) - 2 € (-12 ans gratuit).

Des moines cisterciens venus de l'abbaye d'Escaladieu, près de Tarbes, fondent en 1145 un monastère qu'ils entourèrent d'une enceinte fortifiée. L'ensemble est encore en très bon état. C'est ici que **Bécquer** écrivit ses *Lettres de ma cellule*, dans lesquelles il décrit le pays aragonais.

★ **Église** – Élevée à une époque de transition entre le roman et le gothique (12-13e s.), l'**église abbatiale** présente une façade très sobre mais charmante : un oculus, une rangée d'étroites arcatures curieusement dépourvues de base, un portail décoré de frises, billettes et chapiteaux. L'intérieur, voûté d'ogives, surprend par ses vastes dimensions. Les arcs doubleaux sont brisés dans la nef centrale, outrepassés dans les collatéraux et le déambulatoire. Une chapelle plateresque avec porte sculptée polychrome a été aménagée au 16e s. dans le bras gauche du transept. En face, la porte de la sacristie est de style rococo.

★ **Cloître** – Construit au 14e s., à la place de l'ancien cloître très endommagé par la « guerre des Pedros », il s'épanouit dans un gothique flamboyant. Remarquez au rez-de-chaussée les culs-de-lampe sculptés de têtes d'hommes et d'animaux. La galerie plateresque du 1er étage subsiste sur trois côtés. La **salle capitulaire★** est d'une grande pureté cistercienne. Les 15 premiers abbés du monastère y sont enterrés.

Musée du vin – *Entrée libre.* Ce musée permet de mieux connaître les traditions viticoles de la région, le Campo de Borja, classé aujourd'hui DOC (Dénomination d'origine contrôlée). On découvre les techniques de récolte et de vinification, les différents arômes, etc.

Borja

Cette petite ville, où la célèbre famille des Borgia trouve son origine, serre ses maisons de brique, organisées en un lacis de ruelles, au pied d'une colline sur laquelle se dressent les ruines d'un château arabe.

La ville est sillonnée par la **calle San Francisco**, bordée de veilles demeures témoignant de la grande période de Borja, aux 16e et 17es. Parmi celles-ci, citons la **Casa de las Conchas**, et la **Casa de los Aguilar** (1570), qui possède une très belle façade.

Sur l'irrégulière **plaza del Mercado**, avec ses *soportales* qui semblent tenir par miracle dans un équilibre instable, se dresse la **mairie (Casa Consistorial)**.

La **collégiale Santa María**, d'origine mudéjare, a été largement remaniée depuis sa construction au 16e s. Elle arbore un intérieur baroquissime.

NOS ADRESSES À TARAZONA

HÉBERGEMENT

PREMIER PRIX

Hostal Santa Águeda – *Visconti, 26 - ✆ 976 640 054 - www.santaagueda.com - ▤ - 11 ch. 50/61 € ☕.* Dans un bâtiment rénové de la vieille ville, ce lieu rend hommage à une chanteuse locale, Raquel Meller. Les chambres sont toutes décorées différemment, mêlant le bois et le fer forgé.

BUDGET MOYEN

Condes de Visconti – *Visconti, 15 - ✆ 976 644 908 - www.condesdevisconti.com - ▤ - 15 ch. 59/79 € - ☕ 6 €.* Ancienne demeure du 16e s. puis collège de jeunes filles, ce très bel hôtel propose des chambres décorées avec goût, toutes différentes. Accueil attentif.

RESTAURATION

PREMIER PRIX

El Galeón – *Av. La Paz, 1 - ✆ 976 642 965 - fermé dim. soir - ▤ - menu 9 €.* Ce restaurant est spécialisé dans les plats de poisson et de fruits de mer. Apprécié par les locaux, il propose une cuisine sans prétention. Service agréable et rapide.

AGENDA

Fiestas de San Atilano – Tarazona retrouve chaque année, le 27 août à 12h, son **Cipotegato**. Ce grand échalas, habillé en arlequin, parcourt les rues de la ville sous une pluie de tomates. Les festivités durent jusqu'au 1er septembre.

Daroca

★

2 255 habitants – Province de Zaragoza

Daroca apparaît logée entre deux lignes de crête où se profilent ses murailles crénelées, longues de 4 km. Épaulées à l'origine par plus de cent tours, elles étaient percées de portes fortifiées, dont seule l'importante Puerta Baja, défendue par deux tours carrées, subsiste.

NOS ADRESSES PAGE 302

S'INFORMER
Office de tourisme – *Mayo, 44 - ✆ 976 800 129 - www.daroca.es/turismo - mar.-dim. 10h-14h, 16h-18h.*

SE REPÉRER
Carte de région A3 (p. 234-235) – Daroca est située à proximité de l'autoroute A 23 (sortie 210), à 38 km au sud-est de Calatayud, 85 km au sud-ouest de Saragosse et 96 km au nord de Teruel.

À NE PAS MANQUER
La vue depuis les ruines du château ; le parc et les cascades du monastère de Piedra.

ORGANISER SON TEMPS
Comptez 2h pour bien voir la ville.

AVEC LES ENFANTS
Parc et cascades du monastère de Piedra.

Se promener

Calle Mayor

Entre la Porte haute (Puerta Alta) et la Porte basse (Puerta Baja) qui s'ouvrent dans les remparts, la rue principale traverse toute la ville. La Puerta Baja, construite au 15e s., est encadrée par deux tours ajoutées au 16e s.

Collégiale de Santa María de los Sagrados Corporales

✆ 976 800 761 - tlj sf lun. 11h-13h, 17h-19h - musée 3 €.

Édifiée à l'époque romane pour accueillir de saintes reliques, cette collégiale a été transformée aux 15e et 16e s. Le portail principal (17e s.) est de style Renaissance tardif, tandis que, sur le flanc gauche, à côté du clocher, apparaît un portail gothique flamboyant.

Intérieur – La nef d'un gothique finissant adopte plusieurs éléments d'architecture Renaissance, comme la coupole de la croisée du transept, et certains éléments baroques, comme le maître-autel. Les **chapelles latérales droites**, en partie revêtues d'azulejos du 16e s. de fabrication locale, exposent une collection de retables. À droite de l'entrée se trouve un **retable★** du 15e s. en albâtre polychrome exécuté, croit-on, en Angleterre ; notez le souci du détail anecdotique. Il est encadré, de part et d'autre, par des tombeaux gothiques. La **chapelle des Reliques (de los Corporales)★** (15e s.) occupe l'emplacement de l'abside romane primitive. Derrière une sorte de jubé flamboyant, l'autel abrite

le reliquaire des Corporaux (les fameux linges qui enveloppaient les six hosties desquelles le sang aurait jailli), entouré de statues en albâtre polychrome au déhanchement prononcé. Sur les murs, des scènes sculptées racontent le miracle survenu lors de la Reconquête de Valence par le roi Jaime Ier. À hauteur du maître-autel, le **retable★** peint d'époque gothique est dédié à saint Michel.
★ **Musée des Reliques (de los Corporales)** – Parmi les peintures sur bois, on remarque deux panneaux du 13e s. très endommagés et surtout les **retables** de saint Pierre (14e s.) et de saint Martin (15e s.). Toute l'orfèvrerie exposée provient de Daroca, à l'exception du précieux **ostensoir-reliquaire** ciselé par le Catalan Pere Moragues au 14e s. et qui abritait autrefois les reliques des Corporaux. Les personnages sont en or, l'armature en argent. La salle des Textiles présente une collection de vêtements liturgiques datant des 15e, 16e et 17e s. La plupart des **chasubles** ont été tissées ici.

Église de San Miguel
Remarquable pour son bel appareil comme pour la pureté romane de son chevet et de son portail (12e s.), cette église a retrouvé sa simplicité d'origine. Les peintures murales gothiques (13e s.) de l'abside sont malheureusement un peu effacées. On peut voir en contrebas le clocher de style mudéjar, fort bien restauré, de l'**église Santo Domingo**.

Panorama du château
Du château, dont les origines remontent à la présence musulmane, il ne reste que quelques murs. Le site offre en revanche une très **belle vue★** sur la ville et les murailles. Pour vous y rendre, empruntez la calle Grajera, puis montez les escaliers. *Attention, il n'y a pas de barrières de sécurité le long des à-pics.*
Un autre point de vue vous attend au bout de la calle San Martín de la Parra, accessible depuis la calle Mayor par la calle Valcaliente.

À proximité Carte de région

Laguna de Gallocanta A3
À 23 km par l'A 211 direction Molina de Aragón puis, à Santed, prenez la petite CV 633 vers Gallocanta.
La plus grande lagune d'eau salée d'Espagne reçoit entre novembre et février une multitude d'oiseaux migrateurs (grues, outardes, avocettes, etc.), mais il lui arrive d'être entièrement dépourvue d'eau lors des périodes de sécheresse. Plusieurs sentiers conduisent à des observatoires placés sur les rives.

Excursion Carte de région

Calatayud A3
À 38 km au nord-ouest de Daroca.
Pl. del Fuerte (au centre du square, sous le kiosque à musique) - 976 886 322 - fermé lun.
Cette ville fut fondée par les musulmans au 8e s. sous le nom de *Qal'At Ayubb*, sur le site de l'antique **Bílbilis** où naquit le poète satyrique latin, Martial. Postée à la frontière de la Castille, elle fut longtemps un point de défense essentiel. Aujourd'hui, elle met en valeur les traces de cette histoire, notamment son héritage mudéjar. Deux tours se révèlent particulièrement intéressantes :

celle de l'**église de San Andrés** et celle de la **collégiale de Santa María**. Cette dernière mérite le coup d'œil pour son abside et son cloître mudéjars, ainsi que pour son portail en albâtre de style plateresque. L'**église de San Pedro de los Francos** possède quant à elle une triple abside mudéjare.
L'**église de San Juan el Real** abrite des œuvres de Goya.

Clochers mudéjars A3

Vous en découvrirez de superbes à **Morata de Jiloca** (sur la N 234 en direction de Daroca), à **Belmonte de Gracián** (route A 1504 vers Cariñena) et surtout à **Ateca** (14 km au sud-ouest à proximité de l'A2), où le décor de briques est le plus abouti.

> **LA DEUXIÈME MORT DE BÍLBILIS**
> Faute de moyens, le **site archéologique de la cité romaine**, à 6 km environ de Calatayud, est dans un état d'abandon désolant et se dégrade de jour en jour, tandis que les pièces mises au jour végètent dans des hangars. Quant au Centre d'interprétation, il est fermé depuis des années. Qui se décidera à sauver ce joyau du patrimoine aragonais ?

★★ Parc et cascades du monastère de Piedra (Parque y cascadas del monasterio de Piedra) A3

À 63 km à l'ouest de Daroca.

Après la traversée de terres rouges très arides, on aperçoit le village de **Nuévalos**, agrippé à un haut talus argileux. Puis, le plateau desséché couvert d'une végétation parcimonieuse s'ouvre, livrant, d'un de ses replis, un authentique verger irrigué par le **río Piedra**. C'est dans cet aimable lieu, propre à séduire les moines, que des cisterciens venus de Poblet s'installèrent dès 1194. Leur monastère, maintes fois remanié, fut très endommagé au 19e s. Les bâtiments conventuels sont aujourd'hui aménagés en hôtellerie.
Le parc et ses cascades – *902 196 052 - www.monasteriopiedra.com - avr.-oct. : 9h-19h ; nov.-mars : 9h-18h - 15 € (4-11 ans 11 €).*
Au cœur de cette forêt jaillissent cascades et cascatelles. Le visiteur est guidé le long de sentiers, d'escaliers ou de tunnels *(itinéraire fléché en rouge à l'aller et en bleu au retour)*. La **Queue de Cheval** (Cola de Caballo), cascade de 53 m que l'on découvre du haut d'un belvédère, crée la première surprise. Le **Bain de Diane** (Baño de Diana) justifie une autre halte, de même que le romantique **lac du Miroir** (Lago del Espejo), enserré entre de hautes falaises. En fin de parcours, on peut, en passant derrière la Cola de Caballo, descendre, par un escalier aussi raide que glissant, jusque dans la très belle **grotte de l'Iris**, au milieu des embruns et du bruit fracassant de la chute. Le circuit se termine par la visite des ruines gothiques du monastère dont subsistent la cuisine, le réfectoire et le cloître *(visites guidées seult : 10h-13h, 15h-18h, 8 €)*. La visite guidée inclut également **un musée du Vin**, un **musée du Chocolat** et un **Centre d'interprétation de la Faune piscicole** *(avr.-nov. : 11h-19h ; déc.-mars : w.-end et j. fériés 11h-18h)*. Enfin, trois fois par jour, entre avril et novembre, est organisée une démonstration de vols de rapaces.

> **PÉCHÉ GOURMAND**
> En 1520, l'abbé de Piedra, Antonio de Álvaro, fut le premier à goûter le chocolat envoyé du Mexique par un de ses homologues cisterciens. Les moines durent être conquis, car très vite le chocolat envahit l'Europe…

NOS ADRESSES À DAROCA

HÉBERGEMENT/RESTAURATION

BUDGET MOYEN

Posada del Almudí – *Grajera, 7 - 976 800 606 - www.posadadelalmudi.es - - 30 ch. 65 € - rest. 12 € (carte autour de 30 €).* L'hôtel est installé dans un palais des 15e et 16e s., une demeure chaleureuse décorée avec goût. Annexe moderne juste en face. Ensemble soigné et accueil bienveillant.

Cien Balcones – *Mayor, 88 - 976 545 071 - www.cienbalcones.com - 29 ch. 72 € - rest. Ruejo menus 19/25 €, carte 30/35 €.* Toutes les chambres de cet hôtel raffiné, qui donnent sur la rue ou sur une agréable cour, disposent de leur balcon. Une adresse de qualité.

À Calatayud et alentour

PREMIER PRIX

Hospedería El Pilar – *Baltasar Gracían, 15 - 976 897 020 - www.hospederiaelpilar.com - - 40 ch. 48/68 €.* Cet hôtel familial occupe une demeure médiévale au cœur de la vieille ville, près de l'église de Santa María. Accueil simple et chaleureux. Cafétéria (fermée le w.-end).

BUDGET MOYEN

Hotel Río Pedra – *À Nuévalos (autour de Piedra). Prenez l'A 202 vers le sud - 976 849 007 - www.hotelriopiedra.com - - 30 ch. 50/65 € - rest. 15/35 €.* Un hôtel sympathique et confortable, doté d'un petit jardin.

Hotel Las Truchas – *À Nuévalos (autour de Piedra). Prenez l'A 202 vers le sud (à 1,5 km du monastère) - 976 849 040 - www.hotellastruchas.com - 38 ch. 65/75 € - rest. 11/20,50 €.* Un bel hôtel-restaurant en pleine campagne, à proximité du monastère. Piscine. Calme assuré.

POUR SE FAIRE PLAISIR

Hotel Monasterio de Piedra - *À Nuévalos (autour de Piedra) - 976 870 700 - www.monasteriopiedra.com - - 62 ch. 79/139 € - rest. menus 21/28/37 €.* Installé dans le monastère, un hôtel pour passer une nuit dans une ancienne cellule de moine…

RESTAURATION

À Calatayud

POUR SE FAIRE PLAISIR

La Brasa – *Cortés de Aragón, 6 - 976 882 470 - fermé mar. et merc. soir (sf août) - à partir de 30 €.* Sur la promenade ombragée conduisant à la plaza de Toros, un restaurant rustique spécialisé en grillades.

AGENDA

Festival de música antigua – *Début août.* Festival de musique ancienne organisé depuis 1979. Un concert chaque soir dans une église ou sur une place.

Teruel

★★

35 961 habitants – Province de Teruel

La capitale du bas Aragon occupe, à 916 m d'altitude, une plate-forme isolée du plateau par le fossé où coule le Turia. En 1986, son héritage mudéjar fut inscrit au Patrimoine de l'humanité par l'Unesco et, aujourd'hui, Teruel, la plus petite capitale de « provincia » d'Espagne, développe son attrait touristique sans pour autant abandonner son authenticité, ni sa sérénité.

NOS ADRESSES PAGE 307

S'INFORMER

Offices de tourisme – *Pl. de los Amantes, 6 - ✆ 978 624 105 ; San Francisco, 1 - ✆ 978 641 461 - http://turismo.teruel.net.*

SE REPÉRER

Carte de région A4 (p. 234-235) – Teruel est située à 151 km au nord-ouest de Valence et 184 km au sud de Saragosse par l'A 23.

SE GARER

Suivez la direction du centre et laissez la voiture au parking San Martín, tout proche de la tour du même nom.

À NE PAS MANQUER

Les tours mudéjares et les retables de Gabriel Yoli.

ORGANISER SON TEMPS

Consacrez une demi-journée à la ville.

AVEC LES ENFANTS

Territorio Dinópolis.

3

Se promener Plan de ville

Le centre historique de Teruel groupe ses maisons ocre sur la rive droite du Turia. Il est d'autant plus agréable à parcourir que la circulation automobile y est, sinon interdite, du moins restreinte. *Circuit tracé en vert p. 304.*

CHANGEMENT D'ÉPOQUES

Une ville mudéjare… – Au-dessus des bâtiments de brique fauve pointent encore les vieux clochers mudéjars. La grande richesse de cet art à Teruel s'explique par la bonne entente des communautés chrétienne, juive et musulmane jusqu'au 15e s. En effet, après la reconquête de la ville sur les musulmans par les Aragonais menés par Alphonse II en 1171, les Maures furent autorisés à rester et à conserver leur culte afin de repeupler la région. La dernière mosquée ne fut fermée qu'en 1502.

… et martyre – En 1937-1938, Teruel fut le théâtre de l'une des plus terribles batailles de la guerre civile espagnole ; laquelle fut relatée par André Malraux dans *L'Espoir*. Tenue par les républicains, la ville subit les bombardements des forces franquistes du 15 décembre 1937 au 22 février 1938, date à laquelle elle tomba. Bilan : une ville en partie détruite et des milliers de morts.

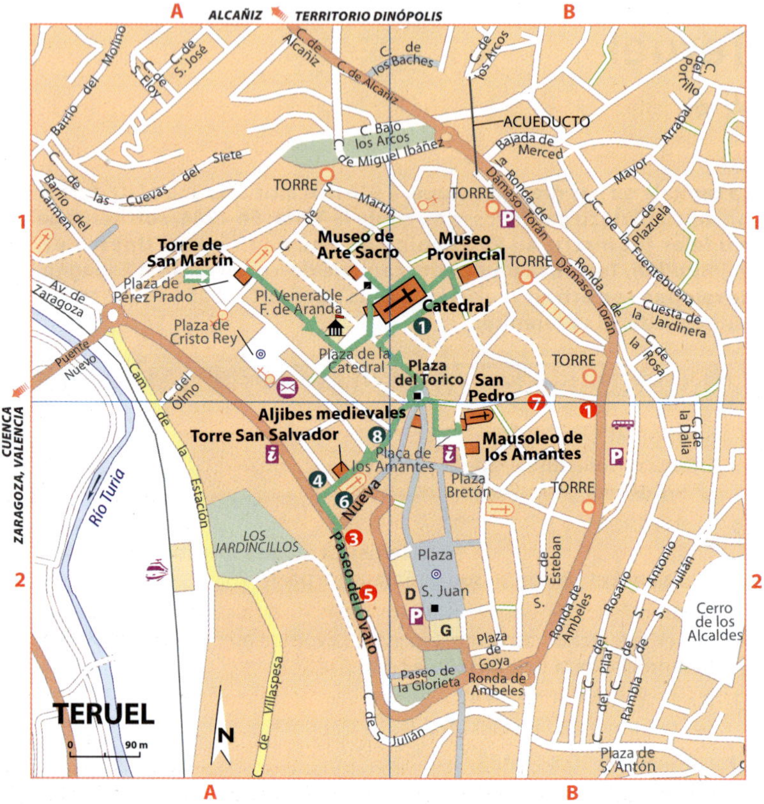

SE LOGER

- Aragón (Hostal) 1
- Mudayyan (El) 6
- Reina Cristina (Hotel) 4
- Tórico Plaza 8

SE RESTAURER

- Ambeles 1
- Mesón Óvalo 3
- Tapas y Copas 5
- Yain 7

★ Torre de San Martín A1

Sur la plaza Pérez Prado, c'est la première des cinq tours mudéjares de la ville qui s'offre à vous. Elle se compose en fait de deux tours (début 14e s.), l'une encastrée à l'intérieur de l'autre. Observez son décor de céramiques vertes et blanches *(visite uniquement durant la Semaine sainte).*

Cathédrale de Santa María de Mediavilla AB1

Accès sur la plaza del Venerable Aranda - ✆ 978 618 016 - www.diocesisdeteruel.org/cateruel.html - été : lun.-sam. 11h-14h, 16h-20h (19h le reste de l'année) - 3 € donnant accès au musée d'Art sacré (- 7 ans gratuit). Commencé au 13e s. par sa tour mudéjare, cet édifice fut agrandi au 16e s. On lui ajouta une lanterne et un déambulatoire au 17e s., ainsi que des voûtes en étoile qui camouflèrent le **plafond artesonado★** (fin 13e-déb. 14e s.). Aujourd'hui dégagé, ce plafond est un précieux témoignage de la peinture mudéjare : les caissons, poutres et consoles sont peints de motifs décoratifs, de personnages de cour et de scènes de chasse. Dans le bras gauche du transept est exposé le **retable du Couronnement de la Vierge**, exécuté au 15e s. Les scènes du second registre

Rencontre au parc paléontologique Territorio Dinópolis.
Age/Photononstop

horizontal manifestent, par leur fond d'architecture en perspective, l'influence flamande. Le **retable du maître-autel** en bois brut, dédié à l'Assomption de la Vierge, a été sculpté au 16e s. par **Gabriel Yoli** (ou **Joly**). Cet artiste de valeur (dont les restes reposent dans la cathédrale) a taillé des visages puissants et accentué la torsion des bustes pour rendre le mouvement.

Museo de Arte Sacro A1 – *Pl. Venerable Francés de Aranda, 3 - ✆ 978 619 950 - lun.-sam. 10h-14h, 16h-20h.* Situé dans le Palais épiscopal, il présente des peintures, sculptures et orfèvrerie religieuses de styles Renaissance et baroques.

★ Musée provincial B1

Pl. Fray Anselmo Polanco, 3 (derrière la cathédrale) - ✆ 974 600 150 - http://museo.deteruel.es - mar.-vend. et j. fériés 10h-14h, 16h-19h, w.-end 10h-14h - fermé lun., 1er et 6 janv., 10 avr., 7-10 juil., 24, 25 et 31 déc. - gratuit.

Ce musée est installé dans un palais à l'élégante façade Renaissance couronnée d'une **loggia**. Les **anciennes écuries**, au sous-sol, abritent des outils et des objets populaires de la région ; remarquez la forge et un heurtoir gothique (15e s.). Un étage est consacré à la **céramique**, activité qui fait la renommée de Teruel. Les plus anciens pots (13e s.) de la pharmacie d'Alcalá sont à motifs verts et violets, ceux du 18e s. sont dans les tons bleus. Les étages supérieurs sont réservés à l'**archéologie** : préhistoire (épée d'Alcorisa de l'âge du fer), périodes ibérique, romaine (catapulte) et arabe (encensoir du 11e s.). Au dernier étage, notez au sol la **mosaïque romaine**, qui provient de la villa del Camino de Albalate (Calanda). De la loggia, belle **vue** sur la cathédrale.

Plaza del Tórico B1

Au cœur de la ville, la place, bordée de maisons de styles rococo et moderniste, doit son nom à la minuscule statue de taurillon juchée en 1858 sur une colonne en son milieu. Elle est aujourd'hui dotée d'un éclairage au sol du plus bel effet. Les rues adjacentes invitent à la promenade, notamment la **calle Nueva** dotée de beaux immeubles modernistes aux bow-windows très travaillés.

Aljibes (Citernes) **medievales** B2 – *Accès au déb. de la calle Ramón y Cajal - ✆ 978 602 810 - www.aljibemedieval.com - 11h-14h, 17h-19h - 1,30 € (-7 ans*

LES AMANTS DE TERUEL
Au 13e s., **Diego de Marcilla** et **Isabel de Segura** s'aimaient, mais le père d'Isabel jeta son dévolu sur un jeune homme plus fortuné. Parti guerroyer pendant cinq ans pour conquérir honneurs et richesses, Diego revint le jour des noces d'Isabel avec son rival. Désespéré, il mourut de chagrin devant les yeux de sa belle, qui succomba à son tour le lendemain. Ce drame inspira de nombreux poètes et dramaturges, dont **Tirso de Molina**.

gratuit). Creusées à partir de 1374 sur l'ordre de Pierre IV le Cérémonieux, ces citernes avaient pour but d'emmagasiner et de distribuer l'eau potable. Plus ou moins oubliés, ces souterrains ont été redécouverts lors de travaux d'aménagement de la place del Tórico. Une exposition est consacrée à l'eau et on assiste à la projection de films (en espagnol) sur des aspects de l'histoire et de la vie à Teruel.

Conjunto Amantes B2

Pl. de los Amantes - ✆ 987 618 398 - www.amantesdeteruel.es - 10h-14h, 16h-20h - visite complète 9 €; mausolée, église et cloître 8 €; mausolée seul 4 €.
Cet ensemble réunit l'église de San Pedro et le mausolée des Amants.
★ **Tour et église de San Pedro** B2 – En dépit des remaniements du 18e s., cette église a conservé l'architecture mudéjare d'origine de son chevet et de sa **tour★** (1236), la plus ancienne des quatre tours mudéjares de Teruel. Au sommet, belle vue sur la ville *(accès 2 €)*. Dans l'église, retable du 16e s. signé Gabriel Yoli, auteur de celui du maître-autel de la cathédrale, illustrant la vie de saint Pierre.
Mausolée des Amants B2 – Les amants de Teruel reposaient auparavant dans une chapelle funéraire de l'église de San Pedro. Désormais, un mausolée leur est entièrement consacré. Les deux gisants en albâtre sont l'œuvre de Juan de Ávalos (20e s.). À travers les parois vitrées des tombeaux, on aperçoit les squelettes des amants. On y découvre également la légende (en français) et l'ensemble des œuvres qui se sont inspirées de cette histoire (peinture, musique, théâtre, etc.).
Revenez vers la plaza del Tórico et prenez la calle del Salvador.

Tour de San Salvador A2

✆ 978 602 061 - été : 10h-14h, 16h-20h ; reste de l'année : 11h-14h, 16h30-19h30.
Cette tour mudéjare (14e s.), qui enjambe la rue, joue le rôle de porte de la ville. Comme la tour de San Martín *(p. 304)*, elle est composée de deux tours encastrées. Du haut, vue magnifique sur la ville.

Paseo del Óvalo A2

Dominant la ville moderne, cette belle promenade est conçue comme un belvédère.

À voir aussi

Territorio Dinópolis A1 en dir.

Polígono Les Planos (accès par la N 420 au nord) - ✆ 902 448 000 - www.dinopolis.com - mai-août : 10h-20h ; reste de l'année : w.-end et vac. scol. 10h-20h ; 27 € (4-11 ans 21,50 €). Un parc sur le thème de la paléontologie en général et des dinosaures en particulier. Partie pédagogique (musée où l'on découvre entre autres le squelette d'un brachiosaure et quelques fossiles), spectacles, cinéma 3D et attractions diverses. Autres succursales dans la province.

NOS ADRESSES À TERUEL

HÉBERGEMENT

PREMIER PRIX

Hostal Aragón – B1 - *Santa María, 4 - ✆ 978 601 387 - http://www.hostalaragon.org - ▤ - 30 ch. 30/45 €.* À deux pas de la plaza del Tórico, des chambres de petite taille mais bien tenues. Évitez celles donnant sur le patio intérieur.

BUDGET MOYEN

El Mudayyan – A2 - *Nueva, 18 - ✆ 978 623 042 - www.elmudayyan.com - 8 ch. 50/70 €* ☕. Un petit hôtel de charme au cœur du vieux Teruel. Décoration inspirée du style mudéjar.

Tórico Plaza – A2 - *Yagüe de Salas, 5 (réception à l'étage) - ✆ 978 698 655 - www.bacohoteles.com - 31 ch. 50/80 € - ☕ 8 €.* Un hôtel confortable, on ne peut plus central. Un bon point de chute.

Hotel Reina Cristina – A2 - *Paseo del Óvalo, 1 - ✆ 978 606 860 - www.gargallo-hotels.com - ▤ - 83 ch. 60/65 € - ☕ 11 € - rest. 25/30 €.* Cet hôtel a le charme des vieux établissements, de ceux qui ont déjà vécu. Les chambres sont grandes et impeccables. Accueil professionnel.

RESTAURATION

BUDGET MOYEN

Tapas y Copas – A2 - *Paseo del Óvalo, 8 - ✆ 978 221 389 - 15/20 €.* Pour déguster les « délices de Teruel » (pain, tomate, ail, jambon local) dans l'atmosphère conviviale d'un bar « de toujours ».

Ambeles – B2 - *Ronda de Ambeles, 6 - ✆ 978 610 806 - fermé dim. soir, lun. et de mi-juil. à déb. août - ▤ - menus 15/20/25 €.* Gastronomie modernisée à base de produits locaux dans un cadre rustique.

Mesón Óvalo – A2 - *Paseo del Óvalo, 2 - ✆ 978 618 235 - fermé dim. soir et lun. - menus 15/18 €, carte 26/35 €.* Un restaurant traditionnel pour déguster les spécialités locales comme le *ternasco* (viande de jeune agneau).

Yain – B1-2 - *Pl. de la Judería, 9 - ✆ 978 624 076 - www.yain.es -17/55 €.* Dans un cadre raffiné, un spécialiste du *bacalao* (de la morue) proposant une superbe carte de vins (*yain* en hébreu). L'adresse à la mode de Teruel.

PETITE PAUSE

Pastelería Muñoz – *Pl. Carlos Castel (del Tórico), 26 - ✆ 978 601 130.* Depuis 50 ans, cette pâtisserie élabore des glaces originales au safran de Jiloca ou à l'huile d'olive aragonaise. Goûtez aussi aux *bombones modernistas* et au *guirlache de Teruel*, pâtisserie aux amandes.

ACHATS

La ville de Teruel est réputée pour son **jambon**, d'Appellation d'origine contrôlée.

AGENDA

Fiesta de los Amantes ou Bodas de Isabel de Segura – *Jeu.-dim. suivant le 14 fév.* Teruel revêt ses habits médiévaux pour rejouer la légende des amants. Marché médiéval, concerts, spectacles, etc.

Fiestas de la Vaquilla del Ángel – En juillet, Teruel fête San Ángel, en souvenir de la fondation de la ville après la victoire sur les musulmans. Un taureau est lâché dans les rues, et les habitants, vêtus de blanc, se rassemblent sur la plaza del Tórico pour passer un foulard rouge à la petite sculpture du taureau. Corridas, *pasacalles* et animations diverses.

Albarracín

★★

1 093 habitants – Province de Teruel

Dissimulée dans la sierra de Albarracín, cette cité médiévale, d'une précieuse teinte rosée, apparaît dans un site remarquable, accrochée à une falaise qu'entaille le Guadalaviar. Les remparts qui escaladent la colline dominant la ville furent élevés par les Maures au 10e s., puis reconstruits en grande partie par les chrétiens au 14e s. Les paysages alentour et toute la région sont magnifiques. Voici donc un endroit où il est fort agréable de séjourner.

NOS ADRESSES PAGE 311

S'INFORMER

Office de tourisme – *Pl. del Palacio, dans les anciennes écuries du palais - 978 710 035 - www.fundacionsantamariadealbarracin.com. Visite guidée de la ville incluant celle de la cathédrale 3,50 €.*

SE REPÉRER

Carte de région A4 (p. 234-235). À 38 km à l'ouest de Teruel par l'A 1512.

À NE PAS MANQUER

Une flânerie au hasard des ruelles et un petit-déjeuner en terrasse avec vue sur la sierra.

ORGANISER SON TEMPS

Albarracín peut être visitée en une demi-journée, mais prévoyez plusieurs jours pour découvrir les environs.

Se promener

Depuis la **plaza Mayor**, on accède par la calle del Portal de Molina, que prolonge la calle de Los Palacios, à un quartier de maisons dont la base (en pierre de taille calcaire) et le premier étage, en encorbellement, sont recouverts d'un enduit argileux rosé. Les fines boiseries des balcons, les ferronneries des fenêtres et, çà et là, un blason nobiliaire habillent ces façades. Ici, la galerie couverte aménagée sous les combles est bien différente de celle que l'on voit ailleurs en Aragon.

Les murailles

Construites au 10e s. puis en partie remaniées au 14e s., elles peuvent être longées à pied (attention, ça grimpe !). Il suffit d'emprunter, depuis la plaza Mayor, la calle del Portal de Molina, puis de prendre à droite après le porche.

Cathédrale

978 710 084 - mat. et apr.-midi (musée : w.-end 10h-14h, 16h-20h - 1,80 €).

Au-delà de la plaza Mayor, par la calle de la Catedral, on accède par le cloître à cette église. De style gothique levantin, élevée à partir de 1527, elle se signale par son clocher coiffé d'un lanternon en retrait. Dans l'une des chapelles latérales qui se greffent sur la vaste nef unique, un petit retable en bois sculpté (1566), signé Gabriel Yoli (Joly), retrace des épisodes de la vie de saint Pierre.

Les toits d'Albarracín.
Kaos03/Sime/Photononstop

Le **palais épiscopal**, entièrement rénové, abrite le **Musée diocésain**. Le **trésor**, exposé dans la salle capitulaire, mérite une visite pour ses pièces d'orfèvrerie et ses **tapisseries★** du 16e s. : sept tentures tissées à Bruxelles racontent l'histoire de Gédéon. La visite permet également de découvrir les différentes pièces du palais et de se faire une idée du mode de vie épiscopal au 18e s.

3

À proximité Carte de région

Peintures rupestres A4

Empruntez la route qui part d'Albarracín, après le pont sur le Guadalaviar, en direction du col (puerto) de Valdecuenca. Au bout de 4 km, vous parvenez aux sentiers menant aux premières grottes (quelques minutes ou dizaines de minutes de marche). Le mieux est de se garer sur le parking situé au monte Ortezuelo.

L'ESSOR D'UNE PLACE FORTE BERBÈRE

La sierra de Albarracín est peuplée depuis l'époque préhistorique, comme en témoignent les peintures rupestres des environs. Au 10e s., la cité occupait déjà ce méandre du Guadalaviar. Son nom viendrait de la tribu berbère des Ibn-Racin, qui avait conquis les lieux. Le village prospéra à partir du 11e s., d'abord en tant que royaume de *taifa*, puis comme seigneurie indépendante, rejoignant le royaume d'Aragon en 1379. De par sa situation stratégique, Albarracín occupa une place à part dans le royaume, à la fois respectée (au besoin, les habitants se révoltaient pour faire respecter leurs privilèges, comme au 16e s. contre Philippe II, qui exerça une sévère répression) et protégée. C'était, en outre, un diocèse indépendant depuis le 12e s., ce qui lui donnait un poids supplémentaire. Jusqu'au 18e s., la ville maintint son essor, grâce à l'élevage, au commerce et à la production de laine : la cité s'agrandit alors à l'extérieur des murailles et vit s'élever des bâtiments comme la cathédrale, le palais épiscopal ou l'hôpital.

Un Centre d'interprétation se trouve sur la route ; des randonnées y sont proposées.
Les peintures rupestres visibles dans les grottes datent du paléolithique supérieur (entre 6 000 et 1 500 av. J.-C.). Certaines d'entre elles sont très effacées, mais la balade entre les pins mérite le détour. Les grottes les plus intéressantes sont celles de los **Toricos del Prado del Navazo**, del **Medio Caballo** et de **Doña Clotilde**.
Plus loin, on parvient à un beau point de vue, El Mirador, à 1 500 m d'altitude.

Circuit conseillé Carte de région

LES MONTS UNIVERSELS (Montes Universales) A4

Circuit de 130 km au départ d'Albarracín, tracé en gris sur la carte de région (p. 234-235). Compter une demi-journée.
Situés à l'ouest d'Albarracín, les monts Universels, de formation calcaire, bénéficient d'un climat clément et, par conséquent, d'une végétation verte et très abondante, surprenante lorsqu'on arrive des terres assez dénudées de Teruel.
Prenez l'A 1512 qui passe sous Albarracín puis, après 7 km, suivez à gauche l'A 1704.
Vous traversez **Calomarde**, dont l'église de San Pedro Apóstol date du 17e s., avant d'arriver à la **source du Tage** (Fuente García).
Continuez sur l'A 1704, puis bifurquez à droite sur la TEV 9032.
Peu après **Guadalaviar**, vous atteignez **Griegos**, le village le plus élevé des monts Universels (1 604 m). Malgré les séquelles de la guerre civile, il a conservé son église San Pedro, du 16e s. Ces deux villages sont reliés par un sentier de randonnée :
6 km - env. 2h. De la plaza Mayor de Guadalaviar, prenez en direction du nord vers la Dehesa Boyal et la portera de los Pasos. Le chemin, environné de pins, passe à travers des zones humides et longe plusieurs fontaines (la Milagrosa, los Humederos, Felíz, la Cerraja, etc.). Suivez la direction des Casas de Búcar, à droite, puis descendez jusqu'à la fontaine Coveta, la plus impressionnante du parcours. Revenez sur vos pas et continuez dans la direction initiale. Sur le parcours se trouve la pierre du Soleil (Piedra del Sol), ainsi nommée en raison de son orientation. C'est là que les représentants des villages de Villar del Cobo, Griegos et Guadalaviar se retrouvaient pour régler leurs différends ou prendre des décisions communes. En continuant, vous arrivez à Griegos.
Pour plus d'informations sur les randonnées dans le secteur des monts Universels, rendez-vous sur le site Internet www.fam.es ou adressez-vous à l'office du tourisme d'Albarracín. Il existe aussi des points d'information ouverts en été à Bronchales (978 701 038) et à Moscardón (978 705 272).
Poursuivez sur la TEV 9032, puis empruntez l'A 1512 vers la gauche.
Orihuela del Tremedal, que vous traversez, possède une église baroque, à l'écart des habitations, et un hôtel de ville Renaissance.
Poursuivez et prenez à droite la TE 904 jusqu'à Bronchales. De là, l'A 2709 conduit à Noguera, d'où l'on rentre à Albarracín.

NOS ADRESSES À ALBARRACÍN

HÉBERGEMENT/RESTAURATION

Dans ce village pittoresque et touristique, où il est agréable de séjourner, hôtels et chambres d'hôte de charme se sont multipliés ces dernières années.

PREMIER PRIX

Hostal rural Los Palacios – *Los Palacios, 21 - ✆ 978 700 327 - www.montepalacios.com - fermé une sem. en juin et de fin déc. à déb. janv. - ▤ - 16 ch. 40/45 €.* Cette pension familiale, située au bout du village, propose des chambres simples mais propres. Elle dispose, en outre, d'une terrasse agréable pour prendre son petit-déjeuner face à un paysage grandiose. Également petit restaurant.

BUDGET MOYEN

Hotel Arabia – *Bernardo Zapater, 2 - ✆ 978 710 212 - www.hotelarabia.es - 19 ch. 55/80 € - ☕ 4,50 €.* Un grand bâtiment (autrefois un couvent) au pied de la ville. Très vastes chambres fort confortables. Accueil charmant. Pour les familles, dans le même bâtiment, l'hôtel propose les appartements **El Recreo**.

Hotel Casa de Santiago – *Subida a las Torres, 11 - ✆ 978 700 316 - www.casadesantiago.net - fermé 21 j. en fév. et 7 j. en sept. - 9 ch. 64/70 € - ☕ 6 € - rest. 18 €.* Hôtel familial installé dans un bâtiment majestueux, à côté de la plaza Mayor, et qui aurait appartenu à l'ordre des chevaliers de Saint-Jacques. Un grand portail s'ouvre sur un lieu rempli de charme. On découvre deux salons agréables ainsi que des chambres accueillantes et bien décorées.

La Casona del Ajimez – *San Juan, 2 - ✆ 978 710 321 - www.casonadelajimez.com - 6 ch. 76 € - ☕ 5 €.* Ce petit hôtel est installé dans une maison en pierre de plus de deux siècles, au toit couvert de tuiles. L'intérieur, mélange de rustique et de moderne, regorge de petits détails de bon goût. Les chambres, toutes différentes, sont accueillantes. En été, on peut profiter du verger *(huerto)* des Najaríes.

Hôtel Albarracín – *Azagra, s/n - ✆ 978 710 011 - www.gargallo-hotels.com - 44 ch. 75/80 € (+ IVA).* Un très beau palais accueille cet hôtel aux chambres confortables, remarquablement situé le long de la rue conduisant à la plaza Mayor.

POUR SE FAIRE PLAISIR

La Casa del Tío Americano – *Los Palacios, 9 - ✆ 978 710 125 - www.lacasadeltioamericano.com - ▤ - 6 ch. autour de 100 € ☕ (plus cher le w.-end).* Un hôtel de charme, dans la maison d'un grand-oncle (le *tío*) parti faire fortune aux Amériques. Ses descendants ont entièrement rénové la demeure et l'ont décorée avec goût. Les chambres possèdent de très belles vues sur les environs et le petit-déjeuner se prend sur la terrasse. Accueil soigné.

AGENDA

Los Mayos – Le 30 avril sont entonnés les fameux *Mayos*, chants destinés à accueillir le printemps. Ce fut pendant longtemps un moment de rencontre entre les jeunes gens du village, à qui l'on désignait un(e) partenaire. Ces festivités ont lieu dans plusieurs villages de la sierra.

Fiestas patronales – Du 8 au 17 septembre, en l'honneur de Santa María et Santo Cristobal. Lâchers de taureaux, processions, concerts, etc.

Alcañiz

16 384 habitants – Province de Teruel

Au centre de vergers et de fertiles oliveraies, irriguée par le cours paresseux du río Guadalope, Alcañiz est la capitale du bas Aragon, région connue pour ses spectaculaires cérémonies de la Semaine sainte, accompagnées du roulement des tambours, la « tamborrada », mais aussi pour avoir donné naissance à un cinéaste majeur, Luis Buñuel.

NOS ADRESSES PAGE 315

S'INFORMER
Office de tourisme – *Mayor, 1 - ✆ 978 831 213 - www.alcaniz/turismo.es.*

SE REPÉRER
Carte de région B3 (p. 234-235). Alcañiz est située à l'angle nord-est de la province de Teruel, à la frontière des provinces de Castellón, Saragosse et Tarragone.

À NE PAS MANQUER
La montée au château, le soir, quand la collégiale est éclairée.

ORGANISER SON TEMPS
Comptez 2h environ.

Se promener

★ Plaza de España

Sur un angle de cette très belle place, deux façades retiennent l'attention : celle de la **Lonja** (15e s.), de style gothique catalan, qui se signale par trois arches en ogive surmontées d'une galerie, et la façade Renaissance de l'**hôtel de ville** (16e s.), symbole de la puissance de la cité. Toutes deux possèdent la typique galerie haut-aragonaise abritée par un auvent.

Les terrasses qui s'étendent sous les arcades, ainsi que le va-et-vient des élèves du conservatoire de musique installé dans la Lonja, font de cette place le lieu le plus animé de la ville.

Collégiale de Santa María la Mayor

Reconstruite au 18e s. sur les vestiges d'une église du 14e s., cette **collégiale** se distingue par ses dimensions imposantes. Dominée par une tour gothique (14e s.), elle présente une façade bien rythmée, animée par le jeu des lignes droites et des courbes. Un grand **portail**★ s'y incruste, d'un baroque exubérant. À l'intérieur, on est d'emblée frappé par la taille des piliers aux chapiteaux composites, terminés par une corniche très saillante.

LA ROUE DE LA FORTUNE

L'hôtel de ville d'Alcañiz conserve une peinture murale représentant une roue de la fortune très expressive. Cette œuvre symbolise le temps qui passe et la destinée. La déesse de la fortune se trouve au centre, élément régulateur de l'histoire. La roue tourne dans le sens inverse des aiguilles d'une montre et passe du « *reignabo* » (je régnerai) au « *sum sine regno* » (je n'ai plus de royaume) d'une manière cruelle et irrémédiable.

UNE MER EN ARAGON

Capitale (au même titre qu'Alcañiz) du bas Aragon, **Caspe** est connue pour son « compromis » qui régla en 1412 la succession du roi d'Aragon, Martin l'Humain, en appelant sur le trône la dynastie castillane des Trastamare. Ayant beaucoup souffert lors de différents conflits (et notamment pendant la guerre civile), la ville conserve toutefois une agréable plaza Mayor entourée de portiques surnommés Los Arcos del Toril, ainsi qu'une collégiale gothique, malheureusement assez dégradée. Mais c'est surtout la **mer d'Aragon (El Mar de Aragón)**, immense lac de 7 540 h créé lors de la construction du barrage de **Mequinenza**, qui attire aujourd'hui les amateurs de sports nautiques. *29 km au nord d'Alcañiz par la N 211 (vers Lérida/Lleida, en Catalogne).*

Château de los Calatravos

✆ 978 830 400 - 10h-13h30, 16h-18h (19h ou 21h selon saison) - 4 € (-12 ans gratuit) - visite guidée possible (s'adresser à l'office de tourisme).

Établi sur la butte qui domine la ville, le château fut au 12e s. le siège de la commanderie de l'ordre de Calatrava. Remanié au 18e s., il est aujourd'hui en partie occupé par un parador. Au fond de la cour, le **donjon** (Torre del Homenaje) conserve de riches **peintures murales★** du 14e s. Au rez-de-chaussée, la thématique religieuse domine (la Passion du Christ, la Crucifixion, l'enfance de Jésus…), alors qu'au premier étage, les peintures traitent davantage de sujets historiques et militaires. Quelques œuvres subsistent également dans le cloître et à l'extérieur de la tour.

Les souterrains

Visites possibles avec l'office de tourisme.

Ils passent sous une grande partie de la vieille ville, et ont longtemps été utilisés comme grenier et comme lieu de soins contre la fièvre ou les douleurs.

Museo ATRIUM Santo Domingo

Pl. Santo Domingo, 1, dans l'église, de l'autre côté du río - ✆ 978 833 700 - août : 10h-14h, 17h-20h ; reste de l'année : tlj sf lun. 10h-14h, 16h-19h - 2,25 €.

Espace consacré à l'histoire de la ville. Présentation pédagogique et vidéo *(en espagnol uniquement)*.

Circuits conseillés Carte de région

LE MATARRAÑA C3

Circuit de 75 km environ d'Alcañiz jusqu'à Calaceite tracé en bleu ciel sur la carte de région (p. 234-235). Compter 3h30. Quittez la ville au sud-est par la N 232, puis prenez à gauche l'A 231.

Riche de particularismes et gouvernée après la Reconquête par les chevaliers de l'ordre de Calatrava, cette région montagneuse résonne d'un dialecte mi-aragonais mi-catalan, le *calaseitán*. De ses superbes paysages émergent des petites cités où l'on prend plaisir à s'arrêter pour s'engager à pied dans les ruelles.

La Fresneda

Niché parmi les oliviers, ce beau village présente un aspect séduisant avec ses ruelles à arcades et sa plaza Mayor triangulaire.

Reprenez l'A 231 pendant 10 km.

Valderrobres

On pénètre dans la ville par un beau pont médiéval lancé sur le río Matarraña. Au cœur d'un dédale de ruelles, on découvre l'église gothique de Santa María la Mayor, avant d'accéder au château élevé à la même époque (14e s.) par les évêques de Saragosse. La région leur fut en effet concédée en 1175 par Alphonse II d'Aragon, à charge pour eux de la fortifier et de la repeupler. Belle plaza Mayor avec un hôtel de ville de 1590.

De Valderrobres, une petite route sinueuse, l'A 2412, conduit à Beceite.

Beceite

Encadré par les montagnes, ce village médiéval a conservé, des vestiges de ses murailles, un lacis de ruelles constituant un véritable labyrinthe et un curieux hôtel de ville *(Ayuntamiento)* des 15e et 16e s.

Revenez à Valderrobres et prenez l'A 231 vers Gandesa, puis à gauche l'A 1413.

Calaceite

Ne manquez pas de découvrir l'harmonieuse plaza Mayor où se dresse une belle Casa Consistorial de style maniériste. L'église présente une façade baroque richement sculptée encadrée par des colonnes torses.

LE MAESTRAZGO ARAGONAIS B3-4

Circuit en boucle d'env. 250 km au départ d'Alcañiz, tracé en rouge sur la carte de région (p. 234-235). Compter une journée.

En dehors de ses origines historiques (*Morella, p. 164*), le Maestrazgo est une zone de moyenne montagne très peu peuplée, traversée par le fleuve Guadalope ; elle s'étend autour de Cantavieja et Villarluengo, en Aragon, et de Morella dans la Communauté valencienne. Ses roches calcaires, travaillées par l'érosion, dessinent des paysages variés et parfois étonnants. Des villages perchés complètent le tableau.

Depuis Alcañiz, prenez la N 232 (direction Zaragoza), puis la N 211 vers Calanda (17 km).

Calanda B3

Célèbre pour ses pêches, ses édifices baroques et son impressionnante *tamborrada* de la Semaine Sainte, la ville natale de Luis Buñuel (1900-1983) rend hommage au célèbre cinéaste. Le **Centre Buñuel Calanda (CBC)** *(Mayor, 48 - ✆ 978 846 524 - www.cbcvirtual.com - tlj sf lun. 11h-14h, 16h-20h - gratuit)* brosse un portrait très complet du réalisateur à travers divers documents (photos, extraits de films, affiches, etc.) et panneaux explicatifs (traduits en français). On y découvre sa vie, son œuvre, ses difficultés, sa relation aux comédiens, ses personnages préférés, etc. L'entrée du musée adresse plusieurs clins d'œil aux obsessions de l'artiste.

Suivez l'A 226 au sud via *le superbe* **barrage** *(embalse)* **de Santolea**.

Mirambel B4

Ce très beau village a conservé ses murailles des 13e et 14e s. et ses cinq portes, dont le délicat **portal de las Monjas**.

On peut aussi y voir plusieurs palais et demeures seigneuriales Renaissance ainsi qu'un couvent fondé par Philippe II.

Continuez sur l'A 226.

Cantavieja B4

Museo de las Guerras Carlistas, Mayor 15 - ✆ 964 185 414.
L'ancienne capitale du Maestrazgo vaut pour sa **plaza Mayor** (ou plaza Cristo Rey), à portiques, bordée par l'hôtel de ville gothique et l'église de la Asunción (17e-18e s.). On y découvre également de beaux palais de la même époque.
Empruntez l'A 227.

La Iglesuela del Cid B4

Ce village est réputé pour sa tour de los Nublos (13e s.) et son hôtel de ville gothique qui occupe les anciens bâtiments du couvent et du château (13e s.). Sans oublier plusieurs palais Renaissance construits entre le 15e et le 18e s.
Retournez à Cantavieja, prenez l'A 226 vers l'ouest, puis l'A 1702 vers Villarluengo, continuez en direction de Pitarque et prenez à droite vers Ejuve.
On arrive ainsi aux **Órganos de Montoro**, formation géologique étonnante, constituée de stalagmites géantes. Le paradis des amateurs d'escalade.
Continuez sur l'A 1702 vers le nord, puis empruntez la N 211 à droite vers Alcañiz.

NOS ADRESSES À ALCAÑIZ

HÉBERGEMENT

POUR SE FAIRE PLAISIR

Parador de Alcañiz – *Castillo de los Calatravos - ✆ 978 830 400 - www.parador.es - - 37 ch. 80/170 € - 16 € - rest. 27/37 €.* Aménagé dans le château de los Calatravos, il dispose de chambres spacieuses et très confortables, avec des vues imprenables sur la ville. Un cadre exceptionnel. Le restaurant privilégie les recettes traditionnelles de la région.

À Beceite

BUDGET MOYEN

La Fábrica de Solfa – *Arrabal del Puente, 16 - Beceite - ✆ 978 850 756 - http://fabricadesolfa.com - 8 ch. 80/90 € - rest. (fermé dim. soir et lun. midi) 22 €.* Un moulin à papier du 18e s. accueille ce sympathique (et confortable) hôtel rural dont le restaurant propose une savoureuse cuisine régionale.

RESTAURATION

POUR SE FAIRE PLAISIR

Empeltre – *Ramón J. Sender, 8 - ✆ 978 838 884 - menu 12 €, carte 26/37 €.* Cet excellent petit restaurant propose une cuisine traditionnelle mise au goût du jour. La présentation des plats est particulièrement soignée.

AGENDA

Rompida de la Hora – Depuis le 17e s., à Alcañiz et dans huit villages des environs, les tambours *(tamborrada)* annoncent le début de la Semaine sainte. La veille du Vendredi saint à minuit, les habitants se retrouvent sur la place principale de chaque village. Ils font silence, sauf à Alcañiz où les tambours commencent leur procession. Suivent trois jours de festivités.
Semaine médiévale – *Dernière semaine d'avril.* Au programme : défilés de géants, *judiada* (haricots pour tous), marché médiéval, concerts, etc. Le 23 avril, jour de la Saint-Georges (San Jorge), une célébration spéciale est dédiée à sa victoire sur le dragon.
Virgen de Pueyos – Du 8 au 13 septembre, Alcañiz fête sa patronne avec des défilés de géants.

3

Escapade à Barcelone★★★

Carte Michelin Regional 574 - Plan Michelin Barcelone 41
Province de Barcelona

Casa Mila de Gaudí.
B.Gardel/hemis.fr

ESCAPADE À BARCELONE

Centre de Cultura Contemporània de Barcelona .... **R**	Illa de la Discòrdia Casas: Lleó i Morera, Amatller, Batlló .... **Y**
Fundació Antoni Tàpies .... **S**	Museu del Modernisme Català **M2**
Fundació Joan Miró .... **W**	Museu Egipci de Barcelona **M1**

Museu Etnològic	M5	Pavelló Mies van der Rohe	Z
Museu Nacional d'Art de Catalunya	M4	Teatre Grec	T1

Barcelone

Barcelona

★★★

1 611 822 habitants – Province de Barcelona

Ouverte sur la mer, Barcelone, capitale économique et politique de la Catalogne, est l'une des villes les plus attrayantes et les plus cosmopolites de l'État espagnol. La magie de cette cité fascinante opère vite, que ce soit sur les élégantes avenues de l'Eixample ou dans les ruelles médiévales des quartiers anciens. Rares sont les villes mêlant avec un tel naturel tradition et modernité, art et histoire, culture et vie. Vous y découvrirez d'étonnants édifices modernistes, de magnifiques musées, de majestueuses églises gothiques coexistant sans complexe avec des boutiques au design décoiffant et des bars envahis en fin de journée par une jeunesse volontiers exubérante.

BARCELONE PRATIQUE PAGE 324

Le Guide Vert Barcelone et la Catalogne et Le Guide Vert Week-end Barcelone.

Nos 10 incontournables

Rambla

Âme et cœur de la ville, cette grande promenade mérite le pluriel puisqu'elle porte cinq noms différents sur son parcours de plus d'un kilomètre entre la plaça de Catalunya et le port Vell. L'artère, au terre-plein central ombragé, est un univers où se presse une foule dense et bigarrée, flânant entre les kiosques, parmi les artistes de rue et les terrasses de cafés.

★★ Barri Gòtic

Catalunya (L1, L3).

Au cœur de la ville, dans un dédale de rues, le quartier gothique reste l'un des quartiers les plus vivants de Barcelone. Ainsi appelé en raison de ses bâtiments des 13e, 14e et 15e s., il est, en fait, beaucoup plus ancien puisqu'on y a trouvé des vestiges antiques, notamment ceux de la muraille romaine barcelonaise (4e s.), visibles en certains endroits. L'avenue piétonne Portal de l'Àngel, qui quitte la plaça de Catalunya pour se perdre aux portes du quartier, et la rue Portaferrissa et ses voisines, qui le relient à la Rambla, comptent parmi les plus commerçantes et les plus fréquentées du *barrio*.

★★ Catedral Santa Eulàlia

Pl. de la Seu, s/n - Jaume I (L4) - 933 428 262 - www.catedralbcn.org - ♿ - visites lun.-sam. 13h-17h, dim. 14h-17h - 6 € (terrasse et cor inclus), accès gratuit pendant les horaires de messe : 8h-12h45 (13h45 dim.), 17h15-19h30.

L'édifice actuel fut entrepris à la fin du 13e s. et achevé en 1450. La **façade** et la flèche sont récentes (19e s.), mais construites selon le dessin gothique (1408).

★ **Intérieur** – Les trois vaisseaux ont été réalisés selon le plus pur style gothique catalan. La légèreté et la sveltesse des piliers donnent une remarquable sensation d'élévation, intensifiée par la lumière ténue et indirecte de la lanterne, érigée à l'entrée du sanctuaire.

Plaça Reial, à Barcelone.
B. Gardel / hemis.fr

Ne manquez pas *(à droite de l'entrée principale)* la **capella del Santíssim** (chapelle du Saint-Sacrement), couverte d'une voûte octogonale étoilée ; et, sous le maître-autel et la croisée, la **crypte de sainte Eulalie★**, couverte par une voûte nervurée très basse. Les chapelles du déambulatoire abritent des retables gothiques et baroques, dont un chef-d'œuvre, la **Transfiguration★**, de Bernat Martorell.

Terrasse – *Montée en ascenseur dans une chapelle du déambulatoire - horaires de la cathédrale - fermé j. fériés - 3 €.* Des passerelles métalliques, dominées par les imposantes silhouettes des tours et de la tour-lanterne de la cathédrale, dispensent une promenade singulière, offrant de splendides **vues★★** sur la ville.

★★ **Cor** – *Fermé dim. et j. fériés - 2,80 € - mêmes horaires que la cathédrale.* La perspective du vaisseau principal est tronquée par cette enceinte fermée de murs gothiques finement sculptés. Elle présente deux rangées de stalles polychromes aux dossiers décorés d'armoiries par Jean Ier de Bourgogne.

Le **trascor★** (façade postérieure du *cor*) du 16e s., en marbre blanc, est l'œuvre de Bartolomé Ordóñez.

Dans le bas-côté gauche, on passe devant la **chapelle de la Vierge de Montserrat**, patronne de la Catalogne, dite « la Moreneta », dont le culte se développa autour de la montagne du même nom.

★ **Cloître** (claustre) – C'est l'un des endroits les plus paisibles de la ville. Quatre galeries aux voûtes en croisée d'ogives servent d'écrin à un patio où palmiers et orangers enserrent une fontaine dédiée à Sant Jordi (saint Georges), patron de la Catalogne et de l'Aragon, tandis que treize oies déambulent dans leur enclos.

★★ Plaça Reial (Place Royale)

Liceu ou Drassanes (L3).

Cette place piétonne harmonieuse, bordée de bâtiments à arcades, fut dessinée entre 1840 et 1850, par Francesc Daniel Molina. Sous les arcades fleurissent les cafés, et le dimanche se tient un marché aux timbres et aux monnaies. Au centre, planté de quelques palmiers, subsistent deux réverbères dessinés par Gaudí. Jetez un coup d'œil au **passeig Bacardí**, galerie de fer et de verre qui ramène sur la Rambla. Un passage conduit de la place à la **carrer de Ferran**, rue commerçante où abondent bars et restaurants, et qui relie la Rambla à la place de Sant Jaume ; de l'autre côté, vous pourrez rejoindre la **carrer dels Escudellers**. Reliant ces deux rues, vers la place de Sant Jaume, l'étroite **carrer d'Avinyó** doit sa célébrité à Picasso qui l'immortalisa avec ses fameuses *Demoiselles d'Avignon* (1907), tableau fondateur de la peinture moderne.

★★ Les Drassanes

Av. de les Drassanes, s/n - Ⓜ Drassanes (L3).

Près du monument de Christophe Colomb, ces anciens chantiers navals constituent un superbe exemple d'architecture civile gothique catalane.
Inaugurées sous le règne de Pere III le Grand (v. 1240-1285), elles furent agrandies sous Pere IV, dit « le Cérémonieux » (1319-1387) ; il transforma les porches est et ouest en salles voûtées composées de huit nefs parallèles où l'on pouvait travailler sur trente galères à la fois. À la fin du 16e s., huit nefs de plus de 100 m furent rajoutées. Aujourd'hui, les Drassanes abritent le **Musée maritime**.

★★ Iglesia Santa María del Mar

Pl. de Santa Maria, 1 - Ⓜ Jaume I (L4)- lun.-jeu. 9h-13h30, 16h30-20h30, vend.-sam. 9h-13h, 17h-20h30, dim. et j. fériés - gratuit.

Construite au 14e s. en 56 ans seulement, cette église, « la cathédrale de la Ribera », frappe par son harmonie et son élégance.
★★ **Extérieur** – Ses trois façades sont représentatives du style gothique catalan : prédominance de l'horizontalité, contreforts massifs, nombre de surfaces nues et piliers octogonaux. La **rosace**★ (15e s.), de style flamand, est d'une qualité suprême. Le long de la carrer de Santa María, on apprécie les gargouilles des contreforts, le revers des vitraux et la régularité de la monumentale architecture.
★★★ **Intérieur** – Santa María del Mar réunit les deux réussites les plus importantes du gothique catalan : épuration des formes et amplitude de l'espace. L'architecte a conçu trois vaisseaux de grande hauteur, séparés par de sveltes piliers, obtenant ainsi l'effet d'une grande légèreté. Le maître-autel est entouré par une curieuse forêt de colonnes, qui se rejoignent en formant une voûte.

★★★ Casa Batlló

Pg de Gràcia, 43 - Ⓜ Pg de Gràcia (L3) - ✆ 932 160 306 - www.casabatllo.es - 9h-21h (dernière entrée à 20h20) - 21,50 € avec audioguide (7-18 ans 18,50 €, -7 ans gratuit).

Œuvre magistrale de Gaudí, la maison (1904-1906) présente une **façade**★★ recouverte de disques de céramique et de verre colorés ainsi qu'un étonnant toit revêtu d'écailles. Les singulières baies de l'étage principal lui ont valu le surnom de « maison des Os ou des Bâillements ». Si l'extérieur éblouit, l'**intérieur**★★★ n'est pas en reste. Chassant toute ligne droite, Gaudí a créé une œuvre d'une beauté sans pareille. Les escaliers, la toiture, les encadrements des portes et des fenêtres, l'emploi de la lumière, tout est pensé pour former un univers prodigieux, directement inspiré de la nature. L'ondulation des formes atteint son point d'orgue avec le plafond en spirale du salon principal.

★★★ Basílica de la Sagrada Família

Mallorca, 401 - Ⓜ Sagrada Família (L2) - ✆ 935 132 060 - www.sagradafamilia.cat - ♿ - avr.-sept. : 9h-20h ; oct.-mars : 9h-18h - basilique : 14,80 € (-18 ans 12,80 €) ; basilique + tours ou audioguide : 19,30 € (-18 ans 17,30 €) ; basilique + tours et audioguide : 23,80 € (-18 ans 20,80 €).

C'est l'œuvre la plus connue d'Antoni Gaudí qui y consacra sa vie à partir de 1882, rendant chaque jour plus complexe, jusqu'à l'hermétisme, le caractère symbolique de l'église. En forme de croix latine, elle devait présenter trois façades, chacune flanquée de quatre tours symbolisant les apôtres. Sur l'abside, une autre tour serait vouée à la Vierge, tandis que la flèche sur la croisée, symbolisant le Christ, serait entourée elle aussi de quatre tours, consacrées aux évangélistes. À la mort de Gaudí, seules avaient été réalisées la crypte, l'abside et la façade de la Nativité. Depuis, les travaux, financés par des donations, continuent.

★★ **Façade de la Nativité** – Quatre tours de 115 m surmontent les trois portails de cette façade. À gauche, le portail de l'Espérance; au centre, le portail de la Charité, décoré d'une profusion de motifs floraux, que surmonte l'arbre généalogique de Jésus. La première des quatre portes en bronze, installée en juillet 2014 (7 m de haut sur 3 m de large) et réalisée par le sculpteur et architecte Etsuro Sotoo, est couverte de motifs végétaux (lierres, feuilles, fleurs de courges et d'iris) ainsi que de nombreux insectes. Les trois autres portes suivront en 2015.

À droite, le portail de la Foi est orné de sculptures de l'enfance de Jésus et la Visitation.

Intérieur – Il se visite dans le vacarme des engins de chantier, qui n'enlève rien à la fascination exercée par le monument; dans l'état actuel des choses, vous aurez un aperçu saisissant de l'impressionnante forêt de colonnes de la nef, voulue par Gaudí, et verrez quelques vitraux, notamment la rosace réalisée par Joan Vila-Grau (2001). Du haut des tours (accès par ascenseur) se dégage une **vue panoramique**★★ exceptionnelle.

Crypte – Gaudí est enterré dans la crypte, aujourd'hui aménagée en un passionnant musée-atelier.

★★ Park Güell

Olot, 1 - bus 116 arrêt Av. del Coll del Portell-Baixada de la Glòria - Lesseps (L3) puis fléchage - 902 200 302 - www.parkguell.cat - 24 mars-26 oct. : 8h-21h30 ; 27 oct.-23 mars : 8h30-18h - 8 € (7 € en ligne) ; 7-12 ans 5,60 € (4,90 € en ligne)

La plus connue des commandes faites par Güell à Gaudí devait être une cité-jardin qui n'a jamais été achevée. Le parc s'ouvre sur deux bâtiments en forme de champignon, propres aux contes de fées. Un escalier, gardé par un « dragon » (en fait une salamandre) de mosaïque, mène à la **salle des Cent Colonnes**. Cet espace, prévu pour servir de marché et qui, en réalité, ne comprend que 86 colonnes doriques très penchées, est superbe. Dans la mosaïque du toit, tout en ondulations, sont encastrés les *trencadís*, des éclats de céramique. Vous les retrouverez sur l'interminable **banc ondulant**★★ qui borde, au-dessus de la salle des colonnes, la grande place circulaire, extraordinaire **mirador** sur la ville.

★★★ Fundació Joan Miró

Parc de Montjuïc - bus 55, arrêt Pl. Catalana-Mascaró - 934 439 470 - www.fundaciomiro-bcn.org - - juil.-sept. : mar.-sam. 10h-20h (jeu. 10h-21h30), dim. et j. fériés 10h-14h30 ; oct.-juin : mar.-sam. 10h-19h (jeu. 10h-21h30), dim. et j. fériés 10h-14h30 - fermé lun. (sf j fériés), 1er janv., 25 et 26 déc. - 11 € (-14 ans gratuit), audioguide 5 €.

Le **bâtiment**★★ qui abrite la fondation a été construit en 1971 par **Josep Lluís Sert** (1902-1983). Il constitue l'une des plus belles œuvres du rationalisme méditerranéen, dont l'architecture se caractérise par l'ouverture de l'espace intérieur et extérieur, à la recherche d'un équilibre entre paysage et bâtiment. Le fonds, constitué par Joan Miró (1893-1983), réunit plus de 10 000 œuvres, peintures, sculptures et dessins, collages et œuvres graphiques. Il permet d'apprécier l'évolution de l'artiste, d'abord réaliste puis influencé par le surréalisme. Le lieu est complété par une petite collection d'art contemporain, représentant l'hommage à Miró d'artistes tels que Chillida, Saura, Duchamp, Max Ernst ou Rauschenberg. On y verra également la **Fuente de Mercurio**★ d'Alexandre Calder.

BARCELONE PRATIQUE

S'INFORMER

Office de tourisme – ☎ *932 853 834 - www.barcelonaturisme.com*. Il y en a plusieurs dans la ville, le principal est à plaça de Catalunya, 17 *(en sous-sol, côté Corte Inglés) - 8h30-20h30.*

TRANSPORTS

Aéroports

Aéroport de Barcelona El Prat – ☎ *902 404 704/913 211 000 - www.aeropuertobarcelona-elprat.com*. Il se trouve à 10 km au sud de la ville.

Gare de Barcelona Sants – *Pl. dels Països Catalans, s/n -* ☎ *902 240 505.*

Transports en commun

Transports Metropolitans de Barcelona : www.tmb.cat. Les tickets sont vendus dans les stations de métro (guichets et distributeurs automatiques).

Bitllet senzill – Valable pour un trajet unique avec correspondance *(2,15 €)*. Le *bitllet senzill d'autobús* s'achète dans le véhicule.

Carte T-Dia – Valable une journée pour un nombre de voyages illimité *(7,60 €)*.

T-10 – Elle vous donne droit à 10 voyages, chacun limité à 1h15 *(10,30 € pour 1 zone).*

Abonnements Hola BCN – Cartes valables 2 j. *(14 €)*, 3 j. *(20 €)*, 4 j. *(25,50 €)* ou 5 jours *(30,50 €)*.

Taxi

Les véhicules libres se distinguent par une lumière verte sur le toit. Le soir, vous pouvez aisément changer de quartier pour 7 à 8 €. La prise en charge coûte 2,10 €.

Radio Taxi Barcelone *(☎ 933 033 033)* ; **Servi Taxi** *(☎ 933 300 300)* ; **Taxis équipés pour les personnes handicapées** *(☎ 934 208 088).*

Voiture

Circuler en voiture est vivement déconseillé ! Le cas échéant, trouvez rapidement un parking (de préférence surveillé) et poursuivez en métro. Tarifs de stationnement très variables !

VISITES

Trois cartes donnent droit à différentes réductions (en vente notamment dans les offices de tourisme) :

Barcelona Card – *www.barcelonacard.com - valable 2 j. (34 €), 3 j. (44 €), 4 j. (52 €) ou 5 j. (58 €)*. Elle permet l'accès gratuit à tous les transports en commun de Barcelone et à certains musées ; -10 % en ligne.

La Ruta del modernisme – *www.rutadelmodernisme.com*. Petit guide accompagné d'une carte des monuments modernistes. Coupons de réduction pour l'entrée des sites. Tarif : 12 € (-18 ans gratuit) ; + 5 € pour les personnes accompagnant le porteur de ce guide. Validité : un an.

L'**Arqueoticket** donne accès aux 5 musées possédant un fonds archéologique *(13 €, valable un an).*

VISITES GUIDÉES

Bus touristique – Le Bus turístic (avec audioguides en 10 langues) est une manière pratique de découvrir la ville. Trois lignes (44 arrêts dont 5 points de correspondance). *www.barcelonabusturistic.cat - été 9h/9h30-20h (hiver 19h) - 1 j. : 27 € (4-12 ans 16 €), 2 j. : 35 € (-12 ans 20 €) ; -10 % en ligne.*

HÉBERGEMENT

BUDGET MOYEN

Hostal Sol y K – *Cervantes, 2, 2° 1a - Ⓜ Liceu -* ☎ *933 188 148 -*

www.solyk.com - 14 ch. Un des rares hôtels du centre à la fois abordable et plein de style ! Moderne et lumineuse, chaque chambre est différente, décorée avec goût : poutres apparentes, tête de lit travaillée par des artistes locaux, en mosaïque, skaï capitonné, bois… Avec ou sans salle de bains privée, la plupart des chambres ouvrent sur un petit balcon. Sanitaires communs impeccables et accueil attentionné. Une bonne adresse !

POUR SE FAIRE PLAISIR

Hotel Banys Orientals – *Argenteria, 37 - Jaume I - 932 688 460 - www.hotelbanysorientals.com - - 43 ch. 115/150 €.* Cet ancien édifice du 18e s., restauré avec goût, dissimule l'un des plus charmants hôtels design de Barcelone. Lignes épurées, parquet couleur ébène, lits à baldaquin modernes : les chambres allient confort et design. Son restaurant, **Senyor Parellada**, est excellent et fort réputé.

RESTAURATION

PREMIER PRIX

Tapa Tapa – *Pg de Gràcia, 44 - Passeig de Gràcia - 934 883 369 - www.tapataparestaurant.cat - 7h30-1h30, vend.-sam. 8h-2h, dim. 8h45-1h.* Une version « soft » du bar à tapas, avec un très vaste choix. Les plats sont de bonne qualité, le prix dépend de votre faim… et c'est situé face à la Casa Battló.

BUDGET MOYEN

El Nou Celler – *Princesa, 16 - Jaume I - 933 104 773 - lun.-vend. 9h-23h30, sam. 10h-23h30 - fermé dim.* Bonne ambiance dans cette taverne au service continu. Cuisine traditionnelle catalane ; choisissez plutôt les plats du jour, copieux et succulents, ou la paella maison.

POUR SE FAIRE PLAISIR

Can Solé – *San Carles, 4 - Barceloneta - 932 215 012 - www.restaurantcansole.com - tlj sf dim. soir et lun. 13h30-16h, 20h30-23h - fermé 2 sem. en août.* Une excellente adresse, réputée pour ses fruits de mer et ses riz. Joli cadre, où l'on mange entouré des photos des personnalités qui ont fréquenté les lieux depuis 1903.

PETITE PAUSE

Irati – *Cardenal Casañas, 17 - Liceu - 902 520 522 - 11h-0h30.* À deux pas de la plaça del Pi, le bar de cette taverne basque est souvent bondé à l'heure des tapas. On y sert de délicieux *pintxos*.

Cafè de l'Òpera – *Rambla, 74 - Liceu - 933 177 585 - 8h30-2h30.* Ce café historique, installé en face du théâtre du Liceu, est une véritable institution avec sa façade moderniste et son atmosphère 19e s.

BOIRE UN VERRE

Les Gens que J'Aime – *Valencia, 286 - Pg de Gràcia - 932 156 879 - dim.-jeu. 18h-2h30, vend.-sam. 19h-3h.* Un bar bohème et intime, incontournable à l'heure du cocktail. Lumière tamisée, et clientèle chic et intello !

Bodega Raïm – *Progrés, 48 - Fontana - 20h-2h30 (3h vend.-sam.).* Petite bodega typique dont les propriétaires sont amoureux de la culture cubaine. Elle est fréquentée par la clientèle « bobo » de Gràcia qui vient y déguster un mojito.

Mirablau – *Pl. Doctor Andreu, 2 - Tram Blau - 934 185 879 - lun.-jeu. et dim. 11h-3h30, vend.-sam. 11h-6h.* Bar situé sur le flanc du Tibidabo, dont la superbe terrasse offre une vue impressionnante sur presque toute la ville. Tapas copieuses.

Parce que le monde est mobile, **Michelin** améliore notre mobilité.

PAR TOUS LES MOYENS ET SUR TOUTES LES ROUTES.

Depuis l'avènement de l'entreprise – il y a plus d'un siècle ! – Michelin n'a eu qu'un objectif : aider l'homme à toujours mieux avancer. Un défi technologique, d'abord, avec des pneumatiques toujours plus performants, mais aussi un engagement constant vis-à-vis du voyageur, pour l'aider à se déplacer dans les meilleures conditions. Voilà pourquoi Michelin développe, en parallèle, toute une collection de produits et de services : cartes, atlas, guides de voyage, accessoires automobiles, mais aussi applications mobiles, itinéraires et assistance en ligne : Michelin met tout en œuvre pour que bouger soit un plaisir !

ROAD ATLAS
FRANCE
Paris
RESTAURANTS
PARIS
PAR ARRONDISSEMENT
Renseignements pratiques & culturels
Index des rues
Rues piétonnes
Sens uniques
Stations Vélib'
Métro, RER, Bus
Tramway, Taxis
Les Alpes à

CODE
DE LA ROUTE
AUVERGNE
DUBLIN
WEEK-END

Europe
More than 40 countries
Routes des vignobles
en France
Patrim
indust
MICHELIN
BERLIN
Stadtplan und Register

Un pneu → *c'est quoi ?*

Rond, noir, à la fois souple et solide, le pneumatique est à la roue ce que le pied est à la course. Mais de quoi est-il fait ? Avant tout de gomme, mais aussi de divers matériaux textiles et / ou métalliques... et d'air ! Ce sont les savants assemblages de tous ces composants qui assurent aux pneumatiques leurs qualités : adhérence à la route, amortissement des chocs, en deux mots : confort et sécurité du voyageur.

1 *BANDE DE ROULEMENT*
Une épaisse couche de gomme assure le contact avec le sol. Elle doit évacuer l'eau et durer très longtemps.

2 *ARMATURE DE SOMMET*
Cette double ou triple ceinture armée est à la fois souple verticalement et très rigide transversalement. Elle procure la puissance de guidage.

3 *FLANCS*
Ils recouvrent et protègent la carcasse textile dont le rôle est de relier la bande de roulement du pneu à la jante.

4 TALONS D'ACCROCHAGE À LA JANTE
Grâce aux tringles internes, ils serrent solidement le pneu à la jante pour les rendre solidaires.

5 GOMME INTÉRIEURE D'ÉTANCHÉITÉ
Elle procure au pneu l'étanchéité qui maintient le gonflage à la bonne pression.

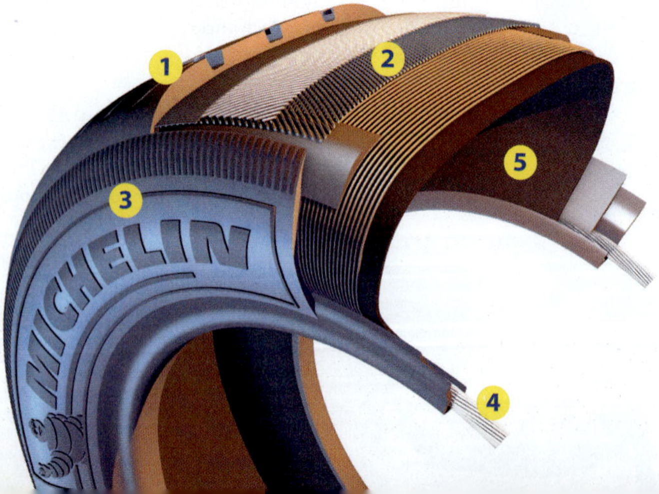

Michelin
→ *l'innovation en mouvement*

Créé et breveté par Michelin en 1946, le pneu radial ceinturé a révolutionné le monde du pneumatique. Mais Michelin ne s'est pas arrêté là : au fil des ans, d'autres solutions nouvelles et originales ont vu le jour, confirmant Michelin dans sa position de leader en matière de recherche et d'innovations, pour répondre sans cesse aux exigences des nouvelles technologies des véhicules.

→ *la juste pression !*

L'une des priorités de Michelin, c'est une mobilité plus sûre. En bref, innover pour avancer mieux. C'est tout l'enjeu des chercheurs, qui travaillent à mettre au point des pneumatiques capables de "freiner plus court" et d'offrir la meilleure adhérence possible à la route. Aussi, pour accompagner les automobilistes, Michelin organise, partout dans le monde, des campagnes de sensibilisation à la sécurité routière : les opérations "Faites le plein d'air" rappellent à tous que la juste pression des pneumatiques est un facteur essentiel de sécurité.

La stratégie Michelin :
→ *des pneumatiques multiperformances*

Qui dit Michelin dit sécurité, économie de carburant et capacité à parcourir des milliers de kilomètres. Un pneumatique MICHELIN, c'est tout cela à la fois.

Comment ? Grâce à des ingénieurs au service de l'innovation et de la technologie de pointe. Leur challenge : doter tout pneumatique – quel que soit le véhicule (automobile, camion, tracteur, engin de chantier, avion, moto, vélo et métro !) – de la meilleure combinaison possible de qualités, pour une **performance globale optimale**.

Ralentir l'usure, réduire la dépense énergétique (et donc l'émission de CO^2), améliorer la sécurité par une tenue de route et un freinage renforcés : autant de qualités dans un seul pneu, c'est cela Michelin Total Performance.

MICHELIN
Total Performance

Chaque jour, **Michelin** innove en faveur de la mobilité durable.

DANS LE TEMPS ET LE RESPECT DE LA PLANÈTE.

La mobilité durable

→ *c'est une mobilité propre... et pour tous*

La mobilité durable c'est permettre aux hommes de se déplacer d'une façon plus propre, plus sûre, plus économique et plus accessible à tous, quel que soit le lieu où ils vivent.

Tous les jours, les 113 000 collaborateurs que Michelin compte dans le monde innovent :

• en créant des pneus et des services qui répondent aux nouveaux besoins de la société,

• en sensibilisant les jeunes à la sécurité routière,

• en inventant de nouvelles solutions de transport qui consomment moins d'énergie et émettent moins de CO^2.

→ *Michelin Challenge Bibendum*

La mobilité durable, c'est permettre la pérennité du transport des biens et des personnes, afin d'assurer un développement économique, social et sociétal responsable. Face à la raréfaction des matières premières et au réchauffement climatique, Michelin s'engage pour le respect de l'environnement et de la santé publique. De manière régulière, Michelin organise ainsi le Michelin Challenge Bibendum, le seul événement mondial axé sur la **mobilité routière durable.**

MICHELIN CHALLENGE BIBENDUM

Notes

Notes

Notes

INDEX GÉNÉRAL

Valence : villes, curiosités et régions touristiques.
Buñuel, Luis : noms historiques et termes faisant l'objet d'une explication.
Les sites isolés (châteaux, monastères, grottes...) sont répertoriés à leur propre nom. Quand ce nom commence par La, L', El, Las ou Los, l'odre alphabétique du nom qui suit a été adopté.

A

B

C

INDEX GÉNÉRAL

G

H

I

J

T

U

V

X

Y

Z

CARTES ET PLANS

CARTE GÉNÉRALE

CARTES DES RÉGIONS

PLANS DE VILLE

CARTES THÉMATIQUES

CARTES DES CIRCUITS

LÉGENDE DES CARTES ET PLANS

Curiosités et repères

- Itinéraire décrit, départ de la visite
- Église
- Mosquée
- Synagogue
- Monastère - Phare
- Fontaine
- Point de vue
- Château - Ruine ou site archéologique
- Barrage - Grotte
- Monument mégalithique
- Tour génoise - Moulin
- Temple - Vestiges gréco-romains
- Temple : bouddhique - hindou
- Autre lieu d'intérêt, sommet
- Distillerie
- Palais, villa, habitation
- Cimetière : chrétien - musulman - israélite
- Oliveraie - Orangeraie
- Mangrove
- Auberge de jeunesse
- Gravure rupestre
- Pierre runique
- Église en bois
- Église en bois debout
- Parc ou réserve national
- Bastide

Sports et loisirs

- Piscine : de plein air - couverte
- Plage - Stade
- Port de plaisance - Voile
- Plongée - Surf
- Refuge - Promenade à pied
- Randonnée équestre
- Golf - Base de loisirs
- Parc d'attractions
- Parc animalier, zoo
- Parc floral, arboretum
- Parc ornithologique, réserve d'oiseaux
- Planche à voile, kitesurf
- Pêche en mer ou sportive
- Canyoning, rafting
- Aire de camping - Auberge
- Arènes
- Base de loisirs, base nautique ou canoë-kayak
- Canoë-kayak
- Promenade en bateau

Informations pratiques

- Information touristique
- Parking - Parking - relais
- Gare : ferroviaire - routière
- Voie ferrée
- Ligne de tramway
- Départ de fiacre
- Métro - RER
- Station de métro (Calgary, ...) (Montréal)
- Téléphérique, télécabine
- Funiculaire, voie à crémaillère
- Chemin de fer touristique
- Transport de voitures et passagers
- Transport de passagers
- File d'attente
- Observatoire
- Station-service - Magasin
- Poste - Téléphone
- Internet
- H Hôtel de ville - Banque, bureau de change
- J Palais de justice - Police
- Gendarmerie
- T U M Théâtre - Université - Musée
- Musée de plein air
- Hôpital
- Marché couvert
- Aéroport
- Parador, Pousada (Établissement hôtelier géré par l'État)
- A Chambre d'agriculture
- D Conseil provincial
- G Gouvernement du district, Délégation du Gouvernement Police cantonale
- L Gouvernement provincial (Landhaus)
- P Chef-lieu de province
- Station thermale
- Source thermale

Axes routiers, voirie

- Autoroute ou assimilée
- Échangeur : complet - partiel
- Route
- Rue piétonne
- Escalier - Sentier, piste

Topographie, limites

- Volcan actif - Récif corallien
- Marais - Désert
- Frontière - Parc naturel

Comprendre les symboles utilisés dans le guide

LES ÉTOILES

★★★ **Vaut le voyage** ★★ **Mérite un détour** ★ **Intéressant**

HÔTELS ET RESTAURANTS

9 ch.	Nombre de chambres		Piscine
7,5 €	Prix du petit-déjeuner en sus	CC	Paiement par cartes de crédit
50 €	Prix de la chambre double, petit-déjeuner compris		Carte de crédit non acceptée
bc	Menu boisson comprise	P	Parking réservé à la clientèle
	Air conditionné dans les chambres	Tram	Station de tramway la plus proche
	Restaurant dans l'hôtel	M	Station de métro la plus proche
	Établissement servant de l'alcool (à l'étranger)		

SYMBOLES DANS LE TEXTE

	À faire en famille		Randonnée à vélo
	Pour aller au-delà		Facilité d'accès pour les handicapés
	Promenade à pied	A2 B	Repère sur le plan

Note au lecteur

Michelin a apporté le plus grand soin à la rédaction de ce guide et à sa vérification. Toutefois, les informations pratiques (formalités administratives, prix, adresses, numéros de téléphone, adresses Internet, etc.) doivent être considérées comme des indications du fait de l'évolution constante de ces données.

Il n'est pas totalement exclu que certaines d'entre elles ne soient plus, à la date de parution du guide, tout à fait exactes ou exhaustives. N'hésitez pas à nous signaler toute omission ou inexactitude que vous pourriez constater, ainsi qu'à nous faire part de vos avis et suggestions sur les adresses contenues dans ce guide.

Avant d'entamer toute démarche, formalités administratives ou douanières notamment, vous êtes invité à vous renseigner auprès des organismes officiels. Ces informations ne sauraient, de ce fait, engager notre responsabilité.

Collection Le Guide Vert sous la responsabilité de Philippe Orain

Édition
Anne Duquénoy, Matilde Miñón Marquina, Aude Gandiol

Rédaction
Célia Bénisty, Françoise Chaffin, Lisa Diez Gracia, Xavier Espinet, Arnaud Goumand, Chloé Hoorman, Guylaine Idoux, Hervé Kerros, Sarah Larrue, Mélanie Lemaire, Pierre Plantier, Marie-Pascale Rauzier, Claire Rideau

Cartographie
Mihaita Constantin, Evelyne Girard, Thierry Lemasson

Relecture
Agnès Jeanjean

Remerciements
Didier Broussard (Studio), Marie Bertin (Iconographie) et les offices du tourisme de la Communauté Valencienne.

Conception graphique
Christelle Le Déan

Régie publicitaire et partenariats
business-solutions@tp.michelin.com
Le contenu des pages de publicité insérées dans ce guide n'engage que la responsabilité des annonceurs.

QR Codes
QR Code est une marque déposée de Denso Wave Incorporated.

Contacts
Michelin
Guides Touristiques
27, cours de l'Île-Seguin, 92100 Boulogne-Billancourt
Service consommateurs : tourisme@tp.michelin.com
Boutique en ligne : www.michelin-boutique.com

Écrivez-nous

Parution 2015

Michelin Travel Partner
Société par actions simplifiées au capital de 11 288 880 EUR
27, cours de l'Île-Seguin - 92100 Boulogne-Billancourt (France)
R.C.S. Nanterre 433 677 721

Dépôt légal : 01-2015 – ISSN 0293-9436
Compograveur : Michelin Travel Partner, Boulogne-Billancourt
Imprimeur : Lego Print, Lavis (Italie)
Imprimé en Italie : 01-2015

Usine certifiée 14001
Sur du papier issu de forêts gérées durablement (100 % PEFC)